张宏如 著

中国管理情境的积极组织行为

Positive Organizational Behavior in Chinese Management Context

理论与实践
Theory and Practice

社会科学文献出版社
SOCIAL SCIENCES ACADEMIC PRESS (CHINA)

序

当前,我国正处于深刻的社会变革时代。我国仅用40多年的时间来消化西方300多年的价值裂变和心理冲突,所以转型期人们更易产生价值的缺失、精神的焦虑。随着改革的逐步深入,企业劳动关系等矛盾已日益突出。积极组织行为(positive organizational behavior,POB)作为解决心理管理等方面问题、提升工作生活质量的员工精神福利,是打造"幸福员工"、"健康组织"与"和谐社会"的重要举措。

国外有关积极组织行为的研究已有100多年的历史。目前,国外积极组织行为研究呈现领域不断扩展、与其他福利项目融合互补的显著特点。国内积极组织行为研究还属于一个新领域,起步于21世纪初,20年来取得了快速发展。积极组织行为必须中国化才能真正落地生根,发挥持久实效。积极组织行为深受社会文化背景的影响,所以中国式积极组织行为应从中国的本土文化、中国特色的情理社会、中国印迹的关系维度、中国人人格特征和管理实践出发,解决中国当前现实中的工作生活平衡问题,在此基础上形成与国际积极组织行为理论相适应而又具有中国特色的积极组织行为模式。我国各地经济社会发展程度差异很大,传统、现代与后现代在同一空间共存,农业经济、工业经济和知识经济相互渗透,这种发展态势在人类发展史上是罕见的。在这样极为特殊的情境中实施积极组织行为项目,就要将积极组织行为的一般性与这种特殊性相结合,并在此基础上建立有中国特色的积极组织行为模式。

张宏如教授近些年来一直关注国内外有关积极组织行为的研究动向,他在国家社科基金项目(12CSH091、14BSH040)和国家社科基金重点项目(16ASH005)以及江苏省"333工程"的资助下,对本土化积极组织行为理论与实践研究进行了长期探索，取得了一系列研究成果。《中国管理情境的积极组织行为：理论与实践》一书，正是这些成果的集中体现。该书的最大特点是从中国管理情境出发，实现了理论、实证与实践三者的有机结合，为中国管理情境的积极组织行为研究做出了非常有价值的探索。

该书以科学的理念、开放的姿态，系统地阐释了中国管理情境的积极组织行为理论与实践体系。全书分三个部分共十三章，探讨了中国管理情境的积极组织行为及其理论基础、价值意蕴、内涵结构、效果评价，实证分析了中国管理情境的积极组织行为的职业价值观澄清、员工职业发展、心理资本提升、人文关怀环境构建等，并对中国管理情境的积极组织行为创新人力资源管理机制、开发创新人才、促进职业胜任力提升等实践应用进行了深入研究。

我国现已进入社会转型期、改革攻坚期、矛盾凸显期，经济的中国与心灵的中国差距不断拉大，强化精神方面的制衡机制迫在眉睫。中国管理情境下的积极组织行为理论与实践能有效促进员工精神健康，有助于实现员工、企业与社会的"三赢"，推动劳资关系的升级转型；能切实提升员工的"软实力"，满足员工对"更好生活的新期待"。党的十七大提出了"社会和谐"和"顺应各族人民过上更好生活的新期待"理念。党的十八大后，新一届中央领导集体提出了实现"中国梦"的奋斗目标。"中国梦"的本质内涵就是实现国家富强、民族振兴、人民幸福。党的十九大提出社会主要矛盾已经转化为"人民日益增长的美好生活需要和不平衡不充分的发展之间的矛盾"。积极组织行为非常契合新时期关注人民健康幸福、实现社会和谐发展的时代主旋律，具有重要的现实意义。科学地开展积极组织行为，必将成为新时期人力资源管理的核心内容，必将成为促进企业员工工作生活平衡、实现美好生活的重要主题。在此背景下，该书的出版也正契合新时期关注人民健康幸福与美好生活、实现高质量发展的时代主旋律，因而具有比较重要的理论价值和现实意义。

赵曙明

目 录

第一部分 逻辑生成

第一章 积极组织行为的理论基础 ······ 003
  一 积极组织行为的内涵 ······ 003
  二 积极组织行为的发展背景 ······ 004
  三 积极组织行为的理论基础 ······ 008

第二章 中国管理情境的积极组织行为的价值意蕴 ······ 023
  一 建构动因 ······ 023
  二 学科渊源 ······ 026
  三 内在逻辑 ······ 028
  四 外在整合 ······ 029
  五 生态和谐 ······ 030
  六 人态和谐 ······ 031
  七 心态和谐 ······ 033

第二部分 系统构建

第三章 中国管理情境的积极组织行为的内涵结构 ······ 039
  一 激励原则 ······ 039
  二 激励要素 ······ 040
  三 激励与博弈分析 ······ 042

四　激励模型的理论架构 …………………………………… 053
　　五　激励模型的研究假设 …………………………………… 055
　　六　激励模型的问卷设计与数据分析 ……………………… 058
　　七　激励模型的评价与假设检验 …………………………… 069
　　八　激励模型的结果分析 …………………………………… 075
　　九　本土化路径的构建 ……………………………………… 076

第四章　中国管理情境的积极组织行为的效果评价 ………… 089
　　一　效果评价类型 …………………………………………… 089
　　二　效果评价与激励模型及路径的关系分析 ……………… 090
　　三　效果评价指标体系的设计思路 ………………………… 091
　　四　效果评价指标体系的构建 ……………………………… 093
　　五　效果评价指标体系的使用 ……………………………… 099

第三部分　实践创新

第五章　中国管理情境的积极组织行为的职业价值观澄清 … 105
　　一　职业价值观的类型 ……………………………………… 105
　　二　职业价值观澄清的步骤 ………………………………… 107
　　三　职业价值观影响职业适应性的实证研究 ……………… 112
　　四　职业价值观影响敬业度的实证研究 …………………… 117

第六章　中国管理情境的积极组织行为的员工职业发展 …… 126
　　一　"生涯发展"的服务理念 ……………………………… 126
　　二　个体认知与职业规划 …………………………………… 132
　　三　环境认知与职业规划 …………………………………… 136
　　四　职业生涯年检 …………………………………………… 140
　　五　激发成就动机 …………………………………………… 141
　　六　建构保障体系 …………………………………………… 143

第七章　中国管理情境的积极组织行为的心理资本提升 …… 145
　　一　心理资本在组织管理中的应用 ………………………… 145

二　心理资本开发贯穿于积极组织行为全程 …………………… 153
三　心理资本对工作绩效影响的实证研究 …………………… 160
四　心理资本对创新绩效影响的实证分析 …………………… 166
五　心理资本对创新行为的影响机制 ………………………… 172
六　心理资本对创业精神的影响机理 ………………………… 182
七　新就业形态下员工心理资本对创业行为倾向的影响 …… 190

第八章　中国管理情境的积极组织行为的人文关怀环境建构 … 205
一　关怀认知 …………………………………………………… 205
二　支持行为 …………………………………………………… 207
三　人文规范 …………………………………………………… 210

第九章　中国管理情境的积极组织行为的人力资源开发 ……… 212
一　体系协同 …………………………………………………… 212
二　模式创新 …………………………………………………… 217
三　积极组织行为创新人力资源开发的策略研究 …………… 219
四　人力资源开发深化积极组织行为的研究 ………………… 221
五　人力资源开发与积极组织行为的联动机制 ……………… 224
六　基于积极组织行为的人力资源开发的实证研究 ………… 231

第十章　中国管理情境的积极组织行为促进科技创新人才
　　　　开发研究 ……………………………………………… 238
一　科技创新人才激励的新视角 ……………………………… 238
二　基于积极组织行为的科技创新人才开发的文化生态
　　机制研究 …………………………………………………… 252

第十一章　中国管理情境的积极组织行为促进农民工城市
　　　　　融入研究 …………………………………………… 259
一　积极组织行为促进农民工城市融入的结构模型 ………… 259
二　积极组织行为视角下的农民工人力资本开发 …………… 272
三　积极组织行为视角下的农民工新型社会资本建构 ……… 278
四　基于积极组织行为的心理资本促进农民工城市融入 …… 284

五　基于积极组织行为的农民工城市融入的实证研究 ⋯⋯⋯⋯⋯ 292

**第十二章　中国管理情境的积极组织行为促进新生代员工就业
　　　　　转型研究** ⋯⋯⋯⋯⋯⋯⋯⋯⋯⋯⋯⋯⋯⋯⋯⋯⋯⋯⋯⋯⋯ 298
　　一　积极组织行为促进新生代员工就业转型的
　　　　结构模型 ⋯⋯⋯⋯⋯⋯⋯⋯⋯⋯⋯⋯⋯⋯⋯⋯⋯⋯⋯⋯⋯⋯ 298
　　二　积极组织行为视角下的社会资本促进新生代员工就业转型 ⋯⋯ 309
　　三　积极组织行为视角下的人力资本与心理资本对新生代员工职业
　　　　胜任力的影响 ⋯⋯⋯⋯⋯⋯⋯⋯⋯⋯⋯⋯⋯⋯⋯⋯⋯⋯⋯⋯ 317

第十三章　总结与展望 ⋯⋯⋯⋯⋯⋯⋯⋯⋯⋯⋯⋯⋯⋯⋯⋯⋯⋯⋯⋯ 332
　　一　中国管理情境的积极组织行为的研究总结 ⋯⋯⋯⋯⋯⋯⋯⋯ 332
　　二　中国管理情境的积极组织行为的展望 ⋯⋯⋯⋯⋯⋯⋯⋯⋯⋯ 334

参考文献 ⋯⋯⋯⋯⋯⋯⋯⋯⋯⋯⋯⋯⋯⋯⋯⋯⋯⋯⋯⋯⋯⋯⋯⋯⋯⋯ 339

第一部分
逻辑生成

第一章
积极组织行为的理论基础

积极组织行为（positive organizational behavior）理论与实践研究是涉及管理学、社会学、心理学等多学科的综合性问题。本章围绕这一综合性问题，阐述积极组织行为等概念，剖析发展背景，并对研究的理论基础做具体深入的分析：激励理论为积极组织行为的内容、路径和方法提供直接的支撑基础，压力管理理论是积极组织行为的背景与渊源，积极心理学理论揭示了积极组织行为过程的实质与本质，人本管理理论则是中国管理情境下积极组织行为的目标与追求。

一 积极组织行为的内涵

积极组织行为是从组织行为（organizational behavior）发展而来的。组织行为源于1924～1932年梅奥等主持的霍桑实验。当时人们就意识到员工的积极感受、幽默与其工作绩效显著相关，这一观点得到大量实证研究的验证。但早期的组织行为由于受到"费效分析"的价值取向的影响，即一切行为和政策的效果和价值都要以组织付出的成本和给组织带来的收益为基础来衡量，员工只是被当作实现组织目标的重要工具，所以组织行为还是更关注消极现象。后来，积极心理学的兴起和发展给组织行为的研究带来全新的视野。卢桑斯提出可以将积极心理学所倡导的理论和实证研究的新方法应用于组织行为的研究，并将这种以积极心理学为基础和出发点的、全新的、积极取向的组织行为模式定义为积极组织行为。它具体是指对具有积极导向而且能够被测量、开发和有效管理的，能够实现提高绩效目标的人力资源优势和心理管理能力的研究和应用。经过进一步的发展，积极组织行为包括一切符合积极导向的、对传统组织行为领域而言具有相对新意的，且能够被测量、被开发和有效管理，从而能实现绩效目标提升的行为。

积极组织行为与员工帮助计划、心理资本联系密不可分，员工帮助计划更侧重于心理管理视角，心理资本更侧重于人力资源管理视角，而积极组织行为则更注重组织行为视角。积极组织行为范畴相对更为广阔，内容上涵盖员工帮助计划与心理资本。

二 积极组织行为的发展背景

（一）转型社会的时代需求

我国正处于深刻的社会转型变革时代，现已进入改革攻坚期、矛盾凸显期。仅用40多年时间来消化西方300多年的价值裂变和心理冲突，人们更易产生价值的缺失、精神的焦虑，经济的中国与心灵的中国差距急剧拉大，强化精神方面的制衡机制迫在眉睫。随着改革的逐步深入，企业劳动关系等矛盾日益突出，以企业及员工为案主对象、以预防和解决相应问题为目标、促进员工与企业和谐发展的积极组织行为，其重要性愈加凸显。很多专家都认为，积极组织行为是一个亟待专业介入且非常有价值的崭新领域[①]。

积极组织行为从企业做起，使从属于社会大系统的企业子系统成为和谐组织，致力于解决员工在社会、心理、管理与健康等方面的问题，高度吻合党的十七大提出的"社会和谐"和"顺应各族人民过上更好生活的新期待"理念。党的十八大后，新一届中央领导集体提出了实现"中国梦"的奋斗目标，"中国梦"的本质内涵就是实现国家富强、民族振兴、人民幸福。党的十九大提出社会主要矛盾已经转化为"人民日益增长的美好生活需要和不平衡不充分的发展之间的矛盾"。积极组织行为非常契合新时

---

① 谢鸿钧:《工业社会工作实务——员工协助方案》，桂冠图书股份有限公司，1996；周沛:《一项急需而有价值的社会工作介入手法》，《社会科学研究》2005年第4期；陈晓敏:《社会转型背景下的企业社会工作》，《企业研究》2006年第6期；王金元:《企业社会工作在建构和谐企业机制中的应用》，《社会工作》2010年第7期。

期关注人民健康幸福、实现社会和谐发展的时代主旋律，具有非常重要的现实意义。科学地开展积极组织行为，必将成为新时期人力资源管理的核心内容，必将成为促进员工工作生活平衡、实现美好生活的重要主题。

（二）知识经济的管理需求

在人力资本和知识资本成为企业竞争优势资源的知识经济时代，组织的优势竞争、知识的创造增值、资源的有效配置，最终都要靠知识的载体——知识型员工来实现，对知识型员工的有效激励是新时期人力资源管理的重中之重。对知识型员工的压力管理现已不可回避。发达国家自20世纪90年代就对知识型员工开展深入研究，管理大师德鲁克曾预言，今后世界的领导者将会让位于能最系统并成功地提高知识工作者生产力的国家和产业。

目前，以信息技术、生物技术、新材料技术和新能源技术为代表的高新技术推动人类社会从后工业经济时代迈入知识经济时代，人类社会正步入以知识资源为依托的新经济时代。知识经济是一种继农业经济和工业经济以后产生的新社会经济形态，是以知识为基础，建立在知识和信息的生产、分配和应用之上的新型经济。21世纪是知识经济时代，21世纪的管理是以知识为核心的管理。德鲁克率先提出了"知识工作者"的概念，界定知识型员工是掌握和运用符号、利用知识和信息工作的人，是资产而不是成本，并强调对知识型员工激励的特殊性[①]。知识型员工形成的人力资源成为组织最重要的资本，并成为各组织生产中最具有弹性、最具有经济增长潜力、最重要的财富。知识的载体——从事知识劳动的知识型员工，逐步成为工作的主体、组织的核心资源、现代人力资源管理的核心对象。哈佛大学心理学家威廉·詹姆士在对员工的激励研究中发现，按时计酬仅能发挥员工能力的20%~30%，而受到充分激励的员工其能力可以发挥80%~90%，相当于激励前的3~4倍[②]。如何有效地发掘、利用和发展知识型员工的潜能和创造力，强化知识型员工的心理契约，提升知识型员工的心理资本，成为人力资源管理面临的重要问题。所以，对知识型员工的有效激励管理是21世纪人力资源管理的重中之重。

---

① 彼得·F. 德鲁克等：《知识管理》，杨开峰译，中国人民大学出版社，1999。
② 张瑞玲、丁韫聪：《知识型员工激励机制研究综述》，《经济与社会发展》2005年第11期。

全球经济一体化进程的加速和潜在危机重重的现状，使得组织面临着前所未有的不确定性因素。当前正处于一个深刻的社会变革时代，处于传统社会向现代社会加速转变的时期，世界经济、政治和社会文化环境正经历巨大变化，而这些变化又相对集中在最近的一二十年。转型时期，传统社会结构出现前所未有的分化，人们的物质生活水平显著提高，但与此同时，转型社会也经常造成各种无序和失范行为，容易使人产生价值的缺失、精神的焦虑、职场的危机等。受文化转型、价值裂变、竞争加剧的影响，知识型员工作为组织的个体成员，在心理层面等也逐渐产生多元变化，外在的日益激烈的市场竞争和内在的成就动机促使其竭力去寻求自我实现的职场舞台。知识型员工承受着强烈的心理危机感和沉重的压力负荷，极易产生心理枯竭现象。在全身心投入工作的同时，知识型员工对和谐的组织文化、成就感等需求也日趋强烈。而组织的变革也必然涉及员工利益，传统的平衡被打破后，员工需要重新定位和适应。人力资源是组织最大的资源，知识型员工是组织的核心人力资源，但如果其心理不健康，在组织中没有幸福感，不能有效地应对问题，就会产生抑郁、职业倦怠、人际关系紧张、组织承诺低下等症状，最终会直接影响个体与组织的工作绩效。所以，只有健康、幸福、高效的知识型员工才真正是组织的第一资源。

近年来，越来越多的组织在知识型员工激励方面遭遇新的瓶颈，普遍存在员工跳槽频繁、激励手段匮乏、管理成本上升等问题，仅仅加薪并不能持久地激励知识型员工。那么，如何留住组织的优秀知识型员工，如何激励组织的知识型人才，如何提升组织核心人才对于组织的忠诚度，这些是新时期人力资源管理面临的突出问题。《中华人民共和国劳动合同法》（2012修正）放宽了员工离职条件，所以要想留住人才，组织必须进一步改善管理，提升吸引力。社会转型引发管理转型，近几十年的变化积累到今天，现有的激励理论已受到严峻的挑战。由于知识型员工与传统员工区别很大，其激励机制也应不一样。而目前组织的激励机制大多忽视激励群体的层次性与差异性，普遍采用的还是物质激励方式，如工资、奖金、福利和股权等。有关精神激励方面的应用较少，缺少系统性、连续性的激励模式。很多激励管理仍停留于工业经济时代传统的激励思想，对知识型员工普遍存在激励方式滞后等问题。

当今管理学研究领域正从纯理性、确定、线性的管理模式，转变为关注理性和非理性相融合的、注重人文和谐的管理模式。在这种背景下，组织的有效管理需要向一种新的范式转变。积极组织行为与企业社会工作的激励研究正是这种转变的集中体现，是新时期人力资源管理研究和实践的一个新的领域与方向，是对中国式管理激励理论的积极探索，与"社会和谐"和"人文关怀"的理念高度吻合，能有效提升知识型员工的"软实力"。

（三）组织人力资源管理的长效作用

组织人力资源管理工作核心是科学持久地开发人力资源，而积极组织行为的总体目标是通过对企业及员工的介入，积极预防和解决企业及员工所面临的相关问题[①]。从员工角度来看，积极组织行为是在"利他主义"和"助人自助"基本理念指导下，以及相关专业手法的介入下，提高员工认识困难、克服困难的能力，激发员工的工作积极性和创造力。从企业与组织角度来看，企业与组织人力资源管理工作作为企业管理中的重要组成部分，通过与员工的互动与沟通，优化员工的组织承诺、公民组织行为和心理契约水平，提升员工的组织忠诚度与归属感，进而提高企业的劳动生产效率，降低员工的职业倦怠率和离职率，保障员工的相关权益，促进企业社会责任的具体实施。

从国内积累与国外经验来看，发展我国积极组织行为的契合点和现实途径在于将积极组织行为的目标理念、方法模式与企业人力资源管理进行有机融合；否则，积极组织行为易游离于企业管理之外，实效会大受影响。积极组织行为帮助企业员工解决因缺少资源及能力而导致的一系列问题，提供心理咨询疏导，保障相关合法权益等，因此需要科学协调企业内外的各种关系，才能有助于上述目标的顺利实现，促进员工与企业真正科学持续的共同成长。

积极组织行为遵循人力资源管理的运行机制，其内容、载体与本质等都与组织人力资源管理工作一致，所以积极组织行为可以创新组织人力资源管理工作的机制，是组织人力资源管理工作实现新突破的重要途径。

---

① 周沛：《企业社会工作》，复旦大学出版社，2010。

三 积极组织行为的理论基础

（一）激励理论

1. 内容型激励理论

内容型激励理论（content theories）着重对激励的原因与起激励作用因素的具体内容进行研究，其实质是围绕人类行为的原动力——需要来进行研究，所以这种理论也被称为需要理论。内容型激励理论主要包括：马斯洛的需要层次理论、奥尔德佛的ERG理论、麦克利兰的成就动机理论、赫兹伯格的双因素理论等。

（1）马斯洛的需要层次理论。马斯洛的需要层次理论（hierarchy of needs theory）是西方心理学界最具广泛影响的需要理论。按照由低级到高级的顺序，马斯洛把人的需要分为五个层次（如图1-1所示）。

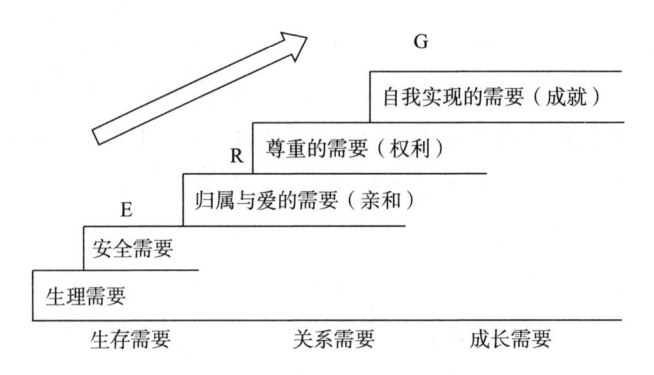

图1-1 马斯洛需要层次理论

资料来源：朱永新：《人力资源管理心理学》，华东师范大学出版社，2003。

一是生理需要。生理需要与人们的衣食住行有关，包括饮食、性、排泄和睡眠。生理需要在组织环境中主要指向员工提供合适的工资、良好的工作环境。二是安全需要。安全需要涉及工作生活场地、秩序、安全感等。处于这一需要层次的人，首要目标是减少生活中的不确定性，这在员工身上常表现为：家庭安全、职业安全、避免其他意外事件的干扰等。安全需要对员工来讲是指工作需要有保障，有申诉制度，有合适的养老保险、医疗保险等。三是归属与爱的需要。马斯洛认为成熟的爱是两个人之间健康亲密的关系，即彼此关心、尊敬和信任。人类需要爱，也需要得到爱。当这类需要不能得到满足时，人就会感到孤独、空虚。有人把归属和爱的需要也称为社交需要。企业如果有良好的企业文化，大家有共同语言，员工就会有归属感，感到自己是群体的一分子，社交需要就可以得到满足。四是尊重的需要。这类需要包括两方面：一方面，要求别人对自己重视，相应地产生威信、认可等心理；另一方面，要求自尊，与此相应的是适应、胜任、信心等心理。企业管理人员可以通过给予若干外在的成就象征，如升职、晋级、加薪等，也可通过提供工作的挑战性、责任和机会等满足员工这方面的需要。五是自我实现的需要。自我实现的需要位于需要层次之巅。一个人希望成为什么样的人，就应该成为那样的人，其所做的符合自身的本性，这种需要就被称为自我实现的需要。自我实现的需要促使个人不断发展，充分发挥自己的潜能，富于创造性和独立精神。马斯洛先提出五个需要层次，后来又在尊重的需要和自我实现的需要之间加了求知和审美两个需要层次。

马斯洛认为自我实现的需要得到满足的人会产生高峰体验，当人们的潜能得到充分发挥时，会产生最大的喜悦，这种体验就是高峰体验。按照马斯洛的观点，在人的发展过程中，较高一级的需要充分出现之前，比它低一级的需要必须先得到适当的满足。未得到满足的需要将支配意识并调动有机体的能量去寻求获得满足，已经得到满足的需要就不再是活动的推动力。在同一时期，可能同时存在几种需要，因为人的行为是受多种需要支配的，但是某一时期总有一种需要是占支配地位的。只有前一阶段基本需要的高峰过去，后一级的需要才开始起优势作用。马斯洛的需要层次理论在工作激励方面的启示是：在工作激励中需考虑员工需要水平的差异，根据员工的不同需要，采取不同的激励措施。

（2）奥尔德佛的 ERG 理论。奥尔德佛的 ERG 理论认为，人有三种基本需要。一是生存（existence）需要。这种需要是指维持人的生命存在的需要，相当于马斯洛需要层次理论中的生理需要和安全需要。二是关系（relation）需要。这是指个体对社交、人际关系和谐及相互尊重的渴求，与马斯洛需要层次理论中的社交需要相类似。三是成长（growth）需要。这是一种要求得到提高和发展，取得自尊、自信、自主及充分发挥自己能力的内在欲望。它包括马斯洛需要层次理论中的自尊的需要和自我实现的需要。ERG 理论的主要观点是各个层次的需要得到的满足越少，则满足这种需要的渴望就越大。较低层次的需要越是能够得到较多的满足，则该需要的重要性便会越衰减，而对较高层次的需要就越强烈。当较高层次的需要一再遭到挫折而得不到满足时，人们就会退而求其次，追求较低层次需要的进一步满足。

（3）麦克利兰的成就动机理论。麦克利兰的成就动机理论（achievement motivation theory）关注三种需要。一是成就需要，即一个人追求卓越、争取成功的内驱力。具有强烈成就需要的人，经常考虑个人事业的前途、发展问题，经常琢磨如何把事情做好，超过他人，经常想干些与众不同的事。他们把做好工作、取得成就看作人生最大的乐趣。二是权力需要，即一种想直接影响和控制别人的欲望。具有较高权力欲望的人，往往喜欢通过说服、帮助和支持，向他人施加影响和控制，乐于参与组织的决策，在集体活动中好为人师，爱发号施令，并善于演讲。三是情谊需要，即对良好人际关系与真挚情感与友谊的追求。情谊需要强烈的人经常考虑如何与人建立和保持浓厚而牢固的友谊，经常担心与别人闹矛盾，经常思考如何取悦别人。

（4）赫兹伯格的双因素理论。赫兹伯格的双因素理论（two-factor theory）认为，员工的不满意往往由外界的工作环境导致，主要是工资报酬、工作条件、人际关系等方面的因素。然而，这些因素即使改善了，也不能使员工对工作非常满意，不能充分激发其积极性，只能消除不满。这称为"保健因素"。保健因素的作用就像只能防止疾病，而不能主动治病一样。另一类因素能激发员工的成就感、责任感、荣誉感和自信心，提高员工的满意度，调动他们努力工作、积极上进的积极性，所以叫"激励因素"。激励因素与工作本身的内容有关，比如员工对工作感兴趣、工作富有挑战性且能发挥员工的聪明才智、工作所赋予的发展机会和责任等。

2. 过程型激励理论

过程型激励理论（process theory）着重研究人从动机产生到采取行动的心理过程。这类理论表明，要使员工表现出企业期望的行为，在员工的行为与员工需要的满足之间应建立起必要的联系。过程型激励理论主要有弗鲁姆的期望理论、洛克的目标设置理论、斯金纳的强化理论、亚当斯的公平理论等。

（1）弗鲁姆的期望理论。弗鲁姆的期望理论（expectancy theory）认为，一种行为倾向的强度取决于个体对这种行为可能带来的结果的期望以及这种结果对个体的吸引力。具体而言，当员工认为努力会带来良好的绩效时，他就会受到激励，进而付出更大的努力。该理论可以用下列公式表示：

$$M = f(E \times V)$$

V（valence）为"效价"，指的是个人对实现目标的重视程度，以及目标实现对个人意义的大小。E（expectancy）为"期望值"，指的是一个人对某项活动导致某一结果的可能性的判断。M（motivation）为"激励力"，指的是促使一个人采取某一活动的内驱力的强度。单有高的"效价"或单有高的"期望值"都不足以产生强的激励力。对于怎样使激发力量达到最高值，弗鲁姆提出了个人的期望模式：个人努力→个人成绩（绩效）→组织奖励（报酬）→个人需要。弗鲁姆的期望模式辩证地提出了在进行激励时要处理好的三方面的关系，这些也是调动人们工作积极性的条件。

（2）洛克的目标设置理论。洛克的目标设置理论（goal setting theory）的主要观点是：目标的具体性、挑战性、员工对目标的接受程度等因素会影响员工的行为。目标设置理论是目标管理的理论基础，认为具有挑战性的目标是激励的来源，因此特定的目标会增进绩效，明确的目标能够提高工作绩效，设置一个有难度但可以实现的目标通常会比设置一个容易达成的目标得到更好的绩效；反馈较没有反馈更能提高绩效；困难的目标被接受时，会比容易的目标获得更佳的绩效。同时，洛克等人通过研究还发现，自我效能感和文化等因素均对目标的作用效果产生影响。

（3）斯金纳的强化理论。斯金纳创造了一种特殊的实验装置——斯金纳箱，用于动物实验。该箱内装有一个按压杠杆，把白鼠放在箱内，让其自由走动，偶然碰到杠杆，就会有一粒食物沿沟槽滚入箱内。由于按压杠杆可以得到食物，因此白鼠很快就学会了通过按压杠杆获取食物的操作。而这种操作条件反射形成的关键条件则是得到食物的强化。在反复实验的基础上，斯金纳提出了系统化的强化理论。依据他的理论，人的行为是由外界环境决定的，外界的强化因素可以塑造行为。人们的行为是对以往经验进行学习的结果。如果一个人因为他的某种行为而受到正强化，那么他很可能重复这一行为；如果没有人认可这一行为，那么这种行为便不太可能再发生。当人们因为某种行为而招致惩罚时，他们通常会立刻停止这种行为，但是惩罚并不能保证不受欢迎的行为彻底消失。强化理论的贡献在于为分析控制行为的因素提供了有力的工具，但是该理论的缺陷在于忽视了人的内部状态以及情感、态度、期望和其他已知的会对人的行为产生影响的认知变量。

（4）亚当斯的公平理论。亚当斯的公平理论（equity theory）侧重于研究工资报酬分配的合理性、公平性及其对员工生产积极性的影响。该理论的基本观点是：个体做出了成绩并取得报酬以后，不仅关心自己所得报酬的绝对量，而且关心自己所得报酬的相对量。个体通过种种比较来确定自己所获报酬是否合理，比较的结果将直接影响其今后工作的积极性。

3. 综合激励理论

（1）波特和劳勒的综合激励理论。波特和劳勒的综合激励理论认为，激励是一个复杂的过程，要想达到有效激励的目的，就要形成激励—努力—绩效—奖励—满足并从满足回馈到努力这样的良性循环，而这种良性循环是奖励内容、奖惩制度、组织分工、目标设置、管理水平、考核的公正性、领导作风及个人心理期望等多种因素综合作用的结果（如图1-2所示）。

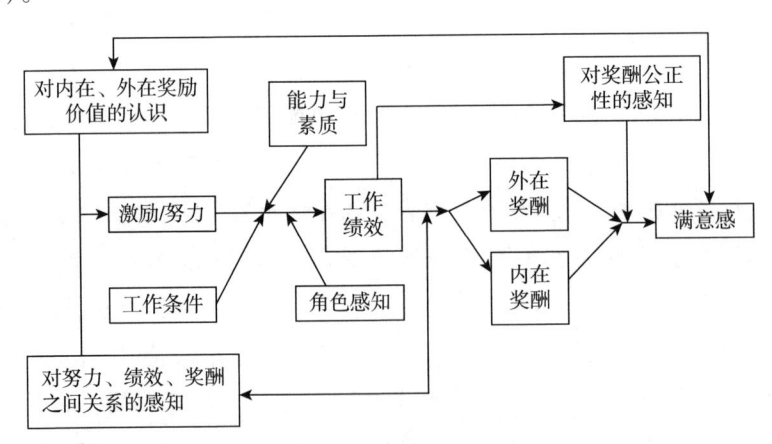

图1-2 综合激励理论模型

资料来源：朱永新：《人力资源管理心理学》，华东师范大学出版社，2003。

该理论的要点是："激励"决定一个人是否努力及努力的程度。工作的实际绩效取决于个体的能力、努力程度以及对所需完成任务理解的程度。奖励要以绩效为前提,不是先有奖励后有绩效,而是必须先完成组织任务才能获得精神的、物质的奖励。当员工看到他们的奖励与成绩关联性很小时,奖励将不能成为提高绩效的刺激物。奖励措施是否会让员工满意,取决于被激励者认为获得的报酬是否公正。如果他认为符合公平原则,当然会感到满意,否则就会感到不满。满意感反过来影响员工对内在、外在奖励价值的认识,即只有经过努力,达到一定工作绩效,获得了奖励,产生了满意感,这时员工才会认识到内在、外在奖励的价值所在。同样,工作绩效也会反过来影响员工对努力、绩效、奖酬之间关系的感知,即如果经过一定努力达到一定绩效,员工就会增加对努力、绩效、奖酬之间关系的感知。

（2）勒温的场动力理论。勒温的场动力理论认为,行为的发生与人自身和环境都有关系,用公式可表示为:$B=f(P \cdot E)$。其中 B 是个体行为,P 是个性特征,E 是环境,f 是函数,即人的行为是个体特征和当时环境相互作用的函数关系。勒温最初用场的理论研究个体行为,后又提出群体动力理论,即群体活动的方向取决于内在的心理力场和外在的心理力场的相互作用。

勒温认为,激励分为内在激励和外在激励。外在激励指向的并非行为本身的利益,而是与之相联系的结果,如用工资报酬、劳动条件、劳动福利等外在条件刺激人的积极性；内在激励则指由于个人曾有过与某种行为本身有关的愉快经历而愿意实施这项行为。拥有内在激励的员工会在工作的过程中感到满足,这种满足可能来自本身的兴趣、价值、成就感等因素。

综上,无论是内容型激励理论、过程型激励理论,还是综合激励理论,本质上都是从不同视角围绕着管理中的核心问题——如何调动员工的积极性、主动性和创造性展开的。在积极组织行为研究中,所要解决的核心问题就是提升员工工作生活质量,最终达到发掘员工潜能、提升员工工作满意度和工作绩效的目的。这和员工激励在目标上是一致的。激励理论为基于积极组织行为的知识型员工的激励内容、路径和方法提供直接的支撑。激励理论主要说明了人是怎样寻求工作满意度的。对员工而言,只有解决其在社会、心理、管理与健康等方面的问题,员工才会感到最大限度的满足,并最大限度地调动工作积极性,这种满足是积极组织行为激励中极为重要的内容。

（二）压力管理理论

随着社会发展和企业发展出现的新特点，压力管理已成为人力资源管理领域的一个全新课题。"压力"（stress）一词来源于拉丁文"stringere"，原意是困苦。"水激石则鸣，人激志则宏"，一定程度的压力是动力的源泉，但压力过大会产生负面影响。

在目前的文献中，压力的概念包括三个方面的内容：一是那些使人感到紧张的事件或者环境，二是指一种主观的反应，三是对伤害侵入的一种生理和行为上的反应。压力来源于压力源，压力源是造成压力的客观事件。处于组织内的员工，其压力源主要有环境因素、个人因素、组织因素。环境因素包括商业周期的变化所造成的经济的不确定性、政治变革和政治威胁诱发的不稳定感和压力感，以及技术的不确定性；个人因素包括个性特征、个人能力、个人期望、经济状况、人际关系、健康状况、生活工作经历等；组织因素包括组织变革、组织生命周期、工作环境、沟通障碍、任务要求、文化整合、领导风格、工作过载或欠载等。

1. 薛利的压力反应模式

薛利的压力反应模式又被称为一般适应综合征（general adaptation syndrome，GAS）。压力反应开始时是警觉反应，然后发展到抵制，并可能以衰竭来结束。警觉反应阶段是第一阶段，个体会感到压力。当出现警觉反应时，在很短的时间内，个体会出现一个正常水平的防御过程。如果这种防御成功，警觉反应就会消失，个体就会恢复到正常的状态，大多数短期的压力都会在这个阶段得以解决；如果警觉反应没有消除压力，个体往往会进入压力反应的下一个阶段——抵制阶段。处于抵制阶段的个体由于不能控制外界因素的作用或第一个阶段的反应没有排除危机，就会产生全身性的总动员，伴随更多的身体症状，积聚力量应对压力。如果压力因素持续超过个体继续抵制的能力，个体就进入第三阶段——衰竭阶段。当压力源非常严重时，个体就会进一步燃尽所有的资源和能量，抗拒也会一起衰竭，不久就会面临崩溃。这一阶段的衰竭会导致焦虑、沮丧、生病、对工作不满或其他消极后果。

2. 工作要求—控制—社会支持模式

最初出现的是"工作要求—控制模式"，包括工作要求和工作控制两个方面。20世纪80年代以后，研究者在这一模式中又加入社会支持维度，使之发展成为"工作要求—控制—社会支持模式"。工作要求—控制—社会支持模式是出现较早的一个关于工作场所的模型[①]，它是对工业化大生产时代生产线上的操作工人所面对的压力的解释。该模型的早期版本（工作要求—控制模型）认为，工作紧张性是由高的工作要求和低的工作控制引起的。工作控制包括决策权（能够选择完成任务的方式和时限）和技能判断力（一个工作是否是枯燥的和重复性的，需要的技能可以在多大程度上进行拓展和开发）。工作要求—控制—社会支持模型认为，来自同事和上司的社会帮助也可以减缓工作带来的紧张感。

3. 付出—回报不平衡模型

付出—回报不平衡模型[②]适用于各类职业，应用最多的是服务性行业。该模型认为，工作角色是个体需求（自尊和自我效能感）和社会需求的连接纽带，金钱、社会尊重和工作机会（包括工作安全）与个体在生理与心理上的付出之间的关系依赖于社会交换的互惠原则，工作可以从社会交换中获得回报，当"付出"与"获取"之间不能互惠时（如高付出/低回报的条件下），个体就会在情绪和生理层面产生持续的紧张反应。不同种类的回报与不同的经验有关。其中，薪水、升职前景和工作安全与一个组织或者微观经济劳动市场更有关系，而尊重可能与人际交流有关。付出—回报不平衡引起的压力在实践中很普遍，诸如工作要求苛刻且不稳定、获得很好的业绩也不能得到升职等。

4. 压力应对的层次理论

压力应对的层次理论是凯恩等人发展起来的一套非常有价值的理论[③]。这套理论认为，管理压力的第一个策略——也是最好的办法是创造和规划出一种没有压力源的新环境，被称为"规划策略"。第二个策略是增强个体应对压力的技能，被称为"前摄策略"。这种办法可以使组织或者个体

[①] Van Der Doef M., Maes S., "The Job Demand-control (Support) Model and Psychological Well-being: A Review of 20 Years of Empirical Research", *Work & Stress* 2 (1999): 87–114.

[②] Siegrist J., "Adverse Health Effects of Effort-low Reward Conditions at Work", *Journal of Occupational Health Psychology* 1 (1996): 27–43.

[③] 徐世勇：《压力管理——一种人力资源管理的视角》，《甘肃社会科学》2007年第3期，第234~236页。

迅速恢复到正常的活动水平。第三个策略是使用消除压力不良影响的速效药，即当压力产生后，个体采取一些建设性的策略（如暂时的放松技术等）来应对紧急情况所造成的压力状态，被称为"反应性策略"。实践中，很多企业在压力管理中首先采用反应性策略来应对压力，这是企业在受到惩罚后的一种应急反应。只有当惩罚引起企业的足够重视时，企业才会被迫考虑前摄策略和规划策略。科学的做法是：首先考虑消除压力源，或者建立压力事件的预案，增强企业应对压力的能力，然后再考虑反应性策略。将人力资源管理与压力管理相结合，正是基于正确的压力管理策略。

5. 基于交互作用模型的工作压力认知评价理论

基于交互作用模型的工作压力认知评价理论认为，压力是一个过程，这一过程随时间和任务的变化而变化，个体和环境的关系，以及个体与环境的匹配程度，在时间、工作任务或活动上都是动态相关、紧密相连的。当员工在工作中有不适当的压力时，其生理、情绪以及行为上都会出现反常，并直接影响其在工作中的表现。

伴随着对压力管理的进一步研究，压力减缓和压力管理的实践研究正在兴起，积极组织行为正是实施压力管理的项目，旨在帮助员工从过大的工作压力状态中恢复。压力管理理论是基于积极组织行为的知识型员工激励的背景与渊源，积极组织行为在压力管理中的应用主要包括压力诊断、宣传普及、教育培训、压力咨询等。目前积极组织行为对如何将员工的行为与组织管理制度结合起来还很少涉及，许多实践缺少可以遵循的理论研究成果，对理论成果的检验有限。因此，依据压力管理理论与人力资源管理机制，探索具有本土实践意义的、与组织管理相关的积极组织行为激励策略非常重要。

（三）人本管理理论

人本管理理论是与"以物为本""以技术为本"等传统管理模式有着根本区别的管理理论，于20世纪50年代提出，80年代得以确立。人本管理理论和实践以"人"为管理活动的核心和组织的最重要资源，把组织内全体成员作为管理主体，围绕如何充分利用和开发组织的人力资源、服务组织内外利益相关者展开，以实现组织目标和组织内成员的个人目标。

1. 人本管理理论的历史回溯

（1）中国传统人本管理思想。中国"以人为本"的提法最早见于《管子》："夫霸王之所始也，以人为本。本治则国固，本乱则国危。"(《管子·霸言》) 意思是霸王之业的开始就是以人民为根本，本治国家就稳固，本乱国家就危险。这是齐桓公向管仲询问成就霸业之道时，管仲给出的答复。他明确提出百姓是国家的根本，是成就霸业的基础。后来，孔子对其中的民本思想进行了很大的发展，提出"仁民"就是爱民，强调爱百姓，提高了民的地位。孟子进一步提出"民为贵，社稷次之，君为轻，是故得乎丘民而为天子"(《孟子·尽心下》)。从中国传统文化中民本思想的发展过程可以看出，民本思想中的"民"指的是被统治的民众，是一个群体的代名词，同时也具有明显的阶级烙印；"重民"言论也主要是从如何管理、支配好民众这个角度来论述的，诸如"得天下有道，得其民，斯得天下矣；得其民有道，得其心，斯得民矣"(《孟子·离娄上》)。"天人合一"、天人相应，是民本思想的哲学基础[1]。

（2）西方近现代人本管理理论。西方的"人本"源自费尔巴哈的唯物主义认识论，该学说也被称为"人本学"(anthropologismus)。其实，费尔巴哈的人本学很大程度上继承了文艺复兴时期的人道主义思想。费尔巴哈认为，上帝的本质就是人的本质，人的认识和价值决定了上帝的认识和价值，上帝不过是人的本质的异化形态，人和作为人的基础的自然是哲学研究唯一的、普遍的、最高的对象[2]。继费尔巴哈之后，西方掀起了现代人本主义思潮。

梅奥在20世纪二三十年代进行的"霍桑实验"得出的结论有重要启示：企业中的员工并不单纯地追求金钱收入，还有社会方面、心理方面的需求，是"社会人"；组织中的人际关系对员工的行为有很大的影响；提高员工满意度能提高劳动生产率等。西方管理理论从关注企业的"工作"转向关注企业中"人的行为"。自此，运用心理学、社会学等学科的理论和方法研究工作环境中个人和群体行为的行为科学学派成为西方管理理论丛林中的重要流派。人本主义心理学的代表人物马斯洛的需要层次理论推进了这一思潮，麦格雷戈的"X理论"和"Y理论"、赫兹伯格的双因素理论以及麦肯锡的企业组织"7S"架构等都为西方近现代人本管理理论的

---

[1] 马炼、施祖留：《中西人本管理比较》，《当代财经》2005年第6期，第82~85页。
[2] 吴倬：《以人为本辨析》，《清华大学学报》(哲学社会科学版) 2001年第1期，第15~18页。

发展奠定了一定的理论基础。

2. 当代人本管理内涵分析

(1) "以什么人为本"。人本管理就是以人为本的管理。由于研究视角不同，对"以什么人为本"，学者们形成了不同的观点。有的学者从管理、经营的角度出发，认为管理应该以员工和顾客利益为本；有的学者从道德的角度出发，认为整体利益高于个体利益，应该以员工、顾客和利益相关者为本；也有学者从整体的角度出发，认为个体与群体并重，当代人与后代并重，员工、顾客与利益相关者并重，管理应该以所有的人（人类）为本①。

(2) "以什么为本"。目前研究主要集中于两层意义上的理解：一是从哲学视角理解，"本"即"本位""根本""目的"；二是从一般意义上理解，"本"即"出发点""中心"。因此，尽管人们普遍认为人本管理要"以人为本"，但由于对"本"的理解不同，导致对"以什么为本"，即人本管理的终极目标的理解也不尽相同。一种观点认为，人是管理活动的根本目的，人本管理的最终目标就是为人的全面发展创造物质条件和自由发展的空间，管理要成为促进人的全面发展的重要手段②；另一种观点认为，人是管理活动的出发点，人本管理就是通过充分调动员工的主动性、积极性和创造性，提高工作效率，最终实现企业的发展目标。还有部分学者从企业的"内部人"扩展到企业的"外部人"，认为人本管理的最终目的是要满足整个社会人的物质需要和精神需要。

(3) 人本管理内涵概括。人本管理的内涵概括主要有"二层次说"和"三层次说"③。"二层次说"认为，人本管理第一层次的含义是指确立人在管理过程中的主导地位，继而围绕着调动企业人的主动性、积极性和创造性去开展企业的一切管理活动；第二层次的含义是指通过以人为本的组织管理活动，以尽可能少的消耗获取尽可能多的产出的实践来锻炼人的意志、脑力和体力，通过竞争性的生产经营活动，达到完善人、使人获得超越束缚于生产需要的更为全面的自由发展。"三层次说"认为，人本管理

---

① 姚作为：《人本管理研究述评》，《科学学与科学技术管理》2003年第12期，第68~73页。
② 郝潞霞：《人本管理预研》，《科技进步与对策》2005年第2期，第171~174页。
③ 黄楠森：《对企业管理中以人为本思想的哲学辨析》，《学习与探索》1999年第1期，第57~60页。

思想可作三层理解：第一层理解，企业对人的管理通过充分调动员工对工作的主体性、主动性和创造性，促使企业创造最大的社会效益和经济效益；第二层理解，企业活动的目标是为人民、为社会服务，以员工为本；第三层理解，以人类为中心，即企业生产经营必须遵循可持续发展的原则，重视全人类的共同利益，并承担起维护全人类利益的义务。

也有学者从狭义和广义两个方面对人本管理的内涵进行阐释[①]。狭义上的人本管理主要考虑企业物质资本所有者，即传统意义上的所有者和人力资本所有者，也就是企业内部员工的利益，主张企业要关注员工和企业的同步发展；广义上的人本管理是把管理活动的服务对象从企业的"内部人"扩展到企业的"外部人"，认为企业除了追求内部人利益外，还要关注企业的社会责任，体现对企业外部主体的人文关怀。此外，有的学者认为人本管理包括情感管理、民主管理、自主管理、人才管理和文化管理五个方面；有的学者将人本管理概括为"3P管理"[②]，即"of the people"（企业最重要的资源是人和人才）、"by the people"（企业依靠人进行生产经营活动）、"for the people"（企业是为了满足人的需要而存在）；还有学者从实践的角度出发，认为人本管理包含价值观管理、行为管理与制度管理三个层次。

综上，人本管理的核心价值观是以人为本，尊重人、关心人，激发人的热情，满足人的合理需要，实现人的价值。这与积极组织行为激励的核心价值观高度一致。人本管理理论正是基于积极组织行为的知识型员工激励的目标与追求，而积极组织行为激励则赋予人本管理新的内涵载体，是对人本管理的践行。

（四）积极心理学理论

1. 积极心理学的概念

积极心理学（positive psychology）是近年来兴起的一个新的心理学研究领域。它利用心理学目前已比较完善和有效的实验方法与测量手段，研究人类的力量和美德等积极方面。1998年，塞利格曼就任美国心理学会主

[①] 兰邦华：《人本管理：以人为本的管理艺术》，广东经济出版社，2000。
[②] 刘刚：《人本管理的理论基础及人性假设》，《南昌航空工业学院学报》（社会科学版）2004年第4期，第44~47页。

席一职时提出"积极心理学"这一概念。随后,越来越多的心理学家涉足这一领域,逐渐形成一场积极心理学运动。积极心理学以研究人的积极力量和积极品质为突破口,致力于帮助人们提高自己生成积极情感的能力、策略和手段等,期望通过培育积极情感来预防问题的产生,充分挖掘人固有的、潜在的、具有建设性的力量,促进个人和社会的发展,增强人们的幸福感。

2. 积极心理学的研究主题

积极心理学的研究主题主要包括以下三个层面。

一是在主观层面上,积极心理学研究人类积极的情绪体验,包括幸福感和满足(面对过去)、希望和乐观(面对未来)、快乐和幸福流(面对现在),以及积极情绪体验的生理机制、作用和获得途径等。积极心理学还对主观幸福感这一积极情绪进行了重点研究,强调人要满意地对待过去、幸福地感受现在和乐观地面对未来。

二是在个人层面上,积极心理学研究积极的个人特质,包括积极人格、积极自我、爱的能力、工作能力、勇气、人际交往、对美的感受力、毅力、宽容、创造性、关注未来、灵性、天赋和智慧等。对于积极人格的研究是其中的重点,具体研究包括好奇、乐观等在内的 24 种积极人格特质,认为促进个体发展这些积极人格特质的最佳途径是增强积极情绪体验。

三是在群体层面上,积极心理学关注积极组织系统的建构,探讨如何形成使个体成为具有责任感、利他主义、宽容、有礼貌和有职业道德的公民的社会组织,包括健康的家庭、关系良好的社区、有效的学校、有社会责任感的媒体等,从而使人们在自身潜力得到充分发挥的同时也能感受到最充分的幸福。

此外,积极心理学还探讨积极关系(如婚姻关系、家庭关系、亲子关系、工作中的人际关系等)的营造,面对生活挑战时的积极改变,以及对心理问题进行积极的预防和治疗等主题。

3. 评述

积极心理学是 20 世纪末在西方兴起的一个重要的心理学范畴,它倡导探讨人类的美德、爱、宽恕、感激、智慧,以及研究人的发展潜能,引导人们不断地发展自己,使普通人生活得更健康、更美好,促进个人、团体和社会的繁荣，具有极大的理论价值和现实价值。积极心理学不仅是对心理学理论的探索与发展，而且更加关注人类社会的发展；不仅仅谋求个人的幸福，而且更加关怀全人类的福祉[①]。但是，目前积极心理学理论基础还很薄弱，研究技术还不成熟，理论体系还不完整，中国本土化研究非常缺乏。

我国著名心理学家张厚粲曾指出，"人文关怀是21世纪的主题"。积极心理学的本质与目标就是寻求人类的人文关怀和终极关怀[②]，而这也是积极组织行为激励的归宿。积极心理学理论揭示了基于积极组织行为的知识型员工激励的过程实质与本质。其中，积极组织行为激励中的主要策略——提升心理资本，就是积极心理学在人力资源管理中的直接运用。从某种程度上来说，心理学的繁荣与积极组织行为激励的发展都是实现人文关怀的必由之路。积极组织行为激励离不开积极心理学理论，传统心理学致力于使人变成正常人，积极心理学将之上升为使正常人过得更幸福；积极心理学理论为积极组织行为激励的发展注入新的活力，使积极组织行为激励的许多领域转向对人的积极层面的研究。

积极心理学运动的兴起与发展也推动了心理资本（psychological capital）研究走上历史舞台。"心理资本"概念最早出现在经济学等文献中，路桑斯等人在2004年将心理资本的概念拓展至组织管理领域，认为心理资本是指能够引发员工积极组织行为的心理状态，通过有针对性的投入和开发可使员工获得竞争优势。心理资本不同于传统的人力资本与社会资本，人力资本强调"个体知道什么"，诸如知识与技能；社会资本强调"个体认识谁"，诸如关系和人脉；而心理资本则强调"个体是谁"以及"个体想成为什么"，关注的重点是个体的心理状态与特质。心理资本具有投资和收益特性，可以通过特定方式进行投资与开发，从而将个体潜力挖掘出来。从个人层面来说，心理资本是促进个人成长发展与绩效提升的重要因素；从组织层面来说，心理资本能够帮助企业获取竞争优势。心理资本相关研究为积极组织行为提供了崭新的视角。

[①] 崔丽娟、张高产：《积极心理学研究综述——心理学研究的一个新思潮》，《心理科学》2005年第2期，第402~405页。

[②] 周嵌、石国兴：《积极心理学介绍》，《中国心理卫生杂志》2006年第2期，第5~8页。

本章通过对积极组织行为概念的分析，结合其理论基础，阐释了积极组织行为是人力资源开发与企业社会工作发展的迫切需求，是人口红利向人才红利转型升级的迫切需要。激励理论、压力管理理论、人本管理理论、积极心理学理论对积极组织行为的影响是随着人们认识的不断深化而发展的。正是这些理论的发展，为中国管理情境的积极组织行为研究奠定了坚实的理论基础，开拓了广阔的发展空间。

第二章
中国管理情境的积极组织行为的价值意蕴

中国管理情境的积极组织行为恰好与中国国情相契合,本章立足中国经验与中国体验①,从宏观与微观双重视角研究积极组织行为的价值意蕴。

一 建构动因

积极组织行为在中国正面临重要的发展机遇,自从进入官方话语体系之后,其地位有了显著提升。积极组织行为是社会建设和社会治理的重要组成部分,很多社会治理与企业人力资源管理工作的创新举措都直接或间接地与积极组织行为相关。要进一步真正发挥积极组织行为的科学功能,必须有更为精准的科学理论指导,否则极易走向两个极端:一个是简单的拿来主义,照抄照搬,而现有的西方积极组织行为理论并不完全吻合中国的现实,脱离中国文化与社会的实际情景,积极组织行为自然将因水土不服而"异化";另一个如一盘散沙,缺乏科学的结构、逻辑与路径,更多停留于务虚层面,缺乏持久的科学发展力。

中国管理情境的积极组织行为是社会治理的重要组成部分,其使命远远超出了西方积极组织行为现有的理论视野,将中国管理情境的积极组织行为与中国经济社会转型背景下的社会建设、社会治理这样的宏大主题进行有机关联,需要更新更高的理论视野。仅仅依据这样的背景,我们就很难从西方现有的积极组织行为理论体系中获得足够的理论与实践支持。相

---

① 周晓虹:《社会转型与中国社会科学的历史使命》,《南京社会科学》2014年第1期。

反，如果我们在这样的宏大图景下进行科学、系统的研究，形成中国管理情境的积极组织行为的理论创见，不仅有利于回应现实的迫切需求，同时将对全球积极组织行为的专业共同体做出重要贡献，可以有效弥补现有积极组织行为理论宏观视野的缺失。

中国管理情境的积极组织行为立足转型时期社会的系列问题，基于积极组织行为的各类员工激励研究将是构建和谐社会的重要举措。而构建社会主义和谐社会，广泛涉及人与人、人与社会、人与自然各个层面的各种问题，是一项复杂的系统工程，需要全社会各方面的齐心协力。积极组织行为激励应从组织单位做起，使从属于社会大系统的组织子系统成为和谐组织。基于积极组织行为的员工激励致力于解决员工在社会和企业中遇到的心理、管理与健康等方面的问题，最终达到发掘员工潜能，提升员工工作满意度、工作绩效和工作生活质量的目的。积极组织行为激励涉及与员工心理问题相关的组织和工作设计、员工发展、管理风格、组织文化等方面，每一个环节都基于激励理论、人本管理理论、压力管理理论及积极心理学理论，高度吻合党和国家提出的"社会和谐"理念和"以人为本"理念，能有效促进员工心理健康，有助于实践社工信念与充权目标，实现员工、企业与社会的"三赢"，切实提升员工的"软实力"和"更好的生活新期待"。

中国管理情境的积极组织行为的核心是通过对员工的深层关怀来提升员工的能力，倡导"以人为本"与"社会和谐"。中国管理情境的积极组织行为面临"新常态"下的系列现实问题，比如：如何结合组织人力资源管理工作实务，创新组织人力资源管理工作机制？如何有效介入中国新型城镇化中突出的农民工"人的要素"提升的综合性问题？如何激励转型期身心负荷较大的知识型员工，促进其工作生活平衡？如何与工会组织、党团组织、妇联组织进行协同创新，围绕"人的工作"进行内容拓展与机制创新？如何确定中国管理情境的积极组织行为的专业权限？如何在专业性与社会期望之间实现科学平衡？如何处理广义的积极组织行为与专业的积极组织行为之间的关系？如何科学梳理不同视角的积极组织行为及其适应范畴？等等。所有这些问题都是"新常态"下的实践所迫切需要解决的。所以，建构中国管理情境的积极组织行为是必要且紧迫的。

当今管理领域正从纯理性、确定、线性的管理模式转变为关注理性和非理性相融合的、注重人文和谐的治理模式。中国管理情境的积极组织行为激励机制研究正是这种转变的集中体现，是对人力资源管理中有关知识型员工激励研究的丰富和完善。激励指的是持续激发人的动机的心理过程。学者们在人性研究的基础上，通过对人的需求及动机激发的研究，深入探讨激励的作用机理，形成多种人性假设的激励思想和成果。自梅奥的"霍桑实验"后，行为主义学者开始否定泰勒的"经济人"假设。部分学者围绕"人到底追求什么"这一主题探讨人性，形成内容型激励理论；部分学者则围绕"人追求的目标是如何影响人的行为并最终影响人的绩效表现的"这一问题探讨人性，形成过程型激励理论。后来，一些学者发现这两种激励理论都过于片面，需要将两者结合起来才能形成完整的激励理论，这就形成了综合型激励模式。玛汉·坦姆仆更是明确提出了知识型员工激励理论。可见，激励思想逐渐吸收了非理性、柔性和人文的思维。激励管理根植于社会、信念、传统、习俗之中，本质上是一种文化。中国管理情境的积极组织行为激励研究强调以人为本、人文关怀、刚柔相济、外方内圆，这些内容正切中员工激励的核心问题。初步构建积极组织行为激励的全程管理激励体系，可以搭建员工与组织和谐双赢、高效成长的桥梁，必将丰富和完善我国的员工激励研究。

中国管理情境的积极组织行为激励研究能有效提升员工的"软实力"。在现代化实践进程中，人的内在作用越来越重要，对员工激励内容与形式的研究将进一步深化，人们必然会发现内在激励在员工激励中的核心地位。对内在激励的效果问题的深入研究，也将导致人们去关注人文关怀的系统性以及使用先进的管理方法与手段的问题。人们长期稳定的工作绩效主要得益于内在的动力。积极组织行为是一项心理管理技术，有着一整套科学机制，它通过员工测评、培训、讲座、咨询辅导、职业生涯辅导等，在规范的基础上进行专业的员工职业心理健康问题评价，科学设计与改善工作环境，特别是通过组织结构变革、领导力培训、团队建设、工作轮换、员工职业生涯规划等手段改善工作的软环境，在组织内部建立支持性的工作环境，丰富员工的工作内容，指引员工的发展方向，消除问题的诱因，通过压力管理、挫折应对、领导力训练等一系列员工和管理者培训，帮助员工掌握提高心理素质的基本方法，增强其对心理问题的抵抗力，提升其心理资本技能等。所以，中国管理情境的积极组织行为激励机制能有效提升员工的"软实力"。

二 学科渊源

中国管理情境的积极组织行为是对中国式积极组织行为体系理论的积极探索。中国五千年的悠久历史蕴含着丰富的管理与社会治理激励思想，体现着独特的中国式管理与治理思维，其中和谐、平衡是中国管理文化的精髓。中国管理情境的积极组织行为研究就是从中国实际出发，既吸收消化中国传统的和谐、平衡理念，又借鉴西方的积极组织行为等管理理论与方法，注重积极组织行为激励机制的中国化路径，顺应中国经济发展迫切需要中国式管理与治理激励这一需求，为建构中国式管理与治理激励理论做出积极有益的探索。

随着中国的不断发展，中国在世界的位置发生了根本性变化，中国对西方"仰视"的时代已经结束，现在已经进入一个中西"平视"即平等对话的阶段，因此需要从"以西方为中心"转变为"以中国为中心"[①]。中国的经验很难在西方的理论框架中得到全部的解释，以积极组织行为起源为例，西方的积极组织行为起源于职场员工的"酒精依赖"问题，而员工的"酒精依赖"问题显然不是中国管理情境中的突出问题，问题导向的原点就不一样。中国这样一个体量巨大的经济体，随着管理的转型，本身走的就是中国特色的道路，在这种情况下必然有自身特色的管理、治理规律与经验值得提炼，所以迫切需要建立起中国管理情境的积极组织行为的自主性的知识体系与实践体系。这是中国社会的现实需求，也是社会科学工作者应有的理论自觉。

"转型时代的中国"是中国管理情境的积极组织行为研究和应用的时空选择。中华民族正处于一个深刻的社会变革时代，短短几十年，我国完成了从农业社会向工业社会的转型，现又进入信息社会与"互联网+"时代，实现中华民族伟大复兴的"中国梦"正在豪迈进行中。中国管理情境的积极组织行为融于这个特有的时代背景，融入社会生活，嵌入社会文化。换句话说，中国管理情境的积极组织行为立足于转型时代的特定时间

---

① 何雪松：《迈向中国的社会工作理论建设》，《江海学刊》2012年第4期。

与空间语境。

　　积极组织行为作为舶来品，我们必须学习其成功的理论与经验，这是不可缺少的初级阶段，属于"临摹阶段"。在学习、消化吸收西方积极组织行为过程中，应警惕对中国管理情境的实践与经验采用简单套用西方概念或西方价值观念的态度，避免导致中国管理情境的积极组织行为失去话语权的情形。我们有着丰富的古代管理思想与古代社会思想，而中国传统文化与当代智慧对中国管理情境的积极组织行为起着适用定型的基础性作用，可以传承文明、开拓创新。西方积极组织行为理论可以成为构建中国管理情境的积极组织行为的经验参照，但中国管理情境的积极组织行为理论与实践不应被降低为西方积极组织行为理论的简单应用或成为西方积极组织行为理论中所谓文化敏感性的一个注释和特例。中国管理情境的积极组织行为理论与实践理应进入世界多元体系的主流舞台。因此，我们必须有中国管理情境的积极组织行为理论与实践体系，"以中国为中心""以中国为方法"，深度解读中国的积极组织行为实践，并由此提炼出中国管理情境的积极组织行为理论。

　　中国管理情境的积极组织行为激励研究是探索员工激励的长效机制。党的十七大报告提出注重培养创新人才，明确强调"创新人才工作体制机制，激发各类人才创造活力和创业热情，开创人才辈出、人尽其才新局面""建设人力资源强国""注重人文关怀和心理疏导"，努力形成"和谐社会人人共享的生动局面"等，这些充分体现了国家对实施人才强国战略、对知识型员工的主体地位和发展空间及长期激励的高度重视。我国有学者认为建立在工业文明时代的西方激励模式已经不再适应知识型员工激励，必须将激励机制从权利化转为制度化、从操作型转为心理契约型。中国管理情境的积极组织行为激励是解决组织中现实存在的大量不和谐问题的有效途径，是组织实施人本管理的有效方式，是组织增强核心竞争力的有益探索。鉴于转型时期社会竞争加剧，工作压力与日俱增，特别是知识型员工的工作创造性要求高、工作压力相对更大，而中国管理情境的积极组织行为激励机制能有效提升员工的心理资本、澄清职业价值观、规划职业生涯、建构支持性组织文化，因此必将成为员工激励的内在长效机制，受到普遍的关注，得到有效的施行。

三　内在逻辑

中国管理情境的积极组织行为是对积极组织行为的进一步丰富和发展。实践中，积极组织行为需要综合运用管理学、心理学、社会学等多学科的知识，而西方积极组织行为理论与实践过多地局限于心理学领域，受限于微观的技术调节环节，微观导向过重，宏观视角缺乏，过于注重以个人为中心，往往"只见树木，不见森林"。因此很多西方积极组织行为执业机构偏重于心理咨询服务，缺乏宏观的人力资源管理机制与社会工作的宏观视角。这也直接导致宏观积极组织行为研究进展缓慢。其实，就本质而言，积极组织行为以应用心理学为技术支撑，最终的落脚点还是人力资源管理[①]，也离不开社会工作。过于微观的心理学倾向的积极组织行为，容易使从业人员忽视反思自己的专业性价值立场与最终专业宗旨。所以，西方现在对于积极组织行为"回归社会""回归管理"的呼声越来越高。

此外，积极组织行为目前过多地借用心理学、社会学、管理学等学科知识，原创性理论少。积极组织行为因为涉及领域广，面对的现实具体问题较多，尚未形成一个具有范式意义的整合性框架，大多还是停留于西方的简单"拿来主义"，没有足够的中国管理情境的解释力，这在一定程度上也影响了积极组织行为的实际发展。其实，积极组织行为产生于西方国家的工业经济时代，这一时期西方国家已经历了长时期的工业化熏陶与职业化训练，这是西方积极组织行为产生的背景和前提。1949年10月我国从半殖民地半封建社会进入新民主主义社会，1956年底过渡到社会主义社会，经20世纪80年代的改革开放进入市场经济社会，其间的发展历程对"员工"的职业规范熏陶与训练是不够的，职业化的积累相对缺乏，所以积极组织行为的前提和背景与西方不同。另外，西方国家的积极组织行为受其文化价值观与文化基础的影响，如西方国家心理咨询深入人心，人们普遍接受心理咨询，而我国在这方面才刚刚起步，接受的方式也更为含蓄。这些文化因素、面临的具体社会问题都与当前中国社会转型的宏大背

---

① 张西超：《员工帮助计划——中国积极组织行为的理论与实践》，中国社会科学出版社，2006。

景有巨大的差异，即便是西方的积极组织行为也需要不断与时俱进。中国管理情境的积极组织行为激励研究是在人力资源管理与社会工作的框架体系中，研究中国管理情境的积极组织行为激励的科学体系，提升、深化积极组织行为激励实践，促进积极组织行为激励理论与实践的科学持续发展。所以，中国管理情境的积极组织行为是对积极组织行为的进一步拓展与深化。

四 外在整合

当前，全球社会正经历巨大变化，经济社会的发展并没有同步提升人们的幸福感，诸如后金融危机、后欧债危机、"占领华尔街"等都以不同的方式冲击着现有的社会建制和主流的理论体系。在此过程中，积极组织行为并没有发挥引领人们心态和行为方式的作用，究其根源是积极组织行为尚未充分考虑到全球经济社会变化的深刻原因，未能针对时代气息在理论与实践上有所突破。其实，积极组织行为的理论研究与实践探索不可能完全脱离这样的社会大背景而单纯地站在心理技术视角进行。

同时，随着互联网日新月异的发展，"互联网+"的时代已来临，这为积极组织行为研究提供了新的课题。网络论坛、微博、微信等成为人们交流的重要平台，积极组织行为如何充分发挥贴近时代、贴近诉求、贴近时空的优势，利用这些新兴媒体传递正能量与主流价值观，提供快捷专业的服务，这是一个值得我们思考的问题。

因此，积极组织行为必须在理论与实践层面科学回应全球经济社会面临的全球治理的宏大课题，并由此来建立发展性的知识体系。只有这样，积极组织行为才能发展壮大并引领社会走向幸福和谐。当前，我国正在推进"一带一路"倡议，中国管理情境的积极组织行为是对全球治理和我国经济"走出去"战略的文化回应与管理回应。在此情形下，中国的管理工作者应该有所作为，将中国思想中具有深厚传统的仁爱、平衡思想作为人类的文化遗产发扬光大。同时，中国管理情境的积极组织行为需要主动适应新媒体时代，采取全新的路径与策略。

在当今以人为本的知识经济时代，随着社会不确定性的增加、社会节奏的加快以及竞争的加剧，知识型员工的压力与日俱增，传统物质薪酬福利的激励作用弱化。从对知识型员工的研究来看，与其他类型的员工相比，知识型员工更加重视能力的提升和职业发展，更加需要不断开发心理资本。积极组织行为作为非薪酬激励，其作用机理非常符合知识型员工的内在持久需求，能够很好地体现管理的人文精神：关注人、尊重人、注重人的价值、帮助人面对困难、开发人的潜能以及保持人的心理健康和成熟等。

目前研究知识型员工和积极组织行为都是热门课题，但是对基于积极组织行为的知识型员工激励的研究并不多见，也不深入，已有的相关研究还未形成科学的激励模式，且多是一种静态的描述。随着积极组织行为在概念和内容上的不断延伸，它对知识型员工的人力资源管理激励作用会越来越突出，知识型员工的高层次需求可以通过积极组织行为的价值激励、成长激励、文化激励、减压激励等相应的激励措施得到持久的满足。积极组织行为激励研究已经有了一定的发展，但基于积极组织行为的知识型员工激励实证研究与评价体系仍需进一步完善，并探索基于积极组织行为的知识型员工激励的中国化道路。

五 生态和谐

积极组织行为越来越受人们重视，也取得许多有价值的成果，但鲜有学者从"生态世界观"和"生态价值观"的思维视角对积极组织行为加以分析和研究。现有的关于积极组织行为价值的研究更多地褊狭于利益的视角，对他者或与他者的关系更多地是一种碎片化的思考，很少将积极组织行为置于一个融合社会、自然和人本身的巨环境中去思考它的价值诉求，这带来了现实的理论悖论与实践困境。研究积极组织行为价值的生态体系是时代的需要和呼唤。

秉承"生态时代"的理念，针对现有积极组织行为理论在实践中遭遇的困境，运用生态论方法等综合创新方法进行辩证探索和有机集成，从价值生态的独特视角，将积极组织行为置于一个融合社会、自然和人本身的巨环境中去思考其价值诉求，论证积极组织行为的自然价值生态、社会价值生态及积极组织行为内在价值生态的科学性、合理性，并相应实现"真、善、美"的价值追求在积极组织行为开发提升中的有机统一。

提升积极组织行为在自然层面的价值生态，是积极组织行为价值生态的宏观层面，体现了价值追求之"真"，目标是实现心理与自然之间的生态和谐。

积极组织行为与"价值生态"的结合，使心理资本的价值实现了由积极组织行为中的心理资本"自我本位"经过"关系本位"向"生态觉悟"的理论递进。因为价值生态是对自然生态概念的哲学提升和意义抽象，心理资本"生态觉悟"的实质不仅是对人与自然关系的反省，而且是对世界的合理秩序、对人在世界中的地位、对人的行为合理性的科学反省。所以，心理资本价值的"生态觉悟"是对人心理生存的意义和价值所做的一次"终极性"的思考和关怀。目前心理资本研究中开阔视野性的探究较少，过多地纠缠于基于效率的管理体系，更多的是精致的单一维度，缺乏系统思维。其实，追求心理资本自然价值生态，不仅是社会的需要，同时也是人生存与发展的内生要求。

提升积极组织行为与自然之间的生态和谐，就是在管理过程中始终贯穿自然的价值与人的责任，注重人的需要和相关利益组织可持续发展的总体性，建立起科技发展、组织管理与生态平衡之间相互促进、相得益彰的良性循环，从而实现现代意义上的天人合一，获得真实的社会进步与人自身的自我实现。"天人合一"需要心理资本沿着自然价值生态实现的自我规制路径，突出宏观思维和宇宙视野，看穿看透，从源头上强化责任理念，倡导内源型生态行为，实现心理与自然规律的一致。

六 人态和谐

提升积极组织行为在社会层面的价值生态，是积极组织行为价值生态的中观层面，体现价值追求之"善"，目标是实现心理与社会之间的人态和谐。

马克思说，现代社会是一门打开的心理学。科学技术在进步，如果人不去学习，不去适应它，很可能出现异化的现象。人创造了机器，却不知不觉成为现代社会的机器，如同卓别林在《摩登时代》里的表演。在信息社会和知识时代，工作压力过大是现代人心理枯竭的前因性变量，而组织的"物化"管理模式则是人们心理枯竭的重要过程性变量。人具有高度的自主性和创造性。尽管科学管理曾在历史上为人类经济目标的实现做出了巨大的贡献，但这种"物化"管理模式容易忽视人的主体性和自我发展，不能充分有效地开发人的巨大潜能。现在的管理学界虽然"人本"呼声四起，但工具理性的"物化"倾向仍相当浓厚，管理过程中对人的思想、情感等精神方面的关注仍十分有限，尤其是对知识型员工的管理明显趋同化。不少组织漠视或忽略了知识工作的这些特质，对知识型员工的劳动过程和劳动结果做出了非常明确和强制的量化规定，使知识型员工的生理和心理长期处于不自由和压抑的状态之中。英国当代著名管理学大师查尔斯·汉迪说，那样的地方对人类的灵魂来说，真像是一个牢笼，而在那些牢笼里，人们极少得到成长，因为没有让人探索真正自我的空间。更糟的是，待在这些牢笼里不仅乏味，而且还会榨取人的精力，使人无力探索外面的世界。此外，组织的心理环境治理意识淡漠是人们心理枯竭的外延性变量，多数企业在这方面的意识还相当淡漠，甚至根本没有。它们错误地认为心理健康是员工的个体行为，组织无须投入人力与财力，因为这种投入无法立即得到有形的增值回报，不符合企业投资增值的原则。有大量数据表明，这种状况已经带来了严重的后果。其实，就组织层面而言，开发心理资本有助于突出组织持久的竞争优势。研究发现，心理资本对工作绩效、组织承诺与组织公民行为等均具有积极影响。就社会层面而言，开发心理资本有助于实现人们对"美好生活的新期待"，增强人们的主观幸福感，提升人们的幸福指数。

第一，提升积极组织行为与社会之间的人态和谐，需要建设和谐社会。大量研究表明，心理问题的产生与整个社会系统密切相关，遏制、减少、消除不健康的社会心态滋长的环境，打造良好的社会人文环境，是培育健康社会心态的康庄大道。"中国梦"的实现进程中，需要加强诚信、公正、公平与法治建设，营造良好的心理资本的社会价值生态，具体体现为树立希望。心理学上有"隧道效应"，是指当遇到隧道堵车时，看到前面车动了，人们就会愉悦，因为看到希望了。但是，如果旁边车道上的车一直在动，而自己车道上的车却一直不动，自然就会想着变道，若又被禁止变道，郁闷必然产生。和谐社会会给民众带来希望，进而提升民众的心理资本。社会和谐能给社会成员提供社会心理支持。而社会心理支持系统的建设需要改善民生和完善各种制度，增强民众的安全感与舒适度，营造友好、真诚、积极、和谐的社会氛围，从而提升心理资本中的乐观、希望和坚韧性品质。

第二，提升积极组织行为与社会之间的人态和谐，需要打造健康组织。企事业单位等组织是社会的细胞，现代人大多是组织人，组织支持是加强心理资本建设的重要保障。新时期需要加强积极组织行为实践探索与企业社会工作。我国当前正开展新型城镇化建设，其核心是人的城镇化，而新生代农民工的城市融入问题是突出的现实问题。这需要围绕积极组织行为与企业社工机制创新，完善社会治理，构建我国文化语境下的积极组织行为与企业社工理论实务体系[①]。通过积极组织行为创新企业社工的结构模式，探究积极组织行为创新企业社工的原则、内容与要素，深入研究本土化的积极组织行为，创新企业社工的积极组织行为服务模式与功能，将积极组织行为创新企业社工的结构模式演化成开发心理资本路径的策略系统——澄清职业价值观、辅导职业生涯、建构人文关怀环境等，促进员工精神健康，实践社工信念与充权目标，进而实现员工、企业与社会的"三赢"，推动劳资关系的升级转型。打造健康组织，需要组织在自身战略定位的基础上建立科学的管理制度，加强组织内部的沟通，建构人文关怀环境。注重环境激励和人文关怀，既体现了中华民族的文化特色，也符合健康组织的本质要求。激励理论认为，最出色的激励是让被激励者在环境中自觉地行动，充分发挥其特长和潜能。在一个和谐的环境中，员工获得的是一种价值的肯定，包含尊重、成就感。所以，良好的工作氛围、融洽的工作关系、充分顺畅的人际沟通、周到的人文关怀是建构具备人文关怀环境的主要内容。组织人力资源部门要着力培养组织长远的"软"环境，意识到这是组织发展的动力源泉，也是一种生产力，能使组织形成强大的凝聚力、向心力，真正塑造团结奋进的团队。组织管理层应切实彰显人本情怀，真正把员工看作追求自我价值实现的人，把员工看作组织的主体。因为若缺失"人文关怀"，"人的发展"便变得毫无意义。

七　心态和谐

提升积极组织行为内在层面的价值生态，是心理资本价值生态的微观

---

① 张宏如：《企业社工的有效路径：本土化员工帮助计划研究》，《江海学刊》2011年第6期，第128~132页。

层面，体现价值追求之"美"，目标是实现心理资本内在的心态和谐。

实现积极组织行为内在的心态和谐是心理资本价值追求的落脚点和归宿。目前，心理资本研究主要集中于对其影响变量、内在结构等实证研究，而缺乏对其内在机制生成发展的探讨。作为对"生态时代"的觉醒与反思，管理学将"人"回归到了本真的层面——生物有机体与社会存在物的统一。管理摒弃了传统的"以人为手段"的管理理念，实现本源性超越，摆脱"现实关怀"的有限追求，赋予"终极关怀"的管理与哲学意义。尽管管理的逻辑起点是完成目标，但在目前的管理实践过程中对人的思想、情感等精神方面的关注普遍太少。正如管理学大师巴纳德所说，组织是为人实现自己的意愿服务的，人不能异化为组织的工具。关注人内在的心理体验与感悟，应当是最为根本的要求和最为现实的切入点。追溯以往，由于时代的局限性，心理资本价值更多地满足于"物化"层次，服务于工作绩效，对于人心灵深处的需求缺乏足够的重视。时至今日，人们对于心理资本价值的认识开始升华与深化，除了从上述的自然和谐、人文精神等方面去认知心理资本价值生态，还应注重深层内省心理资本中的快乐、效能、个性、沉浸等概念的真正寓意。

第一，提升积极组织行为内在的心态和谐，需要建立理性认知。认知是心理过程的核心内容，心理资本开发中的理性认知应包括明晰愿景和增强自我效能感，这些认知会对行为方式、发展动因等产生直接的影响。愿景是基于目标、路径和意志力三者之间的互动而形成的动机状态；自我效能感则是个体对自身能否胜任有关任务或活动所具有的信念，是对自身能力的一种态度，而非能力本身。研究表明，我国知识型员工普遍忽视自我效能感的激发，这更说明了强化自我效能感的迫切性。

第二，提升积极组织行为内在的心态和谐，需要提升情绪智力。情绪智力是在处理人际关系能力（社会智力）基础上发展起来的新兴概念。广义的情绪智力是情绪管理能力，狭义的情绪智力是与IQ相对应的能力。提升情绪智力应包括提高觉察情绪、引发促进思考的感觉、理解情绪信息以及管理情绪的能力。具体而言，它包括提升情绪认知能力、情绪表达能力、人际关系能力、情绪理解能力、管理能力、情绪激励能力与营造积极情绪氛围能力等。

第三，提升积极组织行为内在的心态和谐，需要优化坚韧意志。坚韧性是指具有从逆境、不确定、失败以及某些无法抗拒的变革中复原的能力。所谓优化坚韧意志，就是优化在困难时刻寻找动力的能力。只有客观地直面困境，不逃避、不回避、接受现实、冷静思虑，才能厘清头绪，分析问题的过去根源、现在状况和将来态势，梳理事情脉络，拿出解决问题的方案，做最大努力。而要做到这些，就需要坚定愿景，激发动力，同时注重主干，循序渐进，"有所为，有所不为"。只有克服干扰，抓住问题的主要矛盾，才能集中精力于大目标，舍弃繁枝末节的困扰。所以，应有意识地克制自我，培养良好习惯，构筑积极的心理防卫机制，注重升华、补偿、文饰、幽默等合理的宣泄，这才是维持乐观、平衡心理的积极的自我保护方式。

遵循价值追求的真、善、美的逻辑脉络，我们可从宏观、中观和微观层面依次实现积极组织行为价值追求中的生态、人态和心态的"三态和谐"。"三态和谐"有利于形成层次分明的积极组织行为价值生态圈，为积极组织行为的科学提升提供相应策略路径。

第二部分
系统构建

第三章
中国管理情境的积极组织行为的内涵结构

第一章与第二章构筑了中国管理情境的积极组织行为激励研究的背景基础与战略意义。本章以员工个体和谐与组织和谐共赢为目标,从中国管理情境的积极组织行为激励的内容等视角出发,结合组织竞争的环境,深入分析中国管理情境的积极组织行为的内涵。

一 激励原则

中国管理情境的积极组织行为激励构建是一个长期、渐进的过程,应遵循以下基本原则。

(一) 外在激励与内在激励相结合

外在激励是指激励者从外部对员工施加的激励。内在激励也称自我激励,是指员工激发自身内在潜力,调动自身各种因素,使之处于积极状态的方法。"外因是事物变化的条件,内因是事物变化的根据。"因此,自我激励是积极组织行为激励的最高表现形式,也是积极组织行为激励主客体共同追求的理想状态。现在,很多激励模型单纯运用外在激励来激励或制约员工,不利于员工主动性与创造性的发挥。在注重积极组织行为外在激励的同时,组织应强调自我激励,让知识型员工在自控、自律的前提下,尽量做到自助式的自我实现激励,即员工个体根据自己的实际情况,掌握调节自我的钥匙,从而使得激励效用达到最大化。

(二) 个体激励与群体激励兼顾

积极组织行为个体激励是针对员工个人进行的激励,具有针对性强、目的明确、形式灵活、效果明显等优点，能较好地发挥积极组织行为激励的效应。对于员工来讲，积极组织行为个体激励固然重要，但是由于每次激励的对象少，总体效率较低，不容易形成和谐激励的氛围，不利于实现积极组织行为激励的长期效果。

勒温的群体动力学认为：$B = f(P \cdot E)$，$B(\text{behave})$是行为，$P(\text{personal})$是个体特征，$E(\text{environment})$是环境因素，即人的行为是个体特征与环境因素的函数关系。员工激励模型的构建，必须同时兼顾个体激励与环境激励。个体离不开群体，个体激励会受到集体规范、集体氛围和结构的影响。特别是随着知识经济的纵深发展，大量边缘学科、综合性学科和横断学科不断涌现，员工的工作与成果更多地依赖群体和团队的智慧和力量。在这种情况下，积极组织行为激励更应该在注重激励个体的同时重视群体激励。

（三）显性激励与隐性激励互相补充

积极组织行为显性激励是具有明确的政策规章和稳定的制度保障的积极组织行为激励，具有可操作性强、相对硬性的特点；而积极组织行为隐性激励则是潜在的、不易表面化的激励，更多是一种环境与文化的激励，是一种理念与价值观的激发。积极组织行为显性激励方式表现直接，并以政策制度的形式加以保障，能起到较为稳定和持续的激励效果，但是在实施过程中体现出管理上的上下级关系以及激励上的主从关系，与知识型员工独立自主的个性容易发生冲突。而积极组织行为隐性激励能体现出激励者与被激励者的平等关系，使人在不设防的心理状态下不经意地受到激励，如得到关心、尊重等。这种激励能刺激他们的成就动机和进取精神，使其自发地为实现自我价值而努力。因此，对知识型员工的激励，应注重积极组织行为显性激励与隐性激励的相互补充。

二 激励要素

（一）积极组织行为激励的目标

1. 个体和谐

个体和谐是指基于积极组织行为的激励会促进员工个人层面的身心健

康和谐发展。积极组织行为激励直接作用于员工个体，帮助员工处理压力，减少由压力产生的不良反应和消极影响，提高员工应对压力的能力，改善员工人际关系，增强员工对组织的主动适应能力，如提高应对模糊工作角色和环境的适应力，促进工作与生活的平衡，获得自我成长，最终达到提升心理资本和工作满意度的目标。

2. 组织和谐

组织和谐是指基于积极组织行为的激励会促进组织层面的和谐发展。积极组织行为激励着眼于个人与组织的相互作用，旨在协调工作角色涉及的相关问题、个人与环境的匹配程度等，优化心理契约与组织承诺，增强员工在组织中的幸福感、凝聚力和忠诚度，改善组织氛围，提升员工士气，降低相关管理成本，诸如减少离职率、降低员工缺勤率和事故率，最终达到提升员工工作绩效和组织效能的目标。

（二）积极组织行为激励的主体与客体

积极组织行为激励的显性主体是组织，包括以下两个层面。一是组织的管理层。积极组织行为激励离不开组织管理层最大限度的认可和支持，特别是在积极组织行为激励的开始阶段。高层管理者的认同和主动参与，可以对积极组织行为激励的政策扶持、资金支持、激励实施等环节给予充分的保障，是积极组织行为激励的关键要素之一。二是相关职能部门，特别是人力资源部门和工会组织。人力资源部门要意识到积极组织行为激励是开发员工人才资源的重要途径，工会组织则可以促使积极组织行为激励发挥更大效用。同时，积极组织行为激励还存在一个隐性主体，就是员工本身，积极组织行为激励始终离不开员工的积极主动参与。

积极组织行为激励的客体是员工和其所在的组织。因此，积极组织行为激励的最终目的是促进员工个体和谐与组织和谐。

（三）积极组织行为激励的内容

积极组织行为激励的内容在国内外并无统一标准。综合国内外积极组织行为激励的研究内容，结合人力资源管理的专业视角，笔者认为积极组织行为激励的内容包括工作层面和生活层面。工作层面有员工个体的工作压力应对、人际关系协调、职业价值观澄清、职业生涯规划、心理资本提升、工作满意度提高等，有组织方面的组织承诺与心理契约强化、忠诚度增强、人文关怀环境构建、工作绩效提升等；生活层面有员工个体的健康促进、家庭关系调和等，有组织方面的非正式群体良性发展、相关咨询服务等。个体与组织交互作用的内容可以依据其重心所在与社会属性而被划入相应范畴。积极组织行为激励的内容整体上偏重于工作层面，具体如表3-1所示。

表3-1 积极组织行为激励的内容

	工作层面	生活层面
个体方面	工作压力应对、人际关系协调、职业价值观澄清、职业生涯规划、心理资本提升、工作满意度提高等	健康促进、家庭关系调和等
组织方面	组织承诺与心理契约强化、忠诚度增强、人文关怀环境构建、工作绩效提升等	非正式群体良性发展、相关咨询服务等

三 激励与博弈分析

（一）积极组织行为的直接激励功能

1. 减压激励功能

积极组织行为激励提供一整套解决员工心理压力的方案，从组织环境营造、事前预防、积极干预、事后援助等环节全方位地帮助员工应对压力，通过向员工个体及其家属提供心理及行为的测评、咨询辅导和治疗服务，帮助他们习得处理压力的方法，减少由压力带来的不良反应和消极影响，并提高员工应对压力的能力。积极组织行为激励的减压功能分别体现在个人层面、个人与组织的关系层面和组织层面。个人层面主要关注个体如何应对压力，而不考虑压力的来源问题，其具体调节措施包括认知应对策略、冥想、放松技巧训练、时间管理等；个人与组织的关系层面着眼于个人与组织的相互作用，其调节措施包括工作角色涉及的相关问题、个人与环境的匹配程度、工作场所的人际关系、员工参与度及自主性等，旨在增强员工对组织的主动适应能力；而组织层面的减压功能更多地体现在积极组织文化的塑造等工作环境上，最终达到提高员工应对压力能力的目的。

2. 发展激励功能

积极组织行为的发展激励功能主要是规划员工职业生涯。积极组织行为激励可以帮助员工制定合理、科学的职业生涯发展规划，充分调动各级管理人员的主动性、积极性和创造性，创建一个高素质和高效率的企业集团，进而形成企业发展的巨大推动力。良好的职业生涯规划应具备可行性、适时性、适应性和持续性。积极组织行为激励可以促进员工不断成长，帮助员工认识自己的个性、知识结构和发展潜力，有效设计个人职业发展规划；同时及时向员工提供相关咨询与培训，确保组织未来对人才的需要，帮助组织留住优秀人才，促使组织资源得到更合理分配，协调组织目标与个体目标。

3. 人文激励功能

积极组织行为激励本身就体现了组织对员工的全方位的人文关怀，能够满足员工精神层次的需求。人是有感情的万物之灵，人的行为常常受情绪情感的影响。正面情绪可以对工作产生巨大的推动、促进作用，负面情绪则会对工作形成巨大的阻碍抑制力，这在很大程度上取决于人是否被科学、有效地激励。积极组织行为激励的人文功能优势突出。一方面，积极组织行为激励能激发员工的工作激情、营造积极和谐的工作环境；另一方面，积极组织行为激励有利于及时科学地疏导员工的不良情绪，帮助员工树立理性认知，从方法和内容、根源和载体上缓解、化解员工的负面情绪，改善组织人际关系，营造积极健康的"心理场"。

（二）积极组织行为的间接激励功能

1. 凝聚力激励功能

积极组织行为激励有助于建立"以人为本"的积极健康的组织文化。组织文化是组织发展的精神动力，它的核心是对人的重视和尊重。积极组织行为不仅强调员工的心理因素，而且把全面关心员工的身心健康和机能的正常发展作为目标。积极组织行为激励可以使员工产生对企业的认同感，增强员工对企业的忠诚度，从而使员工在心理上产生凝聚力。积极组织行为激励不只把员工看成管理对象，更重要的是当成伙伴和朋友，强调采用体贴、关怀的方式构筑企业和谐的气氛。积极组织行为不仅注意减轻员工在企业内的压力（如提供升职机会、安全保障等），而且努力帮助员工解决在企业之外的压力（如协助教育子女等）。积极组织行为不仅重视人力资源管理方面的软件开发（如激励、诱导等），而且重视与人力资源管理有关的硬件开发（如兴建健身设施、提供服务项目等）。积极组织行为激励同时能增加员工的组织公民行为（organizational citizenship behavior，OCB）。组织公民行为是指一种由员工自由决定的行为，不包括在员工的正式工作要求中，但它无疑会促进组织的有效性。良好的组织公民行为主要体现为在工作团队中帮助他人，自觉自愿增加自己的工作活动，向工作团队和组织提出建设性的建议和意见。现代组织越来越依赖团队协作，组织公民行为会提高团队凝聚力，保证团队目标的顺利完成。

2. 心理契约激励功能

人们能否有效地工作，是否会对组织及其目标萌生出责任感、忠诚和热情，以及他们能否从自己的工作中得到满足感，在很大程度上取决于组织对员工的激励。每个人的需要和动机都有很大的差异，即使是同一个人在不同时期的需求也不一样，有些人希望通过努力工作换取更高的薪酬和别人的尊重，有些人的满足感则来自具有挑战性和令人愉快的工作。工作中得到的金钱，可以换取生活必需品，满足基本的需要。但是，只有较高层次的满足才能最大限度地调动员工的积极性，这种满足是现代员工心理契约中最重要的成分。实现这种满足最有效的途径就是开展积极组织行为，积极组织行为能够帮助员工构建心理契约，使员工有能力进行自我激励。所以，积极组织行为在构建员工心理契约方面有积极的作用。在人力资源管理实践中，激励要从个体的实际需要和期望出发，为员工制定一套切实可行的积极组织行为方案，在企业成本基本不变的前提下，使员工和组织双方的效用最大化。

3. 满意度激励功能

满意度是指员工通过对企业可感知的效果与他的期望值比较后形成的感觉状态。员工满不满意是一种情绪反映，也是一种比较指数，主要局限在员工在组织内满意与否的情况，是员工对工作、公司和组织能给个人带来的成长和发展等各方面的现实感受和自身内心期望比较后的结果，用公式表示为：员工满意度＝实际感受值/期望值。积极组织行为可以改善实际情况，增大员工的实际感受值，努力缩小实际情况与员工期望之间的差距。积极组织行为可从员工的工作、生理、心理、家庭等多方面着手，采取有效措施。如工作上，完善各项制度和规定，建立绩效考核制度等，提高员工的积极性；生活上，建立完善的健康体制，保证员工的身心健康，同时培养员工积极健康的生活方式，促进员工家庭的和谐美满，从而提高员工的工作、生活的满意度。满意度高的员工会以更大的热情投入工作，创造更高的工作效率。《哈佛商业周刊》的一项权威调查显示：员工满意度每提高3个百分点，顾客满意度就提高5%，满意度达到80%的公司，其平均利润率要高于同行业其他公司20%[1]。

4. 工作绩效激励功能

积极组织行为激励能够提升工作绩效。员工心情愉悦，对组织产生归属感，有责任感、有主人翁意识，会对工作投入更大的热情，从而能够在生产技能相同的情况下创造更高的工作效率。Google 在短短的几年时间里，由名不见经传的小公司发展成为最知名的搜索公司，在于它有高效率的优秀员工，而高效率来源于员工的高满意度。Google 为员工提供了自由和信任的工作环境，员工可以在公司的饭堂免费吃午餐和晚餐，在不耽误工作的条件下，甚至可以在上班时间去打曲棍球。员工在这种自由和信任的环境中快乐工作，创造出了"Google 神话"[2]。积极组织行为激励会使员工离职率下降，减少人员流动频繁给企业带来的损失；促进员工的身心健康，减少企业医疗保健费用的支出，降低离职缺勤率，节省招聘费用，从而降低成本。英国某专家研究显示，每年由于压力造成的健康问题通过直接的医疗费用和间接的工作缺勤等形式造成的损失竟达整个 GDP 的 10%[3]。积极组织行为激励提倡理性认知，关心人、安慰人，疏导消极员工的情绪，培养员工积极健康的生活方式，为员工创造和谐的工作环境，以增进组织的工作绩效。

在知识经济的实践进程中，对员工激励的内容与形式的研究正在进一步深化。尤其是知识型员工工作负荷大，虽收入水平较高，但离职率也相对高。知识型员工更加注重个人价值的实现与对组织的归属感，他

---

[1] 陈朝晖：《一种有效的非薪酬激励手段》，《经济师》2002 年第 11 期。
[2] 弗朗西斯·赫瑞比：《管理员工》，郑晓明译，机械工业出版社，2000。
[3] 李援：《浅析职业心理压力产生的原因及解决时策》，《河南社会科学》2004 年第 2 期。

们在认同组织身份的前提下，愿意主动与组织承诺保持一致，和组织一起创造未来①。现在大多数学者一般借助以期望效用为基础的"代理理论"对企业激励问题进行广泛研究。比如有的研究者主张应着重考虑物质之外的因素；有的研究者认为企业的激励机制应以员工的内在动机为核心，应注重个性与层次性的激励措施。吉布森指出，尽管这些以"理性契约"为核心的"代理理论"在某种程度上部分解释了企业激励的某些问题，但是由于员工自身的特点，这种方法在分析以知识型员工为主体的企业激励机制的有效性上越来越受到挑战。所以，激励理论必须产生新的理论基础和方向以应对这种挑战②。目前，对以系统性的人文关怀为基础的非物质激励机制进行的深入研究还很少，本章力图从员工的心理需求出发，运用经济博弈论方法分析和探索中国管理情境的积极组织行为激励的有效性，为中国管理情境的积极组织行为的激励模型研究奠定基础。

（三）基于积极组织行为的激励与博弈的关系

博弈是参与者在特定环境条件下，按某种规则及一定次序依各自被允许选择的行为或策略进行选择及在实施进程中各自取得利益的过程。博弈的要素包括参与者、博弈方可选择的全部行为或策略的集合、博弈方的支付、博弈的信息、博弈的次序和参与者的收益等。积极组织行为激励双方实际上构成了一种博弈关系。积极组织行为激励理论也是经济机制设计理论的一个方面，经济机制设计理论主要利用的就是博弈论及一般的方法。对现代经济机制设计理论的研究是不确定信息博弈理论的一种应用。积极组织行为激励理论在特殊的不确定信息博弈理论中，可以概括为一个"委托人"和多个"代理人"的关系。

激励的内在含义是人总是按自己的利益决定自己的行为取舍。因此，委托人必须诱导掌握私有信息的代理人按其自利性的要求来行动，使之符合委托人所要达到的目标。从博弈理论的视角来看，积极组织行为激

---

① Levasseur R. E., "People Skills: Change Management Tools—The Modern Leadership Model", *Interfaces* 34 (2) (2004): 147-148.
② 刘旋旋、张向前：《民营企业核心员工职业生涯管理的博弈分析》，《经济与管理》2007年第6期，第13~16页。

励机制需要满足个体理性约束、激励兼容约束和预算平衡约束。个体理性约束是一种直观的约束，是激发参与者的动力，使其认为能通过参与而获得利益，不能让其感觉参与是不合算的。积极组织行为激励项目一般由组织投资，且内容设置都是针对员工的应激现状，所以积极组织行为激励能满足员工的个体理性约束。激励兼容约束是指激励的设置是有效的，让员工愿意真实地告知相关私有信息。激励兼容约束是成功的激励机制的必要条件，不满足这一机制，激励本身就是一种无效的配置。积极组织行为激励秉承保密原则和发展原则，特别对职业倦怠、职业生涯规划和情绪智力提升等方面具有针对性，因此积极组织行为激励可以满足员工的激励兼容约束。预算平衡约束是激励机制设计者在机制运行中能获得的收益，即激励投入的费用不能大于最终的产出收益。积极组织行为激励非常注重投资收益分析，企业通过实施积极组织行为，促进员工身心健康，降低员工离职率，降低企业成本，有利于提高员工满意度和工作绩效，这也从侧面验证了积极组织行为激励机制能满足个体的预算平衡约束。

博弈论是一门研究在利益相互影响的情况下，局中人（博弈的参与者）采取何种策略才能获得最大效用的理论。博弈论在经济学、管理学等领域的应用解决了许多经典理论无从入手的问题。博弈论最主要的特点是就研究相对具体决策情况而言的最优决策，即寻找相对最满意的策略而非最优策略。组织和员工的积极组织行为激励投资的选择过程正是一个博弈问题。

（四）积极组织行为激励的博弈模型

1. 模型描述

本模型是不完全信息下的静态博弈，是有效率的变和博弈。积极组织行为激励中组织与员工的利益不是对立的，积极组织行为激励的博弈双方存在配合获取较大社会总利益的可能性。

博弈的参与者是组织与员工个人，为了分析需要，假设积极组织行为只实施于一个员工，则博弈时顺序如下：由组织根据其战略发展需求等决定是否实施积极组织行为，若实施积极组织行为激励，就进行相应的宣传教育、培训，并提供专业的辅导服务；员工进而依据自身利益的实际需要，主要以内心和谐或内心冲突来选择接受积极组织行为激励的程度；一段时期后，验证积极组织行为激励的绩效。

2. 模型假设

假设企业与员工是博弈的双方，企业通过积极组织行为激励可以避免员工因工作或生活压力而引起的职业倦怠或应激负荷。博弈方企业分为实施积极组织行为激励的企业和不实施积极组织行为激励的企业。积极组织行为激励包括为员工提供诸如如何处理家庭与事业关系的讲座、针对员工的相关专业咨询等系列活动。博弈方员工的情况分为工作与家庭和谐及工作与家庭冲突两种。其中，和谐是指员工外界的工作与生活应激负荷小，或员工内在自我情绪智力等能力卓越而使身心保持平衡的状态；冲突则是指员工外界的工作与生活应激负荷较大，或员工因内在个体平衡能力不足而出现身心亚健康等相关状态。

假定员工正常工作的工资收益为 R；员工正常工作时的工作成效为 V；企业实施积极组织行为激励的成本为 C；员工由于压力冲突产生的负效用为 L；员工由于压力冲突产生的工资收益损失为 W。

假定员工中出现家庭与工作冲突问题的比例为 θ（较为和谐的员工比例则为 $1-\theta$），企业实施积极组织行为激励的概率为 p（不实施积极组织行为激励的概率就为 $1-p$）。

根据以上假设建立博弈树，如图 3-1 所示。

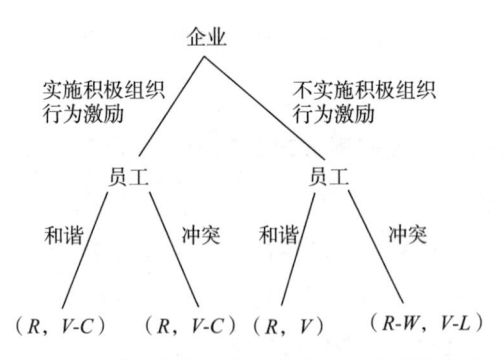

图 3-1 基于积极组织行为的员工激励博弈树

3. 模型均衡分析及经济含义

情况不同，博弈模型均衡的情况也有所不同。

（1）员工身心和谐时，企业为员工实施积极组织行为激励与不实施积极组织行为激励的收益分别为 $V-C$、V。也就是说，员工身心和谐时企业实施积极组织行为激励反而给企业增加了成本，而此时最优的选择就是不实施积极组织行为激励。实际上，这种情况极少发生，随着社会竞争日趋激烈，各种压力源不断增加，身心完全和谐的状况仅仅是一种理想状态。

（2）员工工作与生活应激负荷较大时，企业为员工实施积极组织行为激励与不实施积极组织行为激励的收益分别为 $V-C$、$V-L$。一般情况下，C 远远小于 L。在积极组织行为激励实施初期，积极组织行为激励起始成本投入较多，C 与 L 差距较小，积极组织行为激励效益不太明显。但是，随着积极组织行为激励进程的深入，积极组织行为激励投入成本与员工因压力冲突而产生的负效用的差距越来越大，积极组织行为激励效益就越来越突出。若 C 大于 L，则说明积极组织行为激励做得不到位，企业没有真正了解员工的困难，或者积极组织行为激励宣传普及不够，员工没有从内心真正接受，员工的职业观念需要引领、更新，积极组织行为激励有待进一步改善。

（3）企业实施积极组织行为激励，员工身心和谐与员工压力负荷较大时的收益都为 R。也就是说，实施积极组织行为激励，可以确保员工正常工作时的工资收益，特别是在目前员工压力普遍较大的背景下。这从侧面说明了积极组织行为激励对员工的保险性效益。实际上，积极组织行为激励对员工还有潜在的效益，即科学应对压力后将带来潜能的增益。

（4）不实施积极组织行为激励，员工身心和谐与员工压力负荷较大时的收益分别为 V、$V-L$。随着竞争的加剧，员工因压力冲突而产生的负效用——L 呈现明显的大幅上升趋势。因此，实施积极组织行为激励的直接效益明显，间接效益巨大。随着知识更新的加快、生活与工作节奏的加快，压力的积累与沉淀必然增加，积极组织行为激励的这种直接效益与间接效益也将越来越突出。

（5）由于企业中的每个员工并不是时时刻刻都处于工作与生活应激负荷较大的情境中，加之我国传统文化的内敛性，很多时候员工并不会主动反映自身的问题与困难，因此企业要主动关心员工，深入广泛开展积极组织行为激励的宣传与知识普及。积极组织行为激励实际上是人力资本的重要投资，所以要更新员工观念，对员工多了解，对于一定比例的问题员工要及时给予更多的科学的关心与帮助,实现帕累托最优,进而形成混合策略的纳什均衡。

(6)鉴于前面假定员工中出现生活与工作冲突问题的员工比例为 θ（和谐比例为 $1-\theta$），企业实施积极组织行为激励的概率为 p，则此博弈变成企业与员工进行的不完全信息下的静态博弈,企业对员工实施积极组织行为激励的效用为：

$$U = p[(1-\theta)(V-C)+\theta(V-C)] + (1-p)[(1-\theta)V+\theta(V-L)]$$
$$= p(V-C)+(1-p)(V-\theta L)$$
$$= V-\theta L-p(C-\theta L)$$

对上述效用函数求微分,得出企业最优化的一阶条件为：

$$\frac{\partial U}{\partial p} = C-\theta L = 0 \Rightarrow \theta = \frac{C}{L}$$

4. 积极组织行为激励策略选择

可以看出,员工中出现生活与工作冲突问题的比例 θ 的大小是由企业对员工实施积极组织行为激励的成本与员工在出现压力冲突后产生的负效用的比值决定的。这里拟定 $C=1$，$L=5$，则需要针对这 20%（$C/L=1/5$）的员工加以特殊积极组织行为辅导,进行积极组织行为激励。企业需要将积极组织行为激励工作经常化、规范化、科学化,提升员工情绪智力,在降低积极组织行为成本的同时将负效用降到最低。

博弈模型给出了企业承担积极组织行为激励投资效益的取值范围,即 $L-C$。显而易见,由于 L 与 C 的大小关系是不确定的,且只有当 $L>C$ 时,积极组织行为激励才有效益。实际上,随着社会转型与市场化进程的深入,"亚健康"、工作倦怠甚至"过劳死"已经成为我国突出的社会问题,并呈现向低龄化蔓延的趋势。一般来说,企业实施积极组织行为激励的成本（C）一般远小于员工因压力冲突而产生的负效用（L）。

人力资本作为企业获取竞争优势的关键资源,对企业具有极其重要的作用。知识型员工这一类人力资本是具有高价值且是独特的。这些员工拥有企业需要的特定技能,这些技能在劳动力市场上难以获得,其为企业带来的战略性利益远远超过雇用和开发他们的管理成本。也就是说,该类人力资本拥有企业竞争优势所必需的核心技能。运用博弈论分析员工积极组织行为激励培训的投资成本，得出关于确定企业承担积极组织行为激励投资效益的取值范围和积极组织行为激励效用的计算公式，为企业在人力资本培训投资过程中确定积极组织行为投资策略和投资比率提供了决策依据。

现代人越来越追求生活品质的提升，不仅要快乐工作，更要快乐生活。诸多研究表明[①]，员工的工作压力冲突对员工个人和组织都会带来不利的影响，工作压力冲突与事业满意度呈负相关，较多的工作时间投入与家庭满意度呈负相关，而工作满意度与缺勤率和流动率之间存在稳定的负相关关系。一方面，较大的工作压力肯定对员工的健康状况造成负面影响，导致员工情绪低落、易消沉，还会降低员工的生活满意度，影响其生理健康，同时也影响其幸福感、生活满意度和家庭归属感等。另一方面，较大的工作压力可能导致员工较低的工作满意度、较低的效率、较高的缺勤率和较高的离职率。积极组织行为激励使人力资本增加，而职业生涯改善或薪酬、福利增加，所获得的利益清晰可见。当然，组织在对员工实施积极组织行为激励过程中还应对员工的状况进行科学准确的评价分析，掌握积极组织行为的激励策略，才能真正做到积极组织行为激励的"双赢"。

近年来，拉宾在"心理博弈"框架基础上，构造了一个引入公平偏好的博弈论体系[②]，把公平性（fairness）定义为：当别人对你友善时你也对别人友善，当别人对你不善时你也对别人不善（"投桃报李"和"以牙还牙"）。积极组织行为激励本质上完全符合这一原理。企业给予员工更加人性化的关怀，给予员工更多的固定收入，不仅不会减少企业的利润，反而会提升员工的报恩之能，激发员工的感激之情，使员工更有效率、更加努力地为企业工作。中国管理情境的积极组织行为博弈模型可以用于解释许多成功企业的人性化管理和相应的企业文化，对公司与员工间的互惠行为做出诠释，进而验证积极组织行为激励模型研究的必要性和重要性。

---

① 刘旋旋、张向前：《民营企业核心员工职业生涯管理的博弈分析》，《经济与管理》2007年第6期，第13~16页。

② Rabin, M., "A Perspective on Psychology and Economics", *European Economic Review* 46 (2002): 657-685.

（五）中国管理情境的积极组织行为的组织保障

组织保障是中国管理情境下开展积极组织行为的重要前提。西方发达国家的工业化相对成熟，员工的职业素养等也有较好的积淀。中国40多年的改革开放走过了西方300多年的路，正处于深刻的社会变革时代，社会的转型、经济的转型、管理的转型，最终更是体现为人的转型，管理融入社会生活，嵌入社会文化，在这样的情境中，价值的缺失、精神的焦虑等已经成为时代的话题。而中国的传统文化与组织机制决定了集体与组织在开展工作方面的决定性作用。因此，在中国管理情境下，组织保障是积极组织行为顺利开展的基础。

组织保障主要体现在以下几个方面。一是组织战略与组织愿景，涉及组织的价值观与组织社会责任，具体包括确定组织的任务、认定组织的外部机会与威胁、认定组织的内部优势与弱点、建立长期目标、选择与制定具体的实施战略等。其中，选择与制定具体的实施战略是关键因素。从积极组织行为视角来看，需要明确的是"人的发展与幸福"所处的具体位置，以及其对组织的实际重要性与实际的体现度。二是资源配置，涉及组织的资源如何分配，因为组织的资源一定是有限的，具体的资源体现为时间、经费、人员、设备与场所，这五种资源对于正常开展积极组织行为而言是不可或缺的，如何配置才能形成效益最大化、效率最大化、和谐最大化，从而确保积极组织行为的顺利实施，是需要考虑的重要问题。三是组织架构，具体指什么部门负责积极组织行为的实施、评估与完善。这其实还涉及沟通网络等，积极组织行为需要管理层的鼎力支持、工会的全力以赴、相关部门的密切联动、实施机构的专业运行，最终形成一整套科学严谨又富有组织个性化的体系。

本章前半部分在理论分析的基础上，探究了中国管理情境的积极组织行为激励的基本原则，分析了中国管理情境的积极组织行为激励的要素，从直接和间接两个视角分析了中国管理情境的积极组织行为的激励功能，并将经济博弈论原理应用于积极组织行为实施中，分析了中国管理情境的积极组织行为激励的博弈机制，验证了中国管理情境的积极组织行为激励的可行性与必要性，为建立中国管理情境的积极组织行为激励模型研究奠定了基础。

四 激励模型的理论架构

(一) 模型的理论分析

激励理论的发展历史表明,人类对自身需求的认识和对激励深层规律的掌握是逐渐深化的。激励理论是随着人的认知需求变化而不断发展的。管理学中的激励理论以人的需要为基础,从内容型激励理论、过程型激励理论到综合型激励理论的发展,反映了人们需求取向的不断变化。转型期员工的人文需求日渐突出,而中国管理情境的积极组织行为激励正好吻合这种需求。面对日趋激烈的市场竞争,压力管理理论与人本管理理论取得了很大的进展,这为中国管理情境的积极组织行为激励提供了理论背景,也进一步明确了中国管理情境的积极组织行为激励的目标与诉求。面对跨世纪的变革,积极心理学理论应运而生。积极心理学致力于使正常人变为幸福人,这为组织中员工的激励管理注入了新的活力,为中国管理情境的积极组织行为激励提供了直接的理论支撑。

综观员工激励理论,主要集中于宏观、中观和微观三个层面。宏观层面从理论与方法上对员工激励进行学术研究,如有的研究者从需要层次理论的视角分析需要的隐藏性及其对员工激励的理论意义等;中观层面从制度改革方面对员工激励进行政策研究,如有的研究者分析了市场机制下的员工激励政策机制,或结合职业训练论述激励制度等;微观层面主要从运作方法视角对员工激励进行研究,如有的研究者从心理契约角度分析员工激励的优化;等等。关于积极组织行为激励研究,宏观上,有研究者论述了积极组织行为与和谐社会建设的关系,有研究者探讨了我国积极组织行为的实施方略等;微观上的研究非常丰富,有研究者论述了积极组织行为激励的具体技术与内容,有研究者探索了积极组织行为在不同行业的具体应用等,这些研究为中国管理情境的积极组织行为激励模型提供了理论基础。中国管理情境的积极组织行为激励则从宏观着眼,从微观着手。尽管中外学者有关积极组织行为激励的研究视角有所差异,但核心基本一致,主要目的都是提升工作绩效。大量研究也充分证明了积极组织行为的激励功能。随着积极组织行为激励研究的深入,积极组织行为激励的深层变量和系统激励研究越来越重要，有关积极组织行为激励的主要影响因素与目标的实现机制的研究也越来越成熟。

（二）模型的形成逻辑

中国管理情境的积极组织行为激励模型的形成逻辑受理论发展和现实问题的双重影响，中国管理情境的积极组织行为激励顺应了管理激励理论的发展和社会经济进步的必然要求，而社会组织结构变迁为其提供了巨大的驱动力。鉴于科学精细管理的发展、全球化进程的加速，国外贸易伙伴对员工健康福利的要求日益提高，而我国构建和谐社会的目标恰好与积极组织行为激励的目标高度一致，加上员工应激负荷的增加，这些都在客观上催生了积极组织行为激励的发展。当今员工的激励管理越来越重视人文和谐，中国管理情境的积极组织行为激励模型正是人文和谐激励的突出体现。积极组织行为激励作为非薪酬激励，其作用机理是激发员工的内在持久需求，体现人力资源管理的人文精神：关注人、尊重人、注重人的价值、帮助人面对困难、开发人的潜能以及促进人的心理健康和成熟等，越来越多的组织意识到为员工提供积极组织行为激励是持久提升组织绩效的有效选择。

传统的积极组织行为激励偏重于具体微观的方法技术，这在一定程度上可以激发员工的积极性，但要从根本上系统持久地提升激励效果，则需要系统地整合积极组织行为激励要素等，形成组合效应和持久效应。中国管理情境的积极组织行为激励模型依据上述理论基础，遵循积极组织行为激励原则，系统整合积极组织行为激励在工作层面与生活层面、个体层面与组织层面的激励内容，探究积极组织行为激励各变量间的有机关系。积极组织行为激励的目标是平衡员工身心健康，促进组织与员工的和谐发展。结合积极组织行为的定义，综合积极组织行为激励的内容与要素等内涵，本章采用定性方法确定中国管理情境的积极组织行为激励模型变量。通过访谈方式收集到的与积极组织行为激励概念有关的条目包括压力应对、人际协调、职业价值观、职业生涯规划、心理资本、工作满意度、员工健康、组织承诺、忠诚度、人文关怀环境、工作绩效、心理契约等。经过反复斟酌与归纳整理，我们发现职业价值观、职业生涯规划、心理资本、人文关怀环境、工作满意度与工作绩效能较科学客观地反映中国管理情境的积极组织行为激励。鉴于有效的激励必须最大限度地满足个体需要，同时最大限度地产生积极的绩效，因此工作满意度和工作绩效是积极组织行为激励的核心指标，是积极组织行为激励的内生潜变量。从积极组织行为激励的内涵来看，职业价值观、职业生涯规划、心理资本及人文关怀环境是积极组织行为激励的主要内容，是积极组织行为激励的外生潜变量。本章研究的基本控制变量是宏观与微观经济环境、员工个人期望和人格等因素。

五 激励模型的研究假设

中国管理情境的积极组织行为激励模型的理论架构中论证了职业价值观是模型的外生潜变量。职业价值观是人们看待职业的一种信念和态度，是决定个体职业行为的心理基础。工作满意度的概念首先由霍波克提出，国内外大量的工作满意度研究主要集中在结构和影响因素方面，如弗鲁姆的七因素论、史密斯等人的五因素论。国内学者时勘等人认为工作满意度包括领导行为、管理措施、工作回报、团队合作和工作激励，也有学者提出工作满意度因素包括工作回报、工作背景、工作群体、企业管理和企业经营等[①]。员工工作满意度是其感受的效果与期望值之间的差异函数，而员工对于工作的期望值来源于员工对待工作的态度，也就是员工的职业价值观。同时，职业价值观作为一种相对持久的信念，是推动并指引决策和行动的核心因素，职业价值观对工作满意度肯定会产生作用。由此得到研究假设1。

研究假设1：员工职业价值观对其工作满意度有显著影响。

自"霍桑实验"实施以来，对"士气"等影响工作绩效的心理因素的系列研究，使人们意识到了工作态度、职业价值观与工作绩效间的密切关系。有研究表明，积极组织行为的实施过程中，员工的自我价值与工作特性拟合程度越高，组织承诺和工作满意度就会越高，离职率就会降低。员工接受组织的价值观并使其体现在日常工作中，将之作为自己的行动指

---

① 惠调艳：《研发人员工作满意度影响因素研究》，《科技进步与对策》2007年第1期，第182~184页。

南，有助于工作绩效的提升。工作绩效涉及投入与产出的效能，而这种效能离不开员工对于工作的态度，也就是职业价值观。同时，职业价值观作为一种具体的行为方式或存在的终极状态，对工作绩效肯定会产生影响。由此得到研究假设2。

研究假设2：员工职业价值观对其工作绩效有显著影响。

刘易斯[1]将积极组织行为内容分为职业生涯规划等八个方面；贝克[2]和范登伯格等人发现积极组织行为可以显著提高员工的组织承诺，积极组织行为激励是员工工作满意度的重要预测因素，积极组织行为可以显著提升员工的组织承诺感和工作满意度；刘晓燕等[3]认为组织职业生涯管理与工作满意度存在显著正相关。由此得到研究假设3。

研究假设3：员工职业生涯规划对其工作满意度有显著影响。

有研究者提出组织应选择相应的职业生涯管理系统与之匹配，方可发挥有效性。还有研究认为应从内外两个角度整合职业生涯管理系统，内部要对各种管理实践进行整合，外部要对职业生涯管理系统和组织文化、战略等进行整合。科伊尔-夏比洛和凯斯勒发现可觉察的组织义务的履行与员工职责的履行之间的确是正向关联的。所以，组织投入越高，越有助于提高员工的工作努力程度和工作质量，相应地，组织绩效也会提高[4]。龙立荣、方俐洛和凌文辁通过实证研究，验证了职业生涯管理系统会对员工的工作绩效等心理与行为产生积极的影响[5]。杨东涛、柳婷通过实证研究发现，不同类型的职业生涯管理系统对组织绩效的影响有显著

---

[1] Lewis J. A., Lewis M. D., *Counseling Programs* (CA: Brooks/Core Publishing Company, 1986).

[2] Becker T., "Foci and Bases of Commitment: Are They Distinctions Worth Making?" *Academy of Management Journal* 35 (1992): 232–244; Vandenberg R. J., Lance C. E. "Examining the Causal Order of Job Satisfaction and Organizational Commitment", *Journal of Management* 18 (1992): 153–167.

[3] 刘晓燕等：《组织职业生涯管理对职业承诺和工作满意度的影响——职业延迟满足的中介作用分析》，《心理学报》2007年第4期，第715~722页。

[4] Coyle Shapiro J. and Kessler I., "Reciprocity Through the Lens of the Psychological Contract: Employee and Employer Perspective", *European Journal of Work and Organizational Psychology* 11 (1) (2002): 1–18.

[5] 龙立荣、方俐洛、凌文辁：《组织职业生涯管理与员工心理与行为的关系》，《心理学报》2002年第1期，第97~105页。

差异,其中组织主导型和高度投入型职业生涯管理系统与组织绩效提升之间有显著相关性①。由此得到研究假设4。

研究假设4:员工职业生涯规划对其工作绩效有显著影响。

卢森斯等人在2004年将心理资本(psychological capital)的概念拓展至组织管理领域,认为心理资本是指能够导致员工积极组织行为的心理状态,通过有针对性地投入和开发可使员工获得竞争优势②。心理资本是一种综合的积极心理素质。工作满意度是员工个体作为职业人的心理和生理需求的满足程度,它来源于对工作或工作经验评价的愉快等正性情绪的认知。所以,心理资本直接影响工作满意度。由此得到研究假设5。

研究假设5:员工心理资本对其工作满意度有显著影响。

心理资本具有投资和收益特性,可以通过特定方式进行投资与开发。从个体层面来说,心理资本是促进个体成长、发展与绩效提升的重要因素;从组织层面来说,心理资本能够帮助企业获取竞争优势。国外研究通过效用分析发现,心理资本增加2%,每年就可能给公司带来1000多万美元的收入③。由此得到研究假设6。

研究假设6:员工心理资本对其工作绩效有显著影响。

国内外大量的工作满意度研究主要集中在结构和影响因素方面④,员工工作满意度是其感受的效果,其来源除了内在因素外,外在环境也是重要因素之一。米勒的研究认为,组织环境若重视个人自尊和独特性,关心他人并为他人服务,关注共同利益,则可以称为人道主义文化环境⑤。戚

---

① 杨东涛、柳婷:《职业生涯管理对组织绩效影响的实证研究》,《江海学刊》2006年第5期,第66~71页。
② Luthans F. and Youssef C. M., "Human, Social, and Now Positive Psychological Capital Management: Investing in People for Competitive Advantage", *Organizational Dynamics* 33 (2) (2004): 143–160.
③ Luthans F., Avey J. B., and Avolio B. J., "Psychological Capital Development: Toward a Micro-intervention", *Journal of Organizational Behavior* 27 (2006): 387–393.
④ Cranny C. J. and Stone E. F., *Job Satisfaction: Advance in Research and Application* (New York: The Free Press, 1993).
⑤ Domenec M., "Organizational Humanizing Cultures: Do They Generate Social Capital?", *Journal of Business Ethics* 45 (1) (2003): 3–14.

振东等人认为，有效的人力资本管理应培育合作互信的环境氛围，任何个体的存在都离不开其所依赖的社会系统，员工人力资本中知识与技能的开发依赖组织能否有效地开发和利用组织社会资本，其中人文关怀环境至关重要①。由此得到研究假设7。

研究假设7：人文关怀环境对工作满意度有显著影响。

以上各项假设可以通过图3-2所示的研究模型集中体现出来。

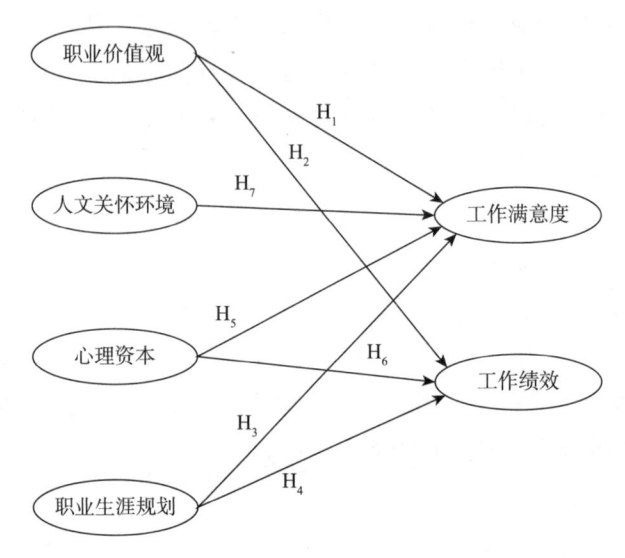

图3-2　中国管理情境的积极组织行为激励研究模型

六　激励模型的问卷设计与数据分析

（一）问卷设计与构成

国外的研究不论是从理论上还是从研究结果上来看，对积极组织行为激励的内容与结构的认识分歧都比较大，而我国的积极组织行为实践水平普遍较低，与国外有较大的差距。因此，本章没有简单地照搬国外的相关研究，而是立足于国内的实际，参照国外的成果，编制出了适合我国国情的问卷。在考虑国内外文献及做法的基础上，对三家知识型企

---

① 戚振东等：《基于和谐管理理论的人力资本管理：一个理论框架》，《科研管理》2008年第3期，第34~40页。

业(中国太平洋保险股份有限公司常州分公司、江苏智运科技发展有限公司、中国安防科技有限公司)进行了深度访谈,又在南京、上海和常州找了6家从事人力资源管理工作的部门负责人做了预调研,根据他们的意见,对量表做了一定的修正。笔者初步将积极组织行为激励分成6个方面,即职业价值观、职业生涯规划、心理资本、人文关怀环境、工作满意度、工作绩效。这六个模型中的潜变量的度量、工作绩效的测量直接借用国内学者已有的成熟方法,其余是在国内外研究基础上自编问卷,并根据预调研的结果修正而成。

为进一步检验问卷的质量,笔者进行了预备性测试。在苏南地区发放了200份问卷,回收189份,有效问卷176份,测试对象包括中国银行江苏培训中心的46名学员、中国联通常州分公司的37名管理和技术人员、海联集团的49名管理和技术人员,以及昆山中融信息技术有限公司的44名管理和技术人员。问卷收回后,笔者进行了质和量的分析。质的分析主要是要求被测试者标注题意不明白的题目;量的分析主要是进行了题目频率分布分析、题目与分测验总分的相关分析,以及初步的探索性因子分析(exploratory factor analysis,EFA),将所测量变量因子上的载荷低于0.4的题目和明显交叉负载的题目删除,最后形成职业价值观量表等6个正式量表。

1. 职业价值观量表

本研究采用自编自陈式Likert五点计分的职业价值观量表。鉴于这种测评方式在职业价值观研究中最为常用,且当前国内没有非常合适的职业价值观量表,笔者参考了国外的调查量表和相关研究,编制了职业价值观量表。该量表包括社会目标(共3个项目,即对公共利益、行业前景、社会声望在"最值得做与最不值得做"之间做出选择)、个人目标(包括工作取向、爱情家庭、金钱权力、成就感)、行为方式(包括兴趣匹配、自制力、和谐环境、才能发挥、崇尚创新)3个维度,共17个项目。

2. 职业生涯规划量表

参照相关研究,自编自陈式Likert五点计分的职业生涯规划量表,具体包括3个维度、12个项目,分别为:个体认知与规划(4个项目)、环境认知与规划(4个项目)、职业生涯年检(4个项目)。

3. 心理资本量表

参照国外相关研究，自编自陈式 Likert 五点计分的心理资本量表，具体包括 4 个维度、24 个项目，分别为：情绪智力（8 个项目）、自我效能感（8 个项目）、乐观（4 个项目）、坚韧性（4 个项目）。

4. 人文关怀环境量表

自编自陈式 Likert 五点计分的人文关怀环境量表，具体包括 3 个维度、15 个项目，分别为：关怀认知（7 个项目）、支持行为（4 个项目）、人文规范（4 个项目）。

5. 工作满意度问卷

鉴于现在国内尚无成熟的工作满意度问卷，所以参照惠调艳、时勘等人的研究，自编了工作满意度问卷。工作满意度问卷分 5 个维度、22 个项目，分别为：工作本身（6 个项目）、人际环境（4 个项目）、组织形象（4 个项目）、自我实现（5 个项目）、外在回报（3 个项目）。

6. 工作绩效量表

本表直接采用韩翼、廖建桥、龙立荣编制的工作绩效量表，该量表已经经过检测和多次运用，具有良好的信度和结构效度[①]。本量表包括 3 个维度、34 个项目：任务绩效（14 个项目）、关系绩效（10 个项目）、学习绩效（10 个项目）。任务绩效是员工按照工作说明书中所规定的任务、职责，通过核心技术为组织目标做出贡献的结果或行为；关系绩效是通过对工作所处的社会、组织以及心理背景的支持间接为组织目标做出贡献的行为和过程；学习绩效则是表明个体通过系统解决问题、积累过去的经验、向他人学习以及在组织内传递知识的过程，获取有益的信息，即通过对自我认知的改变、提高学习技能和其他相关能力，为组织目标做出贡献的行为过程。

（二）数据收集与统计方法

1. 数据收集

笔者应用经过预调研后重新修正的调查问卷，采用随机抽样的方法，对江苏智运科技发展有限公司、中国人寿保险（集团）公司常州分公司、

[①] 韩翼、廖建桥、龙立荣：《雇员工作绩效结构模型构建与实证研究》，《管理科学学报》2007 年第 10 期，第 67~74 页。

尚科信息科技有限公司、中国安防科技有限公司、中国交通银行常州分行、中科新尚研发中心、海联集团、深圳华润集团、上海云峰集团的员工发出问卷500份，回收问卷351份，回收率为70.2%。被调查单位涵盖员工从事的主要行业，被调查者涉及被调查单位的主要领域。收集调查数据历时6个月。经过对问卷的审核，排除了31份不合格的无效问卷，其中有7份问卷填写出现严重缺失，24份问卷很明显是不严谨的问卷，题目填写有明显的极端性反应，回答都是"1"或都是"4"或"5"。这样，有效问卷共320份。研究样本的基本情况如表3-2所示。

表3-2 中国管理情境的积极组织行为激励模型实证研究样本的基本情况

类别		人数（人）	占比（%）
性别	男	187	58.44
	女	133	41.56
	合计	320	100
年龄	30岁以下	66	20.63
	30~40岁	104	32.50
	40~50岁	139	43.44
	50岁以上	11	3.44
	合计	320	100
学历	专科	74	23.13
	本科	126	39.38
	研究生	120	37.50
	合计	320	100
单位	事业单位	41	12.81
	外企（合资）	115	35.94
	国企	80	25.00
	民营	84	26.25
	合计	320	100
行业	信息业	104	32.50
	金融保险业	80	25.00

续表

类别		人数（人）	占比（%）
行业	制造业	95	29.69
	其他	41	12.81
	合计	320	100

2. 统计方法

本研究主要运用了以下统计方法：相关分析、方差分析、独立样本 t 检验、回归分析、结构方程模型（验证性因素分析）等。其中，结构方程模型（structure equation model，SEM）是基于变量的协方差矩阵来分析变量之间关系的一种统计方法，是多变量分析的一项重要内容。潜变量概念使对多变量之间复杂多元关系的研究实现了重要的方法性的突破，结构方程可以剔除随机测量误差，同时计算多个因变量之间的关系。

（三）问卷数据的描述性统计分析

对样本数据进行描述性统计分析（descriptive statistics），主要是检查各个观察变量的差异值和分布特征。本研究共有 6 个潜变量，分别是人文关怀环境、心理资本、工作绩效、工作满意度、职业价值观和职业生涯规划，共对应 21 个观察变量，最大值、最小值、平均数和标准差如表 3-3 所示。这些观察变量的差异值与分布特征可以反映被调查的员工对这些变量的一般态度趋向。

表 3-3　观察变量的数据的描述性统计分析

	N	最小值	最大值	平均数	标准差
关怀认知	320	1.85	5.00	3.7780	0.63172
支持行为	320	1.25	5.00	3.3240	0.68466
人文规范	320	1.25	5.00	2.8774	0.72283
个体认知与规划	320	2.00	5.00	3.5459	0.60450
环境认知与规划	320	2.00	5.00	3.6503	0.61284
职业生涯年检	320	1.75	5.00	2.5346	0.62832
情绪智力	320	2.12	5.00	3.0558	0.51386
自我效能感	320	1.87	5.00	2.9765	0.52735

续表

	N	最小值	最大值	平均数	标准差
乐观	320	1.00	5.00	3.3961	0.63524
坚韧性	320	1.75	5.00	3.1923	0.62986
任务绩效	320	2.71	5.00	3.8832	0.46640
关系绩效	320	2.50	4.70	3.4440	0.42274
学习绩效	320	2.25	5.00	3.7030	0.51852
个人目标	320	2.50	5.00	3.2177	0.58068
社会目标	320	2.30	5.00	3.8835	0.70921
行为方式	320	2.16	5.00	3.6816	0.61162
工作本身	320	1.66	5.00	3.5115	0.58325
人际环境	320	2.00	5.00	3.4273	0.68459
组织形象	320	1.25	5.00	3.5761	0.75599
自我实现	320	1.80	5.00	3.1071	0.67267
外在回报	320	1.66	4.66	3.1555	0.66106
Valid N (listwise)	320				

注：N 为样本数。

（四）问卷的共同方法偏差和信度分析

在问卷设计与数据收集过程中，虽已通过反向问题等问卷基本编排法、匿名进行了事前控制，但因数据均为被试的自我报告，因此仍可能存在共同方法偏差。为此，本研究采用 Human 单因素检测法，将所有题项进行单因素分析，没有发现独大的单因子存在，最大的因子仅解释了 27.01% 的方差变异量，因此本研究不存在严重的共同方法偏差问题。

问卷信度（reliability）和效度（validity）是实证分析结果准确性的基本保障之一，因此在进行模型和假设检验之前，应先对问卷的信度和效度进行检测。信度是测量工具的可靠性或稳定性。本研究采用 Cronbach's α 值来衡量量表的信度，具体结果见表 3-4。虽然理论上量表的信度越高越好，事实上没有一个测验是完全可靠的。由于测量误差无法避免，因此所有测验都存在某种程度的不可靠性，信度值要根据使用目的和情况而定。一般认为，量表的信度越高，该量表越稳定，采用该量表测试或调查的结果也就越可靠和有效。

表 3-4 量表的信度检测结果

量表	原始测量项目数	Cronbach's α 系数
工作满意度	22	0.9107
职业价值观	17	0.8953
职业生涯规划	12	0.8324
心理资本	24	0.9278
人文关怀环境	15	0.8296

如表 3-4 所示，从量表的信度分析来看，系数在 0.8296~0.9278，表明各量表内部的可靠性较高，各量表均具有较高的信度水平。

（五）问卷的效度分析

问卷效度指测量的有效性或准确度。通常，效度测量主要由内容效度（content validity）和构造效度（construct validity）两部分测量组成。内容效度是一个主观评价指标。本研究对各变量的测量都是在借鉴中外学者现有研究基础上形成的，因此具有较好的内容效度。

构造效度主要由收敛效度（convergent validity）和区别效度（discriminant validity）组成。下面对这两种效度做具体分析。

1. 收敛效度分析

运用结构方程模型进行潜变量因子测量的收敛效度分析主要通过验证性因子分析（confirmatory factor analysis，CFA）来进行。验证性因子分析判断收敛效度的标准共有两个：一是检测模型本身的拟合情况是否达标，其判断标准就是结构方程建模的几种常见拟合指数；二是观测变量指标在潜变量因子上的载荷情况。对整个测量模型的验证性因子分析使用 AMOS4.0 软件来分析，分析结果如表 3-5 所示。

从表 3-5 可以看出，各个项目在其所在潜变量上的标准化因子载荷系数均大于 0.50 的标准，而且各个观察变量指标在各自潜变量因子的负载量所对应的 t 值均大于 2。这说明各个观察变量指标在各自潜变量因子的负载量足够大且显著，各个潜变量因子的测量均具有较好的收敛效度。

表 3-5 测量模型的验证性因子分析结果

潜变量	测量项目	标准化因子载荷系数	t 值
人文关怀环境	1. 单位中的员工都有共同愿景：快乐工作	0.76	8.43
	2. 我为人人，人人为我	0.81	9.12
	3. 在一起工作是缘分，应该互相关怀	0.83	10.47
	4. 同事之间互相关怀可以提升工作与生活质量	0.77	8.53
	5. "独乐乐，不如众乐乐"	0.69	7.71
	6. 同事之间可以不是好朋友，但起码是伙伴	0.89	12.24
	7. 工作是刚性的，但人际关系应是温情融洽的	0.86	11.31
	8. 单位员工互相支持、互相理解、互相尊重	0.83	9.42
	9. 同事遇到困难会主动伸出援手	0.75	8.92
	10. 实践中常对同事说："需要我帮忙吗？"	0.68	7.79
	11. 单位成员团队协作融洽	0.74	9.13
	12. 单位的工作沟通环境和人际关系良好	0.76	8.23
	13. 知识共享的学习型组织	0.81	10.47
	14. 单位有衡量行为对错的道德尺度	0.80	9.19
	15. 人文关怀被明确列入组织规章制度	0.72	10.76
职业生涯规划	1. 对自己的能力、特长、不足等有清晰的剖析	0.82	9.43
	2. 对自己的职业动态成长的区域与方向很了解	0.87	8.23
	3. 有清楚的自我职业规划，发展有多重阶梯	0.91	11.02
	4. 注重自己适应力、学习力、发展力的不断提升	0.67	7.53
	5. 了解与职业生涯相关的组织内外环境的机会	0.69	8.21
	6. 结合个人职业生涯规划与组织的发展	0.71	9.42
	7. 注重团队人际关系	0.86	7.91
	8. 知道与职业生涯相关的组织内外环境的威胁	0.79	9.42
	9. 建立自己的职业生涯预警机制	0.75	8.29
	10. 年末对自己职业心态、目标等情况总结规划	0.78	11.46
	11. 定期对职业生涯进行反思，及时修正	0.73	9.32
	12. 不断激发自己的工作热情与活力	0.86	10.12

续表

潜变量	测量项目	标准化因子载荷系数	t 值
心理资本	1. 很多时候能清晰意识到为什么我有某种情感	0.78	8.49
	2. 我很了解自己的情绪	0.81	10.19
	3. 我能很敏锐地洞悉别人的感受和情绪	0.84	9.43
	4. 我能了解自己身边人的情绪	0.79	8.32
	5. 当我愤怒时，我总是能很快冷静下来	0.84	12.16
	6. 我对自己的情绪有很强的控制能力	0.81	9.41
	7. 我经常为自己设立目标并鼓励自己尽全力去达成	0.80	8.13
	8. 我是一个会自我激励的人	0.76	11.42
	9. 我喜欢参加挑战性强的工作	0.85	7.92
	10. 我对自己的能力和水平有足够的自信	0.79	8.21
	11. 当被分派较难任务时，我的第一反应是我行	0.76	8.01
	12. 与人交谈时，我敢于正视别人	0.82	12.23
	13. 我从不为自己的身体形象等苦恼	0.86	11.76
	14. 我善于交际	0.91	10.08
	15. 我从不担心别人是否喜欢我做出的决定	0.66	9.76
	16. 我经常完成任务后会欣赏一下自己的工作	0.75	12.23
	17. 我对未来充满信心	0.86	12.59
	18. 即使遇到困难，我也能一直乐观地面对	0.82	10.11
	19. 白天担忧的工作不影响我夜间的睡眠	0.81	9.87
	20. 我是个乐观主义者	0.87	8.26
	21. 遭遇困境，我从不轻易放弃	0.74	8.18
	22. 失败后，我常会愈挫愈勇	0.68	7.94
	23. 我一直践行"君子不可不弘毅"	0.69	8.57
	24. 我下决心要做的事，不管困难多大，都能坚持	0.75	8.14
工作满意度	1. 工作强度	0.89	9.12
	2. 工作自主性	0.84	8.86
	3. 工作重要性	0.92	11.47
	4. 工作胜任感	0.73	7.83
	5. 工作安全感	0.67	8.01

续表

潜变量	测量项目	标准化因子载荷系数	t 值
工作满意度	6. 工作压力	0.86	9.42
	7. 领导管理	0.76	10.27
	8. 同事支持	0.82	9.15
	9. 公平公正	0.85	12.78
	10. 人际尊重宽容	0.86	8.82
	11. 组织社会地位	0.69	7.53
	12. 组织品牌社会认可度	0.78	8.03
	13. 组织管理制度	0.85	8.11
	14. 组织文化	0.82	12.06
	15. 专业及兴趣匹配	0.89	10.23
	16. 职业成长	0.79	8.93
	17. 参与决策	0.76	8.04
	18. 工作成就	0.82	9.17
	19. 能力发挥	0.84	13.12
	20. 薪酬福利	0.81	7.86
	21. 晋升机会	0.87	8.25
	22. 工作条件	0.79	7.97
职业价值观	1. 社会有序和谐	0.81	8.93
	2. 行业前景	0.91	8.14
	3. 职业社会声望	0.73	7.75
	4. 自己是岗位主人，付出有回报	0.83	11.53
	5. 为了素质提升和前途而工作	0.89	9.71
	6. 有任务主动干，有困难主动上	0.71	9.24
	7. 为了家人或爱情幸福工作	0.84	8.31
	8. 拥有满意的薪酬福利	0.79	12.12
	9. 拥有足够的权力或地位	0.76	11.28
	10. 追求成功	0.84	9.83
	11. 完成任务会很充实，有成就感	0.89	8.63
	12. 兴趣匹配	0.86	7.63

续表

潜变量	测量项目	标准化因子载荷系数	t值
职业价值观	13. 自主独立、责任自控	0.69	8.55
	14. 人际和谐诚信、助人为乐	0.67	9.92
	15. 环境和谐、压力不大	0.78	10.29
	16. 才能发挥充分	0.81	11.27
	17. 甘冒风险、崇尚创新	0.68	12.14

相应的拟合结果指标如表3-6所示。

表3-6 模型的拟合结果指标

χ^2	df	χ^2/df	RMSEA	GFI	AGFI	RMR	IFI	CFI
464.58	178	2.61	0.036	0.84	0.81	0.024	0.905	0.905

从测量模型总体的拟合指标情况来看，卡方（χ^2）与自由度（df）之比（χ^2/df）虽稍大于2，但小于3；RMSEA 小于0.05；IFI、CFI 都大于0.90的标准；GFI、AGFI 虽小于0.90的理想标准，但都大于0.80，说明测量模型总体上具有较好的拟合度。

2. 区别效度分析

区别效度是用来测量某一个潜变量因子的观察变量指标与其他潜变量因子的不相关性，即某个潜变量因子与其他潜变量因子的差异性。区别效度可以通过检测各个潜变量之间的相关系数是否显著低于1来判断。本研究将所有潜变量之间的相关系数作为区别效度的分析指标，具体结果如表3-7所示。

表3-7 潜变量因子的区别效度分析结果

潜变量	职业价值观	职业生涯规划	心理资本	人文关怀环境	工作满意度	工作绩效
职业价值观						
职业生涯规划	0.360**					
心理资本	0.362**	0.562**				
人文关怀环境	0.404**	0.463**	0.410**			

续表

潜变量	职业价值观	职业生涯规划	心理资本	人文关怀环境	工作满意度	工作绩效
工作满意度	0.504**	0.443**	0.440**	0.459**		
工作绩效	0.423**	0.564**	0.597**	0.469**	0.491**	

注：** 表示 $p<0.01$。

表 3-7 中所显示的各个潜变量之间的相关系数都显著低于 1，有一定的区分度，说明某个潜变量因子与其他潜变量因子的差异性尚可，即本研究的潜变量因子具有较好的区别效度。同时，相关系数均非常显著，说明潜变量因子之间既有区别又有联系，而且相关系数均在 0.30~0.60 的范围内，说明测试的相容效度也比较理想。

七 激励模型的评价与假设检验

笔者采用结构方程模型进行模型评价与验证。运用结构方程模型进行验证性因子分析时，一般遵循以下几个步骤：一是提出几种可供比较的假设模型；二是按照假设模型进行计算与拟合；三是对比各种假设模型的拟合指标和各种模型的差异性；四是选择可以接受的模型或最优模型。

按照上述步骤，通过文献分析和逻辑分析，结合前期研究，笔者提出三种可供比较的假设验证模型，分别是模型 1、模型 2、模型 3，所有模型的计算与拟合图如图 3-3、图 3-4、图 3-5、图 3-6 所示。

图 3-3 所显示的模型 1 就是本研究的模型和拟合及计算结果，显示了 7 条研究假设。研究假设 1：员工职业价值观对其工作满意度有显著影响；研究假设 2：员工职业价值观对工作绩效有显著影响；研究假设 3：员工职业生涯规划对其工作满意度有显著影响；研究假设 4：员工职业生涯规划对工作绩效有显著影响；研究假设 5：员工心理资本对其工作满意度有显著影响；研究假设 6：员工心理资本对工作绩效有显著影响；研究假设 7：人文关怀环境对工作满意度有显著影响。

图 3-4 所显示的模型 2 是在模型 1 的基础上进行了一定修正后的计算及模型拟合，除去了职业生涯规划对工作满意度有显著影响的研究假设（研

图 3-3 假设模型 1

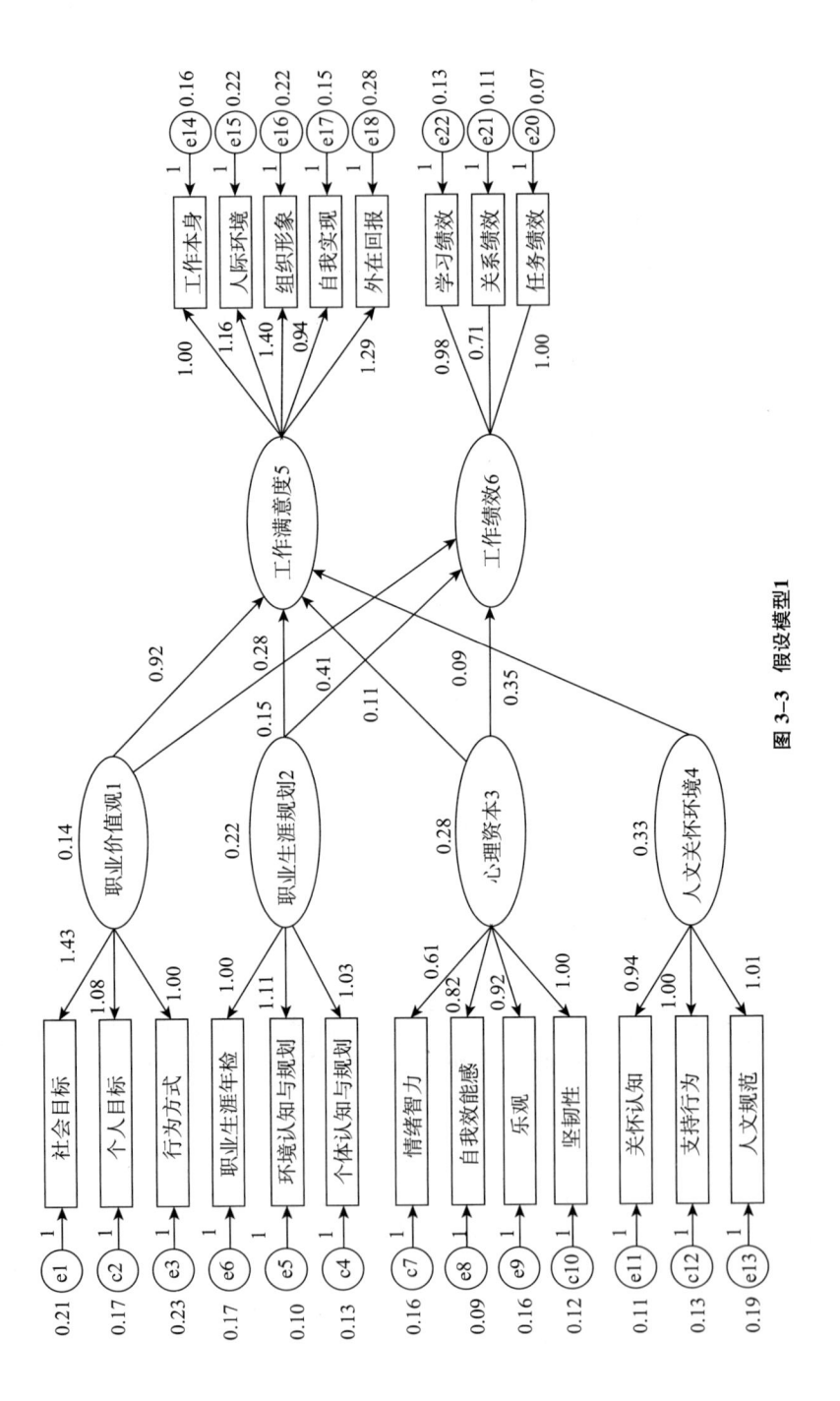

图 3-4 假设模型 2

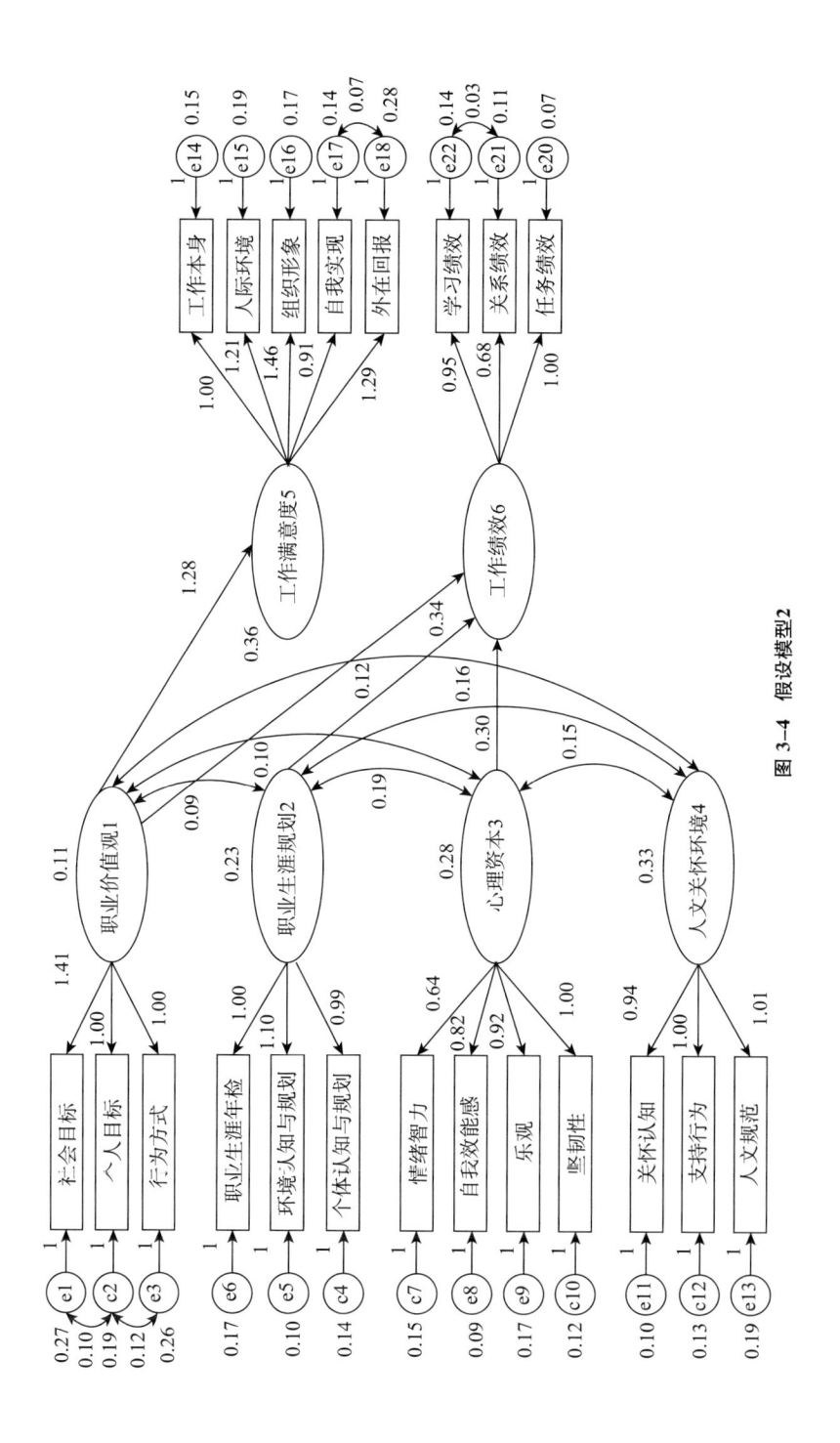

图 3-5 假设模型3

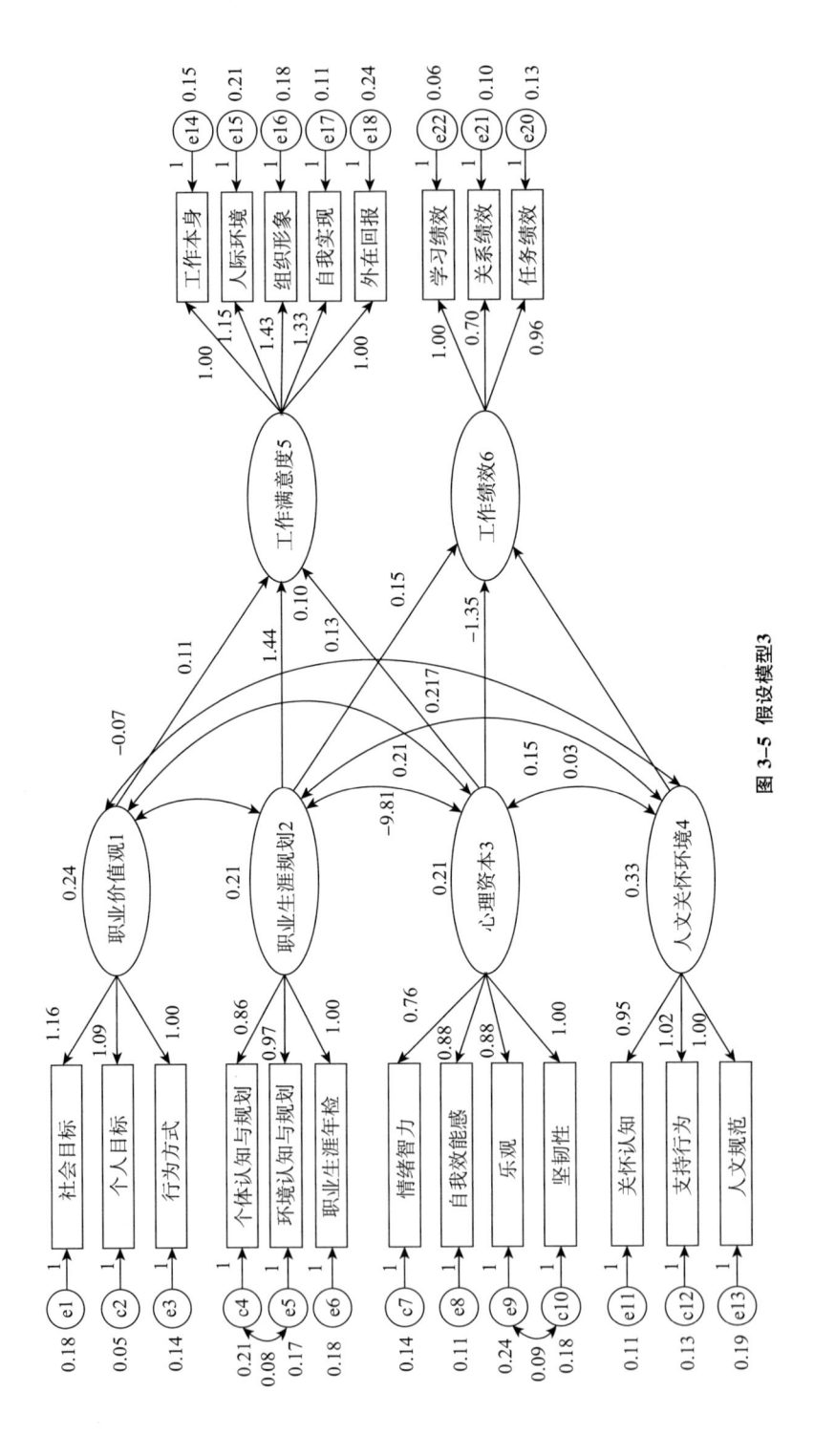

图 3-6 假设模型 4

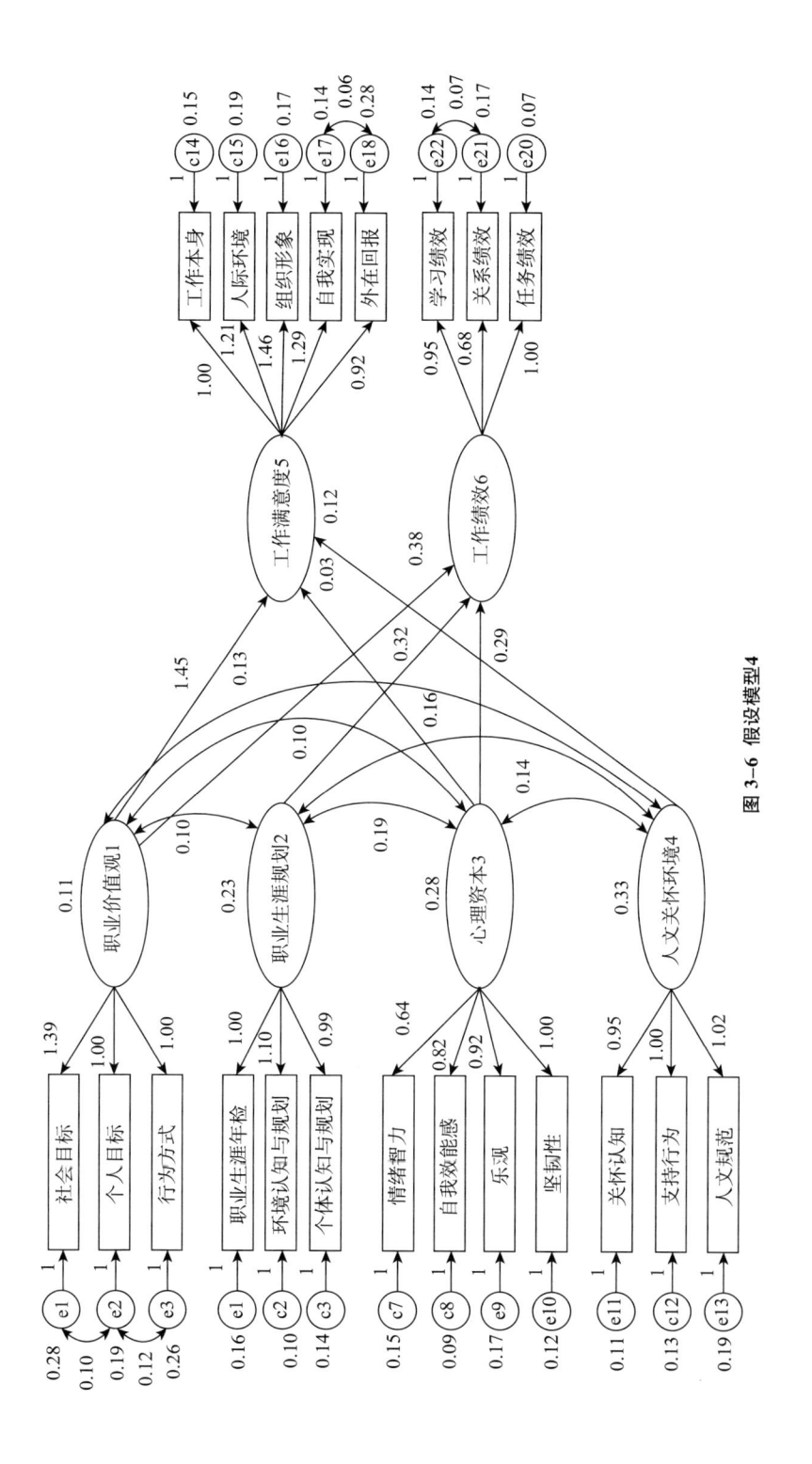

究假设 3）、人文关怀环境对工作满意度有显著影响的研究假设（研究假设 7）及心理资本对工作满意度有显著影响的研究假设（研究假设 6），增加了 4 个外生变量之间的相关。

图 3-5 所显示的模型 3 是在模型 1 和模型 2 的基础上做了进一步修正后的计算及模型拟合，除去了员工职业价值观对工作绩效有显著影响的研究假设（研究假设 2），增加了人文关怀环境对工作绩效有显著影响的研究假设。

图 3-6 所显示的模型 4 是在模型 1、模型 2、模型 3 的基础上做了更进一步修正后的计算及模型拟合，剔除了模型 3 的人文关怀环境对工作绩效有显著影响的研究假设，重新增加了人文关怀环境对工作满意度有显著影响的研究假设。

运用结构方程模型，对 4 种激励模型进行了计算，得出如表 3-8 所示的模型拟合指标。

表 3-8 四种激励模型的各种拟合指标

模型	χ^2	df	χ^2/df	RMSEA	GFI	AGFI	RMR	IFI	CFI
模型 1	898.51	184	4.88	0.133	0.707	0.632	0.101	0.761	0.759
模型 2	463.73	177	2.62	0.085	0.838	0.789	0.023	0.906	0.905
模型 3	475.56	177	2.68	0.088	0.831	0.780	0.024	0.901	0.899
模型 4	454.14	175	2.59	0.022	0.854	0.829	0.021	0.907	0.906

从表 3-8 显示的 4 种激励模型的各种拟合指标来看，模型 1 的 χ^2/df 大于 3，且 RMSEA 大于 0.05，IFI、CFI 都小于 0.90 的标准；模型 2 与模型 3 虽拟合尚可，但其 RMSEA 都大于 0.08，综合分析都不理想。模型 4 总体的拟合指标较好，卡方（χ^2）与自由度（df）之比（χ^2/df）虽稍大于 2，但小于 3；RMSEA 小于 0.05；IFI、CFI 都大于 0.90 的标准；GFI、AGFI 虽小于 0.90 的理想标准，但都大于 0.80，说明模型总体上具有较好的拟合度。模型 4 的各项指标均好于前三个模型。因此，从数据拟合来看，模型 4 确实是当下最好的中国管理情境的积极组织行为激励模型，模型 4 为本研究最终的结构方程模型。表 3-9 是最终模型中各个变量间影响关系系数估计值、t 值及假设检验结果。

表 3-9 潜变量因子间关系的统计检验结果

关系路径	非标准化系数	标准化系数	t 值	统计显著评价	假设验证情况
职业价值观→工作满意度	0.27	0.29	3.36***	显著	支持
职业价值观→工作绩效	0.26	0.25	2.67**	显著	支持
职业生涯规划→工作满意度	0.13	0.14	1.23	不显著	不支持
职业生涯规划→工作绩效	0.25	0.23	2.62**	显著	支持
心理资本→工作满意度	0.37	0.39	4.26***	显著	支持
心理资本→工作绩效	0.33	0.31	3.72***	显著	支持
人文关怀环境→工作满意度	0.23	0.22	2.59**	显著	支持

注：$t>1.96$，$p<0.05$，用 * 表示；$t>2.58$，$p<0.01$，用 ** 表示；$t>3.29$，$p<0.001$，用 *** 表示；没有 *，则表示统计不显著。

八 激励模型的结果分析

从上面对假设模型的实证分析可以看出，研究假设 3（员工职业生涯规划对工作满意度有显著影响）没有通过检验，这可能与本次调研的很多对象并未真正全面深入了解积极组织行为激励、实施科学细致的职业生涯规划，以致员工没有切身的感受和体会有关。其余 6 条研究假设则通过了检验，分别是：研究假设 1（员工职业价值观对其工作满意度有显著影响）、研究假设 2（员工职业价值观对其工作绩效有显著影响）、研究假设 4（员工职业生涯规划对其工作绩效有显著影响）、研究假设 5（员工心理资本对其工作满意度有显著影响）、研究假设 6（员工心理资本对其工作绩效有显著影响）、研究假设 7（人文关怀环境对工作满意度有显著影响）。

根据假设检验的结果，笔者对原先构建的模型进行修正，图 3-7 为修正后的模型。该模型显示了本次调研中被验证了的积极组织行为激励在员工激励管理中起作用的重要前因与后果。

从表 3-9 可以看出，本研究所做的 7 项原始假设中只有职业生涯规划对工作满意度不存在显著影响，其他 6 项研究假设均通过了统计检验。这一结果充分说明本研究所提出的中国管理情境的积极组织行为激励模型总体上比较合理，是可以接受的。这就为本书进一步探明积极组织行为激励

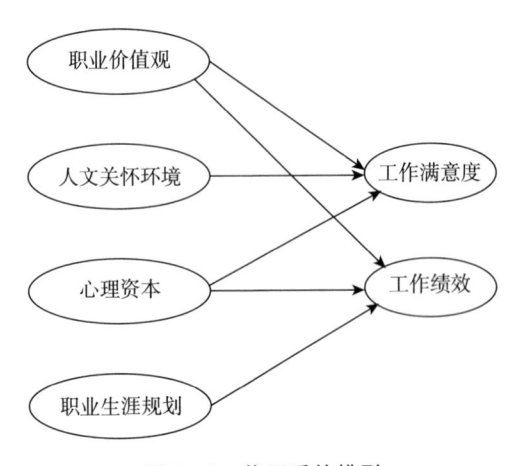

图 3-7　修正后的模型

的各潜变量的内在作用机制提供了科学分析的依据。同时，该模型对基于积极组织行为的员工激励实践具有指导意义，即一方面要深掘组织员工的内在隐性激励变量，另一方面要深刻理解中国管理情境的积极组织行为激励模型中内生潜变量与外生潜变量的作用关系，着力构建一套真正有利于持久激发员工潜能的积极组织行为激励体系。

九　本土化路径的构建

（一）本土化路径的生成机理分析

中国管理情境的积极组织行为激励模型显示积极组织行为激励是由多种相互作用的因素构成的复杂系统。积极组织行为激励要取得良好效果，必须具有科学有效的激励途径与载体，具有使积极组织行为激励强度、频度、效度及相关辅助系统得以有效实施的通道与程序。积极组织行为激励模型各变量关系相互影响，形成的整体犹如一列火车，必须具有稳固的轨道才能运行。也就是说，必须具有行驶发动的方式与行驶对策，这个行驶发动的对策就是积极组织行为激励的一系列激励策略，轨道就是积极组织行为激励的路径。激励策略起着直接推动积极组织行为的作用，路径则起着承载积极组织行为激励运行的作用。策略与路径是实施积极组织行为激励必不可少的条件，二者缺一不可。中国管理情境的积极组织行为激励模型要切实转化为管理实践行为，就必须依赖科学的积极组织行为激励路径。

积极组织行为激励的内容从最初的力争改变员工不合理的行为模式和生活方式发展到压力管理培训、职业生涯规划等，尽管也涉及组织与个体两个层面，但总体上仍处于使用零碎和分散的心理技术层面。实际上，积极组织行为激励本质上是人力资源管理项目，因此，积极组织行为激励必须符合人力资源管理的运行架构，否则就会导致技术与主体的不匹配，不仅效果会大受影响，而且也不能持久高效运行。人力资源管理体系中，从战略人力资源管理、组织规划、工作分析到人员招聘、岗位评价、员工能力评价、人岗匹配、绩效考核、培训开发、人员发展、劳动关系等，已经形成相对科学的系统。所以，中国管理情境的积极组织行为激励路径就是运用积极组织行为激励模型等内涵理念，紧密结合人力资源管理运行架构而形成的激励途径。

积极组织行为起源于美国，发展于西方，在学习引进国外积极组织行为激励先进经验的过程中，不能脱离中国的社会现实和文化背景，否则一定会"水土不服"，就如同建在不同土壤区域的轨道需做相应的地基夯实建设一样。因此，探索我国积极组织行为激励的发展路径，实现积极组织行为激励的本土化，对有效实施积极组织行为激励具有重要的理论意义和现实意义。

（二）本土化路径的依据

积极组织行为激励是从人的内在需求着手，为员工提供精神福利服务。积极组织行为激励对人的影响就是引导与干预，即通过引导来唤起人的内心自觉，并通过人的自我意识、自我觉知、自我意志、自我控制来优化人的意识与行为。员工劳动是"心"的劳动，只有触及心灵的干预才是最有效的，所以积极组织行为激励的出发点是员工的心理与行为。而心理与行为离不开文化环境，否则就是"无本之木"。只有在中国文化土壤上扎根的积极组织行为激励，才是对中国企业的员工真正有效的积极组织行为激励。这也是中国管理情境的积极组织行为激励本土化的依据。

1. 中国文化维度分析

荷兰学者吉尔特·霍夫斯蒂德采用以价值倾向为基础的文化模式，用统一分析的方法归纳出文化的四个特征，即个体主义或集体主义倾向、权力距离大小、对不确定性的态度以及阳性文化还是阴柔文化。根据霍氏"四维"框架，中国文化维度的特点如下。

（1）较大的权力距离。中国传统主流文化崇尚的不是"法治"，而是"人治"。其典型体现是："官本位"文化源远流长，形成了金字塔形的权力结构，等级森严，秩序分明，讲究的是"长官意志"，"一把手"至上。

（2）较强的集体主义倾向。中国社会是以家族为本位的。血缘宗法制度是最基本的社会组织制度，所以"孝"成为中国文化的核心。以社群为中心的社群文化，是中国文化的基本特点。社群是重要的，整体是重要的，个体在整体之中是次要的。"群体本位"的真实含义就是"家族本位"，"国"不过是放大的家，个人是从属于家庭、家族和国家的，这就是中国社会集体主义倾向的文化渊源。

（3）较低的不确定性回避。中国传统文化重安全、重保障，要求人们安分守己。较低的不确定性回避表现在思维方式上则是偏重于直觉思维或非理性思维，而西方文化重视的是逻辑思维或理性思维，即重概念、判断、推理等。思维方式的不同，使中国传统文化具有模糊特征，而西方文化则具有精确性。

（4）较倾向于女性气质。霍夫斯蒂德认为，中国文化属于一种中性的、混合型的价值观。从中国文化传统来看，女性气质倾向比较明显，把"和为贵"或"忍为仁"作为待人处世的基本原则，极力追求人际的和睦、和平与和谐。"和"既是人际行为的价值尺度，也是人际交往的目标所在。"小人同而不和""君子和而不同"，求同存异，谋求与对立面"不睦共处"也是一种"和"。"天时不如地利，地利不如人和"，就是以和睦、和平、和谐为价值目标。

2. 中国人人格特征分析

人格是指人在成长历程中逐渐形成的表现稳定和持续的心理特点以及行为方式的总体，包括个人的能力、性格、气质、兴趣、爱好、倾向等。中国人的人格与西方人的人格存在明显差异。有研究显示，中国人的人格可归纳为七个特点：精明干练、严谨自制、淡泊诚信、温顺随和、内外向性格、善良友好、热情豪爽；而西方人的人格可归纳为五个特点：外向性、愉悦性、公正性、稳定性和开放性。其中，西方人人格的外向性与中国人人格中的内外性格相对应；愉悦性则和中国人温顺随和这一特点非常像；西方人人格的公正性，反映的是一个人的能力、守秩序、负责任、追求成功的倾向，与中国人的精明干练、严谨自制、淡泊诚信和善良友好相对应；情绪稳定性与开放性，则是西方人所独有的。中国人的七个行为特点中前面三个是稳定的、内在的、个人的，与成功有直接关系；后两个反映人际关系和外在表现，这是成功的辅助条件；第六个特点善良友好（反面为薄情冷淡）不仅仅是对一个人道德品质的评价，还反映其对待规则和规定的态度。也就是说，取得成功只靠能力、工作态度、动机这三个方面是不够的，还差规则。中国人首先看重的是个人品质，也很看重人际关系，唯独不看重对规则的遵守①。在中国人的印象里，处理事情要视情况而定，要灵活变通。

3. 中国特色的情理社会

中国社会是一个讲人情面子的社会，众多的研究已经证实了这一点。中国社会是一个情理合一的社会，中国人的心理和行为完全不同于西方人。在中国社会，大多数人的办事风格和处世原则既不会偏向理性，也不会偏向非理性，而是希望在两者之间做出平衡和调和，走"中庸之道"。"合情合理""通情达理""酌情处理""情理交融""于情于理"的意思都是希望人们做人做事时兼顾情和理。中国先秦时期的儒家经典中的"情"不同于后来的人情，其含义是人之常情和性情。在"天理人情"的说法中，理是天的运作规则，这个规则是自然规则，人不能改变；而原初的情是个人化的、能改变的。中国社会对普遍主义和特殊主义不做二元对立的划分，以期待人们做人办事的时候两者都不偏废。人们崇尚"合情、合理、合法"，但总体上"情"的分量显得更重。

4. 中国印迹的关系维度

中国文化最主要的三个思想基础是氏族社会的道德主义、农耕社会的人生经验、现实主义的宗教情感主义，这与西方文化的三大渊源——丛林法则、游牧文化（后来是商业文化）、宗教极端主义形成鲜明的对照。中国文化的现实感非常强，先天的历史和地理条件形成了中国文化群体本位的原始定位，血缘和裙带关系成为最主要的社会关系。儒家学说强调"族

---

① 王登峰、崔红：《人格结构的中西方差异与中国人的人格特点》，《心理科学进展》2007年第2期，第196~202页。

群主义"的人生定位,强调"能群"是人之为人的根本,所以中国社会就是一个关系社会、"熟人"社会。人和人之间的关系是由生到熟的差序关系。正如费孝通指出的,中国社会结构好像是把一块石头丢在水面上所发生的一圈圈推出去的波纹;每个人都是他的社会影响所推出去的圈子的中心,被圈子的波纹所推及的就发生关系;这种社会关系不像团体中的分子一般大家都立在一个平面上,而是像水的波纹一样,一圈圈推出去,越推越远,越推越薄。

(三) 本土化路径的总体思路

中国管理情境的积极组织行为激励本土化路径的原则是:将国外积极组织行为激励思想与中国国情相结合,从中国的本土文化和管理实践出发,解决中国现实中的激励问题,总结中国员工管理激励实践中的经验与教训,并在此基础上形成能与国际积极组织行为理论对话的具有中国特色的积极组织行为激励模式。由于我国各地经济社会发展水平差异很大,传统、现代与后现代在同一空间共存,农业经济、工业经济和知识经济相互渗透,这种发展态势在世界发展史上是很罕见的。所以,在中国进行积极组织行为激励,首先要考虑我国发展的特殊性,尽可能地将积极组织行为激励的一般性与特殊性相结合,并在此基础上建立起有中国特色的积极组织行为激励模式。

中国管理情境的积极组织行为激励本土化路径的总体思路是:从中国的管理实践出发,契合、融合与整合积极组织行为激励和本土文化及转型期的特定社会环境,探讨中国本土文化下的积极组织行为激励实施路径:沿着以素质提升为中心的员工管理轨道,始终贯穿积极组织行为激励理念宣传与和谐人际环境营造两条主线,解放思想、更新观念,自上而下启动积极组织行为激励战略规划;注重人格、情绪、动机等内隐的鉴别性胜任因素、人岗匹配的工作分析;实施职业适应辅导及全局观下的个性化的职业生涯规划辅导;注重提升心灵修养,倡导直觉体悟及问题解决模式的培训;畅通沟通渠道,实施注重人情面子、心理契约的劳动关系管理,建立起系统表述的根植于中国传统文化并在当代文化范畴中得以体现的中国管理情境的积极组织行为激励路径。这条路径充分体现了积极组织行为激励的人力资源管理学科属性,带有深刻的中国文化烙印。

(四) 本土化的具体路径

中国管理情境的积极组织行为激励的本土化具体路径，可以精炼地概括为"一条轨道、两条主线、五个步骤"，如图3-8所示。

始终贯穿积极组织行为和谐人际环境营造（融洽团队、共同愿景）的主线

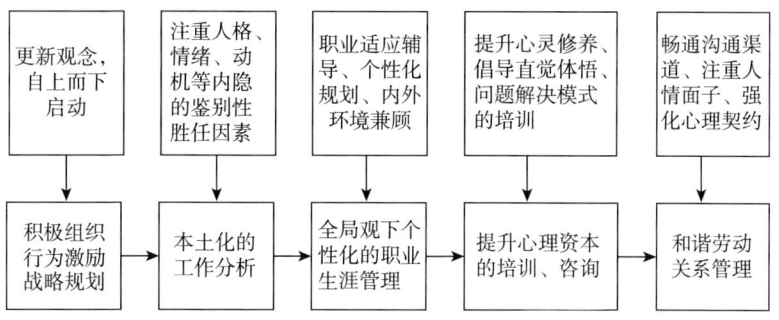

```
更新观念，      注重人格、     职业适应辅     提升心灵修养、   畅通沟通渠
自上而下        情绪、动       导、个性化     倡导直觉体悟、   道、注重人
启动            机等内隐       规划、内外     问题解决模式     情面子、强
                的鉴别性       环境兼顾       的培训           化心理契约
                胜任因素
   ↓              ↓              ↓              ↓              ↓
积极组织  →  本土化的  →  全局观下个  →  提升心理资本  →  和谐劳动
行为激励      工作分析      性化的职业       的培训、咨询       关系管理
战略规划                    生涯管理
```

始终贯穿积极组织行为激励理念宣传的主线
沿着以素质提升为中心的员工管理轨道运行

图3-8 中国管理情境的积极组织行为激励本土化路径

1. 一条轨道

一条轨道就是积极组织行为激励沿着以素质提升为中心的员工管理轨道运行。积极组织行为激励是心理管理技术，根本上应归属于人力资源管理。在人力资源管理的基本体系中，赵永乐等认为，人力资源管理基本架构分为两方面，分别是岗位管理和人员管理[①]。中国管理情境的积极组织行为激励的本土化的核心作用是提升身处中国本土文化和管理实践中的员工的素质，最终达到激励的终极目标——提升工作满意度和工作绩效。从激励规划、工作分析、职业管理、培训咨询到劳动关系管理等，积极组织行为激励的每一个环节都属于人力资源管理中人员管理的范畴。整体方面，积极组织行为激励是组织"人性化"管理的重要组成部分，在人员管理中可以培养员工的组织忠诚感，保持员工的积极工作状态，减少企业因员工问题而产生的损失，增强企业凝聚力，促进企业的长远发展；员工个人方面，积极组织行为激励可以帮助员工解决生活上的难题，提高其生活质量，促进其身心健康，改善其福利状况，提高其工作热情，促进员工之间良好的人际关系，有利于稳定组织人力资源，也有利于促进劳资关系的

---

① 赵永乐、王培君：《人力资源管理概论》，上海交通大学出版社，2007，第22~23页。

健康发展。因此,积极组织行为激励的所有活动都是围绕员工发展展开的,目标就是帮助胜任工作的人更好地从事相应的岗位工作,中心任务就是不断优化员工的素质。

2. 两条主线

(1) 始终贯穿积极组织行为激励理念宣传的主线。中国传统文化注重内敛、"慎独"、"自省"等,个人的需求、欲望、情感受到压抑,无法进行正常表达和必要的宣泄,导致积极组织行为激励的现实需求和实际使用间存在巨大的反差。所以目前在中国,积极组织行为激励在推广时必须始终贯穿积极组织行为激励理念宣传这一主线。

①积极组织行为激励的发展主题。澄清误区:积极组织行为激励不是心理治疗,它远超出了病与医院的范畴。积极组织行为激励的主题是帮助员工更好地成长与发展,挖掘员工的潜力,这也是现实中的每一个人必须面对的主题。实践中,有些人对积极组织行为激励存在误解,认为积极组织行为激励是面对心理有问题的人群。其实,积极组织行为激励的主要对象是健康人群、是全体员工,目标是帮助健康人群进行科学的情绪管理,因为预防远重于干预。

②积极组织行为激励的优化宗旨。中国文化传统思维中缺乏或不愿意进行超现实想象,具体表现为对积极组织行为激励的优化宗旨认识不足。积极组织行为激励具有人才潜能开发的功能,强调特异性开发和超前性开发。特异性开发是指针对特殊行业组织的特殊需要进行的开发,强调强化组织的特有竞争力,以抵御变化带来的混乱和衰退;超前性开发则强调为未来储备人才,这是应付变化最强有力的方法。积极组织行为激励本土化路径结合中国国情和中国人特征进行人才潜能开发,因此具有战略意义。

③积极组织行为激励的保密原则。保守秘密既是开展积极组织行为的职业道德的要求,也是积极组织行为激励得以有效进行的最起码、最基本的前提。积极组织行为激励涉及人与人之间的心灵沟通,所以当事人的资料不能被当作社会话题,不应将个案记录档案带离专业机构,除非涉及生命危险需采取保护措施。同时,积极组织行为激励专家所做的记录不能被视为公开的记录而任人随便查阅。若有需要,资料传阅之前,必须经当事人同意。

④积极组织行为激励的精神福利。积极组织行为激励是一项精神薪酬

的福利服务项目，应倡导员工积极主动享受积极组织行为激励。积极组织行为激励同时可以增加保障性这一中国文化的重要元素，降低不确定性回避。所以，主动参与积极组织行为激励是社会进步和素质提升的行为表现。

（2）始终贯穿积极组织行为激励和谐人际环境营造的主线。中国文化有着很深的人际关系烙印，在中国情理社会中关系本身也是一种重要的资源。日本学者原口俊道指出，人际关系在西方是保健因素，而在东亚却是激励因素。积极组织行为激励本土化路径需充分发挥人际关系的激励作用，从新员工的人际融入到离职员工的人际疏导，都要始终贯穿于人力资源管理全过程。其中，应重点做好以下两点。

①打造融洽团队。在儒家文化影响下，中国员工对组织存在更强的依赖性。有研究者指出，用东方观点看西方，可以说西方没有形成社会的人格；用西方观点看东方，可以说东方没有形成独立的人格。组织资源一般是通过团队实现的，组织与团队不仅有工作上的关系，还有生活上的关系，运用积极组织行为激励可增进团队成员间的团结互助。中国文化强调集体主义，开展积极组织行为可以培养成员的团队精神，使其严于律己、宽以待人；可以融合团队成员优势，增强团队归属感，形成良好的人际关系和相互信任的氛围，从而长久地提升团队凝聚力。

②绘制共同愿景。中国文化强调"志同道合""道不同，不相与谋"。积极组织行为激励要激发员工个体愿景并将之汇集，激发员工的成就动机，为共同愿景奠定基础。积极组织行为激励需重道，力求因道结合，只有理念相同，方能够同心协力；要重视把人际或人群和伦理合在一起，建立一种差别性的人伦关系，并在这种关系上实现和谐。从中国文化来看，这种完善状态体现了一种人际和谐状态，这也正是积极组织行为激励所追寻的理想状态。儒家所强调的"和为贵"集中体现了人际和谐的思想。相互理解、平等相助，将组织的整体利益作为个体利益的前提参照系，在某种程度上也是积极组织行为激励所推崇的做法。

3. 五个步骤

（1）积极组织行为激励的战略规划：更新观念，自上而下启动。

①更新观念，将积极组织行为激励纳入建设和谐组织和构建社会主义和谐社会体系之中。《中共中央关于构建社会主义和谐社会若干重大问题的决定》中首次阐述了社会和谐与心理和谐的关系，指出应注重促进人的

心理和谐；党的十七大报告指出应加强人文关怀和心理疏导，这为积极组织行为激励的中国化提供了重要契机。将积极组织行为激励作为社会和谐建设的内容和要求来做，把与员工的沟通、理解凝聚到民族精神上，对积极组织行为激励的中国化极其重要。积极组织行为激励目前最大的困难来自社会观念尚不够先进，一些企业还没有充分认识到积极组织行为激励的重要性，没有意识到职业压力所导致的直接与间接损失，这种现象在国内企业中比较普遍。实际上，积极组织行为激励是微观社会和谐的必然选择，是构建以人为本的管理理念的必然要求。现在越来越多的组织管理者已认识到，帮助员工就是帮助组织，改善员工职业身心状况能给组织带来巨大效益。组织最宝贵的资源是人，人的健康出了问题，势必会影响企业的绩效及长远发展。从世界范围来看，凡是有远见的企业家及经营管理人员，都十分重视员工的压力与情绪管理问题。

②实施积极组织行为激励规划要从上层领导启动。中国文化权力距离大，被领导重视至关重要。组织领导应重视从整体的、超前的和量化的角度分析和制订积极组织行为激励活动计划，根据组织实际情况，选择合适的长期规划战略、中期规划战略和短期规划战略，指导积极组织行为激励的战略发展，将积极组织行为激励作为人力资源管理业务战略规划的有机组成部分。

（2）积极组织行为激励的工作分析：注重人格、情绪、动机等内隐的鉴别性胜任因素。作为人力资源管理的基础环节，工作分析是进行积极组织行为激励的前提。由于自身的特定属性，积极组织行为激励的工作分析主要是对工作岗位任职人员的资格——工作所需要的态度、性格、气质、兴趣等心理因素和情绪稳定性——进行分析，创新工作分析内容。传统工作分析一般仅对工作岗位本身以及任职人员的知识、技能、经历进行分析，这远远不够。这大多只是岗位的基准性胜任特征，而区分某一工作中的卓越者与能力平平者的重要标准是个人潜在特征，如动机、人格特质、态度等内隐特征。在实践中，很多员工的职业压力、工作倦怠都来自知识、技能之外的人格等内隐性的不适应因素。注重人格与情绪因素的工作分析是积极组织行为激励的本土化路径的基础，是组织人力资源可持续开发的基本要求。实践中，通过管理职位描述法、心理素质分析、典型事例法等结构化方法和面谈法、职务调查法、观察法等非结构化方法，明确任职者的态度、人格、情绪等胜任特征要素，并将之列入最终的工作分析结果——任职说明书中。

注重人格等内隐的鉴别性胜任因素的工作分析，有利于从源头上真正做好人岗匹配、适才适岗，减少工作倦怠率。但是，这需要克服中国文化中情理社会和关系维度的影响，即在人员招聘时克服其中的负面影响，秉承规则意识，规范化运作，运用人才测评等先进方法和综合方法，严把进门关，实现人事甄选的科学化。同时，运用科学的人才测评建立员工的心理档案，为今后实施积极组织行为激励提供前期的科学参考。

（3）积极组织行为激励的职业生涯管理：职业适应辅导、个性化规划、内外环境兼顾。职业生涯管理是人力资源管理的核心职能，积极组织行为激励的职业生涯管理是基于积极组织行为激励的员工管理轨道的重心。结合积极组织行为激励的内涵，它具体包括以下几个方面的内容。

①职业适应辅导。中国文化强调情景化行为，注重"君子慎独""严于律己，推己及人"。适应环境以自我为主，包括行与知两部分，是通过调整发展主体性动作以满足客体变化的过程，是个体与环境相互协调并不断趋于完善的过程。职业适应是指员工个人与某一特定的职业环境进行互动、调整以达到和谐的过程。随着我国现代化进程的加速，社会经历着深刻的体制转轨，社会职业类型不断分化，各种职业技术和职业规范变得更加专业化和复杂化，职业流动的自主性增强、速度加快。在这种背景下，员工的职业适应性问题日益凸现。积极组织行为激励的职业适应辅导可以从工作动机适应、工作能力适应、人际关系适应、工作规范适应等方面具体展开，运用多因素交互分析和相关分析、路径分析等方法，研究影响职业适应性的因素并给予科学指导。特别是对于新员工，积极组织行为激励的职业适应辅导尤为重要。

②个性化的职业生涯规划辅导。积极组织行为激励可以通过测评等辅助手段帮助员工深入剖析自我、充分认识自我，包括自己的气质、性格、兴趣、能力、价值信念、动机等；帮助员工进一步厘清其职业目标，确立职业锚；指导员工综合考虑其内外环境因素和人脉资源，帮助其分析所处的社会环境、行业环境和组织环境，评价其职业生涯机会；结合目标与内外资源特点，帮助员工确立短期、中期和长期的职业生涯规划目标，制定相应的路线、策略、措施以确保完成各阶段任务，并指导员工做定期自我

督查与反馈，不断修正完善各阶段目标。

③整合组织与个人的职业发展目标。中国文化有较强的集体主义倾向，全局观念至上，强调个体服从组织。所以积极组织行为激励的本土化需要整合组织与个人的职业发展目标，注重个体职业生涯规划与组织规划的协调，建立人性化的分层分类的人力资源规划，结合组织实际情况，突出针对性，引入积极组织行为激励元素。这样也可以节省招聘成本，降低上岗引导难度。

（4）积极组织行为激励的培训：提升心灵修养、倡导直觉体悟、问题解决模式的培训。培训开发与压力管理是积极组织行为激励的核心功能。积极组织行为激励的培训建立在科学的职业生涯规划基础上，构建学习网络平台，面向全体员工，重在潜力发掘，具体包括挖掘管理潜能、素质潜能和激发工作动机等，给每一位员工提供不断成长、走向成功的机会。将积极组织行为激励的培训内容与组织战略相结合，将积极组织行为激励的方式融合健康和谐的组织文化，形成舆论氛围，提炼理念原则，最终制定出规章制度，具体落实执行。

中国文化注重"天人合一"，强调"自省""涤除玄览"，认为天道与心灵是相通的，心灵对天道的把握是通过内心的直觉与体悟而得，直觉与体悟是提升精神境界、实现超越、达到理想人格的根本方法。因此，积极组织行为激励培训的本土化要以提升人们的心灵修养为根本，结合现代方式，铺垫、引导、领悟，建立理性认知思维。科学运用中国文化中的积极因素，倡导良性的为人处世态度，重视内外和谐的状态：从外部来说，是人与自然、社会的关系的和谐以及个人与他人关系的和谐；从内部来说，是个人身心的和谐。人的身心、内外和谐，正是积极组织行为激励所追寻的理想状态，即以积极的心态对待困境。

积极组织行为激励的培训系统运用专业化、本土化、科学化的知识与技能，真诚地关注员工的发展，无论是和谐状态下的潜能开发还是困惑情境中的问题辅导，都备有相应的激励方案。西方积极组织行为激励基于西方自主选择的理念，主张"不主动、不判断、不指导"原则；而在中国文化情境中，应重新审视，为员工提供主动性的、指导性的帮助，实施问题解决模式的培训。

（5）积极组织行为激励的劳动关系管理：畅通沟通渠道，注重人情面子，强化心理契约。积极组织行为激励的劳动关系管理是组织以促进组织运行为前提，以构建和实现和谐劳资关系为目的的管理激励过程。中西方的思维方式应用于人力资源管理存在各自的优缺点。西方主客二分式的思维方式偏重于自然科学倾向，这对于心理与管理研究的精确化、科学化均起到了一定的促进作用，但它易将人与人的主体与主体关系降为人与物的主体与客体关系，导致人力资源管理中"人性"的丧失。中国"天人合一"的传统思维方式尽管不利于管理研究的精确化，但它对偏重于社会科学倾向的心理思想的发展是有利的。所以，积极组织行为激励的中国化过程中如果能结合中国人惯用的思维方式，则既能弥补西方思维方式的不足，又易于使积极组织行为激励研究走向中国道路，兼具中西方思维方式之长，把科学主义管理学与人文主义心理学统一起来。本土化视角的积极组织行为激励的劳动关系管理的前提是建立信任畅通的沟通机制与渠道，强化责任制，建立承诺制，畅通申诉渠道，立足于以"人"为中心的柔性管理风格，落实"人地之间，莫贵于人"的思想，沟之以诚、通之以真，信任员工、尊重员工。因为中国员工对"人情""面子"异常看重，"人情""面子"所蕴含的意义是一般"人际关系"所无法企及的。

在此基础上，积极组织行为激励的劳动关系管理应采取本土化的"激励措施"——构建良好的心理契约。积极组织行为激励的劳动关系管理应从员工追求物质和精神的多层次需要出发，满足其基础需要、归属需要、自尊及自我实现需要，创建并维持和谐融洽的人际关系，培育良性竞争，从组织角度引导员工远离职业倦怠，让员工在积极组织行为激励措施的引导下感悟到组织对自身的预期，进而与组织达成互动、互惠关系，实现组织与个人共同的目标。劳资双方对心理契约的违背就是对双赢的破坏，会导致倦怠的产生甚至离职。因此，积极组织行为激励的劳动关系管理应以"引导"为主，以"心理契约"理论为指导，组织管理实践，调动员工的工作积极性，充分合理地协调好个体与组织之间的关系，把员工看作组织的伙伴和朋友，重视用人文关怀的方式构筑企业和谐的气氛，使员工从纷繁复杂的个人问题中解脱出来，提高员工的生活与工作质量，增强员工对企业的认同感和归属感，从而持久有效地激发员工的积极性。

中国管理情境的积极组织行为激励本土化路径必须与市场环境相契

合、与中西理念相融合、与中国实践相结合,科学理性地思考中西文化差异并取长补短,立足于本土文化和转型期的特定社会环境,开创中国人力资源管理的积极组织行为激励新时代。事实上,中国以"人"为中心的柔性管理风格与西方以"事"为中心的规范标准化的管理风格正在相互融化。积极组织行为激励的本土化路径没有固定不变的模式,也没有可以完全不变的复制模式。积极组织行为激励本土化路径是个不断动态发展的过程,需要不断学习、消化西方先进管理理念、工具、方法,同时结合中国本土管理实践,不断创新突破,真正做到西方管理理论与本土企业实践的有机结合,不断优化积极组织行为激励的运行架构。

本章在前文理论分析与积极组织行为内涵研究的基础上,探究了积极组织行为激励模型的理论架构,分析了中国管理情境的积极组织行为激励模型的形成逻辑,结合文献分析和逻辑推理,提出了中国管理情境的积极组织行为激励模型的 7 项研究假设,并采用结构方程模型对研究假设进行了实证检验。检验结果表明,基于积极组织行为内涵的职业价值观澄清、心理资本提升均对员工的工作满意度和工作绩效有显著影响,员工职业生涯规划对工作绩效有显著影响,人文关怀环境对工作满意度有显著影响。至此,通过对本章所构建的积极组织行为激励模型的实证检验与修正,最终得出了一个既有理论与逻辑支撑,又能较好地同实证数据相拟合的中国管理情境的积极组织行为激励模型。从修正后的模型来看,职业价值观、职业生涯规划、心理资本、人文关怀环境是中国管理情境的积极组织行为激励模型的重要外生变量,这为中国管理情境的积极组织行为激励的深入研究提供了有益的启示和必要的基础。

第四章
中国管理情境的积极组织行为的效果评价

本书第一章和第二章阐述了中国管理情境的积极组织行为激励"为什么做"的问题。第三章回答了中国管理情境的积极组织行为激励"做什么"的问题；基于中国管理情境的积极组织行为激励模型的路径策略则研究了"怎么做"的问题。本章在前几章研究基础上，探究"做得怎么样"的问题，即中国管理情境的积极组织行为的运行效果评价。

一 效果评价类型

积极组织行为的效果评价是通过科学的方法对积极组织行为项目为组织与员工产生的实际效果进行的评价，实际上也是积极组织行为的有效性，即组织和员工个人从中获得的收益。对于员工个人来说，收益意味着学到新的知识或技能；对于组织来说，包括销售的增加、顾客满意度的提高等。有效性往往通过结果来体现。评估目的主要是看目标的完成度及需要进一步完善之处，主要包括项目是否按规划执行、项目目标是否达到、项目是否真正有效、项目是否经济适用等。评估的具体类型有以下两种。

（一）过程评价

过程评价（formative evaluation）指的是为了改进培训过程所做的评价。它的主要目的一是确保积极组织行为项目组织良好并顺利实施，二是保证员工能够从培训项目中有所收获并对项目感到满意。过程评价提供了如何使过程做得更好的信息。过程评价中收集的往往是定性的资料，如员工的意见、感觉和信念等。过程评价主要有使用率评价与满意度评价。

使用率评价是对积极组织行为项目使用者及使用程度的数据进行评价。在实际评价过程中，可以灵活运用诸如积极组织行为项目的信息帮助、使用人数和使用形式，积极组织行为项目对组织文化、组织规章制度等相关工作的积极影响等。

满意度评价是对积极组织行为项目的满意程度进行评价，可以通过满意度问卷等进行。具体包括：员工对积极组织行为项目的整体感觉；积极组织行为项目对员工的有用性、有效性以及项目内容满足学员要求的程度；项目是否是最合适的，是否采用最有效的方式来保持员工的兴趣；项目实施得怎样，时间安排是否合适，项目协调得怎样；等等。

(二) 综合评价

综合评价指的是评价积极组织行为项目前后的变化程度，即对照积极组织行为项目目标，评价员工的知识、技能、态度和行为有哪些变化。综合评价也会对培训的经济收益或投资回报进行评价。综合评价往往会收集定量的数据，具体包括成本效益分析与成本效果分析等投入评价、心理与行为评价等。

二　效果评价与激励模型及路径的关系分析

积极组织行为效果评价是建立在积极组织行为激励模型与路径策略的基础上，从积极组织行为激励模型出发，受积极组织行为激励模型的具体统领，将定量评价与定性评价有机结合，为积极组织行为激励模型提供科学的反馈信息。同时，效果评价为积极组织行为激励的路径策略实施的针对性、有效性提供了有益的反馈信息，为积极组织行为激励的策略修正与完善提供参考依据，而积极组织行为路径策略直接影响效果评价。

鉴于此，积极组织行为的效果评价与积极组织行为激励模型及路径策略三者之间的关系是紧密联系、相互影响的。正如前面所论述的，积极组织行为激励模型如同列车及其发动机，积极组织行为激励路径如同铁轨，积极组织行为激励策略如同行驶的方法对策，而积极组织行为激励的效果评价就如同列车的仪表系统,及时反馈积极组织行为激励的相关实际效果,三者的关系如图4-1所示。其中,积极组织行为激励模型是灵魂与核心,起着统领认知的作用,是积极组织行为激励路径策略和效果评价的基础;路径策略是对积极组织行为激励模型的具体实践,直接影响着效果评价;效果评价则对积极组织行为激励模型与路径策略及时做出反馈。

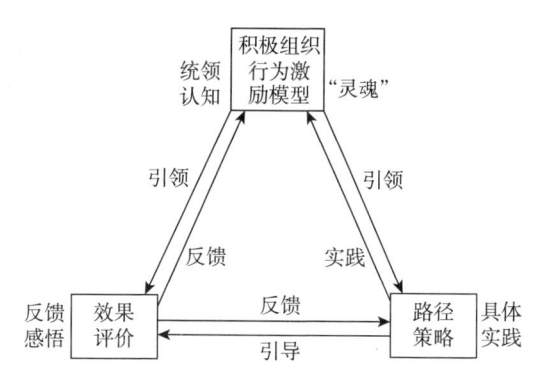

图4-1 效果评价与积极组织行为激励模型及路径策略的关系

三 效果评价指标体系的设计思路

(一)效果评价指标体系的设计目的

实施积极组织行为激励是否真正达到预期目的,这是每一个实施积极组织行为的组织都会关心的问题。在一定成本下,积极组织行为激励发挥作用如何将会引发评价,如何评价积极组织行为激励是积极组织行为激励研究的一项重要内容。有研究指出,积极组织行为效果评价可以对组织的积极组织行为的活动与结果进行定性和定量的描述,进而评价积极组织行为是否实现目标。斯特林等人的研究认为效果评价是积极组织行为的核心技术之一,对积极组织行为特别重要[①]。因此,基于积极组织行为的知识型员工激励的效果评价目的是让人客观地认识积极组织行为激励的真正价值,为积极组织行为激励提供科学的反馈信息,有助于积极组织行为激励

---

① Stering T. S., Thomas G. K., Alan W. K., et al., "Quantitative Assessment and positive orgnizantional behaviors: Expanding the Resource Toolbox", *Journal of Workplace Behavioral Health* 21 (1) (2005): 23-37.

的修正和完善。

（二）效果评价指标体系的设计依据

积极组织行为效果的测量是积极组织行为激励的重要内容。国外相关研究[①]主要分三类：成本—效益分析评价（cost-benefit analysis）、过程评价（process evaluation）和临床评价（clinical evaluation）。成本—效益分析评价主要通过考察实施积极组织行为激励的成本和所获得收益的比率进行评价；过程评价将评价的重点集中在推动和实施积极组织行为激励过程中的各个方面；临床评价主要针对特定组织中员工的特殊表现进行事前事后的测量。国内相关研究[②]主要立足于心理学视角，从中国管理情境的积极组织行为激励的服务使用状况、服务满意度、如何影响组织和成员以及项目投入成本等方面构建评价指标体系。

本部分借鉴上述评价研究的长处，依据本书的研究思路，既注重结果评价，也注重过程评价，对组织实施积极组织行为激励过程进行评价，及时科学地掌握积极组织行为激励的实际运作状况，完善积极组织行为激励，实现积极组织行为激励效果的改善和效率的提升。同时，从人力资源管理的视角来分析积极组织行为激励运行评价，将积极组织行为激励的服务使用状况作为积极组织行为激励运行评价的先决条件因素，不纳入评价体系范畴，评价重心集中于积极组织行为激励本身的客观指标。

（三）效果评价指标体系的设计原则

为了对中国管理情境的积极组织行为激励的评价指标体系进行全面科学的评价，在设计中国管理情境的积极组织行为激励的评价指标体系时，应遵循以下原则。

1. 科学性与便捷性相统一的原则

中国管理情境的积极组织行为激励的评价指标体系必须建立在科学探

---

① Kirk A. K., Brown D. F., "Employee Assistance Program: A Review of the Management of Stress and Wellbeing through Workplace Counseling and Consulting", *Australian Psychologist* 38（2）（2003）：138-143；王雁飞：《国外员工援助计划相关研究述评》，《心理科学进展》2005年第2期。

② 张鹏、孙国光：《员工援助计划（积极组织行为）项目模糊综合评价模型研究》，《中国管理信息化》2008年第3期；张西超：《员工帮助计划——中国积极组织行为的理论与实践》，中国社会科学出版社，2006，第117~119页。

究的基础之上,尽可能运用客观量化的数据,真实反映积极组织行为激励因素层和因子层之间的相互关系。同时,应注重便捷实用性,突出实践应用性。

2. 全面性与重点性相统一的原则

中国管理情境的积极组织行为激励的评价指标体系作为一个有机整体是多种因素综合作用的结果,其涉及范围大,综合性强,因此评价指标体系要反映积极组织行为激励实施的全貌。同时,作为激励措施,其核心指标非常明确,主要是满意度、工作绩效等。所以应注重可操作性,指标选取不能大而全,应少而精。

3. 动态性与静态性相统一的原则

积极组织行为激励是动态与静态的结合,组织发展与员工变化也是动态与静态的结合,所以中国管理情境的积极组织行为激励的评价指标体系也应注重动态与静态的结合。指标的选择应充分考虑动态变化的特点,以较好地描述未来可能的发展趋势。

4. 系统性与层次性相统一的原则

积极组织行为激励是一项复杂的系统工程,评价指标选取应从系统的角度出发。同时,该系统又是由不同层次、不同因子组成的,这些层次既相互联系又相互独立。所以,评价指标体系要能反映各个方面,使其成为一个有机的整体。

四 效果评价指标体系的构建

中国管理情境的积极组织行为激励效果需要一套科学合理的评价指标体系来评价,在设计评价指标体系时,选择科学的评价方法和构成因子很有必要。

(一) 评价指标体系的设计方法

中国管理情境的积极组织行为激励评价是由众多因素相互作用构成的复杂系统,在对激励效果进行评价时,应采用定量与定性相结合的方法。

1. 德尔菲法

德尔菲法(Delphi method)又称"专家调查法",是由美国兰德公司于20世纪40年代首创的综合有关领域专家意见而进行预测的一种定性预测方法[①],后被确定为重要的现代决策技术。德尔菲法是客观地综合运用专家们的经验与判断,对大量非技术性的无法进行定量分析的因素做出概率估算,并在多轮专家意见征询过程中通过轮间反馈,将估算结果告诉专家,从而充分发挥信息反馈与信息控制的作用,使分散的意见逐次收敛,最后集中于相对协调一致的评价结果上。德尔菲法已经应用于诸多领域,尤其是在指标选取和权重测定方面被证明行之有效。

2. 因素成对比较法

因素成对比较法是系统工程中常用的预测方法,是常用的权重确定方法。因素成对比较法将因素指标体系中的因素进行两两比较,然后对比较的结果进行赋值、排序,从而确定最终权重值。

3. 层次分析法

层次分析法是将与决策有关的内容分解成目标、因素、因子等层次,在此基础上进行定性和定量分析的决策方法。层次分析法的特点是:在对复杂决策问题的本质、影响因素及内在关系进行深入分析的基础上,运用较少的定量信息,使决策思维过程数学化,从而为多目标、多因素、无结构特点的复杂决策问题提供简便的方法,尤其适用于对决策结果难以直接准确计量的场合。层次分析法将定性和定量分析结合起来处理各种因素,可以较好地消除主观判断和决策属性的不确定性,具有系统、灵活等特点。

本研究采用将三种方法相结合的综合方法。在中国管理情境的积极组织行为激励的评价指标体系设计中采用层次分析法将积极组织行为激励看成一个大系统,通过对系统的多个因素进行分析,划分出各因素之间相互联系的有序层次,上一层因素对下一层因子起支配作用,从而形成一个自上而下、逐层支配的指标体系。在确定因素与因子的相对重要性和权重时,则采用德尔菲法和因素成对比较法相结合的方法。

(二)评价指标体系的构成因子选取与评价指标体系的确立

中国管理情境的积极组织行为激励评价指标体系分为三个层次:目标层、因素层和因子层。本研究将积极组织行为激励作为目标层;在目标层

---

① 郭晓薇:《企业员工组织公民行为影响因素的研究》,华东师范大学心理学系博士学位论文,2004。

下设立"项目总体满意度""个体优化""组织优化"三个因素层；每个因素层下面再设立2~7个因子层。

笔者运用德尔菲法将初步设立的评价指标体系制成表格，征询专家意见。在征询表上列出部分因素和因子，并留一些空格，允许专家进行指标替换或指标增减。收回征询表后，经过计算与分析，根据大多数专家的意见确定各层次的因素和因子，从而构成中国管理情境的积极组织行为激励的评价指标体系，如图4-2所示。

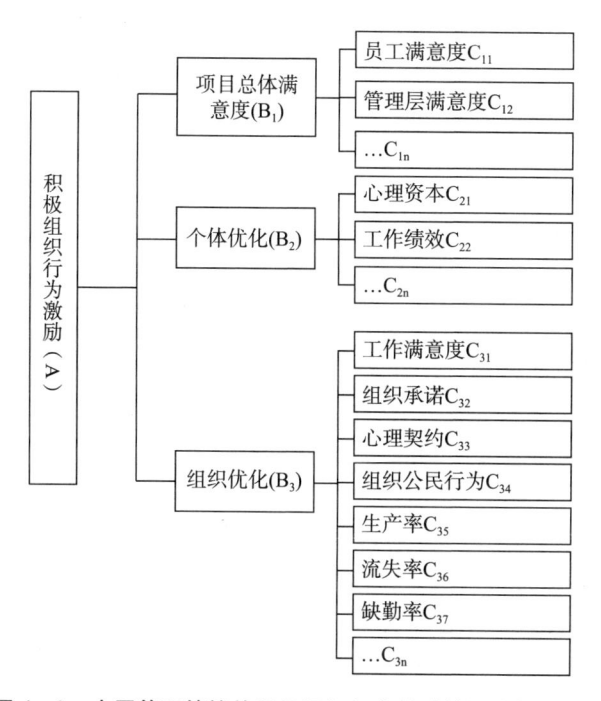

```
积极组织行为激励（A）
├── 项目总体满意度($B_1$)
│   ├── 员工满意度$C_{11}$
│   ├── 管理层满意度$C_{12}$
│   └── …$C_{1n}$
├── 个体优化($B_2$)
│   ├── 心理资本$C_{21}$
│   ├── 工作绩效$C_{22}$
│   └── …$C_{2n}$
└── 组织优化($B_3$)
    ├── 工作满意度$C_{31}$
    ├── 组织承诺$C_{32}$
    ├── 心理契约$C_{33}$
    ├── 组织公民行为$C_{34}$
    ├── 生产率$C_{35}$
    ├── 流失率$C_{36}$
    ├── 缺勤率$C_{37}$
    └── …$C_{3n}$
```

图4-2 中国管理情境的积极组织行为激励的评价指标体系

（三）评价指标因素与因子的相对重要性确定

运用德尔菲法，通过三轮专家征询，测算出因素与因子的相对重要性。具体测定过程如下。

1. 专家选择与第一轮征询

共选择20名专家参加本次征询。这些专家是来自高校、从事企业人力资源管理等工作的学者和资深管理者，可确保专家的学养深度和来源的广泛覆盖面。明确告诉了专家调查的主题及该项目目前的发展趋势，征求专家对积极组织行为激励的因素、因子的意见。

2. 评价第一轮征询结果和第二轮征询

将第一轮征询的结果制成表格发给大家,征求专家对中国管理情境的积极组织行为激励的评价指标体系的看法,请专家对每个因素赋予百分比。将第二轮征询表收回后进行计算机统计处理,采用标准差法。计算结果可以反映专家总体评价意见的概率分布。平均值能够反映这一轮因素评价的结果;标准差能够反映专家意见的离散程度。在此基础上,进行计算机剔除检验,检验结果为:平均数 $\pm 2\delta$ 之内,用 T 表示区间内的分值,F 表示区间外的分值,F 属于被剔除的对象。

3. 轮间信息反馈与第三轮征询

将第二轮征询的结果,即各因素的平均值、标准差、检验结果列入第三轮征询表中,将专家的意见整理成正态分布的数据,对专家进行信息反馈与第三轮征询。专家在这一轮赋值时,可以根据总体意见的倾向,即根据平均值和标准差来修改前一轮的评价意见,对于区间内分值可以进行适当调整,也可以坚持自己的意见,对于区间外的分值要给予否定,重新赋值。收回第三轮征询表后,再进行计算机统计处理,最后得到协调程度高的结果。这些工作都是通过电子邮件进行的,都是背对背的,所以可靠性较高。最终结果如表 4-1 和表 4-2 所示。

表 4-1 积极组织行为激励评价体系因素层(B)专家意见统计

目标	因素	平均数(%)	标准差(δ)	检验合格区间
积极组织行为激励	项目总体满意度	26	3.12	19.76% ~ 32.24%
	个体优化	35	2.21	31.58% ~ 39.42%
	组织优化	39	2.46	34.08% ~ 43.92%
合计	3 个	100		

表 4-2 积极组织行为激励评价体系因子层(C)专家意见统计

因素	因子	平均数(%)	标准差(δ)	检验合格区间
积极组织行为激励项目总体满意度	员工满意度	51	1.78	47.44% ~ 54.78%
	管理层满意度	42	1.73	38.54% ~ 45.46%
	外界评价	7	1.91	3.18% ~ 10.82%

续表

因素	因子	平均数（%）	标准差（δ）	检验合格区间
合计	3个	100		
个体优化	心理资本	51.3	2.62	46.06%~56.54%
	工作绩效	48.7	2.17	44.36%~53.04%
合计	2个	100		
组织优化	工作满意度	29.5	2.04	25.42%~33.58%
	组织承诺	12.7	1.26	10.18%~25.22%
	心理契约	13.3	1.39	10.52%~16.08%
	组织公民行为	13.9	1.14	11.62%~16.18%
	生产率	14.4	1.47	11.46%~17.34%
	流失率	10.2	1.28	7.64%~12.76%
	缺勤率	8.9	1.23	6.44%~11.36%
合计	7个	100		
总计	12个			

（四）评价指标测定因素与因子的权重确定

为使中国管理情境的积极组织行为激励的评价指标体系更加科学合理，可在运用德尔菲法测定出因素和因子的相对重要性的基础上，运用因素成对比较法确定权重。因素成对比较法将因素层或因子层的因素、因子进行两两比较。假设有 C_1、C_2 两个因子，C_1 比 C_2 重要，则赋值 C_1 为 1、C_2 为 0；若同等重要，则各赋值 0.5。为防止某一因子的权重为 0，一般在因子层中设置一个虚拟因子，排序在第 $n+1$ 项，使得所有因子都比虚拟因子重要，都赋值 1，而虚拟因子相对其他因子都不重要，则赋值为 0。最后，将各因素、因子比较值总计与所有因素、因子比较值总计之和相除，从而得出最终因素、因子相应的权重，并按照权重值的大小排序。结果见表 4-3、表 4-4、表 4-5、表 4-6。

表 4-3 积极组织行为激励评价体系因素层（B）各因素成对比较

因素	因素	B_1	B_2	B_3	Z	比较值总计	权重	排序
B_1			0	0	1	1	0.17	3

续表

因素＼因素	B_1	B_2	B_3	Z	比较值总计	权重	排序
B_2	1		0	1	2	0.33	2
B_3	1	1		1	3	0.50	1
Z	0	0	0		0		

注：Z 为虚拟因素。

表 4-4 "积极组织行为激励项目总体满意度"各因子成对比较

因子＼因子	C_{11}	C_{12}	C_{13}	Z	比较值总计	权重	排序
C_{11}		1	1	1	3	0.50	1
C_{12}	0		1	1	2	0.33	2
C_{13}	0	0		1	1	0.17	3
Z	0	0	0		0		

注：Z 为虚拟因子。

表 4-5 "积极组织行为激励个体优化"各因子成对比较

因子＼因子	C_{21}	C_{22}	Z	比较值总计	权重	排序
C_{21}		1	1	2	0.67	1
C_{22}	0		1	1	0.33	2
Z	0	0		0		

注：Z 为虚拟因子。

表 4-6 "积极组织行为激励组织优化"各因子成对比较

因子＼因子	C_{31}	C_{32}	C_{33}	C_{34}	C_{35}	C_{36}	C_{37}	Z	比较值总计	权重	排序
C_{31}		1	1	1	1	1	1	1	7	0.25	1
C_{32}	0		0	0	0	1	1	1	3	0.11	5
C_{33}	0	1		0	0	1	1	1	4	0.14	4
C_{34}	0	1	1		0	1	1	1	5	0.18	3
C_{35}	0	1	1	1		1	1	1	6	0.21	2
C_{36}	0	0	0	0	0		1	1	2	0.07	6
C_{37}	0	0	0	0	0	0		1	1	0.04	7
Z	0	0	0	0	0	0	0		0		

注：Z 为虚拟因子。

(五) 效果评价指标体系

本指标体系通过运用德尔菲法、层次分析法和因素成对比较法相结合的方法建立，并首次对激励评价指标体系中的各因素、因子进行了权重的科学测定。在此基础上，各因子分权重乘以相应因素总权重，得出最终各因子的总权重，结果如表4-7所示。

表4-7　中国管理情境的积极组织行为激励的评价指标体系

一级指标	二级指标（因素）	三级指标（因子）	分权重	总权重
积极组织行为激励	积极组织行为激励项目总体满意度	员工满意度	0.50	0.09
		管理层满意度	0.33	0.06
		外界评价	0.17	0.02
	合计		1.00	0.17
	个体优化	心理资本	0.67	0.22
		工作绩效	0.33	0.11
	合计		1.00	0.33
	组织优化	工作满意度	0.25	0.13
		组织承诺	0.11	0.06
		心理契约	0.14	0.07
		组织公民行为	0.18	0.09
		生产率	0.21	0.10
		流失率	0.07	0.03
		缺勤率	0.04	0.02
	合计		1.00	0.50

五　效果评价指标体系的使用

(一) 评价指标体系的特征

从中国管理情境的积极组织行为激励的评价指标体系中可以看出，在所有评价因素（二级指标）中，组织优化是相对重要的因素，权重达到0.5；在所有评价因子（三级指标）中，心理资本是相对重要的因素，权重达到 0.22。这充分说明心理资本因子的核心地位，为基于积极组织行为的知识型员工激励策略提供了科学的参考，即积极组织行为激励应将开发和提升知识型员工的心理资本放在首要位置。工作满意度排在第二位，权重为 0.13，工作绩效列第三位，权重为 0.11。这说明工作满意度与工作绩效不仅是积极组织行为激励模型的主要内生变量（因变量），同时也是积极组织行为激励评价的重要指标。其余因子的权重大小依次为：生产率、组织公民行为、员工满意度、心理契约、管理层满意度、组织承诺、流失率、缺勤率和外界评价。需要说明的是，组织公民行为和外界评价起初并不在评价指标体系中，是在运用德尔菲法三轮征询专家意见时听从专家建议补充进去的，外界评价可以反映品牌和组织的社会责任；组织公民行为是指在组织中未明文规定且未给予奖励的情形下，员工自发性地做出对组织或对其他员工有益的行为，且此行为有助于组织绩效的提升。积极组织行为激励客观上能创造有利于组织公民行为形成的组织氛围，这对组织公民行为的发生与发展非常重要。

（二）评价指标体系的使用说明

鉴于中国管理情境的积极组织行为的激励评价指标体系涉及的因素和因子指标比较多，为客观科学地进行评价，需要对该指标体系的使用做些说明。

1. 评价视角

中国管理情境的积极组织行为激励是由相互作用的众多因素构成的复杂系统，其实施必然是一项复杂的系统工程。本研究从人力资源管理等综合视角来分析积极组织行为激励运行效果，评价的重心在于积极组织行为激励本身的客观指标。在运用中国管理情境的积极组织行为激励的评价指标体系时，应遵循统筹全局、权衡主次、突出重点的原则，在积极组织行为激励目标层下设立"积极组织行为激励项目总体满意度""个体优化""组织优化"三个因素层，每个因素层下面再设立若干因子，共设立了12个因子。而在运用德尔菲法调查时，涉及的因子还包括工作适应性、员工士气等，均因其值的平均数和标准差不在合格检验区域之内而被剔除。

2. 评价体系兼顾积极组织行为激励的过程与结果

中国管理情境的积极组织行为激励的评价指标体系既适用于评价组织

对于积极组织行为激励的实施结果，也适用于评价组织实施积极组织行为激励的行为及过程，这也是构建中国管理情境的积极组织行为激励的评价指标体系的目的所在。因为中国管理情境的积极组织行为激励的评价指标体系本身就建立在具有积极组织行为的知识型员工激励模型和激励路径策略系统基础上。实际上，只有良好的行为与过程，才能持久而稳定地产生良好的激励结果。

3. 评价指标权重的客观性和相对性

积极组织行为激励涉及多方利益，管理层希望看到实在的激励效果，员工希望得到个性化的帮助，所以积极组织行为激励评价容易受主观价值和外界情形的影响，而这些或多或少会影响积极组织行为激励评价的客观性。同时，积极组织行为激励评价还涉及员工隐私等保密性问题，因此评价时不能揭示任何员工个体的身份与特性。

中国管理情境的积极组织行为激励的评价指标体系虽采用了定性分析与定量分析相结合的方法，但鉴于层次分析法、德尔菲法和因素成对比较法均属于主观赋权法[①]，这类方法主要由专家根据主观经验判断来测定，其测定结果受专家主观因素的影响，不可避免地会存在一定的偏差，因此需要在积极组织行为激励实践中做进一步的检验和修正。

需要特别说明的是，表4-7中的评价权重是运用科学方法建立的相对值，不是绝对化的指标权重，仅供参考。因为实际生活中，不同企业、不同行业组织的具体情况会存在较大差异，实践运用时需根据实际情况，对效果评价指标体系做权衡增减，适当调整权重比例，使其符合积极组织行为激励模型。本研究为实践中的灵活应用提供了有益的参考方法与视角。

本章运用层次分析法、德尔菲法和因素成对比较法，构建了中国管理情境的积极组织行为激励的评价指标体系，目的是实现积极组织行为激励科学性和效益的最大化。积极组织行为激励对组织的生存和发展有着非常重要的作用，而评价指标体系的建立和优化对完善激励系统具有重要的意义。赋予指标总权重和分权重，能体现积极组织行为激励方案的可比性和差异性，反映各因素指标之间的变化，能够满足多指标、多属性的方案比

---

① 李桂华：《企业和谐管理》，经济管理出版社，2007，第201~204页。

较和择优，具有一定的合理性、实用性。中国管理情境的积极组织行为激励的评价指标体系与之前研究的激励模型与激励路径策略构成了相对完整的激励系统，为中国管理情境的积极组织行为激励的案例分析与评估奠定了基础。

第三部分
实践创新

第五章
中国管理情境的积极组织行为的职业价值观澄清

第三章构建了中国管理情境的积极组织行为的内涵结构。其中，职业价值观是积极组织行为重要的外生变量，是积极组织行为系统的基础。传统激励大多强调通过各种外在措施来赢得员工的忠诚，但激烈的市场竞争已为员工带来太多的外界诱惑。随着双因素边际激励效用的递减，薪酬等激励的因素可能恰恰成为其离职的理由。要真正持久地激发员工的工作激情，必须充分考虑其职业价值观因素。职业价值观左右员工的工作态度，是员工职业取向、职业选择和职业发展的深层依据与决定性因素之一。从价值观的角度来说，判断员工职业发展成功与否就看员工是否得到了真正想要的工作生活，以及职业所带来的工作生活方式是否符合其价值观念。若符合，员工会感觉幸福，反之则痛苦。

职业价值观是一个人对各种职业价值的基本认识和基本态度，它代表一个人通过工作所要追求的理想是什么：是为了钱、权力，还是为了情感等。职业价值观是人们在选择职业时的一种内心尺度，它影响着人的择业心态、行为以及信念，也影响着职业人生认知以及自我了解、自我定位、自我设计等；同时，也为自认为正当的职业行为提供充足的理由。

一 职业价值观的类型

美国心理学家米尔顿·罗克奇致力于对信仰、态度尤其是价值观的研究，并设计了罗克奇价值观调查问卷。它包括两种价值观类型，每一种类型都有18项具体内容。第一种类型被称为"终极价值观"，指的是一种期望存在的终极状况，是一个人希望一生最终实现的目标；第二种类型被称为"工具价值观"，指的是个人偏爱的行为方式或实现终极价值观的手段。

终极价值观，比如舒适的生活、振奋的生活、成就感、和平的世界、美丽的世界、平等、家庭安全、自由、幸福、内在和谐、成熟的爱、国家的安全、快乐、救世、自尊、社会承认、真挚的友谊、睿智等。工具价值观，比如雄心勃勃、心胸开阔、能干、欢乐、清洁、勇敢、宽容、助人为乐、正直、富于想象、独立、智慧、符合逻辑、博爱、顺从、礼貌、负责、自我控制等。

职业价值观具有多样性，米尔顿·罗克奇在他的著作《人类价值观的本质》中提出了13种价值观。

（1）成就感：提升社会地位，得到社会认同；希望工作得到他人认可，对工作的完成和挑战成功感到满足。

（2）美感追求：能有机会多方面地欣赏周围的人、事、物或任何自己觉得重要且有意义的事物。

（3）挑战：能有机会运用聪明才智来解决困难；舍弃传统的方法，选择创新的方法处理事务。

（4）健康：包括身体和心理健康，工作能够免于焦虑、紧张和恐惧；希望能够心平气和地处理事务。

（5）收入与财富：工作能够明显、有效地改变自己的财务状况；希望能够得到金钱所能买到的东西。

（6）独立性：工作有弹性，可以充分掌握自己的时间和行动，自由度高。

（7）爱、家庭、人际关系：关心他人，与他人分享快乐，协助他人解决问题；体贴、关爱，对周围的人慷慨。

（8）道德观：与组织的目标、价值观、宗教观和工作使命不相冲突，紧密结合。

（9）欢乐：享受生命，结交新朋友，与他人共处，一同享受美好时光。

（10）权力：能够影响或控制他人，使他人按照自己的意思去行动。

（11）安全感：能够满足基本的需求，有安全感，远离突如其来的变动。

（12）自我成长：具有求知欲，寻求更圆满的人生，在智慧、知识、人生的体会上有所提升。

（13）协助别人：体会和认识到自己的付出对团队是有帮助的，别人因为自己的行动而受益颇多。

二 职业价值观澄清的步骤

要了解自己的职业价值观，就需要在做出职业选择的过程中，仔细觉察自己选择时所依据的内心价值观。路易斯·拉斯将价值观的澄清分为三个阶段、七个步骤，他指出一个"价值"需要具备以下基本要素。一是珍视：个体对一个职业有强烈的感觉并珍惜它，个体会在公共场合提到对这个职业的珍视，必要的时候会很确定地给予肯定。二是选择：个体在选择一个职位之前是否会考虑其他的可能，以及一个职位所带来的结果，是否会不在乎外界的压力而选择一个职位，并保持感受、思考和行动的一致。三是行动：个体会用自己的行动来支持自己的感受和信念，且会始终如一地根据自己的感受和信念来行动。

美国心理学家拉斯与西蒙、哈明曾提出价值观辨析理论，认为价值观通过选择、赞赏与行动逐步形成。根据价值观辨析理论，辨析个体职业价值目标是澄清职业价值观的第一步。

（一）辨析个体职业价值目标

1. 认识深层志趣

深层志趣（deeply embedded life interests）的概念最初由哈佛商学院心理学家布而特等人提出，指人们长期拥有的、由情感驱动的各种激情，超越常规的兴趣与爱好，与性格交织在一起。同时，他们总结出与工作流动密切联系的八大深层志趣，分别是技术应用、数量分析、理论研究与概念性思考、创造性生产、咨询辅导、人员与关系管理、企业控制、语言与观念影响别人。深层志趣驱使着一个人的职业变动，但它并不决定员工擅长什么，而是决定什么工作能让其保持长久的激情与满足，这种满足常自然转化为对工作的投入。

2. 挖掘深层志趣

深层志趣隐藏在人的内心深处，大多数员工对此并没有清晰的认识，他们大多时间可能都在努力完成别人期望或自认为很擅长的事情[①]。挖掘深层志趣可采用问题陈述法、日常工作行为判定与行为事件访谈法（behavior event interview，BEI）。

第一，问题陈述法。可以采用五问法：一是当没有任何压力的时候，最想做的是什么事情？二是假想在自己去世之前，最高兴自己做成了什么事情？想象在追悼会上，希望别人如何评价自己？假如自己撰写墓志铭，愿意写下哪些内容？三是做什么样的事情会让自己感到内心很充实？四是经常想有一天自己会成为一个什么样的人吗？经常想总有一天会从事什么职业吗？五是生活和职业中有什么事情会让自己痛苦（人们经常因为背离了自己的价值观而感到痛苦）？这些问题可以帮助员工厘清工作价值观。

第二，日常工作行为判定。这种判定对员工主管要求较高。员工主管在日常工作中应关注员工的行为。有些员工对符合自己深层志趣的工作会表现得兴高采烈，对不符合深层志趣的工作则无精打采，因此员工主管在日常工作沟通中，应有意识地让员工描绘工作中真正感兴趣的方面，以此逐渐发现其深层志趣的线索。

第三，行为事件访谈法。该方法采用开放式的行为回顾式探察技术，让员工找出和描述他们在工作中最成功和最不成功的三件事，然后详细地报告当时发生了什么，具体包括：这个情境是怎样引起的；牵涉哪些人；当时是怎么想的，感觉如何；在当时的情境中想完成什么，实际上又做了些什么，结果如何；等等。然后，对访谈内容进行分析，确定员工所表现出来的胜任特征。

（二）整合组织价值目标

中国管理情境的积极组织行为的激励策略在最大限度地满足组织员工需要的同时，也十分注重组织绩效，重视有效整合个体目标与组织目标，让员工认同组织价值观。

1. 建立基于组织战略层次的胜任特征模型，提升价值认可度和胜任力

整合个体价值目标与组织价值目标，应建立基于组织战略层次的胜任特征模型。胜任特征模型（competency model）是指承担某一特定的职位角

[①] 曲秉春、申健：《洞悉职业深层志趣 获取员工组织忠诚》，《中国人力资源开发》2009年第4期，第27~29页。

色所应具备的胜任特征要素的总和，即将该职位表现优异者的要求结合起来的胜任特征结构①。胜任特征模型主要包括三个要素，即胜任特征的名称、胜任特征的定义（界定胜任特征的关键性要素）和行为指标的等级（反映胜任特征行为表现的差异）。胜任特征模型的建构是基于胜任特征的人力资源管理和开发的逻辑起点和基石。对于有离职倾向的优秀员工，可以根据实际情况，依据其深层志趣调任其他岗位，进行恰当的工作再设计，以实现组织价值目标与员工深层志趣之间的相对平衡。基于积极组织行为激励的价值观澄清策略可把胜任特征模型开发与和谐组织建设结合起来，从组织战略的层次探索胜任特征模型的功效。这与时勘教授提出的健康型组织（healthy organization）建设的构思基本一致，他把健康型组织的主要功能归纳为正常的心理状态、成功的胜任特征和创新的组织文化三方面。这样，我们就能从组织与个人都和谐发展的角度，探索个体和组织层面的胜任特征模型，使其在实践中发挥更大的作用。

2. 内化组织的使命与愿望，增强员工职业忠诚度

整合组织价值目标，必须注重描述组织的使命与愿望，并努力将组织价值目标与员工目标融合，内化到员工心里，细化为员工日常工作目标的一部分，使员工的常规工作被赋予更积极科学的内涵。国内研究显示，创新与发展是员工最认同的企业核心价值观②。可以看到，当组织的方向与目标被员工认同时，组织的成功自然就被认同为自己的成功。美国管理心理学家蒂姆认为，把赢利作为员工激励的唯一手段是无效的。所以，组织应努力让员工意识到其工作具有深远的、健康积极的意义。此时，员工就易被这种组织价值目标所激励，工作就有更强的动力。根据心理幸福感理论，积极的工作目标是工作幸福感的核心要素，员工如果能意识到组织价值目标的意义，就能充满价值感地快乐工作。这同时也能潜移默化地增强员工的职业忠诚度。

3. 责任激励，营造积极的组织公众形象

营造组织积极的社会形象会对员工的心理产生积极的影响。中国文化背景下，集体主义心理特征明显。员工个体如果归属于声誉良好的集体，

---

① 时勘：《基于胜任特征模型的人力资源开发》，《心理科学进展》2006 年第 4 期。
② 刘戈：《雇主品牌如何让员工拥有幸福感》，《中外管理》2008 年第 6 期。

会产生很强的自豪感和自尊水平，以及满足与幸福①。

整合组织价值目标，要正确运用责任激励。管理层在赋予员工责任时，应将交付责任作为责任激励的起点，鼓舞士气，提升责任，激发责任承担人的上进心②；同时，将督导员工工作变成"二次责任激励"，总结工作时，再回到责任主体，这对于有实现自我需求的员工尤其重要。

（三）规范行为方式

澄清职业价值观不仅仅要澄清认知领域，而且要注重澄清行为活动，具体就是更加理性科学地规范行为方式。

1. "选择想要的，享受得到的"

"选择想要的，享受得到的"，也就是赞赏选择，积极行动。这是建立在辨析个体职业价值目标和整合个体目标与组织目标的基础上的。个体确定了目标，选择目标，并赞赏选择，即喜欢这个选择并感到满意、愿意公开选择，进而积极行动，落实目标，按职业价值观选择行事，将之作为一种生活工作方式加以重复，从价值观层面设计职业生涯。如培训时，组织可以通过引导、讲解、讨论（围绕某个职业价值观念或情景，让被试自由充分地发表自己的见解，以达到相互交流、辨析，并澄清错误观点的目的）、实践角色扮演和撰写自我体会等活动来加以强化。

2. 践行"岗位股份制公司"与"岗位主人翁"

我国学者刘先明与高贤峰先后提出"岗位主人翁""岗位股份制公司"的观点。笔者认为，这些观点非常精辟，但有一个根本前提，就是明晰自我职业价值目标与组织目标，否则就会导致盲目实践。岗位是员工实现和提升个人社会价值的平台。传统主人翁理论基于集体主义哲学，西方人本主义的自我实现基于个人主义的哲学。能够把集体主义精神与个人主义精神联结在一起的枢纽，就是岗位。岗位往上联结着集体，往下联结着个人。集体主义精神下的主人翁被要求为集体做贡献，其贡献的着力点是岗位；个人主义精神下的主人翁被要求实现自我价值，其自我价值实现的平台也在岗位。所以，无论是集体主义还是个人主义，都要求员工以主人的心态做好岗位工作。每一个岗位，都可看作一个股份制公司。如图 5-1 所

---

① 刘戈：《雇主品牌如何让员工拥有幸福感》，《中外管理》2008 年第 6 期。
② 赵路：《高科技企业人才激励机制设计》，《中国人才》2008 年第 11 期。

示,这个股份制公司有两个股东:一个是传统投资方,另一个是知识型员工。传统投资方向岗位股份制公司投入的是货币资本,表现为资金、厂房、设备、土地等,要求回报的是利润;而知识型员工向岗位股份制公司投入的是人力资本,表现为知识、经验、技能等,要求回报的是人力资本。实践中,员工通过使用自己的知识、经验和技能来创造劳动价值,获取报酬薪资,却极易忽略劳动的另一项重要功能——知识、经验、技能这些"人力资本"的"投资"功能。若把岗位看成一个"股份制公司",传统投资方以货币资本入股,员工无疑是将"人力资本"作为股本投入,那么除了货币资本在周转中产生增值利润外,员工所付出的"人力资本"同样在不断增值。知识、经验、技能如滚雪球般越积越强大,必然会在"股份制公司"中获取更多的利润和分红(如图5-1所示)。

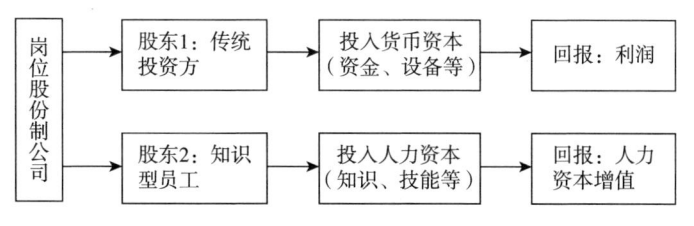

```
岗位        股东1:传统      投入货币资本       回报:利润
股份   →    投资方      →  (资金、设备等)  →
份制
公司
            股东2:知识      投入人力资本       回报:人力
       →    型员工      →  (知识、技能等)  →  资本增值
```

图5-1 "岗位股份制公司"理解示意

对于这两种回报的不同理解,构成两种截然不同的心态。一个是"打工者"心态,即工作完成后只想"能得到多少工资、奖金"。"尽量少做事,想法多挣钱"是"打工者逻辑","遇难事就躲走,能少干就少干"是打工者的工作表现。显然,这种心态对组织是不利的。与之完全不同的另一种心态是主人翁心态,即认为努力工作不仅对组织有利,而且对自己有利。持这种心态的员工把岗位当成自己的公司,"见工作就干,不管分内分外","有困难就上,不管报酬高低"。结果,多干一份工作,就多积累一次经验,就等于多分红一次;克服一个困难,就等于争取一次技能提升的机会和一次分红的机会。最终,知识、经验、技能大大提升,报酬的提升就有了根本的保证,职业生涯的发展也有了足够的人力资本。

践行"岗位股份制公司"与"岗位主人翁"是一种带有明显积极组织行为激励烙印的心智模式,组织与员工可以实现"双赢",从而真正达到一种平衡与和谐。特别是当企业外部竞争环境越来越激烈时,外部越有危机,组织就越要强化员工的信心和凝聚力,加强"岗位股份制公司"与

"岗位主人翁"的引导，从而优化组织的激励机制。

价值激励沿着本土化路径，夯实积极组织行为激励的基础，着力于提升工作满意度和工作绩效，最终达到个体和谐与组织和谐。而个体和谐与组织和谐又持续不断地激励员工，最终形成一个有机的动态的良性循环系统。

三 职业价值观影响职业适应性的实证研究

积极组织行为通过澄清职业价值观创新企业人力资源管理，这在员工的工作适应性中体现得尤其明显。本章针对职业价值观对工作适应性的影响进行实证研究，科学检验职业价值观的效能。

职业价值观是价值观在职业选择上的体现，职业价值观是决定个体职业行为的心理基础。适应是通过调整发展主体性动作以满足客体变化的过程，是个体与环境相互调适、不断趋于完善的过程。职业适应是指个人与某一特定的职业环境进行互动、调整以达到和谐的过程。从国外学者对个人职业适应的研究成果来看，他们的研究是从两方面展开的。一是基于心理动力学理论观点，认为只要个人的愿望在职业中能获得满足，就是对职业的适应。有研究者就认为，人们在就业之后，是否继续从事此项工作，取决于个人与环境的相互关系。二是基于社会学的视角，将研究视点集中于工作群体、组织及其机能上，特别从个人与工作群体的关系，以及个人在群体中的角色的角度来把握职业适应[1]。国内对职业适应的研究起步较晚，主要集中于三类，即迁移者（诸如三峡移民）的社会适应问题、农民工群体的城市适应性问题，以及独生子女或城镇青年的职业适应性问题等[2]。随着我国现代化进程的加速，社会经历着深刻的转型和体制转轨，职业类型不断分化，各种职业技术和职业规范变得更加专业化和复杂化，职业流动的自主性增强、速度加快。在这种背景下，职业适应性问题日益凸显。职业适应性已成为企业社会工作中一个十分突出的现实问题，多元

---

[1] Bakke E. W., *The Unemployed Man* (London: Nisbert, 1998).
[2] 风笑天、王晓璐：《城市青年的职业适应：独生子女与非独生子女的比较研究》，《江苏社会科学》2006年第4期；范成杰：《城市居民个人背景与其职业适应性研究》，《社会》2006年第1期。

化的现实社会和压力使人们常面临职业价值观冲突，且不易通过自我调节而适应正常的工作。由于个体职业价值观的形成过程是一个开放的系统，因此在工作实践中，人们必须不断调整自己的职业态度、工作动机、认知策略等，这其实就是在不断地调适自己的职业价值观[①]。

（一）研究方法

本研究的被试是常州和南京地区的一些员工，共发放问卷694份，回收有效问卷631份，有效回收率为91%。其中，男性472人，占74.8%，女性159人，占25.2%，平均年龄为38.4岁。被试来自全国各地。

自编自陈式Likert五点计分的职业价值观量表，内容包括社会目标、个人目标和行为方式三个主要部分，涵盖个人—社会、终极性—工具性维度。量表的Cronbach's α 系数为0.87，量表的各个维度之间的相关系数为 0.624~0.791，说明量表具有较好的结构效度。自编职业适应性量表，该量表有五个维度，具体是工作动机适应、工作能力适应、人际关系适应、工作规范适应、心理适应。量表的Cronbach's α 系数为0.91，各个维度之间的相关系数为0.56~0.78，同样具有较好的结构效度。

本研究在问卷设计与数据收集过程中，虽已通过反向问题等问卷基本编排法、匿名进行了事前控制，但因数据均为被试的自我报告，因此仍可能存在共同方法偏差。为此，本研究采用Human单因素检测法，将所有题项进行单因素分析，结果没有发现独大的单因子存在，因此本研究不存在严重的共同方法偏差问题。

（二）研究结果

1. 职业价值观与职业适应性的相关分析

职业价值观与职业适应性的相关分析如表5-1所示。

表5-1 职业价值观与职业适应性的相关分析

职业价值观 职业适应性	社会目标	个人目标	行为方式
工作动机	0.071	0.261*	0.198*

---

① 张宏如：《职业适应的归因研究》，《中国青年政治学院学报》2008年第5期。

续表

职业适应性 \ 职业价值观	社会目标	个人目标	行为方式
工作能力	0.124	0.168*	0.146*
人际关系	0.417**	0.383**	0.394**
工作规范	0.129	0.192*	0.176*
心理适应	0.158*	0.232*	0.239*

注：* $p<0.05$，** $p<0.01$。

从职业价值观的三个主干维度与职业适应的相关性来看，职业价值观的社会目标主要与职业适应性中的心理适应存在显著相关；职业价值观的个人目标与行为方式则与职业适应性中的工作动机、工作能力、心理适应、工作规范存在显著相关；而职业适应性中的人际关系与社会目标、个人目标、行为方式都存在显著相关，主要是职业价值观本身就含有人际环境子维度所致。

研究结果显示，在职业价值观各子维度中，与职业适应性最相关的是成就声望、能力发挥和职业兴趣，尤其是能力发挥和职业兴趣，与职业适应性中的三项都存在显著的相关。职业适应性中的工作动机则与职业价值观中的成长前景、成就声望、薪酬福利、能力发挥、职业兴趣存在显著相关，心理适应则与能力发挥、职业兴趣存在显著相关。综合来看，成就声望、能力发挥和职业兴趣现已成为影响职业适应性的三个非常重要的因素。

职业价值观中的职业兴趣与职业适应性中的工作动机、心理适应、工作规范都存在显著相关，与工作能力也存在显著相关。所以，职业价值观中的职业兴趣是影响职业适应性的一个本源性因素。

职业价值观中的择业变异则与职业适应性中的所有因素都不存在显著相关。也就是说，其与工作动机、工作能力、人际关系、心理适应均关联不大。

就职业适应性诸多因素而言，心理适应、工作动机维度与职业价值观的各子维度之间关系最为密切，它分别与能力发挥、职业兴趣存在显著相关，与职业稳定也存在显著相关。所以，职业适应性中的心理适应、工作动机与职业价值观之间有着密不可分的联系。

以职业适应性总体指标为因变量，以职业价值观的各维度为自变量，引入回归方程分析，结果表明：职业价值观的各维度中，社会目标对职业适应性的预测作用较小，个人目标与行为方式则对职业适应性预测系数明显较高。这说明职业价值观中的个人目标与行为方式与职业适应性关系更为密切。在职业价值观的子维度中，职业兴趣、能力发挥和成就声望对职业适应性的影响最为突出（$\beta = 0.36$，$p < 0.01$；$\beta = 0.31$，$p < 0.01$；$\beta = 0.27$，$p < 0.05$），其次是薪酬福利、生活方式、成长前景、职业稳定（$\beta = 0.19$，$p < 0.05$；$\beta = 0.16$，$p < 0.01$；$\beta = 0.14$，$p < 0.05$；$\beta = 0.12$，$p < 0.05$），而择业变异、社会促进则影响不大。以总体职业价值观指标为因变量，以职业适应性的各指标为自变量，引入回归方程，结果表明：对职业价值观预测作用的大小依次为心理适应、工作动机、工作规范（$\beta = 0.21$，$p < 0.05$；$\beta = 0.17$，$p < 0.05$；$\beta = 0.13$，$p < 0.05$）。需要说明的是，由于职业价值观与职业适应性中均具有人际关系因素，因此分析前剔除了该项因子。

2. 职业价值观与职业适应性的路径分析

为进一步深入研究两者之间的相互作用，我们采用结构方程建模中的路径分析方法，探讨它们之间的影响机制。在本研究中，涉及的职业价值观变量较多，若将这些变量都引入结构方程，会使模型变得十分庞大，从而导致运算复杂、模型不简洁，所以我们对变量进行了一定的筛选，选择有代表性的、与职业适应性关系比较密切的变量进入模型。基于以上考虑，选择进入模型的变量共七个，具体是总体职业价值观、个人目标、行为方式、能力发挥、成就声望、职业兴趣、职业适应性。在这七个变量中，从职业价值观变量与职业适应性的关系来看，存在两种可能情况：一种是职业价值观变量影响职业适应性（模型1）；另一种是职业适应性影响职业价值观变量（模型2）。

对两个模型分别进行检验，拟合指标如表5-2所示。

表5-2 模型的拟合指标

模型	χ^2	df	χ^2/df	RMSEA	GFI	AGFI	NNFI	CFI	IFI
1	55.8	20	2.79	0.08	0.91	0.89	0.91	0.93	0.93
2	69.1	17	4.06	0.13	0.80	0.76	0.77	0.79	0.79

从表 5-2 可以看出，综合各项指标，模型 1 与数据有较佳的拟合：模型 1 的 $\chi^2/df<3$，模型 1 的 GFI、IFI 等拟合指数都比模型 2 高，且在 0.90 以上，模型 1 的 RMSEA 值比模型 2 低。这表明模型 1 与实证数据有较佳的拟合，是较优的模型，能对变量之间的关系做出更好的解释。

根据模型 1 的各条路径，我们对原始的模型 1 进行了一系列修正、调整，得到如图 5-2 所示的路径示意，从而进一步明确了各变量之间的相互关系。

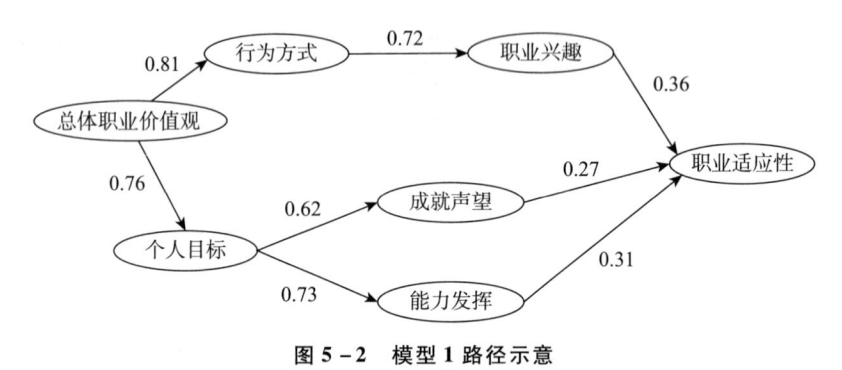

图 5-2　模型 1 路径示意

从图 5-2 可以看出，在职业价值观与职业适应性之间，主要体现的是职业价值观各变量对职业适应性的影响。与初始假设不同的是，职业价值观对职业适应性的影响主要通过职业价值观的中间变量产生，而不是直接作用。在本研究所设计的主要职业价值观变量中，直接指向职业适应性的路径有三条，分别是：职业兴趣、成就声望、能力发挥。这表明，职业兴趣、成就声望、能力发挥对职业适应性有直接影响。其中，职业兴趣的路径系数最大，说明职业兴趣对职业适应性的影响力最大。总体而言，职业价值观变量对职业适应性有供能作用，总体职业价值观、个人目标、行为方式对职业适应性的影响是通过中间变量发生的。

（三）讨论

从本质上讲，职业价值观是个体对各种职业的看法。在现代信息化、多元化的社会中，在知识更新等内外因素变化加快的现实面前，传统的职业价值观念正受到剧烈的冲击。在职业价值观念的冲突面前，人们虽趋向于新的生活态度和职业价值观，但与此同时也经常有失衡的感觉，由此而产生了种种迷茫和抑郁，这自然又会直接或间接地影响其职业适应性。以往对职业价值观的研究,缺乏对职业适应性因素的探讨;而之前的职业适应研究更多的也是就事论事,缺乏对职业适应性的深层次尤其是职业价值观层面的分析。实际上,只有认识到改善职业适应性和澄清职业价值观之间的关系,才能真正处理好职业适应的问题。如果一种基本的职业价值体系必须适合于希望依靠它去生活和生存的那个社会成员,那么成熟的职业价值观就是现在能适应职业岗位,将来能达到自我实现。也可以说,职业适应性是职业价值观走向成熟的必备内容。从研究中我们也发现,一方面,许多职业适应性问题产生的根源在于职业价值观,如工作动机缺乏;另一方面,良好的职业适应性也对个体职业价值观的成熟起着催化剂的作用,如员工若在工作动机、人际关系等方面适应良好,就会越干劲头越足,目标越明确,对自己的理想、前途认识越清晰,职业兴趣、成就感和成长前景等职业价值观维度也越理性等[①]。

通过路径分析,我们发现加大职业价值观的澄清教育和良性引导力度,可以促进职业适应性的提高。研究结果充分反映出职业价值观对工作适应性具有显著的增益作用,其中职业兴趣、成就声望、能力发挥,尤其是职业兴趣对职业适应性的影响最大。所以加强职业兴趣的培养和引导对提高员工职业适应性具有现实意义;职业价值观和工作适应都涉及人际环境因素,所以管理上需要加强开放坦诚式的人际沟通,营造浓郁的组织归属感和良好的人际氛围心理"场"。而总体职业价值观、个人目标、社会目标间接影响着职业适应性。这实际上为人力资源管理中的员工发展,尤其是企业社会工作提供了有益的启示:实施企业社会工作不能就事论事,就事论事只能治理表面现象,效果肯定有限。企业社会工作应该紧密结合职业价值观现状,从根源着手,帮助员工澄清自己的职业价值观,科学辅导其职业生涯,为其搭建职业价值观念—职业生涯的畅通平台,建立起理性成熟的职业观,如此职业适应性提升就会水到渠成。

四 职业价值观影响敬业度的实证研究

积极组织行为通过澄清职业价值观创新组织人力资源管理,这在员工

---

① 张宏如:《职业适应的归因研究》,《中国青年政治学院学报》2008年第5期。

的敬业度中体现得尤其明显。本章针对职业价值观对工作敬业度的影响进行实证研究，进一步科学检验职业价值观的效能。

(一) 研究假设

"敬业"一词最初来源于《礼记·学记》的"敬业乐群"。朱熹认为"敬业者，专心致志于事其业也"；在西方，亚里士多德则认为敬业美德对于个人生命的完美等有重要作用。因此，中外理论渊源都说明"敬业度"是专心致力于学习或工作的程度。目前关于员工敬业度的界定一般是基于哲学思维、社会学的角色理论和组织行为学理论，探讨员工的自我与工作角色的结合程度，注重员工在工作角色表现中的动态作用。沙菲利等人将敬业度定义为一种积极主动的、实现个人抱负的、与工作相关的心理状态，通常表现为精力、奉献和投入。这种状态具有持久性和弥散性的特点，不是针对某一特定的目标、事件或情境。敬业度本身就是一种正能量体验，体现了工作中的激情和认同，精力专注而不涣散[1]。

1. 职业价值观与敬业度

尽管对敬业度的结构有不同理解，但对敬业度主要内涵的理解是一致的。敬业度的核心要素是员工的自我与工作角色高度结合[2]，从而产生对工作、团队及组织本身的认同、承诺和投入。如果员工的自我与工作不匹配、不一致，则很难做到持久敬业。只有当工作本身能够促进员工的自我成长和职业生涯发展，并与员工深层志趣一致时，员工才能产生真正的心理认同、投入与行动。这种一致性，更多的是价值层面的一致性，也就是认为"值得做"。可见，敬业度离不开对工作的看法与态度，也就是职业价值观；同时职业价值观作为相对持久的信念、具体的行为方式或存在的终极状态，是推动并指引人们决策和行动的核心因素，是敬业度等的源泉。因此，本研究提出第一个研究假设。

研究假设1：员工职业价值观对敬业度有显著的正向影响。

---

[1] Wilmar B., Schaufeli A. and Bakker B., "Job Demands, Job Resources and Their Relationship with Burnout and Engagement", *Journal of Organizational Behavior* 25 (3) (2004): 246 – 248.

[2] 方来坛、时勘、张风华：《员工敬业度的研究述评》，《管理评论》2010年第5期。

2. 心理资本的中介作用

价值观管理如今已发展成为一种崭新的战略领导工具。沃尔夫等人的研究表明①，员工的自我价值与工作特性拟合程度越高，其组织承诺就会相应提升，满意度也会提升。员工接受组织的价值观并使其体现在日常工作中，作为自己的行动指南，这既有助于工作绩效的提高，也有助于工作士气的提升，这些又与心理资本紧密相连。国外有研究认为除外在的物质奖励外，组织支持和组织承诺会对员工的工作愿景产生作用，从而影响员工的心理资本②。积极组织行为研究也表明，情绪管理等心理资本内容离不开认知的基础作用，而职业价值观是人们对职业的看法与态度，是很多认知的出发点。鉴于此，本研究提出第二个研究假设。

研究假设2：员工职业价值观对心理资本有显著的正向影响。

有研究显示，心理资本已成为组织获取竞争优势的独特通道③，并且心理资本在战略性人力资源管理中的作用越来越突出。从内在层面来看，心理资本能够有效促进员工个体职业发展的目标清晰度与坚持度，有利于员工进行自我职业生涯规划与反馈调适，有利于其获得职业成功。作为个体的积极心理能力，心理资本对态度及行为有着重要的积极影响。从外在层面来看，心理资本体现为员工的乐观、豁达、主动、韧性等人格特征，这些正是产生敬业度等正能量的催化剂，这些特征对情感敬业与行为敬业均有促进作用。国内有研究④表明，心理资本相关维度与员工敬业度有显著的正向影响。因此，本研究提出第三个研究假设。

研究假设3：员工心理资本对敬业度有显著的正向影响。

目前，已有学者通过实证分析发现心理资本在契合与敬业度之间发挥中介作用，这为本研究提供了一个很好的借鉴。国外有研究⑤显示，心理

---

① Wolfe R. A., Parker D. and Napier N., "Employee Health Management and Organizational Performance", *The Journal of Applied Behavioral Science* 30 (1) (1994): 22-42.
② Luthans F., Youssefc M. and Avoliob J., *Psychologi-calcapital: Developing the Human Competitive Edge* (Oxford University Press, USA, 2007).
③ 何威风、张兆国、杨怡:《国外心理资本研究述评》,《国外社会科学》2011年第4期。
④ 高建丽、张同全:《个体－组织文化契合对敬业度的作用路径研究——以心理资本为中介变量》,《中国软科学》2015年第5期。
⑤ Luthans F., Norman S. M., Avolio B. J. and Avey J. B., "The Mediating Role of Psychological Capital in the Supportive Organizational Climate-employee Performance Relationship", *Journal of Organizational Behavior* 29 (2008): 219-238.

资本在组织气氛与员工个体绩效之间发挥完全中介作用,这也为本研究提供了有益的参考。职业价值观是个体对与工作相关的客观事物的重要性评价与看法,对工作满意度等产生隐性激励作用。也就是说,价值观激励很多时候是通过中间变量产生影响的。而心理资本相对于职业价值观而言更加具体和直接,而心理资本的背后内容很多来源于价值观。因此,本研究提出第四个研究假设。

研究假设4:员工心理资本在职业价值观与敬业度之间发挥中介作用。综合上述研究假设,本研究的理论模型如图5-3所示。

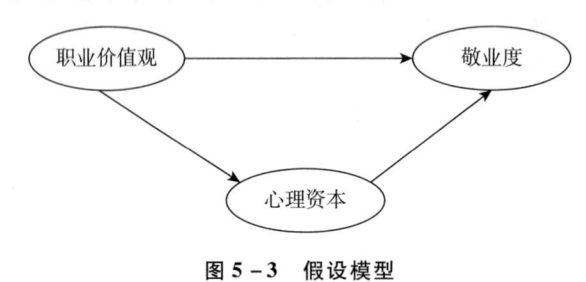

图5-3 假设模型

(二) 研究方法

1. 样本与数据收集

本研究采用问卷调查的方式,在长三角地区的4家企业收集数据。首先在所调研的企业招募联系人,联系人负责在其企业内寻找愿意参加本研究的被试,强调了调查的匿名性,并帮助发放与回收问卷。施测前,联系人先确定好被试名单并进行编号,使其两次填写能够匹配。鉴于研究中需要探索变量的因果关系,因此采用了纵向研究方法,在两个时间点采集数据,两个时间点相隔了六个月。其中,第一阶段对300名员工发放了用于测量职业价值观与心理资本的第一批问卷,实际收回有效问卷256份,有效率为85.3%;第二阶段在第一阶段基础上,对有效问卷的被试发放了用于测量敬业度的256份问卷,收回有效问卷229份,有效率为89.5%。通过问卷编号配对,本次调查共回收229份有效问卷。其中,女性67人,占29.3%,男性162人,占70.7%。平均年龄为33.7岁(SD = 4.36)。

2. 测量工具

为了确保测量工具的信度和效度,调查问卷的设计主要应用国内外成熟的、已经被使用且信度和效度都较高的问卷。

(1) 敬业度。采用高建丽、张同全①开发的敬业度量表。该量表包括认知、情感与行动 3 个维度，共 10 个题目。采用 Likert 五点计分法，已有研究进行了验证应用，Cronbach's α 系数是 0.83。

(2) 职业价值观。采用刘欣、李永瑞开发的职业价值观量表。该量表包括尊重认可、舒适安全和胜任发展 3 个维度，共 15 个题目。采用 Likert 五点计分法，已有研究②进行了验证，Cronbach's α 系数是 0.86。

(3) 心理资本。采用拉斯等人 2007 年开发的心理资本量表（Psychological Capital Questionnaire，PCQ）。该量表包含自我效能感、希望、乐观、韧性等 4 个维度，每个维度 6 个题目，共 24 个题目。采用 Likert 五点计分法，国内有研究进行了验证，Cronbach's α 系数是 0.84。

3. 共同方法偏差和量表效度检验

本研究在问卷设计与数据收集过程中，虽已通过反向问题等问卷基本编排法、匿名进行了事前控制，但由于数据均为被试的自我报告，仍可能存在共同方法偏差。为此，本研究采用 Human 单因素检测法，将所有题项进行单因素分析，没有发现独大的单因子存在，最大的单因子方差解释率仅为 27.56%。因此，同源方差不会影响本研究结论的可靠性。

尽管本研究的测量工具均为成熟的量表，现有研究也表明其具有良好信度和效度，但为进一步确认问卷的有效性，本研究通过验证性因子分析和探索性因子分析来检验问卷的效度。其中，探索性因子分析表明，职业价值观、敬业度和心理资本因子均能累计解释其 50% 以上的变异量，且每个条目在其因子的负荷值均大于 0.5，说明职业价值观、敬业度和心理资本具有良好的结构效度。验证性因子分析如表 5-3 显示，三因子模型拟合

表 5-3 验证性因子分析结果

模型	χ^2	df	CFI	IFI	TLI	RMSEA
三因子模型（CV、EE、PC）	236.9	82	0.907	0.891	0.884	0.069

---

① 高建丽、张同全：《个体-组织文化契合对敬业度的作用路径研究——以心理资本为中介变量》，《中国软科学》2015 年第 5 期。

② 刘欣、李永瑞：《个体与团队工作价值观差异对流动倾向与工作绩效的影响：员工敬业度的中介效应》，《中国人力资源开发》2014 年第 17 期。

续表

模型	χ^2	df	CFI	IFI	TLI	RMSEA
二因子模型（CV + EE、PC）	353.4	83	0.856	0.827	0.819	0.078
一因子模型（CV + EE + PC）	411.6	84	0.799	0.776	0.753	0.098

注：CV 代表职业价值观，EE 代表敬业度，PC 代表心理资本。

效果明显优于其他模型，说明职业价值观、敬业度和心理资本分属不同构念，量表具有良好的区分效度。

（三）结果分析

1. 变量的描述性统计分析

表 5-4 具体显示了员工职业价值观、心理资本与敬业度变量的均值等相关情况。员工职业价值观与敬业度变量的均值总体偏低，说明员工职业价值观还不稳定，敬业度还不成熟。所有变量之间均存在显著的相关，说明总体上员工职业价值观、心理资本与敬业度变量之间相关度很高。与职业价值观最为密切的敬业度变量依此是：意识敬业、行为敬业、情感敬业；与心理资本最为密切的敬业度变量则依此是：情感敬业、意识敬业、行为敬业。综合来看，心理资本与敬业度相关程度比职业价值观与敬业度的相关程度更高。

表 5-4　研究变量的均值、标准差以及变量之间的相关系数（$N = 537$）

	均值	标准差	1	2	3	4	5	6
1 职业价值观	3.202	0.875	1					
2 心理资本	3.417	0.513	0.596**	1				
3 意识敬业	3.019	0.927	0.531**	0.564**	1			
4 情感敬业	3.156	0.863	0.477**	0.597**	0.616**	1		
5 行为敬业	3.004	0.979	0.518**	0.549**	0.607**	0.627**	1	
6 敬业度	3.069	0.912	0.497**	0.565**	0.631**	0.640**	0.637**	1

注：*$p < 0.05$，**$p < 0.01$，***$p < 0.001$。

2. 假设检验

本研究运用结构方程模型来验证职业价值观、心理资本对敬业度的影响，同时比较了研究假设模型与替代模型的拟合度（见表 5-5）。三个替代模型与现有数据都匹配尚可，其中模型 2 相对模型 1、模型 3 要好些，但 χ^2/df、CFI、IFI、TLI、RMSEA 等拟合指数都不如假设模型好。这表明假设模型与实证数据有最佳的拟合，是相对最优的模型，对变量之间的关系做出了相对最好的解释。因此本研究选择假设模型作为拟合最优的模型，具体如表 5-5 所示。

表 5-5　结构方程模型的比较

模型	χ^2	df	CFI	IFI	TLI	RMSEA
假设模型	401.9	139	0.927	0.912	0.901	0.059
模型 1	519.3	137	0.851	0.839	0.806	0.089
模型 2	474.1	137	0.893	0.877	0.839	0.081
模型 3	526.3	136	0.829	0.813	0.796	0.093

注：模型 1 是在假设模型基础上删除了心理资本对敬业度的直接作用；模型 2 是在假设模型基础上删除了职业价值观对心理资本的直接作用；模型 3 是在假设模型基础上职业价值观对心理资本的直接作用与心理资本对敬业度的直接作用。

假设模型及其标准化路径系数研究结果表明：员工职业价值观对敬业度的路径系数为 0.326（$p<0.01$），达到显著水平，表明职业价值观对敬业度存在显著的正向影响，研究假设 1 得到验证；员工职业价值观念对心理资本的路径系数为 0.463（$p<0.001$），达到显著水平，表明职业价值观对心理资本存在显著的正向影响，研究假设 2 得到验证；员工心理资本对敬业度的路径系数为 0.517（$p<0.001$），达到显著水平，表明心理资本对敬业度存在显著的正向影响，研究假设 3 得到验证；员工职业价值观除了直接作用于敬业度外，还会通过心理资本间接影响敬业度，心理资本在职业价值观对敬业度的影响关系中起着部分中介作用，因此，研究假设 4 得到验证。

（四）研究结论与讨论

应用管理学、社会学与心理学相关理论，本章构建了工匠精神视阈中的员工职业价值观对敬业度的影响模型。第一，员工职业价值观变量既通过影响心理资本间接影响敬业度，也直接正向影响敬业度。第二，员工心理资本直接正向影响敬业度，心理资本在职业价值观与敬业度之间起着部分中介作用。

本章的理论意义主要在于从实证角度探究了工匠精神视阈中的员工职业价值观对敬业度的作用机制。大量的文献研究[①]强调敬业度的重要作用，然而从本源性要素进行实证探究的并不多见。本研究运用结构方程模型，创新地建构了工匠精神视阈中的员工职业价值观对敬业度影响的结构模型。这一模型不仅发展和丰富了职业价值观研究，而且为进一步揭示具有重大社会经济时代意义的员工城市融入问题、提升工匠精神提供了一个新颖的视角和研究框架。

很多研究都注重于工作绩效、创新绩效等物质层面，而从职业价值观等精神层面进行的研究非常少。本研究从工匠精神视阈出发，发现心理资本在职业价值观与敬业度之间存在中介效应，职业价值观对心理资本的影响与心理资本对敬业度的影响都是显著的。这拓展了已有的研究范畴，有利于揭示工匠精神背后的隐性密码。

所以，应进一步强化员工工匠精神提升的支持性社会治理机制。本研究显示，提升敬业度的实践瓶颈在于提升员工的职业价值观。"中国制造"离不开工匠精神。"中国制造"和"中国创造"迫切需要员工能尽快具备专注、投入与精益求精等工匠精神，提升敬业度尤为重要。政府相关部门在研究部署提升员工的发展战略和总体规划上应突出工匠精神，重视职业价值观的澄清与心理资本的提升。同时，应进一步强化员工敬业度提升的支持性人力资源系统。本研究发现员工职业价值对敬业度有直接和间接的影响，综合作用力十分突出。这为企业等组织管理实践提供了有益的反馈与启示：组织人力资源管理要高度重视员工的职业价值观澄清，实践价值观人力资源管理，实现人力资源由注重管理升级为注重开发，组织应帮助员工认识深层价值志趣、整合个体价值目标与组织价值目标，实现组织价值目标与深层志趣之间的有机平衡，从而优化员工的情绪智力与抗逆力，促进员工的精神健康，提升员工的乐观品质与坚持精神，激发员工的正能量。

另外，应进一步强化员工工匠精神提升的支持性动力机制。本研究发现，员工的敬业度及其子维度均值都较低，反映出敬业度的现状还处于较

---

① 方来坛、时勘、张风华：《员工敬业度、工作绩效与工作满意度的关系研究》，《管理评论》2011 年第 12 期。

低的水平。当前我国正在推进供给侧结构性改革，提升人的要素供给尤为重要。同时，"中国制造2025"的战略计划也迫切需要员工提升以敬业度为核心的工匠精神。其实，工匠精神有助于员工自我价值的实现。因为对于真正具有工匠精神的人而言，产品在一定程度上体现了自我对世界的理解与认识，自我通过工作获得了客观化的表达。真正以工匠精神沉浸到工作中，工作就不再是一件不得不做的事情，而是一件愉快的事情。工作本身就是生命的外在表达之一，工作过程本身就是生命活动的自主展开。因此，员工需要充分弘扬工匠精神，崇尚尚巧的创新精神、求精的工作态度和道技合一的人生理想。其实，对待工作精益求精不仅是新生代农民工作为工作者的优良品质，也是提升其职业胜任能力的必由路径。

本章围绕积极组织行为澄清职业价值观，从而创新组织人力资源管理这一主题，研究个体职业价值目标辨析、组织价值目标整合和行为方式规范等的具体策略，并通过研究职业价值观对工作适应性的影响，实证检验职业价值观的服务效能。职业价值观的研究为其他积极组织行为系统诸如职业生涯规划、人文关怀环境构建、心理资本研究打下了基础。

第六章
中国管理情境的积极组织行为的员工职业发展

本书第三章构筑了中国管理情境的积极组织行为结构模型,其中职业生涯规划是其重要的内生变量。对中国管理情境的积极组织行为结构模型的研究显示:企业员工职业生涯规划对工作绩效有着显著的影响,因此辅导职业生涯、实施积极组织行为成长激励策略是继积极组织行为创新组织人力资源管理之后又一重要积极组织行为,解决了企业员工发展目标与方向性问题。

根据中国管理情境的积极组织行为结构模型,积极组织行为激励视域下员工职业生涯管理创造性地发展出了两种职业生涯管理模式:组织职业生涯管理和自我职业生涯管理。从自我职业生涯管理切入,结合组织规划,融合合作伙伴管理职能,贯穿整个组织动态运行,从而弥合组织与员工个体在目标整合上的偏差,避免知识退化、激励下降等负面因素,为员工创造、提供内职业生涯发展的环境和机会,并协调外因,实现员工、组织和社会的和谐发展。以上可以归纳为"四维"策略,即从积极组织行为激励路径出发,从个体认知着手,澄清职业锚;结合组织环境,协调组织职业生涯管理与自我职业生涯管理;开展职业生涯年检,提升职业适应发展能力;激发员工成就动机(如图6-1所示)。

一 "生涯发展"的服务理念

"生涯"一词在《辞海》中的解释是"生命的极限;生活;生计";《现代汉语词典》将之解释为"从事某种活动或职业的生活";美国学者舒

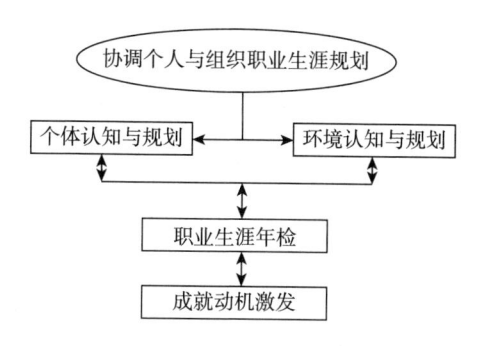

```
        ┌─────────────────────────┐
        │ 协调个人与组织职业生涯规划 │
        └─────────────────────────┘
              ↙           ↘
    ┌──────────────┐  ┌──────────────┐
    │ 个体认知与规划 │←→│ 环境认知与规划 │
    └──────────────┘  └──────────────┘
              ↕
        ┌──────────┐
        │ 职业生涯年检 │
        └──────────┘
              ↕
        ┌──────────┐
        │ 成就动机激发 │
        └──────────┘
```

**图 6-1　中国管理情境的积极组织行为结构模型的
职业生涯管理"四维"策略**

伯将之定义为"人一生中的各种职业和生活角色，由此表现出个人独特的自我发展形态"，并特别强调角色理论，即人在各发展阶段所扮演的生活角色直接影响其职业发展。综合来看，"生涯"聚焦于人生职业发展的全程。随着生涯发展理论的完善，生涯发展教育越来越引起人们的重视。美国学者马连认为，"生涯教育"有广义与狭义之分。广义上，生涯教育涵盖了人的一切教育活动，目的是实现人的终身发展。狭义上，生涯教育是指帮人们进行生涯设计、自我定位，确立生涯目标、选择生涯角色、寻求生涯路径的专门性课程与活动。发展职业生涯的主要任务是培育做人的素养与做事的素质，是一种结合个人需要、兴趣、人格、价值观及能力的澄清，为建立未来的职业生涯发展目标提供相对明确的导向。

　　基于提升职业能力的生涯发展教育理念，就是将职业素养与要求有机嵌入人力资源开发体系，以人为本，关注生涯成长，培养自主学习的能力，体现科学发展。生涯发展教育理念是在对职业能力进行"元认知"的基础上，将职业素质提升置于经济社会和文化发展的大背景下进行，因为没有一种职业能力能够脱离社会而孤立存在。生涯发展教育理念坚持"做人第一"的人才观，将促进员工科学全面发展作为生涯发展教育的出发点和归宿，拓展传统人力资源管理内涵，创新载体与路径，贴近员工、贴近社会，引导员工认识自我，学会做人、学会做事。生涯发展教育理念立足员工，树立员工主体的指导观；定位坐标，树立生涯发展的职业观；关爱个性，树立个体差异的辅导观；注重过程，树立动态发展的全程观。生涯发展教育理念中，舒伯的生涯发展理论最具代表性。舒伯把职业生涯的发展看成一个持续渐进的过程，由童年时代开始一直伴随个人的一生。

"自我概念"（self-concept）是舒伯理论的核心概念，指个人对自己的兴趣、能力、价值观及人格特征等方面的认识。一个人的自我概念在青春期以前就开始形成，至青春期较为明朗，并于成人期由自我概念转化为职业生涯概念。工作与生活满意与否，就在于个人能否在工作和生活中找到展示自我的机会。用舒伯的话说，"职业生涯就是对自我的实践"。

这个自我实践亦即职业生涯发展的过程可以划分为以下五个阶段。

一是成长阶段（出生～14岁）。成长阶段属于认知阶段。该阶段孩童开始发展自我概念，学会以各种不同的方式表达自己的需要，且经过对现实世界不断的尝试，来修饰自身的角色。这个阶段的主要任务是发展自我形象，发展对工作世界的正确态度，并了解工作的意义。这个阶段共包括三个时期：一是幻想期（4～10岁），它以"需要"为主要考虑因素，幻想中的角色扮演很重要；二是兴趣期（11～12岁），它以"喜好"为主要考虑因素，喜好是个体抱负与活动的主要决定因素；三是能力期（13～14岁），它以"能力"为主要考虑因素，能力逐渐具有重要作用。

二是探索阶段（15～24岁）。探索阶段属于学习打基础的阶段。该阶段的青少年通过学校的活动、社团休闲活动、打零工等机会，对自我能力及角色、职业做探索，因此选择职业时有较大弹性。这个阶段发展的主要任务是：探索各种可能的职业选择，对自己的能力和天资进行现实评价，使职业偏好逐渐具体化、特定化，并根据未来的职业选择做出相应的教育决策，完成择业及最初就业。这个阶段共包括三个时期：一是探索期（15～17岁），明确自己的职业偏好，考虑需要、兴趣、能力及机会，做暂时的决定，并在幻想、讨论、课业及工作中加以尝试；二是过渡期（18～21岁），进入就业市场或专业训练，更重视现实，并力图实现自我观念，将一般性的选择转为特定的选择，明确自己的职业倾向；三是尝试期（22～24岁），实现一种职业倾向，了解更多机会，生涯初步确定并试验其成为长期职业生活的可能性，若不适合则可能再经历上述各时期以确定方向。

新员工大多处于职业探索阶段，是通过参加各种实践活动，进行自我设计、探索职业生涯规划的重要阶段。在这个阶段，新员工应该像一块晒干的海绵一样，随时随地、随人随事地吸收知识、信息、经验，在工作中多看、多听、多思考、多动手，不断尝试、总结、改正、再尝试，从中找出自己的生涯目标所在。

三是建立阶段（25~44岁）。建立阶段属于选择、安置阶段。经过上一阶段的尝试，不合适者会谋求变迁或做其他探索，该阶段较能确定整个职业生涯中属于自己的职位，且在31~40岁开始考虑如何保住该职位并固定下来。这个阶段发展的主要任务是发现自己喜欢从事的工作，学会与他人相处，巩固已有地位并力争提升，在一个永久性职位上稳定下来。这个阶段又包括两个时期：一是承诺和稳定期（25~30岁），确保一个相对稳定的位置，个体寻求安定，也可能因生活或工作上若干变动而尚未感到满意；二是建立期（31~44岁），个体致力于工作上的稳固，大部分人处于最具创意时期，由于资深往往业绩优良。

四是维持阶段（45~64岁）。维持阶段属于升迁和专精阶段。个体仍希望继续维持属于他的工作职位，同时会面对新员工的挑战。这个阶段发展的主要任务是接受自己的缺点，判断需要解决的问题，致力于最重要的活动，维持并巩固已获得的成就和地位。

五是衰退阶段（65岁及以后）。衰退阶段属于退休阶段。由于生理及心理机能日渐衰退，个体不得不面对现实，从积极参与到隐退。这一阶段往往注重发展新的角色（非职业角色），寻求不同方式以替代和满足需求，做自己期望做的事情，缩减工作时间。

在上述舒伯描述的生涯发展阶段中，每一阶段都有其独特的职责和角色，以及一些特定的发展任务需要完成。每一阶段均需达到一定的发展水准或成就水准，而且前一阶段发展任务的达成关系到后一阶段的发展。在以后的研究岁月中，舒伯对发展任务的看法又向前跨了一步。他认为，在人一生的生涯发展中，各个阶段同样都要面对成长、探索、建立、维持和衰退的问题，进而形成"成长—探索—建立—维持—衰退"的循环。

舒伯因此形象化地绘制了生涯彩虹图。1976年到1979年，舒伯在英国进行了为期四年的跨文化研究，之后提出了一个更为广阔的新观念——生活广度、生活空间的生涯发展观（life-span, life-space career development）。这个生涯发展观在原有的发展阶段理论之外加入角色理论，并阐述了生涯发展阶段与角色彼此间交互影响的状况，描绘出一个多重角色生涯发展的综合图形。这个图形，舒伯将它命名为"生涯的彩虹图"（life-career rainbow），如图6-2所示。

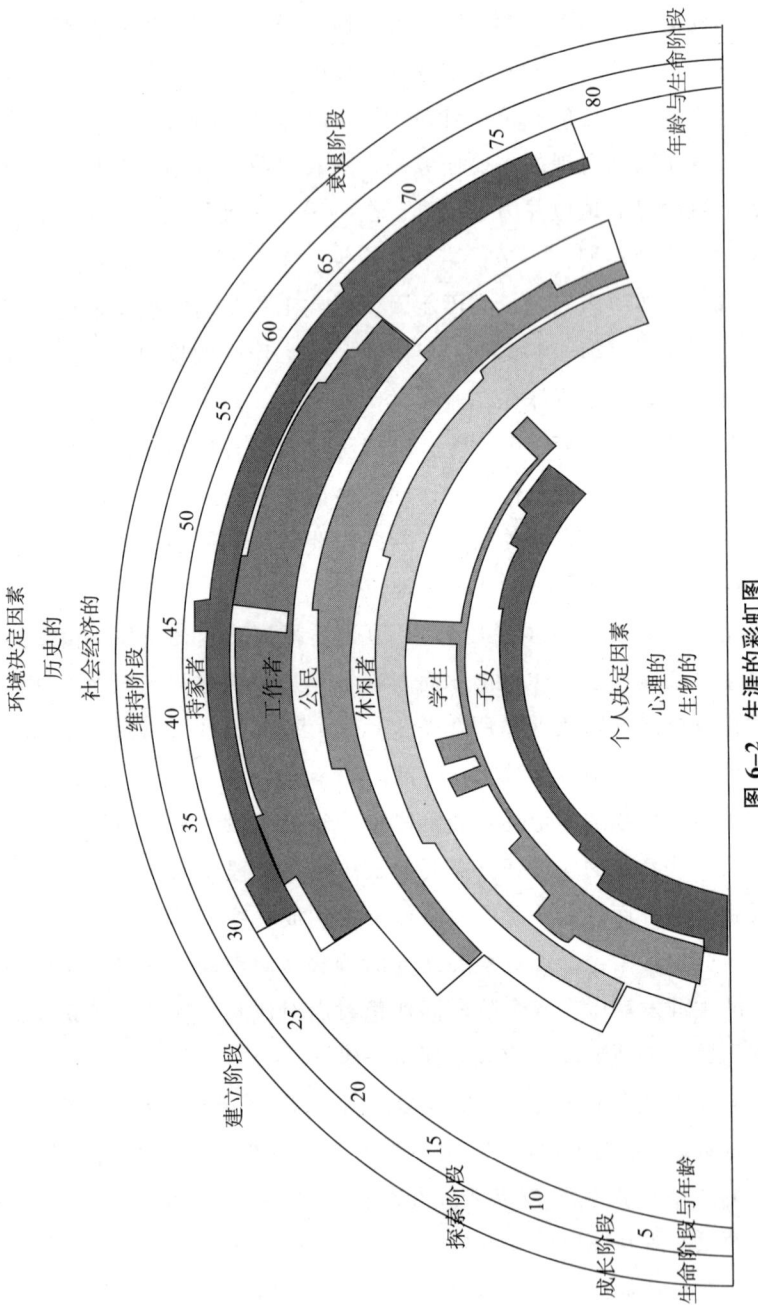

图 6-2 生涯的彩虹图

第一,横贯一生的彩虹——生活广度。

在"生涯的彩虹图"中,横向层面代表的是横跨一生的生活广度。彩虹的外层显示人生主要的发展阶段和大致估算的年龄:成长期(约相当于儿童期)、探索期(约相当于青春期)、建立期(约相当于成人前期)、维持期(约相当于中年期)以及衰退期(约相当于老年期)。在这五个主要的人生发展阶段中,各个阶段里还有小的阶段。舒伯特别强调各个时期年龄划分有相当大的弹性,应依据个体不同的情况而定。

第二,纵贯上下的彩虹——生活空间。

在"生涯的彩虹图"中,纵向层面代表的是纵贯上下的生活空间,由一组职位和角色组成。舒伯认为,人在一生中必须扮演九种主要的角色,依序是:儿童(子女)、学生、休闲者、公民、工作者、夫妻、家长、父母和退休者(图6-2的彩虹图中未将退休者列入,夫妻、家长、父母等角色则并入"持家者"一类)。而角色又活跃于四种主要的人生舞台:家庭、社区、学校和工作场所。

第三,彩虹图的作用。

彩虹图很好地表明了个体一生中的角色是不断变化的,不同角色的交互影响交织出个人独特的生涯类型。各种角色先后或同时在人生舞台上层现迭出,即便退休之后,仍有几种角色延续至终。角色之间是交互作用的,某一个角色的成功,可能带动其他角色的成功;反之,某一角色的失败,也可能导致其他角色的失败。同样,为了某一角色的成功付出太大的代价,也可能导致其他角色的失败。

人的社会任务或职业生活不断变化,角色也随之变化,从一个角色进入另一个角色。在"生涯的彩虹图"中,各个时期都有一个或若干个"显著角色",如成长阶段最显著的角色是儿童;探索阶段是学生;建立阶段是家长和工作者;维持阶段,工作者的角色突然中断,又恢复学生角色(再学习),同时公民与休闲者的角色逐渐增加。角色转换的变化从根本上说是社会权利和义务的变化,而大学生就业后的社会角色转换不是瞬间发生和完成的,要有一个过程。

每一个人的彩虹图都是不同的,所以我们从彩虹图中可以看到不同的生涯规划,这就是科学的职业生涯的魅力所在。彩虹图中的阴影部分表示角色的互相替换、盛衰消长,它除了受到年龄增长和社会对个人发展任务期待的影响外,往往与个人在各个角色上所花的时间和感情投入的程度有着很大关联。

职业生涯规划是一个长期的连续过程,需要设计一套程序来保证它的顺利实施。一般认为,这个过程包括自我评估、环境评估、理想职业目标选择、职业生涯路线选择、实施、评估与反馈六个步骤。流程如图6-3所示。

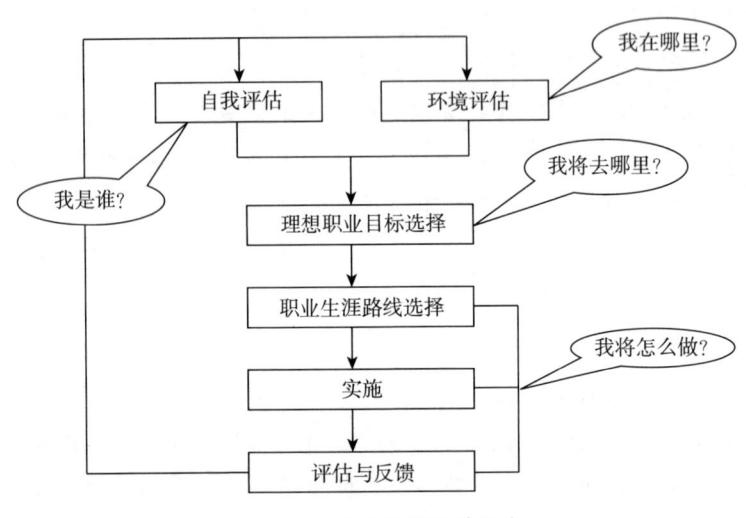

图6-3 职业生涯设计程序

二 个体认知与职业规划

个体认知与规划是积极组织行为视域下的企业员工职业生涯管理"四维"策略中的第一个维度,侧重于探索与策略,涵盖自我剖析、明晰职业锚和自我规划三方面的内容,核心是自我评估。所谓自我评估,即了解自我。自我评估的方法很多,我国古代就有"吾日三省吾身"的做法。需要强调的是,除了了解自己的兴趣、特长、学识、各种社会能力外,还应该借助科学的测评工具来了解自己的性格、气质、智商以及情商等,以确定什么样的职业比较适合自己。

(一) 自我剖析

自我剖析是对自己的觉察与反思,应包括认识自己的生理状况(如身高、体重、健康状况、形态等）、心理特征（如兴趣、性格、气质、能力、潜力、情绪等）等因素组合及其变化的过程。所以，自我意识实际上就是自己对于所有属于自己身心状况的认识，是对自己个人身心活动的觉察。"自我"概念包括两方面：一是主观的"我"，即对自己活动的觉察；二是客观的"我"，即被觉察到的自己的身心活动。因为自我认知是主观的"我"对客观的"我"的认知与评价，由自我认识、自我情感与自我控制三种心理成分构成。这三种心理成分相互联系、相互制约，统一于个体的自我意识之中。自我剖析就是知己知彼的过程。

"知己"的实质就是自我认识的过程。"知己"是职业生涯规划的基础，关系到职业生涯发展的成功与否。所谓充分的"知己"，是指要认识内在深层的自我部分，除了智能、兴趣、性向外，还要充分了解人格特质，包括生理自我、心理自我、理性自我、社会自我四个部分。生理自我包括自己的相貌、身体、穿着打扮等方面；心理自我包括对自我的性格、兴趣、气质、意志、能力等方面的优缺点的评判与评估；理性自我包括对自我的思维方式和方法、道德水平、情商等因素的评价；社会自我包括对自己在社会上所扮演的角色，在社会中的责任、权利、义务、名誉，他人对自己的态度以及自己对他人的态度等方面的评价。唯有"知己"，才能确切地掌握自我、超越自我，促进自我成长。

我们可以把对自我的了解比作一个橱窗。为便于理解，我们把橱窗放在一个直角坐标中加以分析。坐标的横轴正向表示"别人知道"，横轴负向表示"别人不知道"；纵轴正向表示"自己知道"，负向表示"自己不知道"（如图6-4所示）。

橱窗1是既为自己知道，也被别人知道的部分，称为"公开我"，属于个人显露在外、无所隐藏的部分。

橱窗2是自己知道，别人不知道的部分，称为"隐私我"，属于个人内在的私有秘密部分。

橱窗3为自己不知道，别人也不知道的部分，称为"潜在我"，是个人有待开发的部分。

橱窗4为自己不知道，别人知道的部分，称为"背脊我"，好像一个人的背部，自己看不到，别人却看得很清楚。

中国管理情境的积极组织行为的重点是加强自我了解，也就是橱窗3

和橱窗 4 部分。

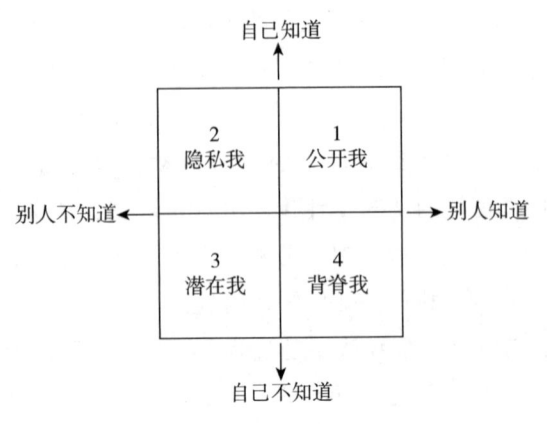

图 6-4 自我了解的橱窗

橱窗 3 是"潜在我"。每个人都有巨大的潜能。科学家研究发现，人类平常只发挥了极小部分的大脑功能。如果一个人能够发挥一半的大脑功能，将很容易学会 40 种语言，背诵整套百科全书，拿 12 个博士学位。著名心理学家奥托指出，一个人一生所发挥出来的能力，只占他全部能力的 4%，也就是说一个人 96% 的能力还未开发。赫赫有名的控制论奠基人之一维纳说："可以完全有把握地说，每个人即使他是做出了辉煌成就的人，在他的一生中利用他自己的大脑潜能还不到百亿分之一。"由此可见，认识、了解"潜在我"，是自我认识的重点之一。

橱窗 4 是"背脊我"。如果自己诚恳地、真心实意地征询他人的意见和看法，就不难了解"背脊我"。当然，要做到这一点，需要开阔的胸怀，能够正确对待别人的看法，有则改之，无则加勉。否则，别人是不会说实话的。

国内外针对自我认识的研究已取得了多项成果，推出了许多具体的测评工具和软件，主要包括自我测试法和计算机测试法。（1）自我测试法。自我测试是通过自己回答有关问题来认识自己、了解自己。这是一种比较简便、经济的自我分析法。测试题目是心理学家们经过精心研究设定的，只要如实回答，就能大概了解自己的有关情况。这里所说的"如实回答"，是指在自测时，你认为应该怎么答就怎么答，而不是你觉得应该怎么答。这一点应值得特别注意。否则，你的自测结果就不能反映你的真实情况，失去自测的意义。更为严重的是，以不真实的自测结果为基础去设计自己的人生，将起到误导的作用，导致自己的事业发展失败。有关自测内容囊括方方面面，具体有：性格测试、性情测试、气质测试、记忆力测试、创造力测试、观察力测试、应变力测试、想象力测试、智能测试、技能测试、分析能力测试、行动能力测试、管理能力测试、情绪测试、人际关系测试等。（2）计算机测试法。此种测试法与自我测试法相比，科学性、准确性较高，是一种了解自己、认识自己的有效方法。目前，用于测试的工具多种多样，用于人格测试的有明尼苏达多相人格测验、卡特尔人格测验、艾森克人格问卷以及瑟斯顿人格测验等；用于智力测验的有斯丹福—比内智力量表、韦克斯勒智力量表和瑞文推理测验；用于能力测验的有一般能力倾向成套测验、文书能力测验、机械能力测验、心理运动能力测验、视觉测验；用于职业兴趣测验的有斯特朗职业兴趣调查表、库德职业爱好记录表和霍兰德职业兴趣测验量表。

（二）明晰职业锚

"职业锚"概念是美国著名的职业生涯管理研究者、麻省理工学院斯隆管理学院的 E. H. 施恩在其 1974 年出版的《职业动力论》中首次提出的，是在其对斯隆管理学院毕业生的纵向研究中形成的。职业锚是指新员工在早期工作中逐渐对自我加以认识，发展出更加清晰全面的职业自我观。研究表明，职业锚是指个人职业生涯中的最佳贡献区，具体包括：以各种工作环境中的实践为基础的自省的才干和能力、以实际情境中的自我测评和他人的反馈为基础的自省的动机和需要、以自我与组织工作环境的规章和价值观之间的实际情况为基础的自省的态度和价值观。因此，职业锚比职业价值观或动机的概念更宽泛，它强调实际工作经验，注重完整的自我观中的能力、动机和价值观之间的相互作用，突出个人完整的自我观中的动机、价值观和能力的逐步整合，从而识别个人内在的相对稳定的动态成长区。职业锚一般有五种类型：技术/职能型职业锚、管理能力型职业锚、安全稳定型职业锚、创造型职业锚、自主独立型职业锚。明晰职业锚，前提是要了解职业锚类型，运用职业价值观调查和霍兰德职业兴趣测试、生活方式描述、生活工作目标追求、志趣考察等方法，结合职业变化过程中的主要过渡点和未来职业意向来确定职业锚类型,进而利用职业锚引导职业发展。不同的职业锚类型对工作情境的要求和对工作压力的承受能力不尽相同,在不同类型的职业锚基础上,根据工作实践要求进行有针对性的培训与调适,可以培养和提升自我职业决策能力和技术。

(三) 自我规划

自我规划应以自我剖析和明晰职业锚为基础,进行生涯机会评价、职业目标设定、生涯路线选择。生涯机会评价必须分析内外因素对自我职业生涯发展的影响;职业目标的设定需要通过对目标的性质分解(内、外)和时间分解(短期、中期、长期、人生)以及目标组合后,进行目标抉择;生涯路线选择的重点应是对职业生涯选择要素进行系统分析,权衡利弊,挑选相对最佳的自身目标路线。

(四) 培养"终身职业力"

市场激烈的竞争,使得组织稳定性下降,随之带来员工的重新调配,这些都会给员工带来危机感。因此,培养员工的"终身职业力"是其个体认知与规划的目标之一。这实际就是通过实施积极组织行为对员工"内职业生涯"进行培养与锻炼,注重适应力、学习力、发展力的提升,让员工在良好的"内职业生涯"培养环境中不断得到激励。

有学者[①]认为,现代社会自我职业生涯管理越来越重要,而且与过去相比,从观念到内容都在变化,职业生涯管理主体将是个人而非组织。所以,个体认知与规划的重要性对个人来说,关系到个人的生存质量和发展机会,满足员工的发展需要;对于组织来说,关系到竞争力的员工保持,为组织发展培养或储备所需的人才,从而实现个体与组织的和谐双赢。

三 环境认知与职业规划

环境认知与规划应在个体认知与规划基础上,帮助员工进一步衡量、认识所从事职业的单位性质、工作地点、工作内容、工作时间、人际环

---

① E. H. 施恩:《职业锚理论》,《中国人才》2002年第9期。

境、岗位职责、组织文化等因素的组合及其变化,从而指导员工进行职业生涯发展目标规划与协调关系。也就是说,环境认知与规划侧重于关系与目标,其核心是环境评估。每个人都处于一定的社会环境之中,或多或少与各种组织有着这样那样的关联,职业生涯规划离不开对这些环境因素的了解和分析。具体来说,个体要了解所处环境的特点、发展变化的趋势、自己与环境的关系、自己所处的地位以及对自己有利或者不利的条件等,例如对所在单位和所属行业进行分析。这些外部条件对寻找恰当的职业生涯发展路径至关重要。

环境认知与规划具体来说就是分析与员工职业生涯相关的组织内外环境的机会和威胁。国内外研究普遍认为,组织外部环境分析应包括:员工的职业在当前与未来的趋势、在社会中的地位、未来的技术发展趋势会对员工职业发展的影响、社会热点职业门类分布与需求状况、企业所从事行业的发展状况及前景、企业在本行业中的地位等;组织内部环境分析主要指员工周边的人际关系分析等。因此,积极组织行为激励除应提供咨询帮助和信息支持外,还应协助人力资源部和员工所在岗位分部门,从组织和制度上给予保证,指导员工职业生涯规划的系统设计,帮助制定职业生涯规划基础制度和监管制度等。传统职业生涯管理模型一直忽略员工的主管上级这一角色,其实员工的直接主管上级,是真正需要在职业生涯管理中加入的角色,因为他们全面接触员工,真正了解员工。同时,员工主管上级可在积极组织行为视域下对员工的职业生涯管理提供咨询及指导。

环境认知与规划的核心职能是有机地结合个人职业生涯规划与组织的发展,促使个体职业生涯规划与组织规划之间产生积极的化学反应。员工发展了,组织也能从中获益,实现员工与组织的和谐双赢。任何一名员工都为特定的组织服务,离开组织环境的职业生涯规划没有实际意义,员工的个人发展必须以组织的生存和发展为前提,员工的职业生涯规划必须与组织的职业生涯规划相匹配。因此,员工的职业生涯管理是一种互动式的管理,员工个人和组织都必须承担相应的义务和责任,双方共同完成对职业生涯的管理。从个体角度来看,积极组织行为帮助员工了解和掌握有关组织各方面的情况,诸如组织的发展战略、职位的空缺等,并结合自身兴趣进行设计;而从组织的角度来看,积极组织行为可为其协助提供员工个人性格、职业潜能以及价值观等。

为了真正实现员工个人职业生涯规划与组织发展二者的和谐与协调，积极组织行为应实施生涯导向的团队建设与激励，因为团队建设是个体规划与组织规划产生化学反应的催化剂。中国文化非常注重团队人际关系，积极组织行为激励努力为团队员工提供交流、合作和学习的机会，营造一种信任、坦诚、无私和团结的团队氛围，打造和谐的团队人际环境，从而实现组织的永续发展和对人性的尊重。立足组织整体，员工的个人规划要以组织整体的环境和自身特点为依据，与组织整体的战略规划相一致，使自己成为组织的有机组成部分，从而提高规划的有效性和可行性；立足团队建设，组织中的任务主要通过团队成员共同完成，团队成员取长补短，发挥各自的优势与潜力，方向一致，有助于创造团结协作的氛围；立足员工个人，生涯规划要依据个人的性格、特点、能力制定，要提升员工的兴趣，并给予员工一定的发展空间使其充分发挥个人创造力和工作潜能。环境认知与规划这三个方面缺一不可，他们相互作用、相互依存。个人规划是组织和团队规划的基础和前提，是组织整体发展的内在动力；组织规划是个人和团队维度的提升和导向，代表组织整体战略方向；团队建设是连接个人规划和组织规划的纽带，是维系共同发展的中坚力量。没有个人规划，组织规划和团队建设就成了空中楼阁，而组织规划和团队建设的上升可以提高个人规划的价值。这三个方面协调发展，可以提高员工职业生涯规划的有效性，从而提升组织整体的竞争力。所以，积极组织行为激励应秉承以人为本，以能力和发展为本的理念，指导员工制定合理的职业生涯规划，力求员工个人的职业生涯规划与组织和团队的整体规划相匹配，把握好个人目标与组织目标的兼容性，进而将企业规范转变为员工的自觉意识，形成内在驱动力，通过心灵沟通、感情认可，在自觉自愿的情况下发挥员工潜在的积极性。

（1）在自我认知与环境认知基础上进行职业目标选择。职业目标首先源于个人的志向。所谓志向，就是我们对未来憧憬中那些感觉最强烈的、随着自身成长不但不衰减、忘记，反而越发渴望实现的东西。当个体明确了志向，也就有了人生目标，个体的人生观、兴趣、知识结构等就会向这个志向靠拢。当然，志向的明确不是一蹴而就的，而是随着时间推移，经过不断积淀得到的。职业目标就是个体对所立志向的具体化和形象化，是建立在自我认知和对环境科学分析的基础上,具有最大实现可能性的志向。选择职业目标要具有一定挑战性,同时也要合乎自己的性格,顺应环境的变化趋势。

(2) 进行职业生涯路线选择。每个人的现实状况与理想的职业目标之间都存在多种可供选择的路径,首先可以选择不同的行业,选定了行业还可以选择不同的企业,选定了企业还能选择不同的职位起点等。在选择好了职业生涯发展路线之后,还需要在路线上设置一些节点——阶段性目标。这些子目标的设立既是对自己前期工作成绩的肯定,也是对自己下一阶段工作的督促。职业生涯路线设计需要遵循的程序如图 6-5 所示。事实证明,每个人都有适合其发展的路径,谁也不能完全复制别人的成功之道。职业生涯离不开个体的不断尝试和探索。

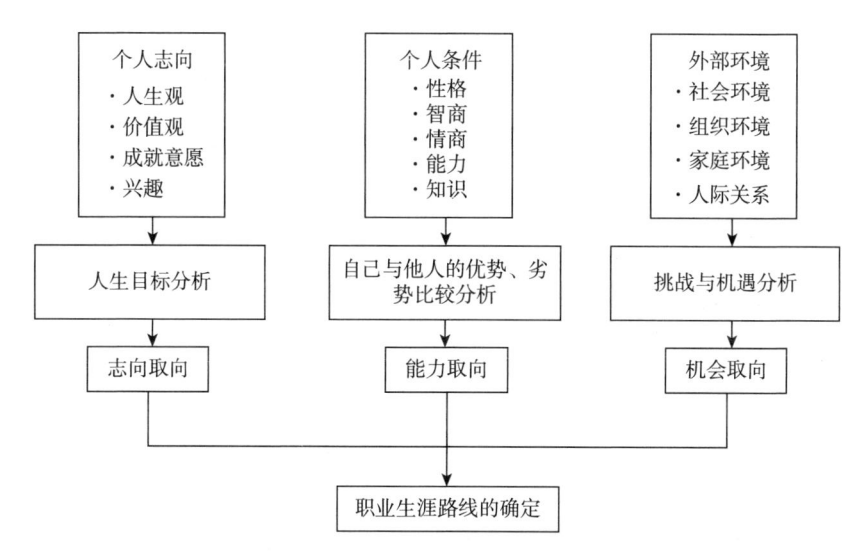

图 6-5 职业生涯路线的设计程序

(3) 职业生涯规划的关键在于实施。所有的规划都要依靠具体的实践来完成。计划的实施过程也就是个体各阶段的工作经历,具体内容包括实际工作、职业技能培训、学习深造等。个体应注意解决实施过程中遇到的问题,例如,为达到一个目标,何种措施的效率最高;如何充分利用日常工作提高自己的职业技能;怎样开发自己的潜能;等等。

四 职业生涯年检

鉴于外界环境因素是变化的，随时可能影响到职业发展，同时随着社会的进步、个体素质的提升，组织和员工需要审时度势、及时调整，否则最终都无法达到理想效果。因此，职业生涯规划是动态的，成功的职业生涯设计需要审视内外环境的变化，及时反馈并调适生涯策略，修正目标、策略、行动、方法等中不合理的部分，完善职业生涯发展规划，推进员工职业生涯科学、灵活、规范、有效地发展。由于初期职业生涯发展规划相对抽象，经过一段时间的实践后，要有意识地回顾年检，结合年终总结和计划，检验职业定位与策略的合适性，纠正职业发展的偏差，这具有现实意义。职业生涯年检应具体包括预警、总结、适应与反思及修正与固化。

一是建立职业生涯预警机制，预防职业枯竭。从职业生涯发展的角度来讲，职业枯竭是员工在职业生涯发展过程中时常发生的问题，是职业危机的一种。职业枯竭与人的心理状态及观念紧密相关，很多是由发展过程中的"职业心理极限"所致。这些心理极限是受员工的观念影响而自我设定的，显然妨碍了员工的发展，而通过积极组织行为激励建立起职业生涯的发展系统，全面透彻地了解自我，面向全体，预防为主，帮助员工突破心理极限，从接受自己以前不能接受的情绪入手，接受并掌控，员工就能不断成长，职业生涯就可能有质的飞跃发展，真正避免职业枯竭。

二是对职业生涯规划进行年度总结。应定期对员工的职业心态、职业生涯目标等情况进行全面督导。因为只有结合绩效评价，帮助员工了解自己所设立的职业目标进展，加强对员工职业生涯计划的跟踪和指导，才能定期或不定期地对其工作进行科学的反馈，所以应及时对照员工在上一个职业发展评价周期的工作实绩要求，评价员工表现出哪些新的能力和潜能，这些能力和潜能是否为组织做出贡献，中短期目标的实现与否及长期目标的进展情况等。

三是适应与反思。心理学研究表明，适应是通过调整发展主体性动作以满足客体变化的过程，是个体与环境相互协调、不断趋于完善的过程。职业适应是指个人与某一特定的职业环境进行互动、调整以达到和谐的过程。职业适应有其内在的心理结构、条件和实现过程，需要经过适应平衡状态的打破，产生新需要，进行策略调整，再达到新平衡。因此，职业适应应包括工作环境适应、工作能力适应、工作风格适应和工作身心适应。积极组织行为激励需要指导员工反思这些适应。

四是修正与固化。由于发展层次与水平各异，专业各不相同，加上种类及其要求的变化，在进行员工职业生涯设计的过程中会存在很多难点，应根据组织发展战略和员工实际情况的变化进行相应的调整。特别是随着员工职业岗位和层次的变化加快，实施积极组织行为时，应指导员工不断适应新的挑战，提高自身素质，改善素质结构，反省不足、思考未来，督导员工生涯设定的目标方向，调整和完善方案，对职业生涯管理进行全过程、多角度的评价；反省与展望，推广好的经验，分析问题原因，弥补存在的不足，包括对人力资源管理的政策制度进行完善修订等。同时，应根据组织的特点和成功经验，把人力资源管理部门、员工及其部门三个层次的生涯年检制度化、模式化，归纳经验，将职业生涯年检活动的程序、内容"标准化"，相对稳定，从而提炼为以后的发展经验，提高效率。

五　激发成就动机

成就动机激发是积极组织行为激励视域下的员工职业生涯管理的重要环节，是在个体认知与规划、环境认知与规划和职业生涯年检的前提下，运用积极组织行为激发员工想要做好工作的动力。管理心理学研究显示，成就动机对个体的工作、学习有巨大的推动作用。因此，通过积极组织行为激励的多重职业生涯发展阶梯设计和心理辅导、团体咨询、敏感性训练等成就动机训练，可以有效激发员工的成就动机。

第一，要激发成就动机，应建立员工多重职业生涯的发展阶梯，即根据组织实际，秉承明确适用和平等细分的原则，设计多重职业生涯发展阶梯，拓宽员工的职业发展通道。中国是"官本位"色彩浓厚的国家，这种意识反映到员工相对价值的定位上，一般是按照员工在管理型职业生涯发展阶梯上取得的成绩，或者"官阶"的大小来认定员工对组织的贡献及个人能力的大小。在竞争日益激烈的市场环境下，单一的职业生涯发展阶梯必然会使员工的发展空间受到约束和限制，容易产生成就挫败感和职业倦怠感。因此，应结合员工的职业锚类型和气质兴趣，建立除传统管理型阶梯外的技术型阶梯、业务型阶梯等多重职业生涯发展阶梯，各阶梯层级结构相对平等，同层级的报酬、权限、地位和尊重相对一致。这样，无形中每个员工都有了更多的发展机会，人人都能找到自身的发展位置与空间，既激发了从事非管理类岗位工作员工的积极性，又降低了从事管理类岗位工作员工的竞争压力，同时为员工的发展转向提供了道路。特别是重点关注人力资源管理中的"20%/80%法则"中那20%部分的核心员工，在良好沟通基础上，可以在多重职业生涯发展阶梯里横向、纵向、深向地选择适合自我发展的阶梯，从而最大限度地发挥其核心作用。

第二，成就动机激发的同时，应注重运用积极组织行为进行组织员工的成就动机训练。科学培训、引导员工的内在意愿，以便改进员工的自我态度与自我规划，合理设计富于动力和挑战性的工作任务。因为有意义、有价值并且适合员工的工作可以有效地激发成就动机，所以需要充分授权，科学轮换，丰富员工的工作内容，让有能力的员工勇担重任，追求卓越。

在积极组织行为激发员工成就动机的训练过程中，应结合工作实践分部门分小组进行，组织小规模的讨论和小组活动，始终保持宽松、和谐的人际心理环境，使每一个受训者的言语与行为都能得到充分支持与尊重，从而激发其自信及自我成就动机。积极组织行为激励过程中，应注重员工的自我提高与改进，即激发其内在自觉性，同时应强调员工新的成就动机与新的行为方式是通过团队小组活动共同讨论后获得的，是团体成员的共同特征。成就动机训练始终与团队建设紧密结合，这也从一个侧面反映了成就动机激发与自我认知与规划、环境认知与规划和职业生涯年检是紧密联系的一个整体。应运用积极组织行为分析评价员工的能力、兴趣、价值观等，确定组织和个人都有合适的职业生涯目标，并通过职业生涯年检、成就动机激发培训等一系列措施，逐步实现员工职业生涯目标的螺旋式上升过程。

鉴于积极组织行为激励视域下的员工职业生涯管理激励重视人与组织的关系，有着清晰的人文关怀的烙印，所以更能受到员工的重视和期待。它可以辨认和处理隐藏在职业背后的深层问题，避免单纯职业生涯规划项目易出现的问题。积极组织行为的长期性激励特征，能提供相对多的发现和思考，所以可以提供更全面的服务；而积极组织行为激励的保密原则，更能增加员工的信任感，从而更有效地提升员工职业生涯管理的效果。

员工职业能力是一种社会能力，是人力资本投资的收益过程。因此，提升员工职业能力是基于积极组织行为企业社工的职责与义务。生涯发展蕴含"以人为本"的科学发展理念，站在自我发展、角色发展、终生发展的视角审视职业，它是一个动态的系统过程，从关注职业到更加关注员工自身。因此，建构职业生涯发展体系，完善人才培养体系，畅通职业生涯的发展通道，从根本上提高员工的职业素养和职业竞争力，是提升员工职业能力的重要途径，对于创新员工人力资源管理具有重要的理论意义和现实价值。

六　建构保障体系

积极组织行为激励视域下的员工职业生涯发展不是另起炉灶，更不会游离于常规人力资源开发之外，而是贯穿于整个人力资源管理与开发活动全程。为确保生涯发展的切实有效，必须着力建设相应的支持系统。

一是建构生涯发展的保障机制。生涯发展是一项系统工程，涵盖企业管理、服务的方方面面，需要为其提供强有力的组织保障、经费投入、评估机制与硬件建设等支持机制。组织应逐步形成由单位领导牵头，统筹协调相关部门具体实施，多方共同参与的员工生涯发展的工作格局，相关职能部门的齐抓共管，将形成生涯发展的合力。在组织保障上，应建立完善的员工生涯发展领导体制，负责研究制订生涯发展的工作计划和实施方案，将生涯发展逐步纳入企业人才开发工作评估体系，加强过程管理，确保员工职业素质与能力不断提高。

二是建构生涯发展的个性化服务体系。鉴于员工的个体化差异，生涯发展必须体现出个性化辅导功能。个性化服务主要是针对员工处于不同阶段、不同需要而为其提供个性化辅导。指导新员工结合各自个性和内外环境系统做好职业生涯规划，组织人格测评，按照"择己所爱、择己所长、择社所需、择己所利"的"四择"原则，进行正确的职业定位，初步制定相应的中、短期目标并定期自我督导反省，定期适当调整，形成职业生涯规划档案，并纳入电子化的职业生涯发展档案库，内容包括个人基本资料、成长经历、职业生涯目标及修正记录、自我反馈等。档案主要为检验生涯发展的实效性提供参考，并为员工的职业生涯规划提供自我对比和反思借鉴的依据，这是员工生涯发展的基础工作；同时，可方便组织老员工进行职业测评，为其提供职业个案辅导、职业技能训练等，从而充分发挥员工各自的优势，扬长避短，人尽其才，提高员工的生涯规划能力、职业素质和能力。

本章围绕积极组织行为辅导职业生涯规划，从而创新人力资源管理的服务方案这一主旨，研究树立企业社会工作"生涯发展"服务理念、个体认知与规划、环境认知与规划、职业生涯年检、成就动机激发等具体策略，并提出构建生涯发展的支持体系、保障生涯辅导的服务效能。

第七章
中国管理情境的积极组织行为的
心理资本提升

第三章构筑的中国管理情境的积极组织行为结构模型显示：心理资本对工作满意度和工作绩效都产生直接的显著影响，而且影响系数最大，因此提升心理资本、实施积极组织行为减压激励策略是中国管理情境的积极组织行为最重要、最核心的服务方案，能真正解决员工心理"充权"问题。

随着社会经济的快速发展以及全球化竞争时代的到来，越来越多的管理者认识到员工的心理资源是组织获取竞争优势的重要来源。众多研究也表明，员工优秀的心理素质、良好的精神状态、积极的工作态度等心理资源是组织产生高绩效的重要源泉。因此，如何获取、开发和利用员工的心理资源，提高组织人力资源的质量和投资收益，进而使组织获得竞争优势，已经成为现代人力资源开发与管理面临的重要问题。"心理资本"（psychological capital，简称"PsyCap"或"PC"）的概念正是在这样的背景下提出的。心理资本理论现已成为西方人力资源管理研究的热点问题。

一 心理资本在组织管理中的应用

经济学界一直非常关注心理资本对员工获取实际工资是否起决定作用，但是由于人们之前通常假定心理资本是不可以测量和观察的，因此相关研究中很少考虑把心理资本当作员工获取实际工资的一个决定因素。经济学家戈德史密斯、韦姆和达里蒂借鉴了心理学家的观点，实证性地研究了心理资本对个体获取实际工资的直接和间接影响作用。他们的研究结果表明，个体的心理资本与其生产率和实际工资之间显著正相关。同时，与人力资本（如受教育程度、工作期限或基本技能等）相比，心理资本对个体的实际工资水平的影响更大。比如，被试的自尊水平提高10%，其实际工资水平可以增加4.8%或13.3%。在管理领域进行的许多研究都表明，心理资本及希望、乐观和坚韧性等维度，能够对领导或员工的工作绩效和工作态度产生积极影响。比如，彼得森和路桑斯进行的一个初步的实证研究结果证明，希望水平较高的管理人员，其管理的工作部门的绩效较高，下属的留职率和满意度也较高。[1] 路桑斯和詹森研究发现，企业家的希望水平与他们对企业所有权的满意度之间正相关。[2] 另外，也有一些研究结果表明，乐观与高水平绩效和高留职率相关[3]，管理人员和员工的绩效、满意度、留职率和压力都与乐观水平相关[4]。

路桑斯等在2005年前后通过对422位中国员工的实证研究，探讨了心理资本与他们的工作绩效之间的关系。研究结果表明，中国员工的希望、乐观和坚韧性这三种积极心理状态，都与他们的直接领导评价的工作绩效正相关，而且这三种积极心理状态合并而成的心理资本与他们的工作绩效之间的正相关关系更强些；同时，心理资本与员工的绩效工资正相关。该研究结果在一定程度上说明，在我国越来越重视人力资源的背景下，为了全面认识和开发企业人力资源的积极心理力量，改善企业绩效和提升企业的竞争力，我们不仅应该重视人力资本的投资与开发，还应该开始关注心理资本的研究、开发和管理。路桑斯和詹森的研究显示，护士自己报告的心理资本与直接领导对其的留职意向（intent to stay）以及对医院的使命、价值观和目标的承诺的评估呈很强的正相关[5]。

---

[1] Peterson S., Luthans F., "The Positive Impact and Development of Hopeful Leaders", *Leadership and Organizational Development Journal* 24 (2002): 26 – 31.

[2] Luthans F., Jensen S. Hope, "A New Positive Strength for Human Resource Development", *Human Resource Management Review* 1 (2002): 304 – 322.

[3] Seligman M. E. P. *Learned Optimism* (NY: Pocket Books, 1998).

[4] C. Peterson, "The Future of Optimism," *American Psychologist* 55 (2000): 44 – 55.
P. Schulman, "Applying Learned Optimism to Increase Sales Productivity", *Journal of Personal Selling and Sales Management* 19 (1999): 31 – 37.
C. R. Wanberg, "Antecedents and Outcomes of Coping Behavior Among Unemployed and Reemployed Individuals", *Journal of Applied Psychology* 87 (1997): 731 – 744.

[5] K. W., Luthans and S. M. Jensen, "The Linkage between Psychological Capital and Commitment to Organizational Mission: A Study of Nurses", *The Journal of Nursing Administration* 35 (2005): 304 – 310.

拉尔森和路桑斯选取了一个由74位员工构成的样本，考察了心理资本对员工工作态度的预测作用。研究结果表明，员工的心理资本与其工作满意度（$r=0.373$）和组织承诺（$r=0.313$）显著正相关。同时，与人力资本和社会资本相比较，员工的心理资本对工作态度的影响作用更大。[1] 组织承诺是指员工与组织之间存在的、能够降低主动离职可能性的一种心理关系，具体表现为员工对组织的心理依附和为组织而付出的努力。[2] 有研究结果表明，组织承诺与员工的绩效和出勤正相关[3]，与员工的工作懈怠和离职意向负相关[4]。有关心理资本对员工的组织承诺等工作态度的影响作用的研究结果说明，在管理实践中，可以尝试通过开发与管理员工的心理资本，提高员工的组织承诺，降低他们的离职意向并减少实际的离职行为。埃维、帕特拉和韦斯特通过对105名工程管理人员的研究，考察了心理资本与员工的旷工（absenteeism）之间的关系。结果表明，希望、乐观与员工的非自愿和自愿旷工存在负相关关系，整体的心理资本（由希望、乐观、坚韧性和自我效能感合并而成）比单独的希望、乐观、坚韧性和自我效能感能更好地预测员工的自愿旷工、非自愿旷工；整体的心理资本比单独的工作满意度和组织承诺能更好地预测员工的非自愿旷工。[5]

仲理峰通过对198对中国企业直接领导和员工的实证研究，检验了心理资本及希望、乐观和坚韧性三种积极心理状态与员工的工作绩效、组织承诺和组织公民行为之间的关系。结果表明，在控制了性别和年龄两个人口统计学变量的效应后，员工的希望、乐观和坚韧性三种积极心理状态都对他们的工作绩效、组织承诺和组织公民行为有积极影响，而且这三种积

---

[1] M. Larson and F. Luthans, "Potential Added Value of Psychological Capital in Predicting Work Attitudes", *Journal of Leadership and Organizational Studies* 13 (2006): 45 - 62

[2] A. M. Francesco and Z. X. Chen, "Collectivism in Action: Its Moderating Effects on the Relationship between Organizational Commitment and Employee Performance in China", *Group and Organization Management* 29 (2004): 425 - 441.

[3] W. C. Lowe and F. B. Barnes, "An Examination of the Relationship between Leadership Practices and Organizational Commitment in the Fire Service", *Journal of Applied Management and Entrepreneurship* 7 (2002): 30 - 56.

[4] D. K. Cooke, "Discriminant Validity of Organizational Commitment Questionnaire", *Psychological Reports* 80 (1997): 431 - 441.

[5] J. B. Avey, J. L. Patera and B. J. West, "The Implications of Positive Psychological Capital on Employee Absenteeism", *Journal of Leadership and Organizational Studies* 13 (2006): 42 - 60.

极心理状态合并而成的心理资本变量所产生的积极影响比三者单独的影响作用都大。该研究在中国经济文化背景下，验证了心理资本及其三个维度都与工作绩效和组织承诺存在正相关关系，这与在西方文化背景下取得的结果相一致。该研究还首次证明了心理资本及其各维度与组织公民行为之间存在正相关关系。[1]另外，詹森和路桑斯还研究了148位企业家的心理资本与其可信领导力（authentic leadership）之间的关系，发现企业家的心理资本及其三个积极心理状态构成要素都与他们自我知觉到的可信领导力呈正相关关系。

以上研究对心理资本与领导和员工的工作态度和工作行为之间的关系进行了探讨，从实证的角度初步验证了心理资本及其各维度（自信或自我效能感、希望、乐观和坚韧性）对领导和员工的工作绩效、工作满意度、组织承诺、组织公民行为等的积极影响，以及对离职意向和旷工等的消极影响。研究结果从不同侧面证明了研究、开发和管理心理资本的理论和现实意义。人力资源管理和组织行为学的相关理论和实证研究证明，领导和员工的工作态度和工作行为会受到多种因素的影响，这些因素中既有不同类型和层次的个体因素，也包括复杂多变的组织和环境因素。根据前文对心理资本的界定，心理资本仅仅是人力资源中的积极心理状态部分。因此，我们在强调研究心理资本的必要性的同时，不能忽略其他因素对领导和员工的工作态度和工作行为的影响作用，要研究心理资本与其他个体因素之间的交互作用、影响心理资本发挥积极作用的条件或权变因素等。总之，在将来的研究中，应该用系统的观点来全面考察心理资本产生积极作用的预测因素、调节因素、中介因素及后果等。

概括来说，心理资本对个体的影响集中在个体积极的心理能力方面，也就是说，心理资本会对个体的幸福感、压力、旷工行为等产生影响。个体的幸福感对他们的绩效有着重要影响，积极、幸福的个体往往有着较好的身体状态、精神状态和行为，更能勇敢地面对困难，而且往往寿命较长。在心理资本研究中，主观幸福感可能更符合工作场所中的心理优势和心理资本概念。有学者利用青年学生样本进行研究后发现，积极的自我效

---

[1] 仲理峰：《心理资本对员工的工作绩效、组织承诺及组织公民行为的影响》，《心理学报》2007年第2期，第328~334页。

能感、乐观的态度和心理控制源对幸福感有着显著影响。有学者研究了心理资本对员工幸福感的影响，发现员工的幸福感与他们的心理资本显著相关。有学者研究了企业家的心理资本与幸福感之间的关系，发现企业家心理资本与工作满意度之间存在正相关关系，工作紧张与工作满意度之间则是负相关关系。此外，有学者发现心理资本减少了工作紧张对工作满意度的负面影响，有意识地进行心理资本锻炼的企业家将会增加心理抗压能力，而企业因为工作压力而增加的成本正在逐渐上升。也正是因为如此，工作压力越来越受到人力资源学者的关注。有学者通过对企业家压力与心理资本之间关系的研究，发现积极构造心理资本的自我效能感、希望、乐观和坚韧性可以提高个人对压力的理解，心理资本的可开发性将有助于企业家加强自己和员工的心理资本。还有人利用来自不同行业工人的大样本数据进行研究，发现心理资本是理解压力的关键。他们最后还在战略目标下提出了切实可行的利用和开发员工心理资本的方法，以帮助员工更好地应对工作压力。此外，戈德史密斯还发现了心理资本对个体实际工资直接和间接的影响和作用。与人力资本（如受教育程度、工作期限或基本技能等）相比，心理资本（自尊）对个体的实际工资水平的影响更大。他们将工程管理人员作为研究对象，考察了心理资本与旷工行为之间的关系。结果表明，心理资本影响着工程管理人员的旷工行为。具体来说，希望和乐观的个体不存在自愿和非自愿的旷工行为，整体心理资本比单个心理资本变量能更好地预测个体的自愿和非自愿的旷工行为，也比工作满意度和组织承诺能更好地预测个体的非自愿旷工行为。因此，有学者认为，由自我效能感、希望、乐观和坚韧性组成的心理资本与员工绩效之间存在联系。

概括起来，心理资本对组织的影响主要是研究如何让人达到最佳状态，以及怎样培养和充分开发人的潜能，这为心理资本在组织中的应用提供了广阔前景。理论研究也发现心理资本确实能够对组织产生积极影响，这方面的研究主要集中在心理资本对组织绩效和组织类型的影响方面。路桑斯研究发现，越是对未来充满希望的管理者，其领导的组织绩效越高，员工的留职率和满意度也较高。他利用中国的相关数据研究了员工心理资本与其工作绩效之间的关系，发现无论是单个心理资本变量（希望、乐观和坚韧性），还是合并心理资本变量（由希望、乐观和坚韧性合并而成），都与工作绩效显著正相关，并且合并心理资本变量与工作绩效的正相关性强于单个心理资本变量。路桑斯进一步发现中国员工的心理资本与其绩效之间存在关系，他研究了心理资本干预对绩效发展和结果的影响，发现短期培训不仅可以用来开发参与者的心理资本，也有助于他们技能的提高。这些研究结论对于在实践中运用心理资本有着极为重要的现实意义。组织承诺是员工对组织的心理依赖和为组织付出努力的依据。路桑斯等人发现，员工的心理资本与组织承诺显著正相关。其他学者研究了员工积极性对组织变更的影响，发现员工的心理资本与他们的积极情绪有关，进而与员工态度和行为有关；在预测积极情绪时，也与心理资本相互作用。同时，许多研究发现，心理资本对组织和个体的影响并不是直接的，而是通过调节作用实现的。科尔以失业员工为研究对象，发现心理资本对失业后员工的主观满意度与再就业起着调节作用，员工的心理资本水平越高，其主观满意度对再就业的促进作用就越明显。路桑斯等人研究了心理资本在组织与员工绩效之间的调节作用，发现员工的心理资本与他们的绩效满意度和承诺显著正相关，心理资本在组织与员工绩效之间起着调节作用。其他学者利用来自大型金融机构的数据，研究发现集体心理资本与组织绩效和市民行为之间存在显著关系。进一步的研究还发现，集体心理资本调节着现实领导和组织期望结果之间的关系。

积极组织行为是创新人力资源管理工作的重要服务方案，提升心理资本是核心策略，应着眼于人力资源开发的核心，真正从"管理"转变为"开发"，确保员工素质更高、更有竞争力，对战略性核心员工进行战略性开发，构建学习型组织，实现组织有效性和员工心理资本的同步成长，实现持续的创新。基于心理资本的人力资源战略开发与管理就是发挥人力资源在战略管理上的作用，将目标锁定在人力资源对组织战略发展的长期趋势影响上。如同赵曙明教授所说①，人力资源管理将从企业战略的"反应者"转变为企业战略的"制定者"和"执行者"，最终成为企业战略的"贡献者"。

尤其是在社会转型时期，失业或岗位变动带来的高度紧张，使员工面

---

① 赵曙明：《21 世纪全球企业的人力资源管理战略》，《中国人力资源开发》2000 年第 3 期，第 4~5 页。

临更大的不确定性和压力。如果不能适当处理员工的紧张心理状态，容易降低员工满意度和对组织承诺的期待，最终对绩效产生负面影响。不确定性、压力和焦虑易导致员工对自己在日益变化的环境中处理问题的能力缺乏信心。特别是在技术快速发展的时代，员工对使用新技术的抵触并不是因为担心技术本身，而是因为他们在心理上对自己能否成功运用新技术并取得良好绩效缺乏信心。组织要求生存、谋发展，培养自信、乐观、满怀希望、坚韧性强的员工就显得特别重要。战略性人力资源管理对员工的自我意识及自我控制行为具有正面影响，并将激励和促进积极的员工成长和自我发展。战略性人力资源管理与组织战略相互匹配，使组织能够预期到潜在压力或逆境，制订应急计划以支持和帮助员工积极地应对；同时，当员工遇到困难时组织能够做出积极回应，使他们不仅能坚持住，而且能最终获得成功。这些都有助于提高员工的坚韧性。战略性人力资源管理系统通过帮助员工发现自己的才能、将他们安排到合适的职位上、为他们提供丰富的工作以及发展同事间关系的机会，可以提高员工的敬业水平。员工的敬业能够有效提升其在工作场所的幸福感，而幸福感和投入又有助于促进员工真正的、可持续的绩效。

有研究认为，战略性人力资源管理实践包含问题解决团队、灵活工作设置、员工广泛参与、稳定雇佣、目标导向的绩效管理、激励性薪酬政策等创新性人力资源管理实践[1]。问题解决团队为员工提供参与决策的机会，同时也为员工贡献自身知识帮助企业解决长期问题提供途径，使问题往往在出现之初便得到有效解决，从而提高了员工及时解决问题的能力。通过解决问题而积累的经验和知识有利于员工对应对未来的挑战建立信心，增强应对挑战的能力。员工广泛参与和灵活工作设置是指在组织内部构建不同部门、不同层级之间的员工广泛联系，从产品质量、生产率、生产成本、客户需求和企业财务状况等方面为员工提供信息共享，使员工能够将个人目标和组织目标联系起来。广泛的知识交流有助于员工对完成绩效树立信心，形成积极乐观的心理状态。员工广泛参与和授权还可以提升希望实现的动力。在参与导向的组织中，岗位轮换政策要求每个员工都要轮换

---

[1] 蒋建武、赵曙明：《心理资本与战略人力资源管理》，《经济管理》2007年第9期，第55～57页。

三个以上岗位，工作改变会让员工有更多的接触新技术、新知识的机会，能了解到工作的上游环节和下游环节，从而可以增强员工全面把握自身及公司现在和未来发展的感受，让员工充满希望，同时大幅度提高员工实现目标的动力及意志力。

目标导向的绩效管理有助于心理资本的培育。这是因为，具体的、富于挑战性的、可衡量的组织目标和个人目标，有利于员工主动将目标分解为容易管理和实现的阶段目标，而这种容易达成的目标易获得阶段性成功，从而获取成功的直接经验，增强员工的自信心。同时，强调多条可供选择的目标持续达成的途径以及与目标相对应的行动计划，可以提升员工的"准备状态"。在目标指引下，员工可以利用内在演练，想象重要的、即将发生的事件，预料可能出现的障碍，对意外情况进行假设分析，探讨应对计划的选择，增强处理障碍的应变能力。明确而清晰的目标导向的绩效管理体系能使员工形成对现实认识的初步框架，即使困难和障碍出现，也会激发员工克服困难的持久力，不会因暂时的困难而放弃，从而提高员工的坚韧性。目标导向的绩效管理还能鼓励员工享受迈向目标的过程中所获得的乐趣，而不仅仅关注最终结果。员工在实现分阶段目标时，更容易将成功归因于自身努力，无形之中培育了员工的乐观情绪，使员工建立起信心。组织也可以通过鼓励员工学习并提高其适应组织变革的能力，建立和改善员工的心理资本。员工开发和培训有助于员工形成处理特定状况的技能。尤其在员工实现绩效目标的途径不可行或没有成效时，强调个人学习和员工培训有助于向员工展示和灌输现实的乐观主义、希望和毅力，提高员工的积极性和面对逆境的能力，从而提高其绩效。

在战略性人力资源管理中，强调诚信领导也能增强组织中的心理资本，并且改善绩效和竞争优势。领导和员工的有效沟通和互动，使得员工可以直接向高层甚至最高管理者反映问题，从而直接建立不同层级之间成员的沟通。当领导者显示出对员工的信任并把员工看成人才时，员工有机会学习领导者的经验和知识，领导者也能通过自己的成功示范和实践经验为员工建立心理资本提供机会，并为下属创设支持性的工作环境，从而提高和维持员工的希望水平。通过诚信领导培育的员工心理资本越高，员工处理组织需求和管理压力的能力也就越强。

总之，作为一场世界性的学术潮流，心理资本的积极意义正受到越来越多人的认可和赞同。可以这样说,但凡涉及人的领域,但凡传统组织管理涉足的领域,心理资本都有其重要的、有启发性的应用价值。

二 心理资本开发贯穿于积极组织行为全程

(一) 心理资本在工作分析与招聘中的深入运用是组织人力资源开发的前提与基础

在工作分析中,应纳入岗位所需的积极心理资本,并分级量化。员工心理资本的开发应以员工心理资本水平定期测量的结果为依据。传统工作分析聚焦于岗位人员的任职资格、工作职责、知识技能等相对静态的职业素质,而基于心理资本的工作分析则将该岗位从业人员的积极心理素质有机嵌入岗位素质能力,增加了工作分析的动态评估价值。另外,基于心理资本的人员招聘在做招聘规划时就应将需求岗位的员工心理资本要求有机嵌入招聘体系,体现在筛选人才的标准、面试的评价标准与结构、考察要素等方面,有针对性地做好心理资本开发与管理工作。心理资本的中介效应是一个值得我们注意的问题。通过提高工作对个人的意义,可以让人体验到工作分析中的工作技能多样性、任务完整性和任务重要性。在此要提到一种管理,叫作"意义管理",即上级通过自己的行动让员工感知到自己的工作是有意义的,进而影响到员工对客观工作的感知与评价。从心理资本的角度讲,人们常常并不是对客观工作本身做出反应,而是对自己的主观感知做出反应。举个例子来说,同样工作内容的一份工作,有的人觉得很有意义,有的人却觉得枯燥无味,其原因就在于他们的主观感受是不同的。所以,只要上级能够通过行动改变员工的主观体验,那么员工将不仅会对企业有较高的归属感和满意度,其工作绩效也会有很大程度的提高;岗位轮换可以增加员工对技能多样性、任务完整性和工作重要性的认识,增强员工的工作自主性。适当地让员工能在不同岗位上轮换工作,不仅可以提高员工工作的工作技能和积极性,也可以加强员工对自身工作的主观评价。同时,人们普遍希望自己对某个团体具有归属感,企业中的员工当然也不例外。适当授权,让员工觉得自己是企业中的一分子,他们的工作绩效将会大幅上升。也就是说,企业领导应该与人力资源部门相互配合，寻找更多让员工参与企业管理的机会，增强员工的工作自主性；做好目标管理、工作总结，增强员工的工作反馈性。当人们得到关于自己工作的反馈时，会觉得自己的工作是受重视的，还能从中做出更多总结。目标管理是实现这一目标的极佳途径。员工的心理资本是一种软性的东西，它的形成可能要经过很长时间。但是，对于一个企业来说，如果能使员工拥有较高的心理资本，那么这个企业便拥有了无尽的财富。所以，企业一定要从长远出发，注意细节上的东西，改善员工的工作特征，让员工的心理资本得到逐渐的积累。这样，企业才会获得可持续性的竞争优势。

（二）心理资本的培训开发是组织人力资源管理与开发的核心

传统的人力资源管理的培训开发注重单一性、管理智能性的培训，而基于心理资本的培训开发注重整体的、关联的行为心理培训开发；传统的人力资源管理的培训开发注重操作流程与有关管理问题的培训，而基于心理资本的培训开发注重问题背后的、本源性的培训开发以及积极心境的改变。其实，组织是脆弱的，而人的心理纽带是坚强的。从心理资本角度审视培训开发，其要求是针对现有人力资源管理的培训开发在实践中遭遇的困境，将培训开发置于心理资本的有机系统中，突出自我效能感、情绪智力、乐观、坚韧性、沉浸体验和主观幸福感的培训开发。

（1）自我效能感是积极心理学家用来描述一个人相信自己能够实现目标的信心，是针对自我的成就、目标和生活事件与能力的评价。提升自我效能感应通过积累成功经验、搜寻可行榜样、充分暗示、唤醒积极情绪、合作学习等实现。

（2）提升情绪智力的核心是提升情绪知觉能力，管理消极情绪，适当表达情绪，正确归因。情绪智力的主要内容体现在四个行为表现领域：应激下的人际关系与人际沟通、领导力、生活与职业中的自我管理与平衡、个体内发展。这些因素构成情绪智力的有机系统，进而影响意志力提升和主观幸福感提升。良好的人际关系是情绪智力的重要结果变量。

（3）激发心理资本中的沉浸体验是基于企业社工的人力资源开发的重要内容。沉浸（flow）是一种将个人精力完全投注在某种活动上的心理状态，并且过滤掉所有不相关的知觉，产生时会有高度的兴奋感及充实感。

沉浸体验会带来最佳的学习效果和工作投入状态。这需要激发员工内部动机，优化工作流程与设计，营造和谐、愉悦的工作氛围。

（4）提升胜任力是基于企业社工的人力资源开发的终极目标之一。"胜任力"（competency）也称"胜任特征"或"胜任素质"。国内外研究对胜任力有众多定义①，综合来看，主要是指能将某一工作或某一组织、文化中卓越成就者与表现平平者区分开来的个人潜在特征，包括动机、特质、自我形象、态度、价值观、某领域知识、认知、技能等范畴。胜任力包含深层次特征、引起或预测优劣绩效的因果关系和参照效标三个方面。其中，深层次特征指胜任特征中人格的深层持久部分，它显示了行为和思维方式，具有跨情景和跨时间的稳定性，能够预测多种情景或工作中人的行为。人们通常将胜任力比喻为在水面漂浮的一座冰山，水上部分代表表层的知识、技能等特征，是可见的、外现的；水下部分则代表深层的胜任力，包括自我概念、特质、动机、价值观等，是深藏的、内隐的，本书称之为"隐性胜任力"。隐性胜任力是决定人们的行为及表现的关键因素。从人力资源管理与开发培养的角度来看，胜任力是判断一个人能否胜任未来某项工作的起点，是决定并区别未来绩效差异的个人特征。因此，胜任力是职业的核心竞争力。动机、特质、自我形象、态度、价值观等隐性胜任力都与心理资本紧密相连，心理资本培训可以直接或间接提升隐性胜任力。

（三）体现心理资本理念的绩效管理是组织人力资源开发的重点

知识经济时代，企事业单位的内外环境日趋复杂，不可控制的因素日益增多，个体化差异已经成为一种趋势，人类社会正加速走向多样化。理解复杂性、多样性的组织更能顺应潮流生存与发展。传统的人力资源管理中的绩效管理指标体系可能过于生硬，组织通过外在的约束与规范以促使员工实现组织绩效目标的成本与收益将面临更多的不确定性。兴起于20世纪50年代、以目标管理方法为代表的绩效管理原本建立在战略管理的基础之上，强调对战略匹配的长期目标及管理。然而，在中国现实环境下，很多组织由于缺乏战略意识与战略定位，实行绩效管理时片面注重量化结

---

① 时勘：《胜任特征模型、领导行为研究及其在人力资源开发中的应用》，《首都经贸大学学报》2007年第6期，第13~19页。

果，在日常工作中过度依赖对员工结果的考核，并常常将绩效考核结果作为薪酬管理的根本性依据，造成员工士气低落、缺乏责任心与进取意识，并逐渐变得急功近利。① 这种被扭曲的绩效管理使组织协调沟通成本攀升，管理难度增大，而绩效管理改进步履维艰，更为重要的是使得员工的心理契约与组织承诺下降、组织忠诚度降低。

体现心理资本理念的绩效管理从心理资本理念的内在要求着手，分析绩效管理的过程实质，设计改进绩效管理的流程，并实证研究心理资本对工作绩效、创新绩效的影响，从而研究实现绩效管理的终极目标：提升人的素质，促进人的发展。心理资本可以通过以下几个中介机制影响并改进绩效管理。

一是认知在结果面前能否准确、乐观地进行自我归因。当绩效管理的结果与目标存在差距时，心理资本好的个体倾向于将失败归因于自己的努力不足，会客观分析任务目标的执行情况并主动寻求绩效改进的机会；而心理资本差的个体倾向于将失败归因为能力不足或受情形限制。

二是动机通过心理资本评价识别目标任务的难易程度。不同的心理资本评价导致人们选择不同难易程度的目标，并为之付出不同的努力。心理资本差的个体面临低绩效结果时，容易产生自我怀疑并由此产生畏难情绪；而心理资本好的个体倾向于付出更多的努力以挑战更高的目标。

三是情绪状态的自我调节。在绩效管理与改进过程中不可避免地会遇到困难甚至是失败，心理资本好的个体不容易受到外界消极因素的干扰而轻易放弃，而是保持乐观稳定的情绪投入到高负荷的工作之中；心理资本差的个体则常常被焦虑与压力困扰，裹足不前，乃至放弃。

四是心理资本不同的个体可以通过影响活动选择和环境选择塑造不同的发展道路。心理资本差的个体倾向于选择容易回避、挑战性不高的绩效管理与改进；而心理资本好的个体则倾向于选择自我调整与适应，愿意精力高度集中地投入工作。

根据心理资本对绩效管理的作用机理，结合心理资本的绩效管理与改进的动机、情绪、投入选择与认知四种作用机制，形成新的绩效管理与改进流程。基于心理资本的绩效管理具有以下特点。（1）其反馈方式引导员

---

① 付亚和、许玉林：《绩效管理》（第二版），复旦大学出版社，2008。

工将失败归因于努力不够等不稳定因素，使员工保持信心，不降低员工的自我效能感，进而使员工逐渐深入分析问题根源，形成有针对性的绩效管理改进计划。绩效指标一般兼顾共同性与个性化，但绩效管理改进计划更加凸显个性化的绩效指标的导向价值。（2）在绩效辅导中实施绩效改进计划，在充分沟通等方式的配合下，排除改进计划过程中的障碍。（3）在绩效辅导中强调倾心沟通与换位思考，以此消除员工的无助感、被动感，进而提升组织承诺和满意度。（4）在绩效管理与改进的干预阶段注重个性化学习培训，重视员工成长提升所必需的态度、价值观、个性、动机、自我效能感、情绪智力等心理资本要素的个性化差异，实施个性化的针对辅导，紧密结合职业生涯规划。（5）在绩效管理与改进的评估阶段注重对关键事件的反省与总结。这一方面可以确保绩效管理与改进的评估工作有据可依，另一方面可以深层次地帮助员工不断反省，加快提升其岗位胜任力。具体而言，就是在绩效管理与改进过程中对员工的良好表现与有待改进事项进行客观记录，为进一步评估提供客观有效的依据。（6）强调工作的再设计与绩效的改进双重激励，结合实际，注重职业价值观导向，通过成就激励、授权激励等提升心理资本，激发员工潜能，充分发挥心理资本的内在驱动作用。

（四）体现心理资本理念的员工关系管理是组织人力资源开发的保障

心理资本对员工士气、员工忠诚度、员工满意度、和谐人际关系、企业社会责任、工作生活平衡、组织承诺、心理契约与公民组织行为有着直接积极的影响，而这些因素同人力资源管理与开发中的员工关系又有着紧密的直接联系。基于心理资本的员工关系是合作共生、和谐共赢的关系。组织要想永续经营与发展，必须将组织的发展与员工的成长紧密结合起来，在组织成长时，让员工也同步发展。组织应不断将强化企业社会责任和保障员工权益作为人力资源开发的重要任务，将员工健康发展、劳动保护、离职管理落到细致关怀的实处。

研究显示[1]，员工不受尊重、人际关系不融洽、缺乏人文关怀环境、无法得到挑战性工作、无法实现自我价值等是员工离职的重要原因。进行

---

[1] 高振勇、赵心：《如何做好离职员工管理》，《中国人力资源开发》2013年第5期。

精细化的人力资源管理与开发,通过心理资本的健康管理与分类辅导,可以及时避免员工的工作场所偏离行为。同时,建立核心员工心理预警机制,有利于强化心理契约。由于人力资源管理与开发中关键事件的记忆痕迹要比一般事件的记忆痕迹深刻得多,所以建立核心员工关键事件预警机制非常有价值,由离职员工的直接联系人设置其关键事件预警信息,进而及时处理好关键事件。应正确评估员工离职的积极价值,实现离职员工与组织的长期良性互动发展;及时改善员工工作和生活质量,解决有离职意向的核心员工的利益诉求,强化心理契约。心理契约反映了组织与员工对各自的责任义务与主观期望的心理约定,应尽可能实现组织与核心员工的心理契约一致性,让核心员工与组织的情感关系更为紧密。基于心理资本的员工关系管理将积极的心理资本要素融入员工关系理念与行动中,将积极情感融化在员工职业生涯规划中,充分激发员工积极工作的热情,使劳资双方在共同的利益平台上不断创造更大的财富和价值,以提升心理资本的内在要求和强化企业社会责任的外在要求,推动人力资源管理与开发,让以人为本的理念和组织文化成为组织与员工共同发展的价值目标。从宏观角度来看,人力资源的动态流动已经逐渐成为一种常态和大势。其实,人才流动也是人力资源开发的一种重要形式。如何有效防范核心员工离职带来的风险,做好离职员工的延续管理,是现代人力资源管理与开发必须面对的问题。

从心理资本视域来看,员工离职一般都会经历职业倦怠、去情绪化、情绪衰竭等过程,而这其中很多内容都直接涉及员工的心理资本。也可以这么说,心理资本因素是离职不可回避的重要因素。国外的离职研究也主要集中在心理层面,有心理动因模型、离职过程模型等。这些都充分说明了基于心理资本的离职管理研究的重要价值。

基于心理资本理念的员工关系管理,应建立员工离职的延续管理机制。一是快速响应,重视离职面谈,直接了解员工离职的真实原因与想法,善意提醒其合同职责,关注员工反应,并就员工可能关心的关键问题予以沟通解答,消除一些可能存在的误解;二是强化组织承诺,做好岗位传承;三是持续跟进,完善离职信息库,提炼离职原因,在完善人力资源管理与开发的同时,针对核心员工的离职及时进行情感联络,跟进信息沟通,为今后可能的返聘夯实基础。

研究结果显示员工心理资本对工作满意度存在显著影响。其实，在市场化的现实面前，多种因素冲击着员工的工作满意度。只有认识到改善员工的工作满意度和提升心理资本之间的关系，才能真正激发员工潜能和提升人力资源管理成效，也才能从根源上提高员工的自我效能感。员工的职业价值取向必须适合于其生活和生存的时代、社会、自然。员工成熟的心理资本就是通过适应其职业岗位而实现自我价值。也可以说，员工的工作满意度是员工心理资本走向成熟的必备内容。从研究中我们发现，一方面，许多工作满意度问题的根源在于员工心理资本，诸如有些在人际环境、外在回报等方面的问题可以追根溯源到员工心理资本的目标体系和行为方式等；另一方面，良好的工作满意度也对员工心理资本的成熟和理性起着催化剂的作用，产生积极的影响，员工在人际环境、自我实现等方面满意度越高，其职业兴趣、职业成就感和成长前景等心理资本维度就越理性。从研究中我们也发现，心理资本和工作满意度都涉及人际环境因素，所以管理上需要切实用心加强开放式的、坦诚的人际沟通，营造浓郁的归属氛围。总体上，心理资本间接影响着工作满意度。这实际上为基于心理资本的人力资源管理中的员工发展提供了有益的启示：提升心理资本不能就事论事，就事论事只是治理表面现象，效果肯定有限，不能解决根本问题。心理资本理应从根源着手，帮助员工明确自己的职业价值观，搭建职业价值—职业生涯的畅通平台，建立理性、成熟的职业发展观，进而从根本上提高员工的工作满意度。员工非常注重成长前景、能力发挥、薪酬福利和生活方式，这一点国内外相关研究结论基本是一致的。美国学者玛·汉·汤姆布的研究表明，个体成长、工作自主、业务成就是知识型员工工作满意度的前三项要素。本研究路径分析显示，接受过高层次教育的员工普遍非常看重马斯洛的最高层次的需求——自我实现需求，其个体成就导向非常明显，重视生活方式。这也从侧面表明员工更注重自主性和独立性。同时，伴随着高薪酬福利的职业价值取向，员工也看重马斯洛的最低层次的需求——生理需求。这说明了工作满意度的综合性和复杂性，反映了市场经济环境下员工对于工作内外兼重的现实。

三 心理资本对工作绩效影响的实证研究[①]

心理资本作为职业生涯开发的重要内容，顺应了管理理论发展和转型期的现实诉求。开发心理资本是人力资源开发中人文和谐激励的突出体现，提升心理资本可以激发知识型员工的内在持久需求，体现人力资源管理的人文精神：关注人、尊重人、注重人的价值、帮助人面对困难、开发人的潜能以及保持人的心理健康和成熟等。现在越来越多的组织意识到提升员工心理资本是提升组织持久绩效的有效选择。自霍桑实验以来，对"士气""人际关系"等影响工作绩效的心理因素的系列研究，使人们意识到了工作态度等心理因素与工作绩效之间的密切关系。但是，有关心理资本对工作绩效影响的研究并不多见，也不深入。工作绩效涉及投入与产出的效能，而这种效能离不开心理资本；同时，心理资本不同于传统的人力资本与社会资本，它关注的重点是个体的心理状态。心理资本是一种综合的积极心理素质，具有投资和收益特性，可以通过特定方式进行投资与开发，将其潜力挖掘出来。从个体层面来说，心理资本是促进个体成长发展与绩效提升的重要因素；从组织层面来说，心理资本能够帮助企业获取竞争优势。知识经济时代很多知识型员工的工作绩效具有形式上的内隐性和考核上的非经济特征，目前这方面的相关学术研究并不充分，多数集中在激励的导向性、常规性与变动性、层次性与配合性三方面。充分认识到心理资本的激励生成机理，对于员工职业生涯发展与培训、改革绩效管理、提升工作效能具有重要的现实价值。关于心理资本与工作绩效内在要素之间究竟有多大关系，尚不清楚。本研究在以往研究的基础上，选择心理资本因素群为自变量，运用多因素交互分析和相关分析、路径分析等方法，研究心理资本各构成因素与工作绩效的定性、定量关系，并研究心理资本激励因素的优化组合，目的在于系统地探讨研究心理资本的隐性激励机制。

（一）研究方法与数据分析

1. 样本与数据收集

本研究选择知识型员工作为被试，采用随机抽样的方法，对江苏智运

[①] 张宏如：《心理资本对工作绩效的影响实证研究》，《江西社会科学》2010年第12期。

科技发展有限公司、中国人寿保险股份有限公司常州分公司、尚科信息科技有限公司、中国安防科技有限公司、交通银行常州分行、中科新尚研发中心、海联集团、深圳华润集团、上海云峰集团的知识型员工共发放问卷650份，回收有效问卷为612份，有效回收率为94%。被试中男性403人，占66%；女性209人，占34%。被试中年龄最大的58岁，最小的26岁，平均年龄39.6岁。被试来自全国各地，选取样本时力求做到类别的均衡，以提高样本的代表性。

2. 测量工具

（1）工作绩效量表。本研究采用莫托维德罗等编制的自陈式工作绩效量表[1]，国内已有学者进行了应用和验证[2]。量表分任务绩效、关系绩效和学习绩效三个维度，问卷采用六点评分法，即从1分到6分表示从最低分到最高分。

（2）心理资本量表。本研究参照黄和罗等人的研究成果，编制了适合中国国情的自陈式 Likert 五点计分心理资本问卷。在考虑国内外文献及做法的基础上，笔者通过预调研，对量表做了一定的修正，并进行了预备性测试，对问卷进行了质和量的分析。质的分析主要是要求被试标注题意不明的题目；量的分析主要是进行了题目频率分布分析、题目与分测验总分的相关分析以及初步的探索性因素分析（exploratory factor analysis，EFA），将所测量变量因子上的载荷低于0.4的题目和明显交叉负载的题目删除。最后，形成心理资本正式问卷。该问卷具有四个维度24个项目，分别为：情绪智力（8个项目）、自我效能感（8个项目）、乐观（4个项目）、坚韧性（4个项目）。

3. 分析方法

本研究运用 SPSS11.5 统计软件和 Lisrel 8.7 对相关变量进行分析，并做了结构方程模型检验。

4. 共同方法偏差和量表效度检验

本研究在问卷设计与数据收集过程中，虽已通过反向问题等问卷基本

---

[1] S. J. Motowidlo and J. R. Van Scotter, "Evidence that Task Performance Should Be Distinguished from Contextual Performance", *Journal of Applied Psychology* 79 (1994): 475–480.

[2] 任国华、刘继亮：《大五人格和工作绩效相关性研究的进展》，《心理科学》2005年第2期。

编排法、匿名等进行了事前控制,但因数据均为被试的自我报告,因此仍可能存在共同方法偏差。为此,本研究采用 Human 单因素检测法,将所有题项进行单因素分析,没有发现独大的单因子存在,因此本研究不存在严重的共同方法偏差问题。

为进一步确认量表的有效性,本研究通过探索性因子分析和验证性因子分析来检验效度,探索性因子分析表明,心理资本、工作绩效因子均能累计解释其40%以上的变异量,且每个条目在其因子的负荷值均大于0.5,这说明心理资本、工作绩效具有良好的结构效度。验证性因子分析也显示二因子模型的拟合效果明显优于三因子模型以及单因子模型,说明心理资本、工作绩效分属不同构念,不同测量量表之间具有良好的区分效度。其中问卷的 Cronbach's α 系数是 0.9278。

(二) 结果与分析

1. 心理资本与工作绩效变量的相关分析

表7-1 心理资本与工作绩效各维度的相关情况

	情绪智力	自我效能感	乐观	坚韧性	学习绩效	关系绩效	任务绩效
情绪智力	1.00						
自我效能感	0.56**	1.00					
乐观	0.57**	0.51**	1.00				
坚韧性	0.50**	0.48**	0.51**	1.00			
学习绩效	0.41**	0.42**	0.39**	0.47**	1.00		
关系绩效	0.52**	0.38**	0.44**	0.36**	0.49**	1.00	
任务绩效	0.41**	0.39**	0.38**	0.46**	0.53**	0.51**	1.00

注:** $p < 0.01$。

表7-1具体显示了心理资本的四个子维度与工作绩效的三个子维度之间的相关情况:所有维度之间均存在极其显著的相关关系,相关系数在0.36到0.57。

与心理资本各维度总体关联最为密切的工作绩效维度依次是:关系绩效、学习绩效与任务绩效。综合来看,工作绩效主干维度中,关系绩效是影响心理资本的最主要因素。

从工作绩效角度来看，与学习绩效相关，从高到低依次是：坚韧性、自我效能感、情绪智力和乐观；与关系绩效相关，从高到低依次是：情绪智力、乐观、自我效能感和坚韧性；与任务绩效相关，从高到低依次是：坚韧性、情绪智力、自我效能感和乐观。综合来看，与工作绩效整体相关，从高到低依次是：情绪智力、坚韧性、乐观和自我效能感。可见，情绪智力是影响工作绩效的最主要因素。

整体而言，心理资本与工作绩效各维度之间均存在显著相关的对应关系，说明宏观上心理资本与工作绩效之间有着密不可分的关系。

以工作绩效总体指标为因变量，心理资本的各维度为自变量，引入回归方程分析，结果表明：心理资本的各维度中，情绪智力对工作绩效预测作用最大（$\beta = 0.36$，$p < 0.01$），其次是坚韧性（$\beta = 0.29$，$p < 0.01$）、乐观（$\beta = 0.24$，$p < 0.01$）和自我效能感（$\beta = 0.21$，$p < 0.05$）。以心理资本的各指标为因变量，工作绩效的各指标为自变量，引入回归方程，结果表明：对心理资本作用大小依次为关系绩效、学习绩效与任务绩效（$\beta = 0.23$，$p < 0.01$；$\beta = 0.17$，$p < 0.05$；$\beta = 0.14$，$p < 0.05$）。可见，通过以工作所处的社会、组织以及心理背景的支持间接为组织目标做出贡献的行为和过程为内容的关系绩效与心理资本要素联系最为紧密。从回归分析来看，心理资本对工作绩效的影响明显大于工作绩效对心理资本的作用。

2. 心理资本对工作绩效影响的路径分析

为进一步深入研究心理资本与工作绩效之间的相互作用，本研究采用结构方程建模中的路径分析方法，探讨心理资本变量与工作绩效之间的影响机制。选择进入模型的变量共九个，具体是：心理资本、情绪智力、乐观、自我效能感、坚韧性、工作绩效、关系绩效、学习绩效与任务绩效。在这九个变量中，从心理资本变量与工作绩效的关系来看，存在两种可能情况：第一，主要是心理资本变量影响工作绩效；第二，主要是工作绩效影响心理资本变量。这样，形成两种模型，第一种模型为本研究的假设模型，第二种模型为竞争模型。第一种模型对变量之间的关系假设是：工作绩效主要受心理资本变量的影响；心理资本对工作绩效有直接的影响，也会通过中介变量对工作绩效产生间接的影响。第二种模型对变量之间的关系假设是：心理资本变量主要受工作绩效的影响。

本研究运用结构方程模型技术，对两种模型进行了计算，得出了如表 7-2 所示的模型拟合指标。

表 7-2 两种模型的各种拟合指标

模型	χ^2	df	χ^2/df	RMSEA	GFI	AGFI	RMR	IFI	CFI
竞争模型	845.6	174	4.86	0.133	0.712	0.624	0.104	0.751	0.749
假设模型	445.3	176	2.53	0.021	0.863	0.831	0.021	0.902	0.903

从表 7-2 可以看出，综合各项指标显示：假设模型的 $\chi^2/df<3$，GFI、IFI 等拟合指数都比竞争模型好，大多数均处于 0.9 左右，RMSEA 值比竞争模型低。这表明，假设模型与实证数据有最佳的拟合，是相对最优的模型，对变量之间的关系做出了相对最好的解释。

根据假设模型的各条路径，本研究对原始的假设模型进行了一系列修正、调整，得到如图 7-1 所示的路径示意图，进一步明晰了各变量之间的相互关系。

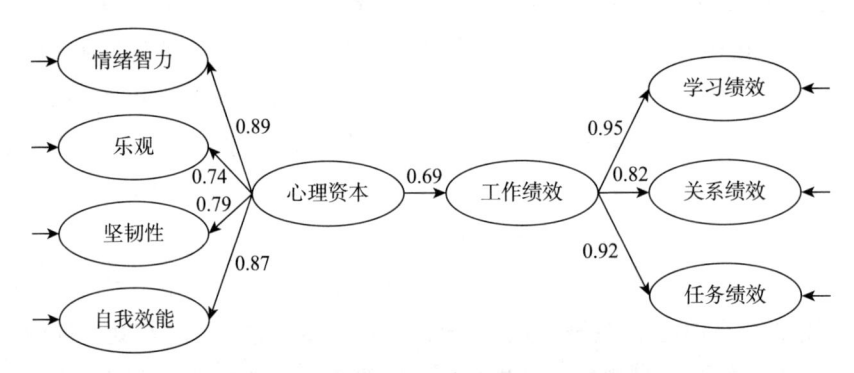

图 7-1 心理资本与工作绩效的关系模型

心理资本与工作绩效关系模型中各个变量间影响关系的标准化系数 t 值为 3.72（$p<0.001$），假设检验支持研究假设。

从图 7-1 可以看出，在心理资本与工作绩效之间，主要体现的是心理资本对工作绩效的影响，其潜变量相关值为 0.69，影响非常突出。可见，如果一个企业或组织重视员工的职业生涯开发，重视提升心理资本，不仅能直接开发员工的人力资源，使员工的素质得到改善，而且能有效提升工作绩效，达到双赢的目的。这表明，心理资本作为职业生涯开发的重要内容，对组织的发展意义重大。

（三）结论与启示

心理资本作为一个全新的理念，是新时期人力资源管理研究和实践的新领域和新方向，也将是现代组织在新的社会环境下，面对新的管理对象，提升管理绩效和满意度的有效选择。北京易普斯咨询有限公司的一项调查显示，在压力、身心幸福感、职业枯竭和抑郁倾向四个指标方面，中国员工的心理健康正在逐步恶化。近年来，越来越多的企事业单位在员工深层次激励方面遭遇新的瓶颈。随着社会的进步，仅仅依靠传统的人力资本与社会资本已无法满足组织发展的需要，心理资本的作用会愈加突出。

心理资本与工作绩效的关系模型研究结果显示，知识型员工的心理资本对工作绩效存在极其显著的影响作用。因此，心理资本是工作绩效极其重要的外生变量，其开发能有效促进员工高质量地完成工作分析中所核定的任务、职责，促进员工通过对工作所处的社会、组织以及心理背景的支持间接为组织目标做出贡献的行为和过程，促进个体系统地解决问题、总结过去的经验、向他人学习以及在组织内传递知识，获取有益的信息；通过对自我认知的改变，提高学习技能和其他相关能力；有效促进员工在知识不断共享和转移的过程中，获得自身的竞争优势，提升自己的核心竞争力，获取持续成长动力，从而有效地促进员工的知识创新。这充分说明本研究所提出的心理资本对工作绩效改进的研究假设总体上比较合理，是可以接受的。这就为更进一步探明职业生涯开发与工作绩效改进的各潜变量的内在作用机制提供了科学分析的依据，并对人力资源管理实践具有现实意义，即一方面要深掘组织员工的内在隐性激励变量，另一方面要深刻理解心理资本对工作绩效影响的关系模型中内生潜变量与外生潜变量的作用关系，从而有利于着力构建一套真正持久激发知识型员工的激励体系。

本研究在理论分析和逻辑推理的基础上，编制了适合中国国情的心理资本问卷，并对问卷进行了探索性因素分析，深入分析了心理资本与工作绩效的相关机理，探究了二者关系模型的理论架构，分析了心理资本对工作绩效的内在影响机制，构建了心理资本与工作绩效的关系模型并进行了实证检验。至此，通过对本研究所构建的模型的实证检验与修正，最终得出一个既有理论与逻辑支撑，又能较好地同实证数据相拟合的心理资本对工作绩效的作用模型。这为基于战略的人力资源管理的职业生涯开发，促进工作绩效改进的深入研究，提供了有益的启示，打下了必要的基础。当然，心理资本的研究尚处于起步探索阶段，还需要大量的、多方面的实证研究加以丰富和发展。基于转型期的知识型员工的激励应将心理资本的优化作为职业生涯开发的核心内容和战略主题，将心理资本提升工作纳入人力资源管理流程中的工作分析、招聘与选拔、培训发展、人力资源维护等实践环节。其中，进行工作分析时，充分考虑每个岗位对心理资本的不同要求，制订有心理资本需求的职位描述和任职资格；招聘与选拔时，根据岗位的心理资本要求，有针对性地开展考察与测试；培训发展时，重点倾向于员工心理资本的积极干预，通过拓展训练等诸多有效的方式提升心理资本；进行人力资源维护时，加强对心理资本的管理，调整员工的心理状态，切实提高工作绩效和满意度。

四　心理资本对创新绩效影响的实证分析[①]

科技创新是提高社会生产力的战略支撑，党的十八大报告明确提出"实施创新驱动发展战略"，鼓励提高原始创新、集成创新和再创新能力，着力构建技术创新体系，促进创新资源高效配置与综合集成。在产业升级转型与知识经济时代背景下，国家或地区之间的竞争很大程度上取决于创新人才与创新绩效的竞争。但是，长期以来，相关研究存在"两多两少"：一是研究内容上，宏观环境、制度性研究多，微观层面的开发成长研究少；二是定性的描述性研究多，定量的测定性研究少。

有国外学者经实证研究发现心理资本对工作满意度、组织承诺等有积极影响，影响的范式主要有主效应、缓冲效应及调节效应模型，并在管理开发上对自我效能感、乐观、坚韧性进行了系列探索性研究。近年来，国内学者也有不少研究成果，介绍了心理资本的内涵和作用等。

---

① 张宏如：《心理资本对创新绩效影响的实证研究》，《管理世界》2013 年第 10 期。

(一) 理论与假设

创新绩效是体现创新的关键变量。国内外对创新绩效的界定可以概括为过程论、结果论、过程与结果综合论三种主要观点。过程论强调的是创新目标实现过程中的知识发现、创新氛围等影响创新绩效的过程因素[①]；结果论主张创新绩效是前期相关努力的结果表现，是衡量创新有效性的关键指标[②]；综合论则认为绩效是行为与结果的统一，所以创新绩效既包括创新行为，又包括创新结果，是一个连续的、可感知的活动过程和结果的统一体[③]。国内研究认为，心理资本从个体、团队、组织层面影响企业创造力和自主创新能力；心理资本与人力资本、社会资本的协同集约是开发潜能、形成创新优势的关键，有助于自主创新；同时，通过个体的心理资本共振，使创新精神形成涟漪。笔者由此提出第一个研究假设。

研究假设1：心理资本对创新过程有显著影响。

心理资本具有投资和收益特性，可以通过特定方式进行投资与开发，最终挖掘潜力、提升绩效。从个体层面来说，心理资本是促进个体绩效提升的重要因素；从组织层面来说，心理资本能够帮助企业获取竞争优势。有实证研究表明，心理资本对创新有增量作用，心理资本积极影响着创新绩效。笔者由此提出第二个研究假设。

研究假设2：心理资本对创新结果有显著影响。

心理资本不仅对个体创新绩效直接产生影响，而且还会间接对目标动机与个体创新绩效的关系产生影响，即调节目标动机与个体创新绩效的关系。有以战略性新兴产业技术员工为样本的研究显示，心理资本通过改变内在动机最终对创新成效有极其显著的作用。也有研究显示，作为中介变量，心理资本影响员工知识共享行为与公民组织行为。因此，笔者对心理资本的调节效应提出第三个研究假设。

[①] M. D. Mumford, "Managing Creavetive People: Strategies and Tactics for Innovation", *Human Resource Management Review* 10 (3) (2000): 315 – 351.

[②] Coombs R., "Core Competencies and the Strategic Management of R and D", *R and D Management* 26 (4) (1996): 345 – 354.

[③] 姚艳红、衡元元：《知识员工创新绩效的结构及测度研究》，《管理学报》2013年第1期，第97~102页。

研究假设 3：心理资本对创新绩效的影响受到目标动机的调节。

(二) 研究方法

1. 研究对象

本研究选择创新型企业知识型员工作为被试对象，共发放问卷 360 份，回收有效问卷 287 份，有效回收率 80%。男性 206 人，占 72%；女性 81 人，占 28%。被试年龄最大的 57 岁，最小的 28 岁，平均年龄 41.6 岁。考虑到涉及变量的因果关系研究，采用了纵向研究方法，在采集数据时分成两个时间点，相隔 6 个月。被试来自 6 家不同类型的企业，员工源于全国各地，选取样本时力求做到类别的均衡来提高样本的代表性。数据处理运用 SPSS11.5 统计软件。

2. 量表设计

(1) 自变量。自变量是心理资本。本研究参照相关研究成果，编制适合中国国情的自陈式 Likert 五点计分心理资本问卷。

(2) 因变量。因变量为创新绩效。本研究采用姚艳红等人开发的问卷，由创新行动和创新效果两个维度构成，Cronbach's α 系数是 0.953。该问卷已经经过检测和多次运用，具有良好的信度和结构效度。该问卷包括 17 个项目，其中创新行动包括提出创新想法或方案、采用新技术或新方法、总结诀窍等要素；创新效果包括产生创新成果、应用创新成果、应用后的创新成效等要素。

(3) 控制变量与调节变量。数据分析中，控制变量是年龄、性别与受教育程度。其中，0 代表女性，1 代表男性；教育程度编码为 1~4，分别代表高中及以下、大专与本科、硕士、博士；年龄采用实际数值。本研究的调节变量是目标动机，采用自编问卷，Cronbach's α 系数是 0.767，包括 12 个项目，具有较好的信度和结构效度。

在问卷设计与数据收集过程中，虽已通过反向问题等问卷基本编排法、匿名等进行了事前控制，但因数据均为被试的自我报告，因此仍可能存在共同方法偏差。为此，本研究采用 Human 单因素检测法，将所有题项进行单因素分析，没有发现独大的单因子存在，因此本研究不存在严重的共同方法偏差问题。

(三) 研究结果

1. 创新绩效与心理资本变量的相关分析

表 7-3 具体显示了心理资本的四个子维度和与创新绩效的两个子维度之间的相关情况：所有维度之间均存在极其显著的相关关系，相关系数在 0.34 到 0.59。各维度之间均存在显著的相关关系，说明总体上心理资本与创新绩效之间有着密不可分的联系。这也验证了国内之前的相关研究结果[1]。

表 7-3 心理资本与创新绩效各维度的相关情况

	情绪智力	自我效能感	乐观	坚韧性	创新行动	创新效果
情绪智力	1.00					
自我效能感	0.52**	1.00				
乐观	0.58**	0.54**	1.00			
坚韧性	0.47**	0.46**	0.43**	1.00		
创新行动	0.37**	0.43**	0.45**	0.51**	1.00	
创新效果	0.34**	0.44**	0.38**	0.47**	0.59**	1.00

注：** $p < 0.01$。

与心理资本各维度总体关联最为密切的创新绩效维度依次是：创新行动、创新效果。综合来看，心理资本对创新绩效中创新行动的影响相对比对创新效果的影响更大。

从创新绩效角度来看，心理资本与创新行动相关，从高到低依次是：坚韧性、乐观、自我效能感和情绪智力；心理资本与创新效果相关，从高到低依次是：坚韧性、自我效能感、乐观和情绪智力。综合来看，心理资本与创新绩效整体相关，从高到低依次是：坚韧性、自我效能感、乐观和情绪智力。可见，坚韧性与自我效能感是影响创新绩效的两个最突出因素，而情绪智力的作用相对要小一些，这与前期相关研究[2]显示的情绪智力是影响工作绩效的最主要因素存在一定差异。因为工作绩效的范畴除了

---

[1] 张宏如：《心理资本对工作绩效影响的实证研究》，《江西社会科学》2010 年第 12 期。
[2] 韩翼、杨百寅：《真实型领导、心理资本与员工创新行为：领导成员交换的调节作用》，《管理世界》2011 年第 12 期，第 78~86 页。

创新绩效外，还包括关系绩效、学习绩效和任务绩效。这里充分说明了创新绩效与心理资本内涵关联的独特性。

以创新绩效总体指标为因变量，心理资本的各维度为自变量，引入回归方程分析，结果表明：心理资本的各维度中，坚韧性对创新绩效的预测作用最大（$\beta = 0.39$，$p < 0.01$），其次是自我效能感（$\beta = 0.37$，$p < 0.01$）、乐观（$\beta = 0.20$，$p < 0.05$）和情绪智力（$\beta = 0.17$，$p < 0.05$）。工作中产生并提出创新想法或方案、采用新技术或新方法、总结演绎等要素与心理资本变量联系最为紧密。从回归分析来看，心理资本对创新绩效的影响作用显著。回归分析还显示，受教育程度与创新绩效存在一定关系，受教育程度越高，创新绩效越好。但是，性别、年龄与创新绩效没有被检测出显著相关关系，这与国内相关研究结果有所不同[1]。

2. 结构方程模型的比较分析

心理资本与创新绩效中的创新行动和创新效果之间显著相关，初步证实了前文提出的研究假设 1 与研究假设 2。为进一步验证研究假设，笔者采用结构方程建模中的路径分析方法，探讨心理资本变量与工作绩效之间的影响机制。模型的变量共有五个，具体是心理资本、创新绩效、创新行动、创新效果与目标动机。在这五个变量中，从心理资本变量与工作绩效的关系来看，假设存在两种可能的情况：第一，主要是心理资本变量影响创新绩效；第二，主要是心理资本影响目标动机，进而影响创新绩效。这样，就形成两种模型。第一种模型对变量之间的关系假设是：创新绩效主要受心理资本变量的直接影响。第二种模型对变量之间的关系假设是：心理资本对创新绩效有直接的影响，也通过目标动机中介变量对创新绩效产生间接的影响。笔者运用结构方程模型技术，对两种模型进行了计算，得出了如表 7-4 所示的模型拟合指标。

综合各项指标可以看出，模型 2 的 $\chi^2/df < 3$，GFI、IFI 等拟合指数都比模型 1 好，均接近 0.9，RMSEA 值比模型 1 低。这表明，模型 2 与实证数据有最佳的拟合，是相对最优的模型，对变量之间的关系做出了相对最好的解释。综上所述，表 7-4 的结果证实了研究假设 3，即心理资本对创

---

[1] 张学和、宋伟、方世建：《组织环境对知识型员工个体创新绩效影响的实证研究》，《中国科技论坛》2012 年第 10 期，第 92~97 页。

新绩效的影响受到目标动机的调节。

表 7-4 两种模型的各种拟合指标

结构方程模型	χ^2	df	χ^2/df	RMSEA	GFI	IFI	CFI
模型1 （直接作用模型）	675.5	162	4.17	0.117	0.734	0.765	0.779
模型2 （综合作用模型）	473.9	164	2.89	0.026	0.851	0.891	0.896

（四）结论与讨论

本研究旨在探讨心理资本对创新绩效的影响机制，尤其是研究心理资本对创新绩效的综合作用机理。研究发现：

第一，心理资本对创新过程有显著影响；

第二，心理资本对创新结果有显著影响；

第三，心理资本对创新绩效的影响受到目标动机的调节。

从心理资本的内在作用机制着手，通过实证分析，本研究发现心理资本的各维度——坚韧性、自我效能感、乐观和情绪智力，都对创新效果与创新行动有显著影响，反映了创新绩效与心理资本内涵关联的独特性。

本节从总体上建构了心理资本受到目标动机的调节对创新绩效产生影响的结构模型，验证了心理资本对创新绩效既有直接的影响，也有通过目标动机中介变量产生的间接影响。心理资本影响着内在动机的认知驱动力和学习驱动力，并通过动机目标系统最终对创新成效有着极其显著的作用。

心理资本对创新绩效有直接和间接的影响，综合作用力突出，这为组织管理实践提供了有益的反馈与启示：人力资源管理要将开发员工的心理资本置于极其重要的位置，优化情绪智力与抗逆力，明晰愿景，注重自我效能感激励，提升乐观品质，激发正能量。心理资本对创新行动与创新效果具有综合潜在作用的这个结论，为组织的系统管理，包括人文环境构建、职业生涯管理、组织文化发展提供了有益的参考。

随着创新型国家建设进程的深入，心理资本作为理论与实践研究的焦点，将越来越引起人们重视，通过影响工作满意度与幸福感等良性促进作用以及心理资本本身的自我效能感、坚韧性等内涵，对创新创业人才的成长开发均具有不可替代的理论价值和现实意义。本研究受制于样本的局限，事实上，心理资本对创新绩效的实证研究还应更为深入，在纵向上的时间跨度还应更长，样本应更具代表性，长期追踪分析会非常有价值；同时，需要进一步加强对心理资本与创新绩效本土化的深入研究，加强心理资本作用机制的实证研究，这是今后研究的重要方向，具有突出的现实意义。

五　心理资本对创新行为的影响机制

员工创新行为的核心内涵主要包括创新的想法与行动等内容，本质上员工创新行为是一个理性的决策过程，是个体一种有意识的计划行为。因此，计划行为理论为人们更好地理解员工创新行为的产生机制提供了有益的理论框架。计划行为理论是从信息加工角度、以期望价值理论为出发点解释个体行为一般决策过程的理论[1]。该理论认为，个体从事计划行为的动机主要受三个方面因素的影响：一是行为态度，即个体对从事特定行为积极或消极的评估；二是主观规范，即个体在决定是否从事特定行为时所感受到的社会压力；三是感知到的行为控制，即个体感知到从事特定行为的难易程度[2]。这些都与目标导向相关，而且，其他因素都要通过这三个心理因素影响计划行为[3]。国内有研究显示行为态度通过创新意愿的完全中介作用对创新行为产生正向作用[4]。同时这三个心理因素都与心理资本联系紧密，所以加强心理资本作用机制的研究越来越重要。随着创新型国家的建设进程深入推进，员工创新行为的内外要素开发机制研究将成为新趋向。更多的研究将从物质层面转向心理与精神层面。

---

[1] 段文婷、江光荣：《计划行为理论述评》，《心理科学进展》2008年第16卷第2期，第315~320页。

[2] I. Ajzen, "The Theory of Planned Behavior", *Organizational Behavior and Human Decision Processes* 50 (2) (1991): 179–211.

[3] M. Conner and C. J. Armitage, "Extending the Theory of Planned Behavior: A Review and Avenues for Further Research", *Journal of Applied Social Psychology* 28 (15) (1998): 1429–1464.

[4] 赵斌、付庆凤、李新建：《科技人员心理资本对创新行为的影响》，《科学学与科学技术管理》2012年第3期，第174~179页。

综观研究现状，现有文献关于心理资本促进员工创新行为的研究比较少，虽有研究提出要更加重视提升科技创新人员等群体的心理资本，从而促进员工创新行为，然而更多还是集中于其重要性阐述与横截面的研究等，从国内外经验来看，心理资本对创新有增量作用；国内研究认为心理资本有助于增强目标导向，有助于提升创造力和自主创新能力等[1]。同时，计划行为理论能更深刻地阐释员工创新行为的内外机制。鉴于此，基于计划行为理论的视角，探究心理资本对员工创新行为的影响机制，可以有效地拓宽传统研究的视阈，不仅能更加直接地提升员工内在素质，成为激发员工的内在持久创新行为的源泉，而且能间接地积极影响着外在支持。充分认识心理资本激励生成机理，对于员工创新行为具有重要现实价值。但目前基于计划行为理论的视角，心理资本与员工创新行为内在要素之间究竟有多大关系尚不清晰。本文在以前研究的基础上，选择心理资本因素群为自变量，首次以计划行为理论视角下的员工创新行为为因变量，并以目标导向为中介变量，运用纵向研究，应用多因素方差分析和相关分析、路径分析等方法，研究心理资本各构成因素与员工创新行为的纵向的定性定量关系，分析心理资本激励因素的优化组合，目的在于解读员工创新行为命题背后的心理资本的系统性、隐性、内源性动力机制。

（一）文献回顾与理论假设

1. 概念界定

（1）员工创新行为。员工创新行为起始于20世纪80年代末90年代初的个体层面的创新研究[2]。近十年来，随着国家大力倡导自主创新与创新驱动战略等，国内关于员工创新行为的研究越来越多，逐渐成为管理学与心理学研究的热点课题，形成多学科研究的生动局面。在我国大力提倡创业创新的社会背景下，员工创新行为的研究正方兴未艾，目前呈现愈加重视重点群体的员工创新行为的研究趋势。

---

[1] 仲理峰：《心理资本对员工的工作绩效、组织承诺及组织公民行为的影响》，《心理学报》2007年第2期。

[2] T. M. Amabile, "Motivational Synergy: Toward New Conceptualizations of Intrinsic and Extrinsic Motivation in the Workplace", *Human Resource Management Review* (3) (1993): 185–201.

员工创新行为的界定，主要是从创新过程的视角出发，相关研究可以概括为三个层面：一是认为员工创新行为包括创新想法产生与想法的实施两个阶段①；二是将员工创新行为描述为三阶段论，其中，以斯科特和布鲁斯为典型代表②；三是多阶段论，相关研究者主张将员工创新行为划分为寻找机会、产生想法、形成调查、支持以及应用五个环节；国内有研究对创新五阶段理论进行了中国情境下的检验，发现可以进一步归纳为产生创新想法的行为与执行想法的行为两个阶段③。本研究采用的正是经过中国管理验证的两阶段论，并从计划行为理论视角，将员工创新行为界定为"员工从个体态度出发，产生创新想法，并通过主观规范，将创新想法付诸行动、推广应用的过程"。本研究的界定突出了计划行为理论的态度、规范与行动控制三个要素。

（2）目标导向。目标导向的概念最早出现在心理学研究的文献中，源自成就动机理论。目前最具代表性的观点认为目标导向包括学习型目标导向与成绩型或表现型目标导向两类④，前者通过新技能、新方法而发展个人能力，后者是通过外界评价来表现个人能力。概括而言，目标导向的不同会对人们的行为和结果产生不同的作用。近些年来国内外研究更多的是围绕目标导向的结果变量展开了一系列分析，越来越多的实证研究显示创新行为离不开目标导向。

2. 研究假设

（1）心理资本与创新想法行为。创新想法行为是体现创新的关键变量。国内外研究对创新想法行为的界定可以概括为员工在其工作过程中，产生创新构想或问题解决思路的行为，包括围绕产品、技术、流程、制度等发现新的机理，产生新的方案等⑤。所以创新想法行为是一个系统性的

---

① King N., Anderson N., *Managing Innovation And Change: A Critical Guide For Organizations* (London: Thomson, 2002).
② S. G. Scott and R. A. Bruce., "Determinants of Innovative Behavior: A Path Model of Individual in the Workplace," *Academy of Management Journal* 37 (3) (1994): 580 – 607.
③ 卢小君、张国梁：《工作动机对个人创新行为的影响研究》，《软科学》2007 年第 6 期，第 124 ~ 127 页。
④ C. S. Dweck and E. L. Leggett, "A Social-Cognitive Approach to Motivation and Personality", Psychological Review 95 (2) (1988): 256 – 273.
⑤ J. Zhou and J. M. George, "When Job Dissatisfaction Leads to Creativity: Encouraging the Expression of Voice", *Academy of Management Jouurnal* 3 (2) (2001): 284 – 296.

行为，既受到产生创新的因素与环境外在的影响，又受到个体内在的创新思维、批判思维、敏锐观察、好奇热情、创新韧性、自我效能感等内在的影响。

自霍桑实验以来，对"士气""人际关系"等影响工作绩效的心理因素的系列研究，使人们意识到了工作态度等心理因素与工作绩效之间的密切关系。员工创新行为涉及工作态度与工作绩效，而这些都离不开心理资本；同时心理资本不同于传统的人力资本与社会资本，人力资本强调"你知道什么"，诸如知识与技能；社会资本强调"你认识谁"，诸如关系和人脉；而心理资本则强调"你是谁"及"你想成为什么"，关注的重点是个体的心理状态。心理资本是一种综合的积极心理素质，基于计划行为理论，心理资本中自我效能感、希望、乐观、坚韧性都直接影响着员工创新想法过程中的动机系统。国内研究认为心理资本从个体、团队、组织层面影响企业创造力和自主创新能力，心理资本与人力资本、社会资本的协同集约是开发潜能、形成创新优势的关键[1]，有助于自主创新，并通过个体的心理资本共振使创新精神形成涟漪。由此提出本研究的第一个研究假设。

研究假设1：心理资本对创新想法行为有显著影响。

（2）心理资本与创新行动行为。创新行动行为是实现创新的关键。国内外对创新行动行为的研究可以概括为员工为了实现创新想法，自我积极调动相关资源，影响他人与群体支持创新、实施开拓性工作与探索创新，最终将创新想法真正付诸行动的行为，并努力使创新常规化，成为日常工作的一部分等行为表现。所以创新行动行为是行动行为系统的一部分。根据计划行为理论原理，这些行动的背后离不开目标导向、坚持不懈的进取、遇到困难自我调节并克服挑战等心理资本因素的影响。国内外对心理资本与员工的工作态度和工作行为之间的关系进行了大量研究[2]，从实证

---

[1] 赵曙明：《智力资本与心理资本的理论与实践应用研究》，《南京社会科学》2011年第2期，第22~29页。

[2] F. Luthans et al., "The Mediating Role of Psychological Capital in the Supportive Organizational Climate-Employee Performance Relationship", *Journal of Organizational Behavior* 29 (2008): 219-238.

的角度初步验证了心理资本及其自信、自我效能感、希望、乐观和坚韧性各维度对员工的工作绩效、工作满意度、组织承诺、创新行为等都有积极影响作用。国外研究显示心理资本积极影响着创新绩效；国内研究认为心理资本有助于知识创新团队，心理资本作为中介变量影响着员工知识共享行为，并有以战略性新兴产业技术员工为样本的研究显示心理资本通过内在动机对创新绩效与行为有着极其显著的作用[1]。由此提出本研究的第二个研究假设。

研究假设2：心理资本对创新行动行为有显著影响。

(3) 目标导向的中介作用。国外研究显示，工作创新行为具有三个必不可少的重要因素，分别是相关领域技能、相关创造力技能和内在动机[2]，其中，相关创造力技能主要包括认知方式、工作风格、韧性、批判性思维能力等，内在动机则是个体内在驱动力。而目标导向直接影响着个体学习新知识、新技能，影响个体的认知结构和应对挑战性工作的深层次处理策略，从而影响个体的相关创造力技能；另外，有研究认为，目标导向能促使个体激发内在兴趣，激励个体积极投身于工作，实现个体目标与工作目标的契合，进而激发一系列工作创新行为。实际上在创新行为过程中，个体一般会遇到各种不同程度的困难与挑战，目标导向突出的个体更容易从内心世界找到创造性的源泉，更愿意花费更多精力来学习必需的技能以解决目标实现过程中的难题，所以，目标导向对创新行为具有直接的影响。同时，目标导向本身就源自心理学研究，从一开始就具有浓郁的心理资本烙印，心理资本中的希望、自我效能感直接影响着目标导向，心理资本中的坚韧性影响着目标导向的坚持度，心理资本中的情绪智力通过识别情绪、管理情绪等对目标导向形成间接影响。实际上在现实创新活动中，常常因为任务进度、难度及诸多外界的不确定性与目标导向产生冲突。个体若要坚持目标导向，离不开心理资本的内在支撑作用机制。由此提出本研究的第三个研究假设。

---

[1] 侯二秀、陈树文、长青：《知识员工心理资本对创新绩效的影响：心理契约的中介》，《科学学与科学技术管理》2012年第6期，第151~155页。

[2] T. M. Amabile, "Motivating Creativity in Organizations: On Doing What You Love and Loving What You Do", *California Management Review* 40 (1) (1997): 39–58.

研究假设3：心理资本对目标导向有显著正向影响，目标导向对创新行为有显著正向影响，目标导向在心理资本与创新行为之间存在中介作用。

（二）研究方法

1. 样本与数据收集

本研究采用问卷调查的方式收集数据，调查对象来自长三角地区的企业，发放问卷750份，最终收回有效问卷536份。其中，女性198人，占36.9%；男性338人，占63.1%。调查对象平均年龄为36.1岁。考虑到涉及变量的因果关系研究，所以采用了纵向研究方法，在采集数据时分成两个时间点，相隔6个月。其中，第一阶段发放的400份问卷收回有效问卷310份，第二阶段发放的350份问卷收回有效问卷226份。选取样本时尽量注意类别均衡。

2. 测量工具

为了确保测量工具的信度和效度，调查问卷的设计主要应用国内外已经被使用且信度和效度都较高的问卷。

（1）心理资本。采用相关研究者开发的成熟的心理资本量表（PsyCap Questionnaire，PCQ）。该量表包含自我效能感、希望、乐观、坚韧性等4个维度，每个维度6个题目，共24题，采用Likert五点计分法，Cronbach's α 系数是0.839。

（2）员工创新行为。本研究采用黄致凯翻译修订的克莱森和斯特里特的个人创新行为量表，量表包括12个项目，采用Likert五点计分法，Cronbach's α 系数是0.945。

（3）目标导向。目标导向采用巴拉尼克等人编制的适用于工作领域的目标导向量表，其中学习目标导向包含10个题项，表现目标导向包含8个题项。Cronbach's α 系数是0.817。

3. 共同方法偏差和量表效度检验

本研究在问卷设计与数据收集过程中，虽已通过反向问题等问卷基本编排法、匿名等进行了事前控制，但因数据均为被试的自我报告，因此仍可能存在共同方法偏差。为此，本研究采用Human单因素检测法，将所有题项进行单因素分析，没有发现独大的单因子存在，最大的单因子方差解释率仅为21.37%，因此，同源方差不会影响本研究结论的可靠性。

本研究的测量工具均为成熟量表，现有研究已表明其均具有良好信度和效度。为进一步确认量表的有效性，本研究通过探索性因子分析与验证性因子分析检验效度，探索性因子分析表明，心理资本、员工创新行为因子均累计解释其40%以上的变异量，且每个条目在其因子的负荷值均大于0.5，说明心理资本、员工创新行为具有良好的结构效度。验证性因子分析结果显示，三因子模型拟合效果明显优于单因子模型与二因子模型，说明心理资本、员工创新行为与目标导向分属不同构念，量表具有良好的效度。

表7-5 验证性因子分析结果

模型	χ^2	df	CFI	IFI	TLI	RMSEA
三因子模型（PC、IB、GO）	436.3	161	0.896	0.873	0.867	0.061
二因子模型（PC+GO、IB）	869.9	162	0.813	0.782	0.762	0.079
单因子模型（PC+IB+GO）	953.4	164	0.797	0.774	0.751	0.082

注：PC代表心理资本，IB代表员工创新行为，GO代表目标导向。

（三）研究结果

1. 变量的描述性统计分析

表7-6 研究变量的均值、标准差以及变量之间的相关系数（N=536）

变量	均值	标准差	1	2	3	4	5	6	7	8
1. 心理资本	3.37	0.42	1.00							
2. 希望	3.48	0.47	0.66***	1.00						
3. 自我效能感	3.35	0.41	0.65***	0.51***	1.00					
4. 乐观	3.24	0.40	0.59***	0.42***	0.58***	1.00				
5. 坚韧性	3.43	0.42	0.69***	0.36***	0.55***	0.62***	1.00			
6. 创新想法	3.17	0.39	0.37**	0.31**	0.36**	0.32**	0.35**	1.00		
7. 创新行动	3.19	0.40	0.35**	0.32**	0.34**	0.29**	0.33**	0.65**	1.00	
8. 创新行为	3.18	0.39	0.35**	0.27**	0.34**	0.21**	0.33**	0.67***	0.62***	1.00
9. 目标导向	3.31	0.37	0.57***	0.64***	0.65***	0.27**	0.23*	0.63***	0.64***	0.63***

注：*$p<0.05$，**$p<0.01$，***$p<0.001$。

表7-6具体显示了心理资本变量与员工创新行为变量之间的相关情况：所有心理资本变量与所有员工创新行为变量之间均存在显著的相关性，说明总体上心理资本变量与创新行为之间有着密不可分的联系。这也验证了国内之前相关研究的结果。与创新想法最为密切的心理资本变量依此是：自我效能感、坚韧性、乐观、希望；与创新行动最为密切的心理资本变量则依此是：自我效能感、坚韧性、希望、乐观。综合来看，与员工创新最为密切的心理资本变量依此是：自我效能感、坚韧性、希望与乐观，其中，自我效能感与员工创新行为及其各变量相关系数最高，这充分说明心理资本中的自我效能感对员工创新行为的重要影响。目标导向与心理资本各变量也都存在显著相关，其中与自我效能感与希望尤其显著；目标导向与创新行为的相关性也极其显著。

2. 模型检验

心理资本各变量与员工创新行为变量之间的显著相关，初步证实了本研究提出的部分假设。本研究运用结构方程模型来进一步验证假设，比较研究假设模型与替代模型的拟合度（如表7-7所示）。假设模型采用的是部分中介模型，替代模型与现有数据都匹配尚可，但综合来看，替代模型的 χ^2/df、CFI、IFI、TLI、RMSEA 等拟合指数没有研究假设模型的拟合指数好，这表明研究假设模型与实证数据是最佳的拟合，是相对最优的模型，研究假设模型对变量之间的关系做出了相对最好的解释。因此本研究选择研究假设模型作为最终模型，也就是心理资本对创新行为既有直接作用，也有通过目标导向对创新行为的间接作用，心理资本对创新行为的各因子作用显著，因此，研究假设1、研究假设2得到支持。研究假设模型显示了目标导向在心理资本与创新行为之间存在中介效应。同时路径系数显示，心理资本对目标导向作用极其显著（$\beta=0.59$，$p<0.001$），目标导向对创新行为作用也极其显著（$\beta=0.61$，$p<0.001$），因此研究假设3得到支持。

表7-7 结构方程模型的比较

模型	χ^2	df	CFI	IFI	TLI	RMSEA
假设模型	649.5	241	0.913	0.897	0.889	0.061

续表

模型	χ^2	df	CFI	IFI	TLI	RMSEA
模型1	877.2	247	0.830	0.801	0.776	0.079
模型2	963.1	247	0.789	0.775	0.761	0.085

注：模型1为中介模型，在假设基础上删除了心理资本对创新行为的直接作用；模型2是直接作用模型，在假设模型基础上删除了目标导向对创新行为的作用。

（四）结论与讨论

1. 结论

本研究运用计划行为理论，构建了一个心理资本促进员工创新行为模型，即心理资本变量既通过影响目标导向，进而间接影响创新行为，也直接影响着创新行为；同时目标导向直接影响着创新行为，目标导向在心理资本与创新行为之间起着部分中介作用。本研究从计划行为理论的视角更深刻地阐释了心理资本促进员工创新行为的内外机制。

2. 理论意义

本研究的理论意义主要体现在以下两个方面。第一，本研究从计划行为理论出发，系统研究了心理资本对员工创新行为的影响机制。大量的文献研究强调心理资本对创新的重要作用，然而这些研究多为概念性的论述，从计划行为理论视角进行理论构建的实证模型研究极少。本研究认为，员工创新行为本质上是个体一种有意识的计划行为，本研究是运用结构方程模型，创新地建构了基于计划行为理论的心理资本促进员工创新行为的结构模型。这一模型不仅丰富和发展了员工创新行为研究，而且为进一步揭示具有重大社会经济意义、具有创新驱动作用的时代命题提供了一个崭新的视角和理论分析框架。

第二，本研究发现了心理资本变量对提升员工创新行为的重要性，丰富与发展了心理资本理论。心理资本不仅非常吻合转型期员工压力管理的需求，而且在促进员工创新行为方面具有突出的功能，能有效地激发员工创新行为的持久动力，这丰富和发展了心理资本的理论蕴涵。在心理资本的作用机制中，目标导向在心理资本与创新行为之间存在部分中介效应，起到了非常重要的作用。

3. 实践意义

本研究心理资本与员工创新行为的关系模型研究结果显示，心理资本对员工创新行为存在极其显著的影响作用，因此，心理资本是员工创新行为极其重要的外生变量，心理资本开发能有效促进员工创新行为中的创新想法与创新行动。心理资本中的自我效能感在其中发挥着重要的作用，这为企业科学激发员工创新行为提供了有益的参考，开发心理资本，提升情绪智力[①]，注重成就动机，强化自我效能感，突出坚韧、愿景，提升员工的创新"正能量"。深掘组织员工的内在、隐性的创新激励变量，着力构建系统的、持久激发创新的支持性体系。

本研究发现心理资本对员工创新行为的综合作用力十分突出，目标导向的作用也很重要，无论是心理资本还是目标导向都是基于计划行为理论的视角，这有助于把握创新行为的本质。计划行为理论注重行为意愿的作用，这在心理资本对创新行为的影响中非常重要。强化员工的创新行为意愿，一是激发态度内在驱力，二是营造良好的、有利于创新的、主观规范的外在环境，三是提升知觉行为控制并不断优化目标导向，加强员工对创新方面的感知。这为企业组织管理实践提供了有益的反馈与启示：相关企业应强化员工，尤其是新生代农民工的支持性人力资源系统。企业人力资源管理要将以提升心理资本为核心的积极组织行为置于极其重要的地位，实践支持性人力资源管理[②]，分析积极组织行为促进组织价值与员工深层志趣的协调，提升情绪智力，促进精神健康，构建心理疏导机制、危机与压力应对机制、社会转型与组织变革中的心理适应机制、职业生涯预警机制、人文福祉关怀机制等，提升工作与生活满意度、认同感与幸福感，从而从心理根源上创造有利于创新的良好氛围，实现供给侧结构性改革中的"乘法"效应，提升人的要素供给。

4. 研究局限及未来研究方向

心理资本促进员工创新行为的研究是一项十分复杂的工作，本研究的理论研究与实证分析丰富了员工创新行为的研究，但仍有一些不足需要在未来的研究中进一步深化。第一，本研究样本选取存在一定的局限性。未来研究还应在地域与行业等方面进一步提升研究对象的代表性，在纵向上

---

① 徐细雄、淦未宇：《组织支持契合、心理授权与雇员组织承诺》，《管理世界》2011年第12期。

② 柯江林、孙健敏等：《心理资本对工作满意度、组织承诺与离职倾向的影响》，《经济与管理研究》2014年第1期。

的时间跨度还应更长，长期追踪分析会非常有价值。第二，进一步加强对心理资本促进员工创新行为的本土化深入研究。心理资本研究不仅不能脱离中国的社会现实和文化背景，而且还应与时俱进。因此深层次地探索中国式心理资本促进员工创新行为的内在机理和运行机制任重而道远。伴随着供给侧结构性改革与创新驱动的进程，心理资本在促进创新内外机制上的作用会愈加凸显。

六　心理资本对创业精神的影响机理

创业精神作为新兴企业发展过程中体现的核心共性特征，已经成为当前理论研究与实践探究的热点。创业精神实质上就是企业家精神。熊比特曾明确指出，创业精神是一种首创精神或创新精神，有眼光、有能力、敢于冒险。德鲁克也强调创业精神就是主动寻求变革，并把变革作为机会予以充分运用。目前创业精神的研究集中在创业精神的创业者特质[1]、创业胜任力[2]、创业精神的文化与创业精神的社会网络等不同视角领域。尽管众多研究侧重各有不同，但综合来看，创新性、冒险性与主动性是创业精神的核心要素已经成为共识。作为个体自我职业选择的一种主观态度和期望，创业精神的强弱程度直接决定着新生代农民工计划创业的信念的强弱与自觉进行创业行为可能性的大小。

自20世纪90年代以来，众多研究关注影响创业精神的前因变量，发现创业者的自我效能感、内外向等心理因素与创业精神有显著相关。心理资本中的自我效能感、乐观、希望和坚韧性能使创业者对创业目标充满自信，促使其在不确定和高风险的条件下持续保持乐观的心态并能在遇到困难的情况下相对更及时地调整心态，从而有利于创业成功。有研究发现，对创业精神与创业绩效来说，心理资本中的自我效能感是一个相当有效的

---

[1] Baum, J. R., Locke, E. A., "The Relationship of Entrepreneurial Traits, Skill, and Motivation to Subsequent Venture Growth", *Journal of Applied Psychology* 89 (4) (2004): 587–598.

[2] T. W. Y. Man, T. Lau and K. F. Chan, "The Competitiveness of Small and Medium Enterprises: A Conceptualization with Focus on Entrepreneurial Competencies", *Journal of Business Venturing* 17 (2) (2002): 123–142.

预测性指标；心理资本中的坚韧性等精神对创业精神存在积极影响；心理资本与创业精神存在显著的相关关系，心理资本中的自我效能感和希望强化了创业机会、个人动机和资源可用性，心理资本中的乐观、希望分别与个人动机、社会环境存在正相关关系，并存在显著的回归效应。相关研究[1]发现，个体心理资本中的自我效能感与个体采取创业行动、成为创业者之间存在着显著的正相关关系。个体的创业意向和个体的自我效能感有着密切的联系，因此心理资本中的自我效能感等要素对于创业意向有着较强的预测作用。鉴于上述分析，本研究提出第一个研究假设。

研究假设1：心理资本对创业精神存在正向影响。

创业环境感知是指创业者在其创立企业和经营企业过程中对其内外环境的主观感受和总体评价。作为创业者在创业过程中自己能感知到的外部环境的总和，创业环境感知已成为相关研究的重要课题，并已经成为衡量创业行为的一个重要指标。有研究显示，创业者比受雇用的个人有更高水平的工作满意度和幸福感[2]。其实，创业者的压力更大，工作时间一般更长，而其幸福感更高主要是因为创业者在创业过程中的创业精神和目标导致其感知的自我认同和社会认同及价值感的不一样。所以，感知的作用非常突出。创业环境感知是创业者对客观因素的主观认识，而作为主观认识，即使是面对同样的环境，不同的个体感知也不一样。心理资本作为积极心理学的核心内容，其重点是激发正能量，注重正面分析问题，积极看待环境，因此，心理资本是创业环境感知的心理基础与前提。而从逻辑上来看，创业环境感知是对创业客观因素的主观认识，而心理资本是个体的主观变量，主观变量对主观认识存在一定程度的影响，并且极可能是一个重要的潜在决定变量。鉴于上述分析，本研究提出第二个研究假设。

研究假设2：心理资本对创业环境感知存在正向影响。

在创业过程中，创业者通常需要与上下游企业、相关政府组织和个人等进行各种程度的接触，尤其是初创期、瓶颈期、突破期等各个关键节

---

[1] C. C. Chen, P. G. Greene and A. Crick, "Does Entrepreneurial Self-efficacy Distinguish Entrepreneurs from Managers?", *Journal of Business Venturing* 13 (4) (1998): 295 – 316.

[2] Dunnet Roberts M. J. Samuelson L., "Patternson of Firm Entry and Exit in US Manufacturing Industries", *Rand Journal of Economics* 19 (4) (1988): 495 – 515.

点，这种面对和能够运用各种内外部创业环境因素的能力尤为重要，具体包括市场发展程度、社会规范、政府政策导向、相关基础设施等。感知与认知是个体创新行为的初始阶段，对创新创业行为具有显著的影响，创业氛围作为表达环境对创业相关活动和潜在创业成果期望的一种信号，会影响个体对环境创业期待和创业相关活动的认知方式。相关实证研究也证明了创业氛围对个体创业行为的促进作用，创业环境感知在创业卷入与创业绩效间起到了部分中介作用，组织支持会增强员工实施和促进创业活动的意愿，个体感知的创业环境越好，其创业的支撑性就越强。因此当新生代农民工感知到周围环境能为其创业提供实现条件的时候，其追求成就感和自我价值的愿望就越强，更容易产生冒险与创业意愿，从而激发创业精神。鉴于上述分析，本研究提出第三个研究假设。

研究假设 3：创业环境感知对创业精神存在正向影响。

社会认知理论主张，环境、认知与行为三者之间相互影响。创业者，尤其是新生代农民工的创业精神更具个性化，其持久创业激情等离不开心理资本的深层支撑。而作为社会人，个体的行为与创业精神更离不开环境的影响，当环境对个体创业的自我效能感等有正向评价时，个体就会有较强的创业预期与创业精神，从而强化了创业过程中的动力机制等。国外研究[①]也显示，创业环境与创业精神及创业幸福感存在紧密关联。实际上，在创业过程中，一方面，感知的创业环境会强化相关的心理资本，当新生代农民工感知到身边环境是自己内在创业坚强的后盾、并可以拥有相关资源时，会进一步增强其创业的信心与决心；另一方面，当创业者面对创业困难预期时，其感知的创业环境若能传递积极能量与信息，会激励其运用新想法与新方式去创业，从而强化其创业精神，有助于帮助其克服创业进程中的困难。鉴于上述分析，本研究提出第四个研究假设。

研究假设 4：创业环境感知在心理资本与创业精神的关系中起中介作用。

基于上述讨论，本研究的整体框架如图 7-2 所示。

---

① Mcmullen S., Bagby R. Palich E., "Economic Freedom and the Motivation to Engage in Entrepreneurial Action", *Entrepreneurship Theory and Prctice* 2 (5) (2008): 875 – 895.

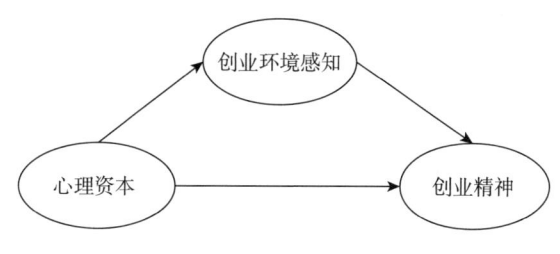

图 7-2 假设模型图

（一）工具与方法

1. 样本与数据收集

本研究采用问卷调查的方式收集数据，调查对象来自在长三角地区工作的新生代农民工，在发放问卷时特别强调了问卷是用于研究，对相关政策制定等就业创业环境有重要价值，并承诺对于填写完整度较高的问卷给予一定奖励，从而提高被试问卷填写的认真程度。鉴于研究中需要探索变量的因果关系研究，因此在调查设计时采用了纵向研究方法，分成两个时间点采集数据，两个时间点相隔了 6 个月。第一阶段向 350 名员工发放了用于测量心理资本与创业环境感知的第一批问卷，实际回收有效问卷 296 份，有效率为 84.6%；第二阶段在第一阶段基础上，对有效问卷的被试发放了用于测量创业精神的 296 份问卷，回收有效问卷 213 份，有效率为 72.0%。通过问卷编号配对，本次调查共回收 213 份有效问卷。

2. 测量工具

为了确保测量工具的信度和效度，调查问卷的设计主要应用国内外成熟的、已经被使用的且信度和效度都较高的问卷。

（1）心理资本。采用相关研究者开发的成熟的心理资本量表（PsyCap Questionnaire，PCQ）。该量表包含自我效能感、希望、乐观、坚韧性 4 个维度，每个维度 6 个题目，共 24 题，采用 Likert 五点计分法，Cronbach's α 系数是 0.84。

（2）创业环境感知。采用 GEM 的量表，同时借鉴魏江等的研究对创业环境感知题项进行了修正。正式量表包括政府环境感知和经营环境感知 2 个维度，其中政府环境感知包括政策法规、政府职能、政府信息、融资服务和政府干预 5 个方面，因子载荷 0.57 到 0.71；经营环境感知包括知识产权保护、财产安全保障、基础技术条件、诚信社会环境、产品市场环境 5 个方面，因子载荷 0.55 到 0.67。采用 Likert 五点计分法，本研究中的 Cronbach's α 系数是 0.79。

（3）创业精神。采用相关研究者开发的创业精神量表，包括创新性、先动性和风险承担性 3 个维度，共 9 个条目，采用 Likert 五点计分法，国内有研究进行了验证应用，本研究中的 Cronbach's α 系数是 0.81。

3. 共同方法偏差

本研究在问卷设计与数据收集过程中，虽已通过反向问题等问卷基本编排法、匿名等进行了事前控制，但因数据均为被试的自我报告，可能存在共同方法偏差。为此，本研究采用 Human 单因素检测法，将所有题项进行单因素分析，没有发现独大的单因子存在，最大的因子仅解释了 26.9% 的方差变异量，这表明本研究的共同方法偏差问题并不严重。此外，本研究进一步运用 LISREL 软件构建了一个单因子测量模型，将所有测量题项指向一个独立的因子，模型拟合结果很不理想，这进一步表明本研究不存在严重的共同方法偏差问题。

4. 量表的信度与效度检验

本研究所有变量的测量量表均来自成熟量表。在开展大规模的问卷调查之前，本研究先进行了预测试，基于预测试回收的问卷开展了信度分析，发现各变量的 Cronbach's α 系数均高于门槛值（0.7），这表明本研究所有变量的测量量表均具有良好的内部一致性，信度较好。为进一步确认量表的有效性，本研究通过因子分析来检验其收敛效度，结果显示心理资本、创业环境感知和创业精神因子均能累计解释其 50% 以上的变异量，且每个条目在其因子的负荷值均大于 0.5，这说明心理资本、创业环境感知和创业精神等测量量表均具有良好的结构效度。此外，验证性因子分析显示（见表 7-8），三因子模型的拟合效果明显优于两因子模型以及单因子模型，说明心理资本、创业环境感知和创业精神分属不同构念，不同测量量表之间具有良好的区分效度。

表 7-8 验证性因子分析结果

模型	χ^2	df	CFI	IFI	TLI	RMSEA
三因子模型（PC、ES、EE）	396.5	113	0.877	0.853	0.839	0.076

续表

模型	χ^2	df	CFI	IFI	TLI	RMSEA
二因子模型（PC+EE、ES）	601.6	114	0.813	0.796	0.762	0.097
一因子模型（PC+ES+EE）	753.2	116	0.781	0.737	0.721	0.108

注：PC代表心理资本，EE代表创业环境感知，ES代表创业精神。

（二）分析结果

1. 描述性统计分析

本研究选择新生代农民工的性别、年龄、文化程度、所处行业等作为控制变量，其中，男性取值为1，女性为2。表7-9给出了研究变量之间的相关系数矩阵，相关系数矩阵中，心理资本、创业环境感知和创业精神变量之间均存在显著的正相关关系。研究分析显示，年龄、性别、所处行业（制造业、建筑业、服务业）、企业规模和性质等控制变量之间不存在显著差异。

表7-9 相关系数

变量	1	2	3	4	5	6
1. 性别	1.00					
2. 年龄	0.27**	1.00				
3. 文化程度	0.09	0.07	1.00			
4. 心理资本	0.04	0.05	0.09	1.00		
5. 环境感知	0.08	0.09	0.07	0.53***	1.00	
6. 创业精神	0.07	0.06	0.06	0.49***	0.56***	1.00

注：**$p<0.01$，***$p<0.001$。

2. 假设检验

本研究运用结构方程模型来验证心理资本、创业环境感知对创业精神的影响。本研究比较了假设模型与替代模型的拟合度（如表7-10所示）。假设模型采用的是部分中介模型，即心理资本对创业精神既有直接作用，也有通过创业环境感知对创业精神的间接作用。两个替代模型与现有数据都匹配尚可，其中，模型1相对模型2要稍好些，但χ^2/df、CFI、IFI、TLI、RMSEA等拟合指数综合来看都没有假设模型的拟合指数好，这表明假设模型与实证数据是最佳的拟合,是相对最优的模型,本研究的假设模型对变量之间的关系做出了相对最好的解释。因此本研究选择假设模型作为最终模型,也就是心理资本对创业精神存在直接影响,而心理资本除了直接影响创业精神外,还通过直接影响创业环境感知间接影响创业精神。因此,研究假设1得到支持。同时路径系数显示,心理资本对创业环境感知作用极其显著($\beta=0.54$,$p<0.001$),创业环境感知对创业精神作用显著($\beta=0.59$,$p<0.001$),表7-9显示二者也高度相关($r=0.56$,$p<0.001$),因此研究假设2、研究假设3得到支持。结构方程模型比较的结论是创业环境感知在心理资本与创业精神之间存在部分中介作用,因此,研究假设4得到支持。

表7-10 结构方程模型的比较

模型	χ^2	df	CFI	IFI	TLI	RMSEA
假设模型	456.1	192	0.916	0.901	0.893	0.057
模型1	661.8	193	0.854	0.826	0.809	0.086
模型2	727.3	308	0.817	0.803	0.796	0.094

注:模型1为完全中介模型,在假设模型基础上删除了心理资本对创业精神的直接作用;模型2是直接作用模型,在假设模型基础上删除了创业环境感知对创业精神的作用。

(三)研究结论与讨论

1. 结论

本研究旨在揭示心理资本、创业环境感知对创业精神的影响机制,得到以下研究结论。首先,心理资本变量既通过影响创业环境感知,进而间接影响创业精神,也直接影响着创业精神。其次,创业环境感知直接影响着创业精神。最后,创业环境感知在心理资本与创业精神之间存在部分中介作用。

2. 理论意义

本研究的理论意义主要体现在以下两个方面。一方面,本研究从实证角度研究了心理资本、创业环境感知对创业精神的系统性影响机制。目前国内外学者就创业精神开展了大量的理论与实证研究,有文献分别探讨了目标导向或社会资本等对创业精神的影响,但鲜有研究深入探讨心理资本、创业环境感知对创业精神的综合影响，现有文献更多的是属于横截面研究，相对缺乏纵向的研究。因此，本研究采用系统整合的新视角，综合考量心理资本在创业精神中的作用，系统探究创业环境感知在心理资本与创业精神的影响中的调节因素。研究结果丰富和发展了已有研究，为进一步促进创新创业发展提供了一个新的研究视角和理论框架。

另一方面，本研究发现了心理资本变量对提升创业精神的重要性。心理资本变量既有通过影响创业环境感知，进而间接影响创业精神的，也有直接影响创业精神的。该结论既丰富了心理资本领域的研究成果，同时也发展了创业精神的相关理论。国内外学者就心理资本的前因及后果等问题开展了大量的研究，但从心理资本出发探究新生代农民工创业精神的分析还不多见，本研究提供了有益的视角。本研究基于中国本土情境下的实证研究，丰富和发展了创业精神的理论蕴涵。

3. 实践意义

本研究的研究结论对社会和群体也具有重要的实践意义。首先，应创新"大众创业"的社会治理综合机制。本研究显示，创业环境感知与心理资本在整合框架中均系统性地对创业精神存在显著影响，所以构建创业精神提升的综合治理机制非常重要。基于当前中国社会处于深度转型的背景，心理资本对创业精神影响的结果可以在一定程度上为提高创业胜任力提供帮助，而创新社会治理的综合机制不仅主要是创新创业环境的优化机制，而且也是提升心理资本，并将其由软环境提升为硬实力的战略举措，尤其是优化区域心理资本，应进一步结合区域经济社会特点，出台并完善具有实践操作性的积极的创业政策，优化创业公共政策服务，提升创业胜任力，推动就业转型，尤其是意识的转型，实现由被动就业向主动创业的升级。

其次，应构建创业规划与开发的内在与外在的动力机制。心理资本和创业环境感知均对创业精神有显著影响。本研究丰富了实证研究的结果，凸显出对心理资本投资与开发的必要性和重要性，以及通过投资、开发心理资本，增加个体创业环境感知和"获得感"，进而更持久有效地提升其创业精神。国内也有研究显示心理资本等均能显著、积极地预测主客观职业成功[①]。

---

① 周文霞、谢宝国、辛迅等：《人力资本、社会资本和心理资本影响中国员工职业成功的元分析》，《心理学报》2015年第2期，第251～263页。

随着社会转型的加速，市场竞争的不确定性已经成为当前的确定性特征。因此培养"终身创业力"应是每个新创组织的职业生涯目标之一。这就需要强化创业精神的心理资本内在动力和创业环境的外在动力，切实提高创业动力，形成独特的竞争优势。

4. 研究局限及未来研究方向

本研究的不足以及需要在未来的研究中进一步深化的内容包括以下几点。第一，本研究选取的样本为在长三角区域工作的新生代农民工，虽然来自中国各地，并且进行了两个阶段的纵向调查，但还是存在一定的局限性。未来研究还应在更广泛的地域开展长期的追踪调查，进一步提升研究对象的代表性与典型性，这更有助于揭示变量之间的因果关系。第二，由于本研究采取自陈式问卷调查的方法收集数据，测评结果会受到被试自身偏好的影响，本研究虽然对数据进行了程序性和统计性处理，并且经检验不存在显著的共同方法偏差问题，但是仍然不能排除共同方法偏差问题给研究结论带来的不利影响。未来研究可以开展配对调查，邀请不同的被试填答问卷，以最大限度地降低共同方法偏差带来的不利影响。第三，进一步加强心理资本，尤其是集体心理资本与创业环境感知对创业精神的影响的深入研究。新生代农民工集体心理资本既有着自身家乡的区域文化的影子，也受到工作所在地的区域文化的影响，具有相对独特的重要价值。而且心理资本本身还应与时俱进地进一步紧密结合中国的社会现实和背景，因此未来的研究可以采用实验研究、大样本纵向追踪研究、个案研究等方法，深层次、全方位地探索中国式心理资本与创业环境感知对创业精神的作用机理。

七 新就业形态下员工心理资本对创业行为倾向的影响

当前，全球正在进行新一轮信息技术革命与产业革命，我国与世界的数字经济等新业态都在蓬勃发展，成为经济与社会进步的重要驱动力。新就业形态随着新经济业态发展孕育而生，已经成为劳动力市场发展的重要趋向。新就业形态中创业型就业占了很大比重。创业对经济发展与促进就业方面发挥着至关重要的作用。党的十九大报告提出，"鼓励更多社会主体投身创新创业"。在我国推进大众创业、万众创新和新就业形态的发展进程中,亟待解决"如何科学地激发创业行为倾向"问题,因为创业行为倾向是一切创业的基础。创业行为倾向的研究是时代的焦点与热点,积累了良好的基础。但长期以来相关研究存在"两多两少":一是研究内容上宏观环度性研究多,微观层面的成长规律研究少;二是描述性定性研究与传统定量研究多,内在机制性的定量测定研究少。

创业行为倾向的核心内涵主要包括创业的想法与行动等内容,作为创业者感性期望与理性评估交互作用的产物,本质上创业行为倾向是一个复杂的决策过程,是个体一种有意识的计划行为。因此,计划行为理论为人们更好地理解创业行为倾向的产生机制提供了有益的理论框架。计划行为理论是从信息加工角度、以期望价值理论为出发点解释个体行为一般决策过程的理论[1]。该理论认为,个体从事计划行为的动机主要受三个方面因素的影响:一是行为态度,即个体对从事特定行为积极或消极的评估;二是主观规范,即个体在决定是否从事特定行为时所感受到的社会压力;三是感知到的行为控制,即个体感知到从事特定行为的难易程度[2]。这些都与目标导向相关,而且,其他因素都通过这三个心理因素影响着计划行为[3]。国内有研究显示行为态度通过创新意愿的完全中介作用对创业行为产生正向作用[4]。同时这三个心理因素都与心理资本联系紧密,所以加强心理资本作用机制的研究越来越重要。随着"双创"的深入推进与新业态的发展,创业行为倾向的内外要素开发机制研究将成为新趋势。更多的研究将从物质层面转向心理与精神层面。

综观研究现状,现有文献关于心理资本促进创业行为倾向的研究比较少,虽有研究提出要更加重视提升创业情绪[5],从而促进员工创业行为,

---

[1] 段文婷、江光荣:《计划行为理论述评》,《心理科学进展》2008年第2期。
[2] Ajzen I., "The Theory of Planned Behavior", *Organizational Behavior and Human Decision Processes* 50 (1991): 179-211.
[3] Conner, M., Armitage, C. J., "Extending the Theory of Planned Behavior: A Review and Avenues for Further Research", *Journal of Applied Social Psychology* 28 (1998): 1429-1464.
[4] 何良兴、张玉利、宋正刚:《创业情绪与创业行为倾向关系研究》,《研究与发展管理》2017年第6期。
[5] 何良兴、张玉利、宋正刚:《创业情绪与创业行为倾向关系研究》,《研究与发展管理》2017年第6期。

然而更多还是集中于其重要性阐述与横截面的研究等。从国外经验来看，心理资本对创新有增量作用[①]；国内研究认为心理资本有助于增强目标导向，有助于提升创造力和创业能力等[②]。同时，计划行为理论能更深刻地阐释员工创新行为的内外机制。鉴于此，基于计划行为理论的视角，探究心理资本对创业行为倾向的影响机制，可以有效地拓宽传统研究的视阈，不仅能直接提升新生代农民工创业行为的源泉，而且能间接寻找更加积极的外在支持性因素。因此充分认识心理资本激励生成机理，对于创业行为倾向具有重要的现实价值。但基于计划行为理论的视角，心理资本与创业行为倾向内在要素之间究竟有多大关系目前尚不清晰。对于不同年龄的群体来说，心理资本与目标导向对其创业行为的影响是否存在差异性，目前鲜有文献对上述问题给予很好的解答。本文选择心理资本因素群为自变量，首次以计划行为理论视角的创业行为倾向为因变量，并以目标导向为中介变量，运用纵向研究，应用多因素交互分析和相关分析、路径分析等方法，研究心理资本各构成因素对创业行为倾向的纵向的定性定量关系，解读创业行为倾向命题背后的心理资本的系统性、隐性、内源性动力机制。

综上所述，本研究拟在相对整合的框架里，系统性地探究新就业形态下员工心理资本与目标导向对创业行为倾向的影响效应及其边界条件，以期从以下三个方面做出贡献：第一，探讨心理资本、目标导向对创业行为倾向的影响，以期丰富创业行为倾向前因的相关研究成果；第二，在探讨心理资本与目标导向关系的基础上，系统研究心理资本是否通过影响目标导向对创业行为倾向产生影响，以期揭示目标导向对心理资本影响创业行为倾向的中介效应机制；第三，本研究将进一步探讨新就业形态下员工心理资本与目标导向对创业行为倾向的影响效应在不同年龄的群体中是否存在显著差异。

[①] Luthans F., Avey J. B. and Avolio B. J., "Psychological Capital Development: Toward a Micro-Intervention", *Journal of Organizational Behavior* 27 (2006).
[②] 仲理峰：《心理资本对员工的工作绩效 组织承诺及组织公民行为的影响》，《心理学报》2007 年第 2 期。

(一) 文献回顾与理论假设

1. 概念界定

创业行为倾向起始于行为倾向的研究。早期研究认为行为倾向是个体行为产生的关键[1]。创业行为倾向充分体现了创业行为的意志力，是创业行为的意向[2]。相关的研究主要围绕创业特质视角[3][4][5]、创业认知视角、个体社会层面视角[6]三个主要层面展开。近年来，国内外关于创业行为倾向的研究越来越多，逐渐成为管理学、教育学等研究的热点课题，形成了多学科研究的生动局面。尽管已有研究开始关注创业行为倾向的有关影响因素，但主要以创业意向为结果变量。而创业行为倾向作为表征创业意向的内容之一[7]，显然与创业意向内容中的创业能力、态度等有所不同。此外，过多的以创业意向为最终考察结果，容易忽略创业行为倾向的具体因素及其存在差异的原因。而心理资本对创业行为倾向的影响能有效弥补相关研究的不足。伴随着我国大力提倡创业创新的社会背景，创业行为倾向的研究正方兴未艾，目前呈现愈加重视重点群体的创业行为倾向的研究趋势。

目标导向的概念最早出现在心理学研究文献中，源自成就动机理论。目前最具代表性的观点认为目标导向包括学习型目标导向与成绩型或表现型目标导向两类[8]，前者通过新技能和新方法发展个人能力，后者通过外界评价来表现个人能力。概括而言，目标导向的不同会对人们的行为和结

---

[1] Ajzen I. , "The Theory of Planned Behavior", *Organizational Behavior and Human Decision Processes* 50 (1991): 179 – 211.

[2] Shapero A. , Sokol L. , "The Social Dimensions of Entrepreneurship", *Social Science Electronic Publishing* 25 (1982): 28 – 30.

[3] Krueger N. F. , Brazeal D. V. , "Entrepren Eurialpotential and Potential Entrepreneurs", *Entrepreneurship Theory and Practice* 18 (1994): 91 – 104.

[4] Wilson F. , Kickul J. , Marlino D. Gender, "Entrepreneurial Self-efficacy and Entrepreneurial Career Intentions: Implications for Entrepreneurship Education", *Entrepreneurship Theory and Practice* 31 (2007): 387 – 406.

[5] Delgado-García J. B. , Rodríguez-Escudero A. I. , Martín-Cruz N. , "Influence of Affective Traits on Entrepreneur's Goals and Satisfaction", *Journal of Small Business Management* 50 (2012): 408 – 428.

[6] 马占杰:《国外创业意向研究前沿探析》,《外国经济与管理》2010 年第 4 期。

[7] 刘志:《大学生创业意向结构及其现状的实证研究》,《教育发展研究》2013 年第 21 期。

[8] Elliot A. J. , Harackiewicz J. M. , "Approach and Avoidance Achievement Goals and Intrinsic Motivation: A Mediational Analysis", *Journal of Personality and Social Psychology* 70 (1996): 461 – 475.

果产生不同的作用。近年来国内外研究更多的是围绕目标导向的结果变量展开了一系列分析，越来越多的实证研究显示创业行为离不开目标导向。

2. 研究假设

（1）心理资本与创业行为倾向。创业行为倾向是体现创业的关键变量。创业行为倾向包含在其创业过程中，产生创新构想或问题解决思路的行为，包括围绕产品、技术、流程、制度等发现新的机理，产生新的方案等。所以创业行为倾向是一个系统性的行为意向，既受到产生创新的因素与外在环境的影响，又受到个体的创新思维、批判思维、敏锐观察、好奇热情、创新韧性、自我效能感等内在因素的影响。

自霍桑实验以来，对"士气""人际关系"等影响工作绩效的心理因素的系列研究，使人们意识到了工作态度等心理因素与工作绩效之间的密切关系。员工创新行为涉及工作态度与工作绩效，而这些都离不开心理资本；同时心理资本不同于传统的人力资本与社会资本，人力资本强调"你知道什么"，诸如知识与技能；社会资本强调"你认识谁"，诸如关系和人脉；而心理资本则强调"你是谁"及"你想成为什么"，关注的重点是个体的心理状态。心理资本是一种综合的积极心理素质，基于计划行为理论，心理资本中自我效能感、希望、乐观、坚韧性都直接影响着员工创业想法过程中的动机系统。国内研究认为心理资本从个体、团队、组织层面影响企业创造力和自主创新创业能力[1]，其中情绪作为一种重要的创业资源，对于优化创业认知能力，诱发创业行为发挥着重要作用。由此提出本研究的第一个研究假设。

研究假设1：新就业形态下员工心理资本对创业行为倾向有显著的正向影响。

（2）目标导向的中介作用。国外研究显示，个人在面对压力时会自动对刺激做出情绪反应，评估自己将要面对的威胁或挑战，触发认知，进而影响后续的一系列行为反应，也就是未来行为倾向、创业认知能力会通过认知模式、认知结构、认知内容体现出来[2]。而目标导向直接影响着个体

---

[1] 何良兴、张玉利、宋正刚：《创业情绪与创业行为倾向关系研究》，《研究与发展管理》2017年第6期。

[2] 赵文红、孙卫：《创业者认知偏差与连续创业的关系研究》，《科学学研究》2012年第7期。

学习新知识、新技能，影响个体的认知结构和应对挑战性工作的深层次处理策略[1]，从而影响个体的相关创造力技能；另外，相关研究[2]认为，目标导向能促使个体激发内在兴趣，激励个体积极投身于工作，实现个体目标与工作目标的契合，进而激发一系列工作创新创业行为。实际上在创业行为倾向过程中，个体一般会遇到各种不同程度的困难与挑战，目标导向突出的个体更容易从内心世界找到创造性的源泉，更愿意花费更多精力来学习必需的技能以解决目标实现过程中的难题，所以，目标导向对创业行为倾向具有直接的影响。鉴于此，本研究提出第二个研究假设。

研究假设2：目标导向对新就业形态下员工创业行为倾向存在显著的正向影响。

目标导向本身就源自心理学研究，本身就具有浓郁的心理学烙印，不过相对于心理资本，它表现得更为直接。心理资本中的希望、自我效能感直接影响着目标导向，心理资本中的坚韧性影响着目标导向的坚持度，心理资本中的情绪智力通过识别情绪、管理情绪等对目标导向形成间接影响。实际上在现实创新活动中，常常因为任务进度、难度及诸多外界的不确定性与目标导向产生冲突，个体若要坚持目标导向，离不开心理资本的内在支撑作用机制。由此提出本研究的第三个研究假设。

研究假设3：新就业形态下员工心理资本对目标导向有显著正向影响。

目前已有学者通过实证分析发现创业认知能力在创业情绪与创业行为倾向之间发挥着中介作用[3]，这为本研究提供了一个很好的借鉴。也有研究[4]显示，创业诊断在情景知识与创业倾向之间发挥着完全中介作用，这也为本研究提供了有益的参考。就创业而言，目标导向是新生代农民工对一定的创业情景中的创业成就追求、创业行为方式影响以及创业行为结果的预期，目标导向与创业行为倾向存在直接作用；同时，心理资本中自我

---

[1] Vande Walle D., Cron W. L., Slocum J. W., "The Role of Goal Orientation Following Performance Feedback", *Journal of Applied Psychology* 86 (2001): 629–640.

[2] Dweck C. S., Leggett E. L., "A Social-cognitive Aapproach to Motivation and Personality", *Psychological Review* 95 (1988): 256–273.

[3] 何良兴、张玉利、宋正刚：《创业情绪与创业行为倾向关系研究》，《研究与发展管理》2017年第6期。

[4] 何良兴：《情境知识与创业行为倾向：一个有调节的中介作用模型》，《科学学与科学技术管理》2017年第8期。

效能感、希望、乐观本身就直接影响着目标导向。目标导向相对于心理资本而言，更加具体和直接，而目标导向背后的很多内容来源于心理资本。因此，本研究提出第四个研究假设。

研究假设4：目标导向在心理资本与创业行为倾向之间发挥着中介作用。

从职业生涯视角来看，个体在不同的职业生涯发展阶段，其学习和成长的侧重点不尽相同。目标导向与心理资本对处于不同职业生涯阶段的群体的创业行为倾向的影响可能存在一定的差异。国内相关研究结果表明人力资本能更加积极地预测客观职业成功，而心理资本则能更加积极地预测主观职业成功。[1] 国外也有研究认为在复杂多变的任务环境下，员工需要具备更丰富的心理资本来应对。[2][3] 对于不同年龄的人而言，他们所面临的挑战和瓶颈不同，因此需要的知识、技能和心理策略也各不相同。[4][5] 此外，不同年龄的被试能获取到的工作资源不同，能建立的社交网络关系也不同，这会影响其心理资本以及目标导向在创业行为倾向提升过程中所能发挥的功效。对于不同年龄的群体来说，心理资本与目标导向对其创业行为倾向的影响效应存在显著的差异。基于以上分析，本研究提出第五个研究假设。

研究假设5：对于不同工作年限的新就业形态员工群体而言，心理资本与人力资本对其创业行为倾向的影响效应存在着显著的差异。

综合上述所有假设，本研究的理论模型如图7-3所示。

（二）研究方法

1. 样本与数据收集

本研究采用问卷调查的方式，选择在东部的常州与西部的贵州地区的4

---

[1] 周文霞、谢宝国、辛讯等：《人力资本、社会资本和心理资本影响中国员工职业成功的元分析》，《心理学报》2015年第2期。

[2] Jehn, K. A., "A Multimethod Examination of the Benefits and Detriments of Intragroup Conflict", *Administrative Science Quarterly* 40 (1995): 256–285.

[3] Suutari, V., Makela, K., "The Career Capital of Managers with Global Careers", *Journal of Managerial Psychology* 22 (2007): 628–648.

[4] Lawrence, P., Lorsch, J., "Differentiation and Integration in Complex Organizations", *Administrative Science Quarterly* 12 (1967): 1–47.

[5] Joanne, D., Mary, M., Laurie, C., "Exploring Career Transitions: Accounting for Structure and Agency", *Personnel Review* 35 (2006): 281–296.

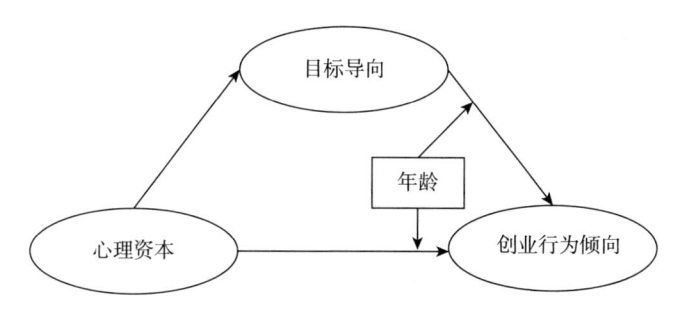

图 7-3 假设模型图

家新就业形态企业收集数据，发放问卷 750 份，最终回收有效问卷 496 份。文化程度为高中及以下的占比 43.2%，大专与本科占比 39.5%，本科以上占比 17.3%。考虑到涉及变量的因果关系研究，所以采用了纵向研究方法，在采集数据时分成两个时间点，相隔 6 个月。其中，第一阶段发放的 400 份问卷回收有效问卷 279 份，第二阶段发放的 350 份问卷回收有效问卷 217 份。496 份有效问卷中，女性 152 人，占 30.6%，男性 344 人，占 69.4%。被试平均年龄为 32.6 岁（$SD=4.61$）。选取样本时尽量注意类别均衡。

2. 测量工具

为了确保测量工具的信度和效度，调查问卷的设计主要应用国内外已经被使用的、信度和效度都较高的问卷。

（1）心理资本。采用相关研究者开发的成熟的心理资本量表（PsyCap Questionnaire，PCQ）。该量表包含自我效能感、希望、乐观、坚韧性 4 个维度，每个维度 6 个题目，共 24 题，采用 Likert 五点计分法，本研究中的 Cronbach's α 系数是 0.839。

（2）创业行为倾向。本研究采用已经修订的相关研究者[①]的研究成果。该成果已经得到验证与应用[②]，包括 6 个方面的内容：为开始全职创业，我已经向政府有关部门做了企业注册；我思考过未来创业所要进入的行业和提供产品服务；我考虑过要创建创业团队；我努力为将来创立公司找寻

[①] Carr J. C., Sequeira J. M., "Prior Family Business Exposure as Intergenerational Influence and Entrepreneurial Intent: A Theory of Planned Behavior Approach", *Journal of Business Research* 60 (2007): 1090-1098.

[②] 何良兴:《情境知识与创业行为倾向：一个有调节的中介作用模型》，《科学学与科学技术管理》2017 年第 8 期。

办公场所或相应的配套设施；为了创立公司，我考虑过撰写创业计划书；我努力为将来创立公司筹备资金。采用 Likert 五点计分法，本研究中的 Cronbach's α 系数是 0.793。

（3）目标导向。目标导向采用巴拉尼克等人编制的适用于工作领域的目标导向量表[①]，其中学习目标导向包含 10 个题项，表现目标导向包含 8 个题项。Cronbach's α 系数是 0.817。

3. 共同方法偏差和量表效度检验

本研究在问卷设计与数据收集过程中，虽已通过反向问题等问卷基本编排法、匿名等进行了事前控制，但因数据均为被试的自我报告，因此仍可能存在共同方法偏差。为此，本研究采用 Human 单因素检测法，将所有题项进行单因素分析，没有发现独大的单因子存在，最大的单因子方差解释率仅为 21.37%，因此，同源方差不会影响本研究结论的可靠性。

本研究测量工具均为成熟量表，现有研究已表明具有良好信度和效度。为进一步确认量表的有效性，本研究通过探索性因子分析与验证性因子分析检验效度，探索性因子分析表明，心理资本、创业行为倾向、目标导向因子均能累计解释其 40% 以上的变异量，且每个条目在其因子的负荷值均大于 0.5，说明心理资本、创业行为倾向、目标导向具有良好的结构效度。验证性因子分析显示，三因子模型拟合效果明显优于单因子模型与二因子模型，说明心理资本、创业行为倾向、目标导向分属不同构念，量表具有良好的区分效度。

表 7-11 验证性因子分析结果

模型	χ^2	df	CFI	IFI	TLI	RMSEA
三因子模型（PC、EB、GO）	436.3	161	0.896	0.873	0.867	0.061
二因子模型（PC+GO、EB）	869.9	162	0.813	0.782	0.762	0.079
单因子模型（PC+EB+GO）	953.4	164	0.797	0.774	0.751	0.082

注：PC 代表心理资本，EB 代表创业行为倾向，GO 代表目标导向。

---

① 牛芳、张玉利、田莉：《创业者的自信、乐观与新企业绩效：基于 145 家新企业的实证研究》，《经济管理》2012 年第 1 期。

(三) 研究结果

1. 变量的描述性统计分析

表 7-12 研究变量的均值、标准差以及变量之间的相关系数 (N=536)

变量	均值	标准差	1	2	3	4	5	6	7
1. 心理资本	3.37	0.42	1.00						
2. 希 望	3.48	0.47	0.46***	1.00					
3. 自我效能感	3.35	0.41	0.45***	0.41***	1.00				
4. 乐 观	3.24	0.40	0.39***	0.43***	0.44***	1.00			
5. 坚韧性	3.43	0.42	0.49***	0.36***	0.41***	0.38***	1.00		
6. 创业行为	3.18	0.59	0.31***	0.27**	0.34***	0.21**	0.33***	1.00	
7. 目标导向	3.31	0.67	0.36***	0.33***	0.37***	0.27**	0.23**	0.39***	1.00

注：** $p<0.01$，*** $p<0.001$。

表 7-12 具体显示了新就业形态下员工心理资本变量与创业行为倾向之间的相关情况。所有心理资本变量与创业行为倾向之间均存在显著的相关性，说明总体上心理资本变量与创业行为倾向之间有着密不可分的联系。这也验证了国内之前相关研究的结果[①]。与创业行为倾向最为密切的心理资本变量依此是：自我效能感、坚韧性、希望、乐观。综合来看，与员工创新行为最为密切的心理资本变量依此是：自我效能感、坚韧性、希望与乐观，其中，自我效能感与创业行为倾向及目标导向相关系数最高，这充分说明了心理资本中的自我效能感对创业行为的重要影响。目标导向与心理资本各变量也都存在着显著相关性，其中与自我效能感和希望尤其显著；目标导向与创业行为倾向相关也极其显著。而年龄与心理资本（$r=0.39$，$p<0.001$）、目标导向（$r=0.33$，$p<0.001$）及创业行为倾向（$r=0.37$，$p<0.001$）之间也都存在着极其显著的相关性。相关性分析结果为本研究假设的验证提供了初步支持。

2. 模型检验

新就业形态下员工心理资本各变量与创业行为倾向之间的显著相关，

[①] 何良兴：《情境知识与创业行为倾向：一个有调节的中介作用模型》，《科学学与科学技术管理》2017 年第 8 期。

初步证实了本研究提出的部分假设。本研究运用结构方程模型来进一步验证假设，本研究比较假设模型与替代模型的拟合度（如表 7-13 所示）。假设模型采用的是部分中介模型，替代模型与现有数据都匹配尚可，但综合来看，替代模型的 χ^2/df、CFI、IFI、TLI、RMSEA 等拟合指数没有假设模型的拟合指数好，这表明假设模型与实证数据是最佳的拟合，是相对最优的模型，本研究的假设模型对变量之间的关系做出了相对最好的解释。因此本研究选择假设模型作为最终模型，也就是心理资本对创业行为倾向既有直接作用，也有通过目标导向对创业行为倾向的间接作用，心理资本对创业行为倾向的各因子作用显著，因此，研究假设 1 得到支持。模型显示了目标导向在心理资本与创业行为倾向之间存在中介效应，研究假设 4 得到支持。同时路径系数显示，心理资本对目标导向作用极其显著（$\beta=0.49$，$p<0.001$），目标导向对创业行为倾向的影响也极其显著（$\beta=0.53$，$p<0.001$），因此研究假设 2、研究假设 3 得到支持。

表 7-13　结构方程模型的比较

模型	χ^2	df	CFI	IFI	TLI	RMSEA
假设模型	649.5	241	0.913	0.897	0.889	0.061
模型 1	877.2	247	0.830	0.801	0.776	0.079
模型 2	963.1	247	0.789	0.775	0.761	0.085

注：模型 1 是完全中介模型，在假设模型基础上删除了心理资本对创业行为倾向的直接作用；模型 2 是直接作用模型，在假设模型基础上删除了目标导向对创业行为倾向的作用。

为进一步验证年龄对新就业形态下员工心理资本、目标导向、创业行为倾向之间关系的调节作用，本研究将工作年限分成四个阶段，开展回归分析。结果发现，心理资本对各个年龄阶段的员工的创业行为的影响都显著：25 岁以内，$\beta=0.23$，$p<0.05$；25~35 岁，$\beta=0.46$，$p<0.01$；36~45 岁，$\beta=0.43$，$p<0.01$；45 岁以上，$\beta=0.26$，$p<0.05$。影响效应表明，对于 25~45 岁年龄段而言，新就业形态从业群体心理资本对其创业行为倾向的正向影响效应最强烈。此外，结果还显示，对于不同年龄的员工而言，目标导向对其创业行为倾向的影响也存在一定的差异，具体来说，目标导向对 25 岁以内（$\beta=0.31$，$p<0.01$）、25~35 岁（$\beta=0.23$，$p<0.05$）、36~45 岁（$\beta=0.20$，$p<0.05$）员工的创业行为倾向存在显著的

影响，但对 45 岁以上的员工影响并不显著（$\beta = 0.07$）。该结果表明，伴随着工作年限的增加，新就业形态从业群体目标导向对创业行为倾向的影响呈现随年龄增加而持续走低的趋势。概括而言，对于 25～45 岁的员工而言，心理资本对其创业行为倾向的影响最大；对于 25 岁以内的员工而言，目标导向对其创业行为倾向的影响相对最大。这表明，心理资本对创业行为倾向的正向影响对 25～45 岁的员工尤其强烈，而目标导向对创业行为倾向的正向影响会随着工作年限的增长而有所降低。也就是说，对于不同工作年龄的员工群体而言，目标导向、心理资本对其创业行为倾向的影响存在显著的差异。因此，研究假设 4 得到支持。

（四）结论与讨论

1. 结论

运用计划行为理论，本研究旨在系统探究新就业形态下员工心理资本以及目标导向对其创业行为倾向的影响，并进一步揭示目标导向、心理资本对创业行为倾向影响的情境因素及边界条件。基于 496 名被试的两阶段调查数据，本研究开展了深入的实证分析，得到了一些有意义的研究结论。首先，本研究发现新就业形态下员工心理资本对创业行为倾向具有显著的直接影响，此外，心理资本还会通过影响目标导向进而对创业行为倾向产生显著的间接影响。其次，本研究也发现目标导向对创业行为倾向具有显著的正向影响。最后，本研究还发现，对于不同工作年限的群体而言，心理资本、目标导向对创业行为倾向的影响存在显著差异，具体而言，心理资本对创业行为倾向的正向影响效应最强烈的是 25～45 岁年龄段群体；而目标导向的作用则呈现随年龄的增加逐渐走低的趋势。

2. 理论意义

本研究的理论意义主要体现在以下三个方面。第一，本研究从计划行为理论出发，系统实证研究了新就业形态下从业群体心理资本促进创业行为倾向的影响机制。大量的文献研究强调心理资本对创新创业的重要作用，然而这些研究多为概念性的论述，从计划行为理论视角进行理论构建的实证模型研究极少。本研究认为，创业行为倾向本质上是个体一种有意识的计划行为，本研究是运用结构方程模型，创新地建构了基于计划行为理论的心理资本促进创业行为倾向的结构模型。这一模型不仅丰富和发展了创业行为倾向研究，而且为进一步揭示具有重大社会经济意义的时代命题提供了一个崭新的视角和理论分析框架。本研究从计划行为理论的视角更深刻地阐释了心理资本促进创业行为倾向的内外机制。

第二，本研究发现了新就业形态下员工心理资本变量对提升创业行为倾向的重要性，丰富与发展了心理资本理论和新就业形态理论。心理资本不仅非常符合转型期员工压力管理的需求，而且在促进创业行为倾向上具有突出的功能，能有效地激发创业行为倾向的持久动力，这丰富和发展了心理资本的理论蕴涵。在心理资本的作用机制中，目标导向在心理资本与创业行为倾向之间存在部分中介效应，起着非常重要的作用。

第三，本研究明晰了心理资本以及目标导向影响创业行为倾向的情境因素及边界条件。综观目前国内外学者就创业行为倾向开展的研究，现有文献更多采用横向数据来探讨创业行为倾向与相关变量的关系，鲜有文献就创业行为倾向是如何形成以及动态演化的进行研究。本研究通过探讨心理资本与目标导向对不同工作年限的创业行为倾向的影响效应，以期揭示个体心理资本与目标导向对其创业行为倾向的动态影响机制。结果发现心理资本对创业行为倾向的正向影响对年龄中间层的群体尤其强烈；目标导向对创业行为倾向的正向影响随着年龄的增长而有所降低。该研究结论系统而深刻地反映了心理资本与目标导向对创业行为倾向影响的时间维度特征，这也为新就业形态下从业群体创业生涯规划与管理开发提供了新颖的视阈。

3. 实践意义

根据理论和实证研究，本研究具有以下实践意义。第一，政府应创新创业促进的支持性协同治理机制。本研究显示，目标导向在创业行为倾向中的作用十分重要。因此政府有关部门在研究部署提升创业促进的目标战略和总体规划上应突出"三个提升"：由"关注重视创业"向"促进就业"提升，由"被动考虑"向"主动部署"提升，由"局部安排"向"全面统筹规划"提升。优化创业培训体系，紧扣市场需求，重点强化免费创业培训，提升创业胜任力；同时加快数字经济等新业态发展进程，提高经济增长的创业容量，完善积极的创业政策，大力发展创业服务体系，放大目标导向效应，深层推动创业。

第二，社会应构建创业的支持性网络体系，形成有利于创业的积极的区域心理资本,打造创业型城市。相对于个体心理资本,区域心理资本包含着更宏观的内容。现实中很多创业潜在群体都住在城乡接合区域,处于社区网络的边缘地带,而社区资源是创业潜在群体社会资本的最初重要来源。所以应在维护原有乡村社会关系网络的同时,扩大创业潜在群体与城市居民的交往范围,加深与城市社会的交流与互动,帮助其更大程度地获取和运用城市社会资源,推动平等、宽容、和谐的社会氛围与区域心理资本相融合,从而间接地促进创新创业。

第三,提升创业潜在群体的心理资本,促进创业行为意愿。本研究心理资本与创业行为倾向的关系模型研究结果显示,心理资本对创业行为倾向存在着极其显著的影响作用,因此,心理资本是创业行为倾向极其重要的外生变量。心理资本开发能有效促进创业行为倾向中的创业想法与创业行动,心理资本中的自我效能感在这其中发挥着重要的作用,为精准促进创业潜在群体创业行为提供了有益的参考。开发心理资本,提升情绪智力[①],注重成就动机,强化自我效能感,突出坚韧性、愿景,提升创业"正能量"。深掘组织员工的内在隐性的创业激励变量,着力构建系统的持久激发创业的支持性体系,有助于把握创业行为的本质。计划行为理论注重行为意愿的作用,这在心理资本对创业行为的影响中非常重要。强化创业潜在群体的创业行为意愿,从而从心理根源上创造有利于创业的良好氛围,实现供给侧结构性改革中的"乘法"效应,形成经济社会发展的创业"新动能"。

4. 研究局限及未来研究方向

新就业形态下员工心理资本促进创业行为倾向的研究是一项十分复杂的工作,本研究的理论研究与实证分析丰富了创业行为倾向的研究,但有一些不足需要在未来的研究中进一步深化。第一,本研究样本的选取虽然来自不同的区域,并且进行了两个阶段的问卷调查,但还是存在一定的局限性。第二,进一步加强对新就业形态更广范围的研究,未来研究还应在新业态范围等方面进一步提升研究对象的代表性,在纵向上的时间跨度还

[①] Baranik L. E., Barron K. E. and Finney S. J., "Measuring Goal Orientation in a Work Domain: Construct Validity Evidence for the 2 x 2 framework", *Educational and Psychological Measurement* 67 (2007): 697 – 718.

应更长，长期追踪分析会非常有价值。第三，本研究采取问卷调查的方法收集大样本数据，并且调查过程中获取的变量数据均来自受访者的个人主观报告，没有客观的指标数据来佐证，这在一定程度上会影响本研究结论的效度。未来研究可以开展配对调查，邀请不同的被试填答问卷，以最大限度地降低共同方法偏差带来的不利影响。同时对传统就业与新就业形态做大样本的比较研究也极具价值。伴随着供给侧结构性改革、新业态的发展进程，心理资本在促进创业内外机制上的作用会愈加凸显。

第八章
中国管理情境的积极组织行为的人文关怀环境建构

第三章构筑的中国管理情境的积极组织行为结构模型显示：人文关怀环境对工作满意度具有直接的显著影响，因此建构人文关怀环境、实施积极组织行为人文激励策略是中国管理情境的积极组织行为的又一重要服务内容。人文关怀环境建构旨在解决员工持续发展的支持文化的体系性问题。

心理学家勒温认为，人的行为受个体特征与环境因素的影响。可以看出，环境的激励作用是长期的、深层次的。国内外很多研究表明，环境激励是随组织发展而沉淀的，同时它又有一定的特质。因此，建构人文关怀环境，实施中国管理情境的积极组织行为的人文激励策略，是实践中国管理情境的积极组织行为的激励路径。鉴于管理上要做到规范运行、知行合一，所以建构中国管理情境的积极组织行为的人文关怀环境，必须明晰关怀认知，实践积极组织行为的支持行为，建立中国管理情境的积极组织行为的人文规范。其中，关怀认知对支持行为与人文规范起着引领的作用，支持行为对关怀认知与人文规范起着深化与强化的作用，而人文规范对关怀认知与支持行为起着固化的作用，具体如图8-1所示。

一 关怀认知

法国著名作家阿尔贝·加缪曾说过，荒谬产生于人的需要与世界无理的沉默之间的冲突。需要是人对某种对象的期求、渴望与欲念，它具有有用性和目的性，表现为人的思想与行为的动机，它是人的思想与行为的原动力。

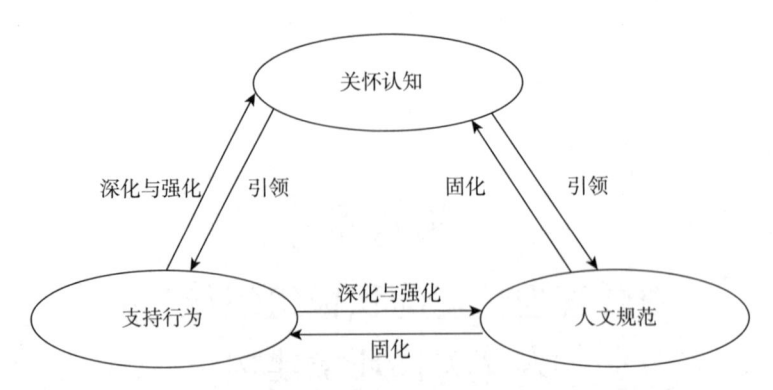

```
         关怀认知
       ↗        ↖
  深化与强化  引领   固化   引领
  ↙                        ↘
支持行为 ⇄ 深化与强化/固化 ⇄ 人文规范
```

图 8-1　基于中国管理情境的积极组织行为的人文关怀环境

国内诸多实证研究分析发现，员工特别是创新人才在个人特质、价值观念以及工作方式等方面有着诸多特殊性，表现在需求特征上具有显著特点。[①] 创新人才的人文关怀需与其特征相契合。创新人才主要有以下特征。

第一，精神需求突出。创新人才一般具有相应的专业特长和较高的个人素质；在薪酬待遇要求方面，水准尚可；在物质需求方面，虽较国外创新人才稍显注重，但与国内非创新人才相比，这方面的需求程度明显偏低；而在精神需求方面，则明显突出，其内容丰富、特点鲜明。

第二，自我实现需求强烈。创新人才的自我认知相对明确，注重自我职业生涯的成长，精神家园的充实，渴望自己的能力得到充分的发挥、理想得到充分的实现，希望做自己喜欢的工作，自我实现的需求强烈。

第三，尊重需求明显。创新人才一般具有明显的个性，自尊心非常强，不轻易为"五斗米而折腰"，而其工作也大多具有自主性，工作过程难以实行监控。与传统管理模式不同，创新人才管理的权力距离小，组织趋向扁平。

第四，减压关怀需求迫切。创新人才的工作对创新性的要求相对更高，流动性相对更强，工作压力相对更大，更容易形成职业倦怠，缺乏安全感。所以，创新人才的减压关怀需求更为迫切。组织应切实践行"以人为本"的理念，挖掘创新人才的潜能，尊重、关心、理解、爱护创新人

[①] 杨春华：《企业知识型员工激励机制设计——基于企业知识型员工激励现状实证研究的探讨》，《工业技术经济》2007 年第 11 期，第 23~26 页；张望军、彭剑锋：《中国企业知识型员工激励机制实证分析》，《科研管理》2001 年第 6 期，第 90~96 页。

才，千方百计地为创新人才办实事、办好事，妥善解除其后顾之忧，使创新人才有持续发展的动力。

注重环境激励和人文关怀，既体现了中华民族的传统文化，也符合知识型组织的本质要求。激励理论认为，最出色的激励是让被激励者在环境中自觉地行动，充分发挥其特长和潜能。在一个和谐的环境氛围中，知识型员工获得的是一种价值的肯定，包含尊重、成就感以及自我发展。良好的工作氛围、融洽的工作关系、充分顺畅的人际沟通、事业生活上的人文关怀无疑都是知识型员工最看重的需求。提高知识型员工幸福、健康、和谐、高效的工作指数，不仅是减轻员工各方面压力的最好途径，更是组织健康发展的保证。

因此，在实施积极组织行为的企业，上至组织高层领导，下至普通员工，理念上都有"我为人人，人人为我""同事之间互相支持、互相理解、相互尊重"的关怀认知，能意识到同事间互相关怀可以提升工作与生活质量；同事之间可以不是挚友，但起码是伙伴；工作是刚性的，但人际关系是温和融洽的。《尚书》云"民之所欲，天必从之"，孔子说"己所不欲，勿施于人""己欲立而立人，己欲达而达人"，这都是教导人们要考虑他人，行动上要尊重人、爱护人。先秦的诸子百家大都以人作为研究的出发点和归宿，强调以人为中心，由己推人。所以，组织的人力资源部门要着力培养组织长远的"软"环境，意识到这是组织发展的动力源泉，是一种生产力，能使组织形成强大的凝聚力、向心力，真正塑造团结奋进的团队。组织的管理层要切实彰显人本情怀，真正把知识型员工看作追求自我价值实现的人，把他们看作组织的主体。如果缺失人文关怀，则人的发展将变得毫无意义。中国管理情境的积极组织行为的企业社工的关怀认知，就是要让"人人受重视、个个被关怀"。

二 支持行为

中国管理情境的积极组织行为的人力资源管理的人文激励固然需要较为系统的认知阐释，但更需要可行的中国管理情境的积极组织行为的操作性实践支持行为，将中国管理情境的积极组织行为的人力资源管理的支持行为层层落实。

(一) 领导层应以身作则[①]

布鲁克说过:"管理效率依赖于价值系统、管理哲学等文化变量。"管理是一门艺术,对领导层而言,更多的是"布道"的艺术:出思路、出思想,成为组织发展的思想者、员工观念的引领者和企业文化的实践者。企业的领导层应以身作则,率先垂范地实践关怀认知,做好人文关怀的顶层设计,时刻关注员工感受上是否满意、情绪上是否高兴、认知上是否接受,努力为员工搭建和谐成长平台,拓宽成长路径,致力于提升员工安全感、舒适度,改善员工工作环境,保障员工职业健康,保护员工合法权利,强化员工管理权、知情权、参与权、表达权和监督权,真正维护员工的企业主人翁地位,切实解决员工最关心、最直接、最现实的利益问题,帮助员工减少后顾之忧。总之,领导层应关心员工,倾听员工的心声,了解员工的各种需要,体察员工的喜怒哀乐,关心员工的冷热痛愁,想员工之所想,急员工之所急,为员工排忧解难,把温暖送到员工的心坎上。这种关心不仅体现在物质层面,更应体现在精神层面,诸如关心员工思想上的认识、业务上的进步、工作上的适应以及今后自身的发展方向等,努力让知识型员工切实感受到工作是享受幸福生活的手段之一、组织是实现幸福生活的场所。

(二) 管理层应从细节着手

对于中国管理情境的积极组织行为的支持行为,管理层所起的作用是承上启下,应从细节着手,关注知识型员工日常工作中的具体事件和细小问题,从大处着眼,从小处着手。这是有效进行中国管理情境的积极组织行为的支持行为实践操作的必要内容,是为工作中各种多元复杂的关系提供支持的着力点。细节包括创造卫生整洁、秩序井然、安静舒心的工作环境等。知识型员工的日常工作充满期待、机遇、沟壑与困顿,中国管理情境的积极组织行为的人文关怀支持行为应与之相伴随,于细处见真情,于微处见真诚,这就是基于积极组织行为的企业社工的人文关怀支持行为的真谛。管理层情系员工的形象是最鲜活、最直接、最丰富的人文关怀形象。管理层应自觉结合部门职责,不推诿、不争辩、不折腾,自觉扩大人

[①] 张宏如:《基于 EAP 的企业人文关怀激励》,《企业管理》2010 年第 12 期,第 76~79 页。

文关怀服务职责的半径，将员工的需求当作工作的重要信号，将维护员工的权益当作工作的重要职责，将实现员工的发展当作工作的重要目标，从而最大限度地消除引发员工心理失衡的内外诱因。

（三）注重沟通，激发潜能

现代员工往往个性鲜明，权力距离意识不强，所以中国管理情境的积极组织行为的支持行为需要真正尊重员工的人格，理解员工的气质，包容员工的性格，激发员工的潜能。在宽容、轻松、尊重的环境中工作，知识型员工的各种潜能自然会得到最大限度的激发。尊重、宽容、关爱员工的行为不仅仅是上层对下属的，每一个知识型员工都应将其内化成自觉的言行，这样企业的人文关怀环境就会逐渐形成。

同时，应加强沟通，融洽人际关系。沟通是了解和互动的桥梁，是一种人与人之间情感、思想、态度和观点的交流，是一种心灵之间的相互感应，是一种融洽、配合、互补、和谐统一状态的多向平衡活动。管理者应将真心、真情、爱心注入沟通，与员工进行心连心的沟通与交流，相互之间实现由偏见到理解、由疏远到亲密。通过沟通，组织内部能够形成强大的凝聚力，从而实现管理目标，达到人和的管理境界。员工是企业最珍贵的资源，也是最不稳定的资源，他们可能心情不好、对领导不服从、与同事不和、对所得不满等。为此，组织需要创造出一种以民主为特征的环境机制，强调沟通与协调，避免内部竞争导致的内耗。管理者应定期与员工进行事业的评价和探讨，吸收知识型员工的意见和建议，建立上下畅通的言路，使员工有各种方便的渠道表达他们对某些事情的关注和看法，能够很容易地得到与他们利益有关的一些问题的答案；同时，应定期进行调查和回馈，设立"超级"不满处理程序，确保所有员工在不满时和处罚上得到公平对待。管理者应引导员工以开阔的心胸和积极的心态看待一切，客观地看待事物、看待自我、看待他人和社会，加强人际关系的正确导向，引导员工正确处理三种关系：上下级关系、个体与团体关系、同事关系，增强择善交友意识与纯洁人际动机，形成真诚、简洁、和谐的人际氛围，用理性、合法的方式表达利益诉求，营造企业风正气顺的和谐氛围，树立企业的浩然正气。此外，管理层应积极组织活动，丰富载体，引导员工常怀感恩之情、常葆进取之心，培养坦诚、大度、礼让的职业心理。

(四) 困难帮扶，打造团队

营造和谐、温暖的人文环境，培养团队精神，相互信任、相互尊重、相互帮助；责任共担、利益共享、共同奉献；主动将自己的行为与组织荣辱融为一体，动用集体智慧，将整个团队的人力、物力、财力整合于某一方面，从而迸发出创造力。"家家有本难念的经"，人人都有可能遇到困难，尤其是一些突发的重大困难，诸如心理上的重大挫折、家人的死亡、疾病、祸事等，此时中国管理情境的积极组织行为的人文关怀应发挥重要作用。因为此时的员工一般会意志消沉或心不在焉，直接影响组织目标的实现。在实际工作中，管理者应关心员工，努力营造一个让员工感到温暖、能力得到充分发挥的人文关怀环境，建立起一个强大的精神家园，这样员工对于不良情绪的处理能力会在不知不觉中得到加强，许多"不平之气"也就自然而然地通过内在的协调机制得到释放。管理者应着力于形成奉献爱心、扶危济困的浓厚氛围和长效机制，常态开展"温暖伴行，帮扶身边"的关爱活动，使困难的员工充分感受到家的温暖和组织的关心，激发其对集体的热爱和归属感。同时，通过科学机制的强化、人文关怀的熏陶，引导员工形成相互关爱、互帮互助的融洽人际关系，减少个别员工的抑郁、失落等不良情绪，打造幸福企业。

三 人文规范①

执行力若不够，中国管理情境的积极组织行为的人文激励就极易变成一种口号，而表面口号的滥用又会演变成实质的非人文关怀。美国四大连锁店之一的华尔连锁店在总结其成功的秘诀时，把它概括成一句话，那就是"我们真正关怀我们的员工"。中国管理情境的积极组织行为的关怀认知和支持行为都需要制度保障，否则就是飘忽的、不稳定的。管理是一门艺术，也是一门科学，中国管理情境的积极组织行为的人文规范需要化虚为实和由实升虚的过程。化虚为实就是切实制定蕴含积极组织行为人文关怀理念的落实措施、实施细则、具体办法、考核标准，系统落实管理责

---
① 张宏如：《基于 EAP 的企业人文关怀激励》，《企业管理》2010 年第 12 期，第 76~79 页。

任,明确责任主体,加大考核与奖惩力度,提高中国管理情境的积极组织行为的人文规范的"狼性执行力",将人文关怀的企业文化变为企业品质,转化为现实生产力、安全力和凝聚力,从而让中国管理情境的积极组织行为的人文规范真正落地生根。由实升虚就是在管理实践中不断总结、提升,将积淀下来的经验升华为观念,丰富企业的人文规范,进一步完善"人性领导力"。

人文规范是为实践关怀认知、落实支持行为而制定、颁布执行的书面的规划、程序、条例及制度的总和,既包括被明确列入组织规章制度的规范等有形的人文关怀,也包括无形的单位用于衡量行为对错的道德尺度或道德规范等,其内容涵盖领导体制、组织机构、管理制度、运行规则以及组织利益主体之间的关系等。人文关怀的制度切忌形式化、随意化,要动员组织内部各分支机构和各业务部门建立与各自特点相适应的文化氛围,构建系统化的配套规章制度,将其有效地纳入企业形象、企业文化、企业品牌、企业社会责任的系统战略构架之中,积极开展有效的社会责任行动,以促进企业与员工、企业与社会的双重"互益"机制的生成。人文规范实际上是规定了组织所有成员应该遵循的行为方式、程序以及处理各种关系的规则,兼具倡导性与约束性的群体规范特点,有利于营造人才健康、快速成长的制度环境,推动中国管理情境的积极组织行为的人文激励环境的营造进程。中国管理情境的积极组织行为的人文规范从制度层面为员工营造宽松自由的环境,建立和谐健康的成长机制,如自由竞争岗位等。日本索尼公司允许员工自由进行内部应聘,就是致力于帮助员工拓展更广泛的空间。中国管理情境的积极组织行为的人文规范需要系统完善内部提拔制度、参与管理制度、平等沟通制度等系列关怀制度。如被评为CCTV"年度雇主"的红星美凯龙建立并运行着"一个中心、四个委员会"的人文管理体系——家政服务中心与健康、读书分享、敬老和关心下一代成长委员会,提供为驻外员工安置家属,为员工安排家政、照顾老人、接送小孩、提供学习交流等具体的服务,于细微处增强员工的归属感和满意度。

中国管理情境的积极组织行为的人文规范沿着本土化路径,覆盖了企业社工的充权全程,力争实现提升工作满意度和工作绩效的目标,最终达到个体和谐与组织和谐,从而进一步激励员工,形成一个有机的、动态的、良性循环的企业生态系统。

第九章
中国管理情境的积极组织行为的人力资源开发

积极组织行为与人力资源开发的研究已成为我国现阶段的热点课题，学界对二者关系的研究概括起来主要有三种观点：一种认为积极组织行为是人力资源开发的模式与方案；一种主张企业人力资源开发实务就是积极组织行为；还有一种提出积极组织行为是企业人力资源开发的扩展，并研究基于人力资源开发的积极组织行为流程。目前，国外积极组织行为研究呈现领域不断扩展、融合互补其他福利项目的显著特点，今后积极组织行为必将深度融入人力资源管理。当前，我国传统的企业人力资源开发融合积极组织行为的程度还不够。从国内积累与国外经验来看，发展我国的积极组织行为的契合点和现实途径在于，将积极组织行为有机融入组织管理系统。本章围绕积极组织行为与人力资源开发机制创新主题，从协同与创新层面有机融合积极组织行为与人力资源开发，解读人力资源开发的终极使命如何与积极组织行为的需求相契合，诠释互为创新的独特价值，探究我国文化语境下的积极组织行为与人力资源开发的理论与实务体系。

一 体系协同

（一）积极组织行为与人力资源开发的现实背景相吻合

积极组织行为的兴起有其突出的现实背景。随着经济社会转型的逐步深入，企业劳动关系矛盾日渐突出。全球经济一体化进程的加速和潜在危机重重的现状，使得组织面临着前所未有的不确定性因素，员工承受着强烈的心理危机感和沉重的压力负荷，极易产生"心理枯竭"现象。人力资源是组织最重要的资源，而心理不健康、在组织中没有幸福感、不能有效应对应激问题的员工会存在抑郁、职业倦怠、人际关系紧张、组织承诺低下等现象，最终会直接影响个体与组织绩效。所以，只有健康、幸福、高效的员工才真正是组织的第一资源。员工压力管理已经成为当今时代的热门话题和人力资源开发中不可回避的重要课题。

美国劳工部前部长亚历克西斯·赫尔曼指出："21世纪，制度决策者与研究者所面临的三个中心问题是全球化对策、提高劳动者技能和工作—家庭平衡。"美国国会20多年前就通过了《家庭与医疗休假法》，该法规范了企业的家庭照顾责任，其适用范围成了近几届美国总统竞选议题之一。中国近年来也越来越重视工作与生活的平衡问题，党的十七大和十七届六中全会均强调注重人文关怀和心理疏导。积极组织行为的精髓就是人文关怀和心理疏导，它丰富了人力资源开发的内涵，拓宽了人力资源开发的渠道与载体，为平衡工作与生活开辟了崭新的视角。可以说，积极组织行为研究正方兴未艾。

1. 转型社会的时代需求

积极组织行为的提出，是建立在现实背景的基础之上的。我国用40多年时间来消化西方300多年的价值裂变和心理冲突，所以处于转型期的人们相对更容易产生价值缺失与精神焦虑。作为以企业及其员工为案主对象、以预防和解决相应问题为主旨、以促进员工与企业和谐发展为目标的积极组织行为，其重要性自然愈加凸显。所以，积极组织行为是一个亟待专业介入、急需且非常有价值的崭新领域。从社会工作的角度来看，积极组织行为在政府、非营利组织发挥效能的同时，在企业同样有其独特的作用。积极组织行为从企业做起，使从属于社会大系统的企业子系统成为和谐组织，致力于解决员工在社会、心理、管理与健康等方面的问题，与"顺应各族人民过上更好生活新期待"的理念高度吻合。所以，科学地开展积极组织行为，已经成为促进员工工作与生活平衡的重大主题。

正因为积极组织行为与人力资源开发的发展有着如此一致的背景，二者都成为建构和谐企业机制的重要保证。但是，积极组织行为与人力资源开发目前在我国都处于刚刚起步阶段。一方面，二者都是社会急需发展的重要领域，是激发员工内在动力的有效途径；另一方面，二者都是当前普遍被忽视的实务领域。

党的十八大后，新一届中央领导集体提出了实现"中国梦"的奋斗目标，其本质内涵就是实现国家富强、民族复兴、人民幸福。在此背景下，人力资源管理开发与积极组织行为契合了新时期关注人民健康幸福、实现社会和谐发展的时代主旋律，因而也具有重要的现实意义。

2. 知识经济的管理需要

在人力资本和知识资本成为企业竞争优势资源的知识经济时代，组织的优势竞争、知识的创造增值、资源的有效配置最终都要靠知识的载体——知识型员工来实现。所以，知识型员工的有效激励管理是新时期人力资源管理的重中之重。但是，现有知识型员工激励的局限性已日渐凸显。发达国家自20世纪90年代就对知识型员工进行了深入研究。德鲁克曾预言，今后世界的领导地位将会让位于最能系统并成功地提高知识工作者生产力的国家和产业。近年来，越来越多的组织在知识型员工激励方面遭遇新的瓶颈，普遍存在员工跳槽频繁、激励手段匮乏、管理成本上升等问题，仅仅加薪并不能持久地激励知识型员工。那么，如何留住组织的优秀人才、如何激励核心员工是人力资源管理面临的突出问题。社会转型引发管理转型，现有的激励理论正受到严峻的挑战。目前的组织激励普遍注重物质激励，诸如增加工资、奖金或给予股权等，很多激励仍停留于工业经济时代的传统思想。

当前，管理学研究正从关注纯理性的、确定的、线性的管理模式，转变为关注理性和非理性相融合的、注重人文和谐的管理模式。在这种背景下，组织的有效管理需要向一种新的范式转变。积极组织行为与人力资源开发的激励研究正是这种转变的集中体现，是新时期人力资源管理研究和实践的一个新的领域与方向，是对中国式管理理论的积极探索。

3. 人力资源开发的长效需用

人力资源开发与积极组织行为在我国都是全新的领域，前者的总体目标是对组织及其员工的介入，积极预防和解决企业及其员工所面临的相关问题。积极组织行为遵循着人力资源管理的运行机制，而其内容、载体和本质等又都与人力资源开发一致。所以，积极组织行为可以创新人力资源开发的机制，是人力资源开发实务取得新突破的重要途径。本研究围绕积极组织行为与人力资源开发工作机制创新主题，从理论与对策层面对其结构模式、路径策略和运行评估等展开研究，有助于促进员工精神健康，实践充权目标，实现员工、企业与社会的"三赢"，切实提升员工"软实力"，构建我国文化语境下的积极组织行为与人力资源开发的理论与实务体系。

（二）积极组织行为与人力资源开发的内容要素相融合

积极组织行为本质上是以人为本。积极组织行为的发展先后经历了职业戒酒、员工援助、健康促进和员工增强计划四个阶段，主要内容从初期的解决职业酒精依赖到现在强调压力管理、全面健康的生活形态、工作生活质量、人际关系管理等问题，致力于改善工作中和工作后可能逐渐引发未来健康问题的行为。积极组织行为的内容体现出系统性、全面性、动态性、超前性的特点。从内容上来看，当前学术界主要有三个理论出发点，分别是心理学视角、人力资源管理视角和综合视角，至今还没有统一的定义。相对而言，心理学视角的积极组织行为在内容上侧重于个体咨询、团体咨询、特别服务等心理健康范畴；人力资源管理视角的积极组织行为在内容上注重企业通过合理的干预方法，积极主动地了解、评价、诊断及解决影响员工工作表现及绩效问题的过程；综合视角的积极组织行为在内容上注重结合多要素，强调预防、解决员工在社会、心理等方面的问题。综上，笔者认为，积极组织行为的内容应突出澄清员工职业价值观、规划职业生涯、提升心理资本、营造支持性组织文化等核心板块，从而解决员工在社会、心理、管理与健康等方面的问题。具体而言，积极组织行为的内容应包括工作层面和生活层面，整体上偏重于工作层面。不难看出，尽管内容庞杂，但积极组织行为的核心内容是以人为本，最终达到发掘潜能、提升工作满意度和工作绩效、提高员工工作生活质量的目的。

以人为本也是人力资源开发工作的核心内容。人力资源开发工作是人力资源管理的深层次运用，国外对其主要内容的研究已相对成熟，主要沿着角色定位、范畴界定、模式运行、功能作用的主线逐步深入，近年来强调人力资源开发需持续创新与结合管理实践等，呈现多元化的繁荣趋势。人力资源开发的主要内容包括职工心理疏导、能力提升、沟通反馈、权益维护、生涯规划等。从员工角度来看，人力资源开发是通过专业手法的介入，为员工解决各种心理、关系、资源等方面的问题。从企业角度来看，人力资源开发通过劳方与资方的互动与沟通，保障员工权益，提高企业效率等。综合来看，人力资源开发的内容范畴要比积极组织行为广，但本质上都是以人为本。正因如此，两者在内容要素上相互契合，体现了核心的一致性。

（三）积极组织行为与人力资源开发的价值诉求相契合

促进健康和谐是积极组织行为的价值诉求。积极组织行为涉及与员工心理管理相关的组织设计、员工发展、企业文化、管理风格等方面，每一个环节都是基于积极心理学、人本管理理论和压力管理理论等。积极组织行为的核心是通过对员工的深层关怀，提升员工的素质，倡导以人为本与组织和谐。一方面，积极组织行为能有效提升员工的"软实力"。员工长期稳定的绩效主要来源于内在动力，积极组织行为通过测评、培训、职业生涯辅导等，科学地优化环境，建立支持性组织系统，消除问题诱因，开发心理资本等。另一方面，积极组织行为也是员工激励的长效机制。积极组织行为从员工的内在需求着手，解决现实中压力应激等工作和生活问题，是组织实施人本管理的有效方式，更是组织增强核心竞争力的有益探索，有助于组织将管理激励从权利化转化为制度化、从操作型转化为心理契约型。

促进员工健康和谐也是人力资源开发的价值诉求。保障员工权益、增进员工福利、提升员工素质，一直是人力资源开发的重点。目前主要的人力资源开发研究成果普遍明确强调人力资源开发要协助作为服务对象的员工获得充权，具体而言是协助员工降低、消除对自己的负面评价和无能感，增加其内在的成就感和自我价值，提高其有效应对日常生活和工作中的困难的能力，进而提升其积极改变自我命运的力量。但是，现实中有越来越多的批评观点指出，人力资源开发过分强调专业化，反而会出现去权现象，即服务对象越来越依赖企业社工的指导，进一步强化服务对象无能力及低微的形象，从而增强了被动性与依赖性。这一现象已经引起业内专家的反思与警觉。从本质与未来走向来看，人力资源开发无疑有助于员工处理有关工作、生活、婚姻、感情、家庭等方面的压力、困扰，使其心理得以调适与改善、素质不断得到优化。因此，人力资源开发根本上也是为了促进健康与和谐的。

综上，积极组织行为与人力资源开发的价值诉求都是实践"幸福员工""健康企业""和谐社会"，致力于促进员工精神健康、实践充权目标，从而实现员工、企业与社会的"三赢"。

二　模式创新

（一）积极组织行为创新组织人力资源开发的结构模式

我国的人力资源开发还处于起步阶段，目前的研究集中于人力资源开发的服务模式、领域、内容与方法等方面，关于人力资源开发的结构模式并没有相对明确的范式。相对而言，人力资源开发的结构模式还处于"碎片化"状态。积极组织行为的结构模式相对成体系，虽然现在也还没有统一的运行机制，但在一些中心领域已形成了相对成熟的做法。尤其近年来对心理资本理念的重视，加速了积极组织行为基于人力资源管理视角的发展进程。

积极组织行为创新人力资源开发的结构模式，体现在创新人力资源开发的实施主体上。企业人力资源开发实践普遍面临着缺乏明确实施机构的困境。西方发达国家的企业人力资源开发形成了企业人力资源部、第三方工作组织与工会"三位一体"的组织架构。基于我国的国情，应借鉴积极组织行为的经验做法，形成企业主体、政府倡导、第三方组织参与的运行机制，从而促进人力资源开发理念与人力资源管理机构主体有机匹配。

积极组织行为创新人力资源开发的结构模式，也体现在创新人力资源开发的路径策略上。从中国本土文化情境下的企业管理实践出发，应遵循以能力提升、充权为中心的员工管理轨道，注重性格、气质等内隐的鉴别性胜任因素以及人岗匹配的工作分析，澄清员工职业价值观，帮助员工规划职业生涯，开发员工心理资本，构建人文关怀环境，最终提升组织承诺与工作绩效，实现组织人力资源开发价值最大化、系统化和持续化的操作模式。

（二）积极组织行为创新人力资源开发的评价体系

人力资源开发评价是运用科学方法评价组织人力资源开发效果的过程，目前主要是参照社会工作的评价方法，诸如认可性评价、成本效益评价、广泛性评价、外部性评价、过程评价、产品评价等，还没有形成组织人力资源开发所特有的评价体系。积极组织行为的评价体系则相对成熟，国外研究强调成本—效益分析、过程评价、临床评价等，国内研究强调运行状况、满意度、成本核算、工作绩效等。

积极组织行为创新了人力资源开发的评价体系。结合积极组织行为与人力资源开发的深层属性，既应注重结果的评价，也应注重过程的评价，评价重心集中于客观指标，遵循科学性与操作性、全面性与重点性、系统性与层次性、动态性与静态性等相统一的原则，权衡主次，突出组织人力资源开发总体满意度、人力资源开发促进个体优化与组织优化三个主要层面，从而有助于人力资源开发的实施过程优化、效果反馈和服务品质提升，促进人力资源开发的科学发展。其中，人力资源开发总体满意度应包括员工、管理层、外界对企业社工的普遍满意度，个体优化应包括心理资本与工作绩效等，组织优化应包括心理契约、组织公民行为、组织承诺、流失率、生产率等。

（三）人力资源开发创新积极组织行为的系统视角

人力资源开发的范畴比积极组织行为更为广泛，它包括员工权益维护、劳动法律咨询宣传、劳资纠纷调节等，这些都是一般积极组织行为所不具有的。但是，积极组织行为介入的内容不是孤立的，时常与社群权益息息相关。同时，人力资源开发的案主体系还包括企业的周边环境（如社区等），功能上还具有协助建立员工组织、注重职工与职业教育职能。总体上，人力资源开发是一个更为广阔的系统，其在视野上注重社会中各子系统的普遍联系与交融，在资源上明显注重非政府组织（NGO）、非营利组织（NPO）及政府监管等，这些为积极组织行为的发展提供了全新的延伸视角。人力资源开发可以拓展积极组织行为的系统化与社会化视角，因为积极组织行为作用效能的最大化不仅需要企业内的实践，也需要来自企业外的社会系统的综合作用。社会本身就是一个大系统，任何一个企业都立足于特定的社会系统之中，各要素之间的关系作用会成为积极组织行为顺利运行与长远发展不可回避的因素。人力资源开发可以提供本土化积极组织行为社会系统的宏观视角，有助于积极组织行为由管理心理层面发展到社会和谐氛围的构建层面，有助于提供积极组织行为的咨商等视域，有助于促进环境与人的双重改善,从而更好地促进积极组织行为的发展。

从协同与创新层面全面剖析积极组织行为与人力资源开发的关系,深度解读共同基础与互为创新的独特诉求,是积极组织行为与人力资源开发实践发展的全新跨越,其中蕴含着企业人力资源开发与管理理念的转变,也蕴含着积极组织行为向社会视角的扩展,这些都将为积极组织行为与人力资源开发的创新发展带来更加广阔的视域。理论上,本书围绕积极组织行为与人力资源开发的关系机理等,从社会适应理论、充权理论等维度进行分析;实践上,本书以本土化积极组织行为的实践路径为出发点,围绕积极组织行为创新人力资源开发的结构模式、途径策略和评价体系等机制以及人力资源开发为积极组织行为提供社会系统视角展开研究,如图9-1所示。

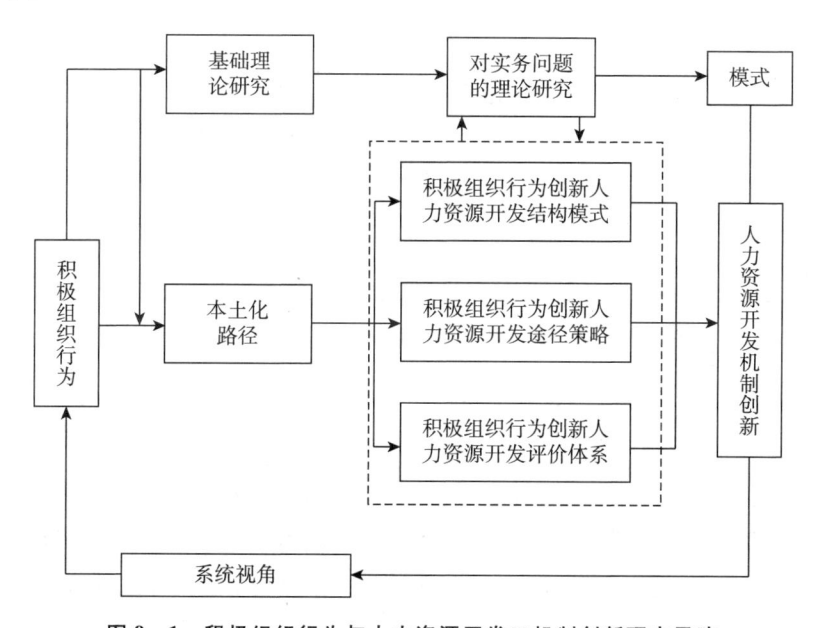

图9-1 积极组织行为与人力资源开发工机制创新研究思路

三 积极组织行为创新人力资源开发的策略研究

积极组织行为创新人力资源开发的原则是,从中国本土文化和管理实践出发,解决现实中的人力资源开发中的问题,在此基础上形成具有中国特色的基于积极组织行为的人力资源开发策略。因此，积极组织行为创新人力资源开发策略手法的总体思路是，从中国的管理实践出发，契合、融合与整合积极组织行为激励和本土文化及转型期的特定社会环境，探讨情理关系社会、权力距离大、不确定性强、人格特质独特等中国本土文化下的人力资源开发工作策略：积极组织行为的价值激励策略——澄清职业价值观、成长激励策略——规划职业生涯、人文激励策略——建构人文关怀环境，构筑积极组织行为的人力资源开发的策略系统，如图9-2所示。

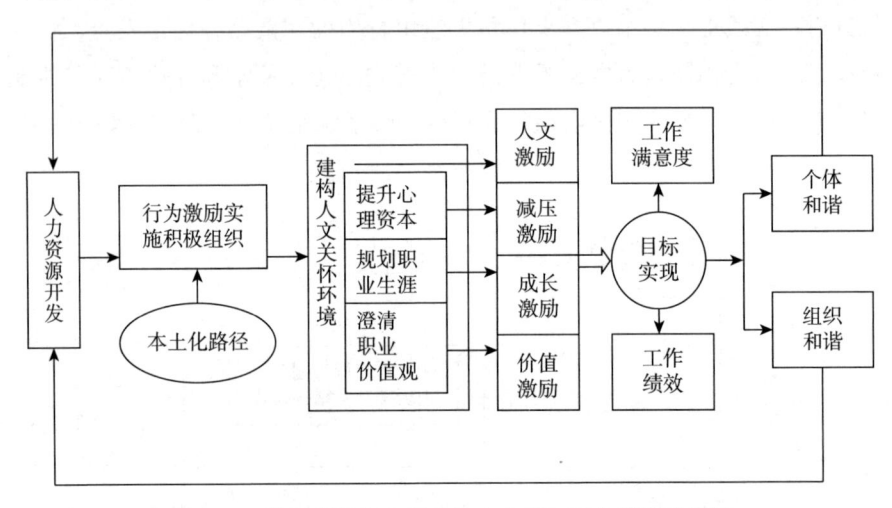

图9-2 基于积极组织行为的人力资源开发的策略系统

从图9-2可以看出，基于积极组织行为的人力资源开发的策略沿着本土化路径，实施积极组织行为的价值激励、成长激励、减压激励和人文激励策略（价值激励是基础，人文激励覆盖全程），实现提升工作满意度和工作绩效的目标，最终达到个体和谐与组织和谐，而个体和谐与组织和谐又进一步激励员工，形成人力资源开发工作有机的、动态的良性循环系统。

人力资源开发同样创新拓展了积极组织行为的范畴，本章后面将论述人力资源开发如何创新积极组织行为的问题，具体包括人力资源开发创新拓宽了积极组织行为的社会视角、实践系统、促进机制等。人力资源开发与积极组织行为的联动机制为积极组织行为与人力资源开发创新发展带来了更加广阔的视域。

四 人力资源开发深化积极组织行为的研究

(一) 积极组织行为实践发展的需求

党的十八大提出的"中国梦",对积极组织行为提出了新的时代要求,也给积极组织行为带来了全新的发展机遇。积极组织行为运用的是心理管理技术,积极主动地通过筹划、宣讲、辅导、干预、评价等精神福利服务,澄清员工职业价值观,帮助员工规划职业生涯,提升员工心理资本,构建支持性组织文化,解决员工在社会、心理、管理与健康等方面的问题,最终达到以发掘员工潜能、提升员工工作满意度和工作绩效、提高员工工作生活质量为目标的人力资源管理项目。积极组织行为与党的十八大精神高度吻合,现在积极组织行为的发展对其理论体系的建构提出了新的要求。

一是西方的积极组织行为理论不完全适应我国目前的状况,水土不服现象时有发生,理论与实践之间脱节明显,员工与企业对积极组织行为的心理接纳度还不高,因此急需构建中国式积极组织行为体系。人力资源开发具有社会网络的独特优势,有助于积极组织行为的本土化建设。

二是中国式积极组织行为是和谐社会、健康企业、幸福员工建设的重要组成部分,其使命已经超出了西方积极组织行为的传统范围,将中国式积极组织行为与和谐社会建设、社会体制改革这样的宏观背景紧密结合,需要拓展已有的理论视野,而这很难从西方积极组织行为理论体系中获得足够的理论支持。人力资源开发有助于中国式积极组织行为的理论创新,弥补现有积极组织行为理论宏观视野的缺失。同时,积极组织行为的实践还面临很多现实困难,诸如如何在中国语境下实现专业性与企业、社会期望之间的科学平衡,如何处理积极组织行为与企业、社会的有机融合等。这些问题是理论界与实务界都迫切需要解决的,却又不容易在现有的积极组织行为文献中寻找到答案。人力资源开发能够强化积极组织行为在社会建设中的作用,能够拓展积极组织行为的社会联结,所以人力资源开发创新拓展积极组织行为必要且迫切。

(二) 超越现有西方积极组织行为理论的要求

积极组织行为产生于美国,最初为了解决酗酒问题,其产生的根源深处有着西方社会价值观和文化基础，西方的工业革命开始较早，员工的职业发展相对成熟。中国没有经历严格的工业革命，没有严格意义上的"员工"这一概念的历史发展积累，从传统封建社会的农民直接进入社会主义社会成为工人，再发展到现在社会主义市场经济体系下的员工，虽然名称上与国际进行了接轨，但"员工"的职业内涵的历史积淀较少，职业规范化的历史文化影响不深厚。这些文化背景与西方发达国家完全不同，所以产生于西方的积极组织行为要在中国"开花结果"，应该融入中国历史文化的土壤之中。实际上，西方积极组织行为聚焦于员工个体，微观有余，宏观不足。同时，当前学术界对积极组织行为的概念主要有三个理论出发点，分别是心理学视角、人力资源管理视角和综合视角，至今还没有统一的定义，这在一定程度上影响了其框架的融合，削弱了积极组织行为的理论基础和专业地位。人力资源开发有助于促使中国式积极组织行为置身于社会的广阔天地，促使积极组织行为更好地反思其价值立场，使积极组织行为在更大层面上实现其专业宗旨。

（三）构建中国式积极组织行为的理论自觉

随着我国成为世界第二大经济体，国家的崛起已经成为不争的事实。因此，我国经济社会的发展转型理应对世界相关领域提供中国式的理论与实践。同时，中国特色的经济社会发展经验也确实很难在西方国家的理论框架之下得到完满的解释。所以，构建中国式的积极组织行为知识体系是当前相关领域社会科学工作者应有的理论自觉。

积极组织行为虽来自西方，但应该与中国经验与实践相融合，否则容易生搬硬套，导致本国专业共同体的失语状态。中国特色的经济社会发展经验有着丰富的内涵，相关人力资源开发的内容载体有助于为积极组织行为的本土化研究提供辅助支持。

（四）应对社会转型挑战的科学回应

我国正处于深刻的经济社会转型进程中，人们更容易产生价值的缺失和精神的焦虑，但是目前的积极组织行为研究尚未真正深层次地认识到经济社会转型带来的深刻影响，未能真正在理论上有相应的创新，也没有切实在实践层面上有新的突破。其实，积极组织行为不可能脱离转型这样的社会情境。因此，积极组织行为应该回应转型社会面临的宏观社会背景，创造性地发展中国式积极组织行为创新体系。人力资源开发因为能充分贴近新兴媒体所传递的鲜活的价值观念，因此可以对现有积极组织行为理论与实践进行新的拓展。

人力资源开发具有比积极组织行为更为广阔的专业系统，包括人与人、人与环境之间的互动以及系统的相互联结，具体包括以下两个方面。

第一，人力资源开发拓展了积极组织行为的目标系统。人力资源开发为积极组织行为提供了更为广阔的范畴，具体包括员工权益维护、劳资纠纷调节等社群权益。这一般是积极组织行为所不具备的，也正是积极组织行为在实践中的瓶颈之一。实际上，积极组织行为介入的内容不是孤立的，时常与社群权益息息相关。

第二，人力资源开发丰富了积极组织行为的服务系统。积极组织行为注重微观方法的运用，人力资源开发更强调个体改变和社会改善。人力资源开发关注现有的服务对象和客观存在的潜在服务对象，企业员工的需求、问题、困难都在人力资源开发的视野之内，尤其是企业员工所处的环境生态系统（如社区），人力资源开发在这方面具有积极组织行为所不具有的独特优势。人力资源开发可以提升企业员工的社会参与意识，改进社会关系，实现居有所乐，而"安居"可以促进"乐业"。同时，人力资源开发通过社会载体还可以增强员工的权益意识与心理归属感，有助于促进员工的角色转换与压力应激疏导。

人力资源开发的实践体系对积极组织行为是个有益补充。如前文所述，人力资源开发注重社会中各子系统的普遍联系与交融，在资源上明显注重非政府组织、非营利组织及政府监管等，这些延伸了积极组织行为的发展视角，有助于积极组织行为扎根于中国社会的现实土壤。同时，人力资源开发可以拓展积极组织行为的系统化与社会化视角。

人力资源开发中的小组工作与积极组织行为的团体辅导是互为补充、相得益彰的，弱势群体维权与充权是对积极组织行为的实践拓展。具体而言，人力资源开发通过提升员工人力资本、社会资本，为特殊群体员工特别是弱势群体员工提供成长服务，与积极组织行为侧重于提升员工心理资本共同形成一个完整的系统，可以实现员工在人力资本、社会资本与心理资本方面的全面提升。

在现代人力资源管理中，员工发展作为其核心职能而备受关注。在管理实践中，员工正面临着与日俱增的多重工作与生活的挑战，职业压力与心理因素不仅影响员工个人的生活质量，而且直接影响组织工作绩效。随着社会转型与市场化进程的深入，竞争日趋激烈，各种压力源不断增加，"亚健康"、工作倦怠甚至"过劳死"已经成为我国非常严峻的社会问题，并呈现低龄化的趋势。强化人力资源开发责任是大势所趋。人力资源开发将直接促进构建人力资源开发责任价值观体系，担负构建和谐社会的使命。人力资源开发工作应促进企业树立科学发展观，将人力资源开发责任的履行放在突出的位置。企业作为一个社会的"企业公民"，其社会责任理念是：企业作为社会中的重要组织，要对社会履行应尽的义务，规范自身的社会责任行为，以履行社会责任作为提高企业核心竞争力的重要内容。这就使企业在管理战略层面重视社会目标与责任，其中员工的发展是核心，这给积极组织行为发展提供了"润滑剂"，有助于促进积极组织行为的发展。所以，人力资源开发直接或间接地创新拓展了积极组织行为的促进机制。

五　人力资源开发与积极组织行为的联动机制

第三章从协同与创新层面全面剖析了积极组织行为与人力资源开发的关系，深度解读二者的共同基础与互为创新的独特诉求，是积极组织行为与人力资源开发实践发展的全新跨越。这些都将为积极组织行为与人力资源开发创新发展带来更加广阔的视域，更为人力资源开发与积极组织行为的联动机制提供了可能。

当前，世界各国都在探索绩效更高、负荷更少的社会福利模式。人力资源开发与积极组织行为具有互为协同与创新的基础，可以按照"整合资源，优势互补"的原则，实现人力资源开发与积极组织行为的联动。

（一）人力资源开发与积极组织行为的联动机制顺应社会急需

我国正处于经济社会转型的特殊时期，迫切需要完善社会制衡机制。单一的积极组织行为与单一的人力资源开发都存在一定程度的不足，而强化人力资源开发与积极组织行为的联动机制可以实现功效的最大化。人力资源开发与积极组织行为的联动机制的实质是两种资源的充分融合，实现优势区域扩大。同时，人力资源开发与积极组织行为具有共同的价值基础：以人为本、利他主义、关爱他人、融入集体、助人为乐、助人自助、保护隐私等。相对而言，人力资源开发更具公共性，积极组织行为更加个体化，人力资源开发与积极组织行为的联动机制就是加强公共性与个体性的联动，从而形成更好的服务模式与制衡机制。

（二）人力资源开发与积极组织行为的联动机制的功能与价值

人力资源开发与积极组织行为的联动机制最直接的价值在于，因人力资源开发而使服务的范围大幅扩大，因积极组织行为而使服务的质量和细致程度大幅提升。这不仅满足了社会群体服务多样化、大众化的需求，而且满足了社会群体服务个性化的需求；不仅有利于员工个体的生活平衡，而且有利于建设健康企业与和谐社会。人力资源开发与积极组织行为的联动机制为解决企业人力资源中服务资源不足问题开辟了新路径。

人力资源开发与积极组织行为的联动机制可以实现资源整合，从而有效提升服务品质；可以促进公民参与，有助于培育公民社会。现代民众的民主意识越来越强，公民社会正在快速发展，政府外的市场、企业、公民等逐渐成为社会治理的主体，与时俱进地发扬"枫桥经验"、完善社会和谐机制已经成为创新社会管理的重要措施。这其中，人力资源开发、积极组织行为、社区公民等逐渐成为不可或缺的新生力量。人力资源开发与积极组织行为的联动机制可以促进民众公民意识的觉醒，促进民众更好地参与和谐社会建设。

（三）人力资源开发与积极组织行为的联动机制切实提升企业社会责任

企业社会责任（corporate social responsibility，CSR）虽经学界多次讨论，但仍然没有形成统一的意见。现在国际上普遍认同的企业社会责任理念是：企业在创造利润、对股东利益负责的同时，还要承担对员工、社会和环境的责任，包括遵守商业道德、生产安全、职业健康、保护劳动者合法权益等[①]。学术界对企业社会责任的关注已有百余年的历史，这方面的

---

① 张宏如、赵永乐：《推行基于企业社会责任的员工帮助计划》，《中国人力资源开发》2008年第10期。

现代研究则开始于20世纪50年代。60多年来，企业社会责任的研究经历了框架逐步演进的三个阶段：企业社会责任社会响应框架、人力资源开发绩效框架和利益相关者框架。国内学术界对企业社会责任的研究也有了10多年的时间，近几年该研究主题已经成为热门课题。但是，总体来看，我国企业社会责任的研究还不深入，大多是一些描述性研究，尤其是在研究方法的实践维度上还很欠缺。推行企业社会责任是人类文明进步的标志，而员工利益是企业社会责任中最主要的也是最基本的内容。所以，员工权益保护是我国现代企业的历史使命，体现了"以人为本"的科学发展观。强化企业的社会责任既是一个现实问题，也是经济全球化背景下我国企业提高国际竞争力面临的一项新挑战，更是企业参与构建和谐社会的主要路径。在企业社会责任中，提高员工工作生活质量一般是指提高员工在工作中的心理满足感，促进员工身心健康。这是保障员工基本权益的中心内容与企业社会责任的重要组成部分，也是人力资源开发与积极组织行为共同关注的重点之一。

积极组织行为、人力资源开发和企业社会责任之间有着紧密的联系，积极组织行为、人力资源开发以道德伦理为基础，以员工福利为关注点，将企业社会责任从理想变成现实。基于企业社会责任的人力资源开发与积极组织行为的联动主要应从以下几个方面实施。

1. 调整竞争战略，树立基于企业社会责任的企业核心价值观

具有社会责任理念是现代企业的重要标志。国际社会责任运动的兴起，正是企业战略调整的机遇。我国长期以来主要以低廉劳动力成本的优势参与国际竞争，暂时形成了我国企业的竞争优势。但是，这不是企业的核心竞争优势。企业竞争除了靠产品成本优势外，还要靠产品质量优势、技术创新优势、品牌优势、企业文化优势等。实施人力资源开发与积极组织行为的联动机制有助于企业更好承担社会责任，在短期内虽会增加企业的生产成本，但从中长期来看，可以改善员工的工作条件，维护员工的权益，必然会凝聚员工对企业的向心力，增强员工对企业的忠诚度，发挥员工的积极性和创造力，并提升企业声誉度。这样，企业其他方面的优势就会被激发出来，进而增强企业的综合竞争能力。同时，积极组织行为与人力资源开发涉及的关怀员工的工作环境、职业发展、收入、家庭等，都属于基本社会责任范畴，是对企业作为社会单位的基本要求。

企业要有以人为本、对社会负责任的态度，这就是企业核心价值观。一旦企业形成正确的核心价值观，员工所承载的价值观就会向社会延伸，并得到社会公众的认同。尤其在现在价值多元的信息时代，优秀的企业价值观对社会的影响力会越来越大。因此，调整传统的企业竞争战略，打造企业核心竞争优势，是我国企业走向国际市场、与世界经济接轨的必然选择。

2. 培育根植于价值层面的基于企业社会责任的企业文化

企业最主要的社会责任是在合法追求利润最大化的前提下，实行以人为本的管理，保障员工权益。与企业社会责任含义中的其他因素相比，员工是最重要的组成部分，是其他因素的出发点。如果员工不满意，就难以把自己的技能发挥到最佳状态，企业就生产不出让顾客满意的高质量产品，也就失去了用户和"生命"。所以，人力资源部门只有做好员工发展的工作，才能推动企业社会责任的蓬勃发展。这一切都离不开企业文化的熏陶，良好的企业文化可以将明确的企业社会责任内涵贯彻于人力资源管理的实践。

因此，实施基于企业社会责任的积极组织行为与人力资源开发，必须建立基于企业社会责任的企业文化。企业文化代表着企业成员所共同拥有的信仰、期待、思想、价值观和行为。其中，企业价值观念处于不易被觉察的深层面；行为方式、经营风格则处于较浅的、较易改革的层面。企业文化对企业长期业绩有重大作用。要建立基于企业社会责任的企业文化，应做到：第一，必须秉承企业与员工共同成长、与利益相关者共享成功的核心文化理念；第二，企业高层必须高度重视社会责任管理，并将企业社会责任理念作为企业文化的一个组成部分，大力宣扬、身体力行，用语言和行动践行基于企业社会责任的企业文化；第三，企业要自上而下接受社会责任教育和培训，使企业全体员工认识统一、行动一致，将基于企业社会责任的企业文化内化为日常自觉的行为方式；第四，将企业内的工作规范与工作标准、企业长期遵守的策略与规则、企业员工相互影响的常规性，通过诸如共同使用的语言、有意设计的情绪和氛围等渠道，促进企业社会责任价值观念和行为规范的形成，使之成为企业文化的一部分；第五，基于企业社会责任的企业文化必须根植于文化的基本假设和价值层面，而不应仅仅停留于文化的表层。

3. 推行企业社会责任认证的最高层次标准 SA8000——蕴含积极组织行为与人力资源开发内容的企业社会责任标准

企业社会责任标准是社会责任运动的产物，是对 CSR 中部分法定义务的细化与有限的补充和延伸。各种标准的内容差别不大。其中，全球第一个可用于第三方认证的社会责任标准 SA8000 突出了积极组织行为与人力资源开发的内容和重要性，主要内容包括童工、强迫性劳动、健康与安全、组织工会的自由、集体谈判的权利、歧视、惩戒性措施、工作时间、薪酬及管理系统九个要素。其中，"确保安全卫生的工作环境、规定适度的工作时间和保证必要的休息、执行基本的劳动补偿标准以及建立有效的薪酬及管理系统"等内容是积极组织行为与人力资源开发的必要内容，是企业人力资源部门必须保证的最起码的积极组织行为与人力资源开发标准。可见，推行 SA8000 是对企业承担蕴含积极组织行为与人力资源开发内容的社会责任最起码的要求。

推行蕴含积极组织行为内容的企业社会责任认证标准 SA8000 实际上是一种企业社会责任的规范化行为，是推广企业社会责任的一种有效方式。企业社会责任认证标准 SA8000 的实施是从关注产品质量到关注环境质量，再到关注人的生存质量的三次飞跃。从这一意义上来讲，推行蕴含积极组织行为与人力资源开发内容的企业社会责任认证标准 SA8000，是关注人的生存质量的企业社会责任认证标准的最高层次，这无疑会对我国企业践行以人为理念起到积极的推动作用。

推行蕴含积极组织行为与人力资源开发内容的企业社会责任标准，要从 CSR 角度完善人力资源管理体系，包括完善人力资源中积极组织行为与人力资源开发理念的 CSR 内涵，特别是开展以社会责任为准则的员工发展。企业要负起应有的社会责任，持续地为员工提供培训和教育，为员工职业生涯提供发展的路径、平台和方向，帮助员工应对企业与社会的发展变化。摩托罗拉公司是这方面的典范，它设立的"摩托罗拉大学"在世界各地都设有分部，而且保证经费充足。每个雇员，包括高级行政主管，都必须参加每年至少 40 小时的正式培训。培训课程足以确保摩托罗拉公司在全球的所有员工及时地更新其知识和技能。"摩托罗拉大学"与日俱增的声誉，也使摩托罗拉公司在吸引和招募全球最知名大学的优秀毕业生时比其他公司更具竞争力。

推行蕴含积极组织行为与人力资源开发内容的企业社会责任标准，还需从硬性指标和软性指标两个方面进行反馈检验。硬性指标包括生产率、销售额、产品质量、总产值、缺勤率、管理时间、员工赔偿、招聘及培训费用等。软性指标包括人际冲突、沟通关系、员工士气、工作满意度、员工忠诚度、组织气氛等。同时，企业需要完善以社会责任为准则的薪酬管理工作。在薪酬管理及福利政策上，企业及其人力资源部门要秉承积极组织行为理念，遵照SA8000和《中华人民共和国劳动法》的相关规定，支付给员工的工资不应低于法律或行业的最低标准；保证定期向员工清楚详细地列明工资、待遇构成；为员工购买齐备的社会保险。人力资源部门还应尽可能地促使薪酬结构合理化，真正做到"以人为本"，为员工提供安全健康的工作环境，尽量防止意外或伤害的发生，最大可能地开发人力资源的潜能，建立企业良好的社会形象和声誉。

4. 强化政府在推进基于企业社会责任的积极组织行为与人力资源开发的联动机制中的作用

推行基于企业社会责任的积极组织行为与人力资源开发，最重要的是要有政府的重视和支持。加强政府在推进基于企业社会责任的积极组织行为与人力资源开发中的作用，需要从以下三个方面着手。

首先，大力加强企业社会责任教育宣传，创造良好环境，积极引导和规范企业推行基于企业社会责任的积极组织行为与人力资源开发项目，这是现阶段最为迫切的。政府要动员全社会对基于企业社会责任的核心价值观进行积极倡议，鼓励优秀企业积极响应，通过相关媒体等渠道，营造积极导向的外部教育舆论等环境，并加强对企业社会责任的培训，引导、帮助企业形成基于企业社会责任的积极组织行为理念。

其次，切实推进基于企业社会责任的积极组织行为与人力资源开发法制化，建立政府指导下的企业社会责任约束和监督机制。政府要强化企业的社会责任主体地位，从企业组织结构、企业经营决策程序、企业责任等方面将企业社会责任理念纳入具体规范之中。同时，应建立健全企业社会责任的监督机制，落实企业社会责任；应在经济法体系中规范企业外部行为的相关法律制度，引导企业以社会利益为本位，在自身发展的过程中时刻牢记承担社会责任，规范自身行为；应根据我国国情，领导和组织有关方面的专家开展相关研究，包括就制定我国企业社会责任国家标准的可行性进行研究，建议制定《企业社会责任法》，不仅注重实体法，更应注重程序法，提高其可操作性。此外，也要提高对已有法律法规的执行力，对于违反法律规定的行为，要依法加大惩处力度，使企业社会责任管理与国际接轨，初步建立基于企业社会责任的评价体系。

最后，加强在推进基于企业社会责任的积极组织行为与人力资源开发中的政府财政投入。在这方面，我国香港和台湾地区的部分经验非常值得借鉴。我国香港和台湾地区政府部门对积极组织行为与人力资源开发都高度重视。在台湾，有一个专门的资助计划，用于帮助企业推行积极组织行为项目。如果要支出一笔积极组织行为项目费用，一般由企业支出一半，政府再补贴一半，以类似于公积金的方式推动积极组织行为的开展，从而将加强政府在推进基于企业社会责任的积极组织行为与人力资源开发中的作用落到实处。

5. 加强基于企业社会责任的积极组织行为与人力资源开发的联动机制的队伍和本土化建设

基于企业社会责任的积极组织行为与人力资源开发是一项心理管理技术，要系统运用心理学、管理学、社会学等学科的理论知识和方法。积极组织行为在服务方式上，有着自身的一整套科学机制。除了提供心理咨询之外，它还可以通过人才测评、培训、讲座、咨询、职业生涯辅导等，在规范的基础上进行专业的员工职业心理健康问题评估；科学设计与改善工作环境，特别是通过组织结构变革、领导力培训、团队建设、工作轮换、员工生涯规划等手段，改善工作的软环境，在企业内部建立支持性的工作环境，丰富员工的工作内容，指引员工的发展方向，消除问题的诱因；通过压力管理、挫折应对、积极情绪保持等一系列培训，帮助员工掌握提高心理素质的基本方法，增强对心理问题的抵抗力。这些都需要专业人员运用专业的理论知识和方法来实施。所以，积极组织行为与人力资源开发的专业化队伍建设非常重要。积极组织行为与人力资源开发队伍最好是兼有管理学、心理学与社会学的专业背景。仅仅有心理学背景，不熟悉管理学与社会学，尤其是人力资源管理的知识，不能从根本上解决问题和构建长效机制；仅仅有管理学背景，不熟悉积极组织行为与人力资源开发的基本技术操作也无法胜任此项工作。目前，我国积极组织行为队伍以心理学专业的人居多，人力资源开发队伍以社会学专业的人居多，知识结构单一，缺乏组织管理方面的知识和经验，所以需要大力加强积极组织行为与人力资源开发专业人才的培训和建设。

积极组织行为与人力资源开发源自西方，在西方国家得到了蓬勃发展并积累了大量经验。但是，鉴于我国所特有的文化和当前处于转型期的社会背景，积极组织行为与人力资源开发项目必须探索中国特色和内涵。由于基于企业社会责任的积极组织行为与人力资源开发在我国的实践时间还不长，缺乏足够的积累，所以需要积极探索具有中国特色的基于企业社会责任的积极组织行为与人力资源开发理论基础和实践技术。基于企业社会责任的积极组织行为与人力资源开发虽仍处于起步阶段，但在我国前景广阔。在构建和谐社会的过程中，越来越多的企业正从粗放式管理走向精细化管理，进一步催生基于企业社会责任的积极组织行为与人力资源开发市场。

六 基于积极组织行为的人力资源开发的实证研究

我国现已进入改革深水区，强化精神方面的制衡机制迫在眉睫。作为促进员工与企业和谐发展的人力资源开发工作与积极组织行为，其重要性愈加凸显。从国内积累与国外经验来看，发展我国的人力资源开发工作的契合点和现实途径在于，将人力资源开发工作有机融入组织管理系统。积极组织行为与人力资源开发工作机理相契合，有助于突破人力资源开发工作的实践瓶颈，建立人力资源开发的长效实践机制[①]。基于积极组织行为的人力资源开发工作，应从协同与创新层面有机融合积极组织行为与人力资源开发工作的基础内涵，解读人力资源开发工作的终极使命与积极组织行为的需求，诠释二者的独特价值。

但是，企业绩效衡量的复杂性和多维性，导致企业很难建立稳定的绩效评价体系。企业绩效各维度的具体高低与基于积极组织行为的人力资源开发实践是否存在相关性、相关性有多大，这些也有待进一步探索与验证。本部分围绕基于积极组织行为的人力资源开发工作实践与绩效关系的

---

① 张宏如：《中国式 EAP 激励：一个理论框架的实施路径》，《科学管理研究》2009 年第 1 期，第 96~102 页。

主题，通过实证分析基于积极组织行为的人力资源开发工作的实践效果，验证各构成要素的内在联系，探索我国文化语境下的积极组织行为与人力资源开发理论实务体系。

（一）相关变量的界定与研究假设

基于积极组织行为的人力资源开发工作的目标是平衡员工身心健康，促进组织与员工的和谐发展。其作用机理是激发员工的内在持久需求，体现着人文精神：关注人、尊重人、注重人的价值、帮助人面对困难、开发人的潜能以及促进人的心理健康和成熟等。有效的激励必须最大限度地满足个体需要，进而最大限度地产生积极的绩效。因此，工作绩效是基于积极组织行为的人力资源开发的核心指标，是其内生潜变量。从积极组织行为与人力资源开发的内涵来看，员工的职业价值观、职业生涯规划、心理资本以及人文关怀环境是二者的主要内容①，是其外生潜变量。

由于积极组织行为与人力资源开发的内生潜变量与外生潜变量均涵盖在积极组织行为的模型变量中，此部分只提出假设，不再论证。详细内容参见第四章的研究假设部分。

研究假设1：员工职业价值观对工作绩效有显著影响。

研究假设2：员工职业生涯规划对工作绩效有显著影响。

研究假设3：员工心理资本对工作绩效有显著影响。

研究假设4：员工人文关怀环境对工作绩效有显著影响。

（二）基于积极组织行为的人力资源开发实践与绩效关系的实证研究

1. 量表开发

笔者在考虑国内外文献及做法的基础上，通过深度访谈和预调研，将基于积极组织行为的人力资源开发的内容分成四个方面，即职业价值观、职业生涯规划、心理资本、人文关怀环境。对这四个模型中的潜变量的度量量表，是根据预调研的结果修正而成的。其中职业价值观量表包括社会目标、个人目标、行为方式三个维度；职业生涯规划量表包括个体认知与规划、环境认知与规划、职业生涯年检三个维度；心理资本量表包括情绪

---

① 张宏如：《企业社会工作的有效路径：本土化员工帮助计划研究》，《江海学刊》2011年第6期，第128~132页。

智力、自我效能感、乐观、坚韧性四个维度；人文关怀环境量表包括关怀认知、支持行为、人文规范三个维度。各量表的 Cronbach's α 系数分别为 0.87、0.83、0.92、0.82，均具有较好的结构效度。

工作绩效部分直接借用国内学者已有的成熟方法[①]，该量表已经经过检测和多次运用，具有良好的信度和结构效度。该量表包括三个维度：任务绩效（14 个项目）、关系绩效（10 个项目）、学习与创新绩效（15 个项目）。任务绩效是员工按照工作岗位中所规定的任务、职责，为组织目标做出贡献的结果或行为；关系绩效是通过对工作所处的社会、组织以及心理背景的支持间接为组织目标做出贡献的行为和过程；学习与创新绩效则是个体在系统地解决问题、总结过去的经验、向他人学习以及在组织内传递知识的过程中获取有益的信息，通过对自我认知的改变，提高学习技能和其他相关能力，为组织目标做出贡献的行为过程，是不断创新的行为过程。

本研究在问卷设计与数据收集过程中，虽已通过反向问题等问卷基本编排法、匿名等进行了事前控制，但因数据均为被试的自我报告，因此仍可能存在共同方法偏差。为此，本研究采用 Human 单因素检测法，将所有题项进行单因素分析，没有发现独大的单因子存在，因此本研究不存在严重的共同方法偏差问题。

2. 样本选择与统计方法

本研究选择企业员工作为被试，共发放问卷 1000 份，回收有效问卷 802 份，有效回收率 80.2%；男性 513 人，占 64%；女性 289 人，占 36%。被试中年龄最大的 59 岁，最小的 24 岁，平均年龄 38.7 岁。考虑到涉及变量的因果关系，本研究采用了纵向研究方法，在采集数据时分成两个时间点，相隔 6 个月。被试为来自 8 家不同类型的企业员工，他们来自全国各地。选取样本时力求做到类别的均衡，以提高样本的代表性。数据处理运用 SPSS11.5 统计软件。

3. 统计分析

（1）描述性统计与相关分析。基于积极组织行为的人力资源开发实践

[①] 韩翼、廖建桥、龙立荣：《雇员工作绩效结构模型构建与实证研究》，《管理科学学报》2007 年第 5 期，第 67~74 页。

与绩效关系五个维度的相关分析如表 9-1 所示。从表中可以看出，基于积极组织行为的人力资源开发实践的各维度之间的相关系数最大为 0.697，小于多重共线性阈值，说明这些自变量之间并不存在共线性问题。统计显示，职业价值观、职业生涯规划、心理资本、人文关怀环境与工作绩效之间均存在显著相关关系。这说明宏观上，基于积极组织行为的人力资源开发实践各因子与工作绩效之间有着密不可分的联系。

表 9-1 基于积极组织行为的人力资源开发实践与绩效关系的相关分析

	X1	X2	X3	X4	Y1
X1 职业价值观	1.000				
X2 职业生涯规划	0.560**	1.000			
X3 心理资本	0.453**	0.532**	1.000		
X4 人文关怀环境	0.402**	0.457**	0.541**	1.000	
Y1 工作绩效	0.634**	0.516**	0.697**	0.458**	1.000
均值	4.134	3.877	3.692	3.739	4.016
标准差	0.733	0.826	0.492	0.563	0.519

注：** $p<0.01$。

（2）多元线性回归分析。为了进一步验证基于积极组织行为的人力资源开发实践对工作绩效各维度的影响程度，本研究将基于积极组织行为的人力资源开发实践的各维度作为自变量，对工作绩效结果变量进行回归分析。从基于积极组织行为的人力资源开发实践各因子的相关分析结果可以看出，不同维度的相关系数都在可接受的范围之内，均小于 0.75。本研究选用逐步筛选法（stepwise），剔除未达到入选标准的自变量，然后通过比较标准回归系数判断主次要影响因素。

将基于积极组织行为的人力资源开发实践的四个维度作为自变量，将任务绩效作为因变量，进行回归分析。结果表明，X1 职业价值观、X2 职业生涯规划、X3 心理资本以及 X4 人文关怀环境四个变量进入模型后，R^2 和调整 R^2 达到最大，分别为 0.576 与 0.569。随着这四个测量维度进入回归模型，对任务绩效的解释度逐步增大，且 F 分布的显著性为 0.000，T 检验的概率 $p<0.05$。因此，因变量和这四个自变量的线性关系是显著的，

可建立线性模型，得到的标准化回归模型为：任务绩效 = 0.392 × 职业价值观 + 0.356 × 职业生涯规划 + 0.297 × 心理资本 + 0.133 × 人文关怀环境。根据标准化回归系数的大小，对任务绩效影响程度从高到低排序依次是职业价值观、职业生涯规划、心理资本与人文关怀环境。

将基于积极组织行为的人力资源开发实践的四个维度作为自变量，将关系绩效作为因变量，进行回归分析。结果发现，$X1$ 职业价值观、$X2$ 职业生涯规划、$X3$ 心理资本以及 $X4$ 人文关怀环境四个变量进入模型后，R^2 和调整 R^2 达到最大，分别为 0.591 与 0.582。随着这四个测量维度进入回归模型，对关系绩效的解释度逐步增大，且 F 分布的显著性为 0.000，T 检验的概率 $p < 0.05$。这说明，因变量和这四个自变量的线性关系也是显著的，可以建立线性模型，得到的标准化回归模型为：关系绩效 = 0.402 × 心理资本 + 0.379 × 人文关怀环境 + 0.232 × 职业价值观 + 0.117 × 职业生涯规划。可以看出，对关系绩效影响程度从高到低依次是心理资本、人文关怀环境、职业价值观与职业生涯规划。

将基于积极组织行为的人力资源开发实践的四个维度作为自变量，将学习与创新绩效作为因变量，进行回归分析。结果显示，$X1$ 职业价值观、$X2$ 职业生涯规划、$X3$ 心理资本以及 $X4$ 人文关怀环境四个变量进入模型后，R^2 和调整 R^2 达到最大，分别为 0.612 与 0.604。随着这四个测量维度进入回归模型，对学习与创新绩效的解释度逐步增大，且 F 分布的显著性为 0.000，T 检验的概率 $p < 0.05$。这显示因变量和这四个自变量的线性关系是显著的，能建立线性模型，得到的标准化回归模型为：学习与创新绩效 = 0.419 × 心理资本 + 0.382 × 职业价值观 + 0.276 × 职业生涯规划 + 0.129 × 人文关怀环境。可见，对学习与创新绩效影响程度从高到低依次是心理资本、职业价值观、职业生涯规划与人文关怀环境。

（三）结论与建议

本研究从基于积极组织行为的人力资源开发实践着手，通过实证分析发现，基于积极组织行为的人力资源开发实践的四个维度对工作绩效中的任务绩效、关系绩效、学习与创新绩效都有正面的影响，验证了研究假设。研究显示，职业价值观、职业生涯规划、心理资本、人文关怀环境是基于积极组织行为的人力资源开发的员工激励模型的重要外生变量，对工作绩效都有显著的作用。其中，心理资本的综合影响尤其突出，然后依次是职业价值观、职业生涯规划和人文关怀环境。

心理资本的综合影响力最大，这为基于积极组织行为的人力资源开发实践提供了有益的反馈与启示。积极组织行为与人力资源开发工作都要紧紧围绕充权目标，将开发员工心理资本置于重要的位置，以提升员工的情绪智力与抗逆力。

同时，澄清职业价值观与职业生涯规划的作用也不容置疑，而这两项都与企业管理中的人力资源管理息息相关，属于人力资源开发的内容范畴。这从一个侧面显示，人力资源开发的有效实践需要科学融合企业人力资源管理体系，不能离开企业人力资源管理而单纯开展人力资源开发工作。发达国家的经验也证明了这一点。基于积极组织行为的人力资源开发实践融合了两者的核心变量，有利于适应人力资源管理的运行机制，让人力资源开发理念和技术与人力资源管理机构主体有机匹配，能使人力资源开发工作的发展脉络从"碎片化"技术使用层次与抽象化信念层次提升到科学系统操作层次，从而有利于积极组织行为与人力资源开发发挥最大限度的作用。

人文关怀作为软性环境变量，在实证研究中的作用不够突出，这可能与环境激励的时间滞后性以及本研究的时间跨度有限有关。尽管如此，人文关怀环境依然显示了对工作绩效的显著影响，尤其是对关系绩效的突出作用，说明个体所处的社会、组织以及心理背景等人文环境对组织目标做出贡献的行为和过程有着积极的影响力。如果说心理资本侧重于提升员工个体幸福感、营造组织科学激励，那么人文关怀环境则更为宏观，具有社会"心理场"的影响作用。基于积极组织行为的人力资源开发工作实践需要科学统筹上述变量，协同创新，实现积极组织行为与人力资源开发模式的深度突破，从而有效达到"幸福员工""健康企业"与"和谐社会"的理想目标。

我国的经济转型呼唤着管理转型，人力资源管理转型也直接影响着经济产业转型。宏观环境呼唤人力资源升级，实施基于积极组织行为的人力资源开发实践，也有助于推动劳资关系的升级转型。当前，我国还需要进一步丰富拓展实践，再升华理论、完善实践，切实提升员工"软实力"。

本章沿着社会视角、实践系统与促进机制等逻辑路径，解决了人力资源开发工作的拓展及创新中国式积极组织行为发展和提升空间的问题,而人力资源开发工作与中国管理情境的积极组织行为的联动机制则演绎了崭新的视域,更加深刻地描绘了人力资源开发工作与中国管理情境的积极组织行为发展的美丽画卷。

第十章

中国管理情境的积极组织行为促进科技创新人才开发研究

本章通过中国管理情境的积极组织行为管理实践中运用的结构模式、服务方案和评价体系等综合实务研究，进一步透视中国管理情境的积极组织行为的解释力、分析力和预见力，验证中国管理情境的积极组织行为创新的各构成要素在企业中的实践表现与内在联系，并对特殊人力资源群体进行典型性研究：对知识密集型代表——企业科技创新人才进行实证研究，实现积极组织行为、人力资源开发工作机制创新与企业高端核心人力资源管理实践的互动。本章在综合实务分析的过程中获得理论的再升华，深化和完善了中国管理情境的积极组织行为机制创新。

一 科技创新人才激励的新视角

（一）中国管理情境的积极组织行为：科技创新人才激励的新理念

近年来，越来越多的组织在科技创新人才激励方面遇到了新的瓶颈，普遍存在科技创新人才跳槽频繁、激励手段匮乏、管理成本上升等现象，仅仅加薪并不能持久地激励科技创新人才。社会转型正引发着管理转型。

中国管理情境的积极组织行为是基于中国文化，解决管理实践中的激励问题，在此基础上形成的具有中国特色的人文激励模式。组织应创造性地融合管理心理的方法与人力资源管理的机制，注重融合积极组织行为与人力资源开发激励、我国文化以及转型期的特定社会环境，解决员工在社会、心理、管理与健康等方面的问题，最终达到科学发掘潜能、持久提升工作满意度和工作绩效、提高员工工作生活质量的目的。中国管理情境的积极组织行为激励突出人文关怀，注重个体目标与组织目标的科学整合，侧重于激发内在动机，具有持久稳定的特点，与转型期科技创新人才的精神需求高度吻合，能有效地激发其内生性原动力。

生活工作的平衡作为科技创新人才开发的中心课题正逐步成为政府、组织与员工的共识。政府需要倡导、培育、营造工作生活平衡的和谐管理理念与氛围，组织需要系统改造组织文化与人力资源开发体系，员工需要提升调节工作生活平衡的能力，而这一切都需要中国管理情境的积极组织行为这样一个科学的平台与载体。中国管理情境的积极组织行为本质上是澄清人的职业价值观、规划职业生涯、提升心理资本、建构人文关怀环境，是完善科技创新人才的人力资源开发与发展。工作生活平衡的内涵是关心人的发展、科学建构人的精神家园的终极使命。所以，中国管理情境的积极组织行为正是工作生活平衡理念的终极使命的具体体现。积极组织行为是真正从以人为本出发，关心、理解、尊重、培养创新人才，调动科技创新人才的主观能动性，激发科技创新人才的创造潜能，推动科技创新人才全面发展。中国管理情境的积极组织行为为科技创新人才的工作生活平衡增添了新的时代特色。

当前，情绪管理与压力疏导已经成为时代的热门话题和人力资源开发中不容回避的重要课题。科技创新人才由于工作的特殊性，受科技发展加快、文化转型、价值裂变及竞争加剧等因素影响很大。外在的日益激烈的市场竞争和内在的成就动机促使其竭力去寻求自我实现的职场舞台，承受着强烈的心理危机感和超重的压力负荷，相对更易产生心理枯竭问题。将中国管理情境的积极组织行为应用于正确、妥善、和谐地处理工作与生活压力，就使工作生活平衡的内涵得到了扩展，使其更科学地落实在人文关怀和心理疏导上。其实，深层人文关怀的缺失与不足是制约新时期科技创新人才工作执行力与绩效的重要隐性因素，而深层人文关怀缺失的根本原因在于人才开发上主体对象的错位。中国管理情境的积极组织行为可以有效促进人力资源管理工作中人文关怀的回归。人力资源管理需要运用中国管理情境的积极组织行为的策略路径，激发科技创新人才的精神动力，改善科技创新人才的认知、信念、情感、态度和行为等。因此，将中国管理情境的积极组织行为融入科技创新人才的人力资源开发，可以更好地贴近时空、贴近诉求，从而实现激励成效的最大化。

（二）中国管理情境的积极组织行为激励内容

中国管理情境的积极组织行为的内容在国内外并无统一标准。综合国内外中国管理情境的积极组织行为与人力资源开发的研究内容，结合人力资源管理的专业视角，笔者认为中国管理情境的积极组织行为的内容包括工作层面和生活层面。工作层面有科技创新人才个体的工作压力应对、人际关系协调等，有组织方面的组织承诺与心理契约强化、忠诚度增强等；生活层面有科技创新人才个体的健康促进等，有组织方面的非正式群体良性发展等。个体与组织交互作用的内容可以依据其重心所在与社会属性划入相应范畴。中国管理情境的积极组织行为的内容在整体上偏重于工作层面。中国管理情境的积极组织行为激励内容直接指向科技创新人才个体和谐与组织和谐的双赢目标。中国管理情境的积极组织行为直接作用于科技创新人才个体，帮助其提高应对压力的能力，以及应对模糊工作角色和环境的适应力等。同时，中国管理情境的积极组织行为着眼于科技创新人才个体与组织的相互作用，协调工作角色涉及的相关问题，如个人与环境的匹配程度等，优化心理契约与组织承诺，增强科技创新人才在组织中的幸福感，增进科技创新人才的凝聚力和忠诚度，改善组织氛围，提升科技创新人才的士气，降低相关管理成本。

（三）中国管理情境的积极组织行为应用于科技创新员工的实践分析

本部分选取江苏三恒科技股份有限公司研发部作为实践研究对象，对中国管理情境的积极组织行为激励进行较为深入的研究。选择江苏三恒科技股份有限公司研发部进行实践分析，主要是基于以下考虑：一是该公司作为一个有着二十多年历史的科技型企业，具有一定的代表性，研发部以知识型员工为主，对其进行积极组织行为的知识型员工激励的实践分析，对于研究中国管理情境的积极组织行为具有重要的现实意义；二是该公司对于员工的激励较为全面、完整，具有一定的典型性，是考察基于中国管理情境的积极组织行为很好的素材；三是公司员工与管理层的相关数据以及工作表现情况、公司激励机制等通常较难收集，笔者与该公司有着较密切的、长期的联系，对其相关情况有较深入的了解，便于收集相关资料，进行深度研究，发现问题本质。

江苏三恒科技股份有限公司的快速发展，员工激励可谓功不可没。公司注重对研发人员的绩效激励、队伍建设，以及员工培训。公司正进行经营管理体制的改革，既存在经济企稳向好的机遇，也面临政策收缩从紧的挑战，在业务发展、渠道核算和监管规范的大潮中，管理者正在努力实现由粗放经营执行者走向精细管理经营者的转变。在公司发展过程中，员工的压力管理、工作与生活的平衡等诸多问题也摆在了管理者的面前。

本部分选取江苏三恒科技股份有限公司研发部 2012 年和 2013 年在人力资源管理的积极组织行为人力资源开发的激励改革前后的有关数据，目的是对积极组织行为人力资源开发的知识型员工激励进行动态比较分析。

1. 中国管理情境的积极组织行为实践的本土化路径

江苏三恒科技股份有限公司的积极组织行为实践的总体思路是：从公司的管理实践出发，契合、融合与整合积极组织行为的人力资源开发激励，构建"创新持之以恒、服务持之以恒、诚信持之以恒"的企业文化，面对人群庞杂、同行竞争激烈的社会环境。

（1）构建以能力为中心的员工管理轨道。江苏三恒科技股份有限公司素有重视员工能力的传统，它正是按着中国管理情境的积极组织行为实践路径，沿着以能力为中心的员工管理轨道，在人力资源管理中的员工管理的细节上逐一落实积极组织行为实践，突出员工相关能力的提升，尤其是工作胜任力的提升，着力于培养员工的公司荣誉感，保持员工积极的工作状态、旺盛的工作士气、顽强拼搏和百折不挠的工作意志和精神，帮助员工解决工作上的难题，尤其是帮助新员工不断自我成长，充分挖掘员工的工作潜能，从而提高其生产效率与工作绩效，提高其工作生活质量，促进其身心和谐等。江苏三恒科技股份有限公司实施的积极组织行为都是围绕其人员发展展开的，力求不断提升知识型员工的岗位工作胜任素质。

（2）始终贯穿于中国管理情境的积极组织行为激励理念宣传与和谐人际营造两条主线。江苏三恒科技股份有限公司对于积极组织行为激励的推广，始终贯穿中国管理情境的积极组织行为激励理念宣传这一主线。该公司在了解员工需求的前提下，通过系列宣传材料，如公司内刊、公司橱窗、公司网络、积极组织行为手册、专题讲座、团体讨论等丰富多彩、喜闻乐见的方式对积极组织行为进行全方位的宣传，逐步推广本公司的积极组织行为激励理念和方法策略，突出宣传其独特的积极组织行为发展主题、优化宗旨和保密原则。当然，与所有中国管理情境的积极组织行为一样，其积极组织行为是一项有精神薪酬的福利服务项目，引导员工积极主动享受。

江苏三恒科技股份有限公司紧密结合"创新持之以恒、服务持之以恒、诚信持之以恒"的企业文化，以打造融洽团队为主题，始终贯穿和谐人际营造的主线，强调"我为人人，人人为我"，组织拓展训练，实施团队激励，强调人事分开，绘制共同愿景，丰富活动载体，提升团体聚合力。

（3）自上而下启动具有本公司特色的积极组织行为战略规划。江苏三恒科技股份有限公司领导层一开始就对积极组织行为给予支持与重视，在制定人力资源管理业务战略规划时，将积极组织行为作为其重要组成部分。公司领导出席初期的积极组织行为启动动员大会、发表讲话，并在宣传等方面身体力行，这为该公司积极组织行为的顺利实施提供了重要的保障。在实践过程中，人力资源管理部积极组织，结合工会的相关工作，切实将积极组织行为纳入工作纲要，并结合时代气息，倡导以人为本与组织和谐，加强人文关怀和心理疏导，反复与公司领导层沟通，倡导帮助员工就是帮助公司。因为通过改善员工的职业身心状况，积极组织行为与人力资源开发帮助有困难的员工，能给公司带来巨大效益。有了领导层的支持，公司才能从整体的、切合实际的角度分析和制订基于本公司的积极组织行为活动，根据公司实际情况，将本公司的积极组织行为作为人力资源管理业务战略规划的有机组成部分。

（4）注重人格等内隐的鉴别性胜任因素人岗匹配的工作分析。笔者配合江苏三恒科技股份有限公司人力资源部，运用行为事件访谈法，并结合管理职位描述法、典型事例法等结构化方法和职务调查法、观察法等非结构化方法，修订了该公司的任职说明书，将员工的人格、情绪等内隐的鉴别性胜任因素明确作为工作分析内容，纳入任职说明书。同时，运用卡特尔16种人格因素问卷、霍兰德职业类型测试、气质测试量表等工具，笔者为该公司建立了全体员工的人才测评档案，参与新员工面试，配合心理人才测评，科学甄选，为人岗真正匹配等激励沟通工作打好相应基础。

（5）注重提升心灵修养与解决问题能力的激励培训。笔者融合江苏三恒科技股份有限公司的组织文化，在需求调查的基础上，分层次、分类别地开设系列激励培训，侧重于从认知根源授人以渔，激发员工心灵深处的优秀潜质，组织"品庄子　看压力""积极心理　快乐工作"等系列沙龙讲座，形成舆论氛围；开设网络咨询、信箱咨询、电话咨询及面询，为员工提供主动的、指导性的咨询帮助；组织定期规范的培训，突出工作动机、工作能力、人际关系、工作规范、身心健康的职业适应辅导等积极组织行为培训内容。

（6）注重沟通与心理契约的劳动关系管理。江苏三恒科技股份有限公司改革传统的劳动关系管理方式，突出人文关怀，挂牌上岗，进行述职测评，强化责任制，建立承诺制，畅通沟通与申诉渠道，设立经理信箱与经理接待日，会同工会建立职工重大疾病互助基金、公司合唱团和公司乒乓球队，注重柔性管理风格，重视员工的人情和面子。公司把员工看作其伙伴和朋友，重视用人文关怀的方式构筑组织和谐的气氛，增强员工对公司的认同感和归属感，提升组织承诺感，降低离职率，提升工作满意度。

2. 中国管理情境的积极组织行为的实施策略

（1）澄清职业价值观。澄清职业价值观策略的基本步骤是：辨析个体职业价值目标、整合个体与组织价值观。江苏三恒科技股份有限公司实施该策略时，分面上和点上两个层面进行。

面上，公司通过讲座、沙龙、宣传资料的引导，如培训时围绕某个职业价值观念或情景，充分交流辨析，进而引导澄清，描述组织的使命与愿望：不拘泥盈亏，关键在于赢得市场；不拘泥眼前，关键在于巩固渠道、引领方向；不拘泥困难，关键在于队伍建设持续发展。公司要充分发挥品牌优势、资源优势和分红产品优势，把握新产品上市的大好机遇，坚定信心，锁定目标，攻坚克难，进而将组织价值目标内化、细化成为知识型员工日常工作的目标。

点上，笔者对核心知识员工采用问题陈述法，结合行为事件访谈法，以开放方式回顾探询，逐渐寻找其深层志趣的线索，逐步确定核心知识型员工所表现出来的胜任素质，进而融合组织价值观，及时跟进培训，引导员工围绕优秀员工的行为进行交流辨析和角色扮演实践，引导员工践行基于本公司情境的积极组织行为心智模式的岗位股份制公司意识与岗位主人翁精神。

（2）规划职业生涯。江苏三恒科技股份有限公司实施基于本公司情境的积极组织行为视角下的知识型员工职业生涯管理"四维"策略，提出

"先知先觉，成就一生；后知后觉，落后一生；不知不觉，糊涂一生"的职业生涯规划口号，按照"择己所爱、择己所长、择己所需、择己所利"的"四择"原则，进行正确的定向、定点和定位。公司运用橱窗分析法，组织员工自我剖析，分析自己的个性特长，评价自己的兴趣、性格、技能等，从而逐步清晰职业锚。

公司运用 SWORT 分析，制订相应的职业生涯规划战略：SO 战略——发挥优势、利用机会；ST 战略——利用优势、回避威胁；WO 战略——利用机会、克服弱点；WT 战略——减少弱点、回避威胁。从优势、劣势、机会、威胁维度进行生涯机会评价与职业目标设定，让员工的直接上级主管参与其中，通过公司常规会议等形式，介绍金融保险业的发展状况、未来趋势及公司的组织目标，有机地结合个人生涯规划与组织的发展，把职业生涯目标按时间分解为中期目标和短期目标，每一阶段目标依次划分，有机衔接。将总目标分解为多个具体可行的子目标，每个员工在每个阶段都有小目标，并让直接主管督导落实到位。

公司改革传统的年终总结制度，将其变成职业生涯年检制度，对未完成的任务进行反思，修正新一轮目标，总结经验，预警生涯。在此基础上，公司进行系统的成就动机训练与培训开发：培育员工自信等优良个性，激发员工内在潜能，结合实际工作设计挑战性任务，引导员工定期回头看，反思自己并及时改进，不断强化新一轮的成就动机与内驱力。

（3）开发心理资本。企业竞争激烈，外部环境的变革使组织的不确定性明显增加，业绩的压力容易造成公司领导与员工的情绪衰落等职业倦怠问题。江苏三恒科技股份有限公司非常重视明晰心理资本中的希望愿景，各种会议反复强调已取得的阶段性成果，为员工提供良好的外部氛围。公司强调品牌优势和稳健经营原则，加上销售管理、渠道维护、运营系统、产品开发等全方位的支持，前景必定辉煌，借此不断激发员工的信心与美好愿景。

江苏三恒科技股份有限公司注重员工自我效能感的提升，每月定期组织成功案例讨论会，实施心理资本开发策略的经验替代法，挖掘身边的成功典型，塑造可信、可比、可学的榜样，将每月业绩突出的员工的经验进行及时宣传，增强员工的自我效能感，并及时围绕业绩突出的员工为什么能成功、其决定因素是什么以及自己与成功者的相似之处有哪些三个问题组织讨论，切实提高员工的斗志。同时，公司定期组织情绪管理系列讲座，提升员工的情绪智力。

（4）构建人文关怀的工作环境。笔者协助江苏三恒科技股份有限公司人力资源部营造体现组织人文关怀的"软"环境，培育工作—家庭平衡理念，设计良好的精神福利供给制度，进行系统的组织文化优化，建立和谐的劳资关系，如给员工过集体生日、中秋给员工直系亲属邮寄精美月饼并附领导的赞美评语、对困难员工关怀备至、成立员工互助基金会等。领导身体力行，部门细化落实，提倡尊重宽容，激发潜能，着力构建自尊、自主、良好的人际关系，让员工感觉到在公司工作是被尊重的、平等的、自由的。同时，这些内容都将被纳入公司规章制度。该公司在常州分公司内建立了多个内部沟通渠道，如公司内刊、员工BBS、领导接待日、员工委员会、免费心理咨询信箱等，使员工可以顺畅表达自己的想法和意愿。这些举措能够增强员工的成就感、价值感，减少和化解潜在的人际与管理冲突。领导力争集下属信赖的朋友与干练的管理者于一身，让公司员工之间合作与互助的关系大于竞争关系，共同面对困难，抵御压力，增强工作幸福感。

3. 科技创新人才对中国管理情境的积极组织行为的效果评价分析

本研究整群抽样选取江苏三恒科技股份有限公司研发部全体知识型员工61人作为被试。其中，宜兴分公司的37人没有参加基于公司情境的积极组织行为项目。作为研究实验的参照组，全程参加基于公司情境的积极组织行为项目的61名知识型员工中，由于工作变动等原因，有效样本数为54人。其中，硕士学位16人，占29.6%，学士学位38人，占70.4%；样本平均年龄39.7岁；男性员工47人，占87.0%，女性员工7人，占13.0%。样本整体呈正态分布。本研究共发放问卷61份，回收有效问卷54份，有效回收率为88.5%。评价前后历时近一年。评价采用准实验设计，设立实验组和参照控制组，对两组都实施前测和后测。其中，控制组前测数据和后测数据的差异不显著，实验组前测数据与控制组前测数据的差异不显著。在控制好无关变量的基础上，本研究对两组后测数据进行了比较。准实验的优势在于自然场合的可获得性突出，面对真正的市场环境，贴近实际，研究过程中通过掌握证据链等方法，尽可能控制自然场合的一些混杂因素的影响。数据采用SPSS11.5统计处理。

激励效果分析采用第六章中的三个二级指标（总体满意度、个体优化和组织优化）中的主要三级指标作为评价因子（三级指标），分别是员工对中国管理情境的积极组织行为满意度、管理层对中国管理情境的积极组织行为满意度、心理资本、工作绩效、工作满意度和组织承诺，它们占中国管理情境的积极组织行为指标体系总权重的 0.67，能充分反映基于中国管理情境的积极组织行为的运行效果。评价工具中，心理资本量表、工作满意度量表和工作绩效量表均采用第三章研究的量表，此处不再详述。员工对中国管理情境的积极组织行为满意度、管理层对中国管理情境的积极组织行为满意度运用 Likert 五点计分法，自编量表，非常满意 5 分，较满意 4 分，满意 3 分，较不满意 2 分，非常不满意 1 分。组织承诺采用凌文辁等[1]编制的《中国员工组织承诺问卷》。该问卷共 25 个条目，五因子结构模型已得到了验证。谭晟等[2]对凌文辁等提出的中国员工组织承诺的结构模型进行了再检验，因素负荷在 0.430 至 0.843。问卷的信度与效度均较好。

（1）中国管理情境的积极组织行为的总体满意度分析。

表 10-1 显示，从总体上看，员工对中国管理情境的积极组织行为满意度与管理层对中国管理情境的积极组织行为满意度都较高。但是，相对而言，员工满意度明显高于管理层满意度。这在访谈调查时也得到了验证。员工是积极组织行为的直接受益者，感受更为直接和深刻；而管理层接触积极组织行为相对少一些，更多是观察员工的表现。实际上，积极组织行为本身就有一个过程，其效果的显现具有相对滞后性，这也是二者存在差异的主要原因。

表 10-1　中国管理情境的积极组织行为总体满意度实证分析比较

项目	M (SD)	N
员工对中国管理情境的积极组织行为满意度	4.36 (0.56)	54
管理层对中国管理情境的积极组织行为满意度	4.01 (0.79)	12

注：M：平均数，SD：方差。

---

[1] 凌文辁、张治灿、方俐洛：《中国职工组织承诺研究》，《中国社会科学》2001 年第 2 期，第 90~102 页。

[2] 谭晟、凌文辁、方俐洛：《中国员工组织承诺 5 因素结构模型的验证》，《广州大学学报》（自然科学版）2002 年第 6 期，第 96~99 页。

(2) 中国管理情境的积极组织行为的个体优化分析。

①中国管理情境的积极组织行为的心理资本分析。由表10-2可见，在中国管理情境的积极组织行为实验组前后心理资本中，除坚韧性外，所有维度均存在极其显著的差异。这充分表明中国管理情境的积极组织行为在提升员工心理资本方面的显著成效，也从侧面说明了心理资本是中国管理情境的积极组织行为的重要内容。就显著性程度而言，依次是自我效能感、乐观、情绪智力和坚韧性。这也说明了自我效能感和乐观是开发心理资本的主要突破口。当然，坚韧性属于意志范畴，改变起来相对较难，需要相对长期的过程。

表10-2 中国管理情境的积极组织行为实验组前后心理资本差异比较

维度	前测 M（SD）	后测 M（SD）	t
情绪智力	3.17（0.63）	3.72（0.56）	3.6667**
自我效能感	3.06（0.82）	3.91（0.69）	5.0350**
坚韧性	3.67（0.65）	3.76（0.73）	0.5582
乐观	3.34（0.81）	4.03（0.76）	4.0105**

注：** $p \leq 0.01$，M：平均数，SD：方差。

中国管理情境的积极组织行为实验组后测、控制组后测心理资本差异比较显示（见表10-3），在中国管理情境的积极组织行为实验组的显著效果中，仅仅坚韧性不存在显著差异，其他三个心理资本维度均存在极其显著差异。这进一步验证了中国管理情境的积极组织行为中心理资本提升策略的实效性。

表10-3 中国管理情境的积极组织行为实验组后测、控制组后测心理资本差异比较

维度	实验组 M（SD）	控制组 M（SD）	t
情绪智力	3.72（0.56）	3.09（0.69）	3.7318**
自我效能感	3.91（0.69）	3.05（0.75）	5.8088**
坚韧性	3.76（0.73）	3.52（0.81）	1.2738
乐观	4.03（0.76）	3.27（0.76）	4.0394**

注：** $p \leq 0.01$，M：平均数，SD：方差。

对男、女性的中国管理情境的积极组织行为的后测心理资本差异比较可以发现，女性在情绪智力、自我效能感和乐观方面改善得更为突出，这从侧面说明中国管理情境的积极组织行为在对女性的心理资本提升方面的作用更为明显，男性仅在坚韧性方面较女性明显。但是，总体而言，男、女性差异并不显著。另外，年龄、学历因素经过验证，差异均不显著。

②中国管理情境的积极组织行为的工作绩效分析。中国管理情境的积极组织行为在工作绩效方面，实验组前后测试结果显示，激励效果明显。其中，任务绩效差异显著，关系绩效和学习绩效均存在极其显著的差异。这说明，中国管理情境的积极组织行为能促进知识型员工高质量完成工作说明书中所规定的任务、职责，对实现组织目标有明显的增益作用。

表10-4 中国管理情境的积极组织行为实验组前后工作绩效差异比较

维度	前测 M (SD)	后测 M (SD)	t
任务绩效	3.81 (0.48)	4.06 (0.34)	2.0080*
关系绩效	3.36 (0.42)	3.98 (0.42)	4.9325**
学习绩效	3.55 (0.57)	4.11 (0.46)	4.0206**

注：* $p \leqslant 0.05$，** $p \leqslant 0.01$，M：平均数，SD：方差。

结合中国管理情境的积极组织行为实验组后测与控制组后测工作绩效差异比较，中国管理情境的积极组织行为对关系绩效的促进作用极其显著，充分反映了中国管理情境的积极组织行为能激发知识型员工的内在动力，增强员工对工作的间接支持行为。学习绩效改善得极其显著，表明知识型员工个体显著提升了学习技能和其他相关能力。在中国管理情境的积极组织行为影响工作绩效方面，性别、年龄和学历因素不存在显著差异。

表10-5 中国管理情境的积极组织行为实验组后测、
控制组后测工作绩效差异比较

维度	实验组 M (SD)	控制组 M (SD)	t
任务绩效	4.06 (0.34)	3.81 (0.35)	1.9764
关系绩效	3.98 (0.42)	3.37 (0.42)	4.3571**
学习绩效	4.11 (0.46)	3.62 (0.51)	3.2740**

注：** $p \leqslant 0.01$，M：平均数，SD：方差。

(3) 中国管理情境的积极组织行为的组织优化分析。

①中国管理情境的积极组织行为的工作满意度分析。中国管理情境的积极组织行为实验组前后工作满意度差异比较显示，员工在自我实现方面差异极其显著，在人际环境方面差异显著，这显示了中国管理情境的积极组织行为在这两个方面突出的影响力。工作满意度来源于工作或工作经验评价的愉快等正性情绪的状态认知。可以看出，自我实现方面的影响还是来自中国管理情境的积极组织行为中的职业价值观与职业生涯规划的认知影响。

表 10-6　中国管理情境的积极组织行为实验组前后工作满意度差异比较

维度	前测 M（SD）	后测 M（SD）	t
工作本身	3.37（0.56）	3.59（0.53）	1.5328
人际环境	3.24（0.52）	3.53（0.57）	2.0205*
组织形象	3.41（0.47）	3.58（0.43）	1.3038
自我实现	3.16（0.39）	3.67（0.64）	3.6616**
外在回报	3.11（0.41）	3.29（0.43）	1.4320

注：*$p \leqslant 0.05$，**$p \leqslant 0.01$，M：平均数，SD：方差。

中国管理情境的积极组织行为对工作满意度中的组织形象维度影响不大，这在表 10-6 和表 10-7 中均有显示。但是，中国管理情境的积极组织行为总体上对工作满意度都产生了积极的影响，在外在回报维度上影响显著，对工作本身维度的认知也起到了积极的引领作用。在中国管理情境的积极组织行为对工作满意度的影响方面，性别、学历和年龄差异均不显著。

表 10-7　中国管理情境的积极组织行为实验组后测、控制组后测工作满意度差异比较

维度	实验组 M（SD）	控制组 M（SD）	t
工作本身	3.59（0.53）	3.34（0.54）	1.5843
人际环境	3.53（0.57）	3.17（0.51）	2.2588*
组织形象	3.58（0.43）	3.31（0.49）	1.8544
自我实现	3.67（0.64）	3.13（0.62）	3.1493**
外在回报	3.29（0.43）	3.12（0.56）	1.1333

注：*$p \leqslant 0.05$，**$p \leqslant 0.01$，M：平均数，SD：方差。

②中国管理情境的积极组织行为的组织承诺分析。中国管理情境的积极组织行为总体上对知识型员工组织承诺的作用明显，中国管理情境的积极组织行为实验组前后组织承诺差异比较显示（见表10-8）：感情承诺上存在极其显著的差异，这有力地说明了中国管理情境的积极组织行为显著增强了员工对组织的认同和投入，提升了员工承担作为企业的一员所涉及的各项责任和义务的意愿。这也与凌文辁等[1]和刘小平[2]的研究结果是一致的：员工组织承诺受企业文化、团队管理等因素的影响。中国管理情境的积极组织行为对于人文关怀组织文化环境的构建，使得员工对于组织承诺的感受得到提升，总体效果显著。

中国管理情境的积极组织行为实验组后测与控制组后测在组织承诺方面的差异比较显示（见表10-9）：规范承诺与感情承诺差异极其显著，与实验组前后测试结果不同的是，规范承诺因子差异更为突出。这从侧面说明了中国管理情境的积极组织行为对员工的相关培训学习，特别是职业价值观的澄清与职业生涯规划的具体落实，让知识型员工认识到工作条件对其理想的实现有明显的积极作用。中国管理情境的积极组织行为的心理资本开发策略具有直接的减压激励功能，能直接减少职业倦怠。这与怀特和霍布福尔[3]等的研究结果是一致的：心理健康和组织承诺显著相关。中国管理情境的积极组织行为是非薪酬激励，所以经济承诺与机会承诺差异不显著也实属常态。同时，在中国管理情境的积极组织行为影响组织承诺方面，性别、年龄和学历因素也不存在显著差异。

表10-8 中国管理情境的积极组织行为实验组前后组织承诺差异比较

维度	前测 M（SD）	后测 M（SD）	t
规范承诺	3.56（0.43）	3.78（0.46）	1.6973

---

[1] 凌文辁、张治灿、方俐洛：《影响组织承诺的因素探讨》，《心理学报》2001年第3期，第259~263页。
[2] 刘小平：《企业员工的组织归属感及形成研究》，《管理现代化》2002年第6期，第36~40页。
[3] T. A. Wright and S. E. Hobfoll, "Commitment, Psychological Well-being and Job Performance: An Examination of Conservation of Resources (COR) Theory and Job Burnout", *Journal of Business and Management* 9 (4) (2004): 389—406.

续表

维度	前测 M (SD)	后测 M (SD)	t
理想承诺	3.13 (0.49)	3.28 (0.43)	1.1371
经济承诺	3.65 (0.51)	3.69 (0.47)	0.2941
感情承诺	3.26 (0.37)	3.89 (0.34)	5.4424**
机会承诺	3.35 (0.42)	3.43 (0.40)	0.6426

注：** $p \leq 0.01$，M：平均数，SD：方差。

表10-9 中国管理情境的积极组织行为实验组后测、控制组后测组织承诺差异比较

维度	实验组 M (SD)	控制组 M (SD)	t
规范承诺	3.78 (0.46)	3.41 (0.52)	2.4612*
理想承诺	3.28 (0.43)	3.23 (0.56)	0.3333
经济承诺	3.69 (0.47)	3.65 (0.42)	0.2767
感情承诺	3.89 (0.34)	3.17 (0.36)	5.6569**
机会承诺	3.43 (0.40)	3.31 (0.39)	0.8847

注：* $p \leq 0.05$，** $p \leq 0.01$，M：平均数，SD：方差。

4. 思考与建议

中国管理情境的积极组织行为所做的知识型员工激励在江苏三恒科技股份有限公司的案例分析本身是一个开放的体系，它所提供的是真实的问题、矛盾与困境，客观上存在从各个侧面进行研究、分析和解释的可能性。本部分以中国管理情境的积极组织行为视角研究江苏三恒科技股份有限公司的人力资源管理过程，不拘泥于对企业管理活动的某一方面和某一事件进行分析，而是从长线看基于该公司情境的积极组织行为在领导、管理、满意度与绩效等主要方面的发展，依据该公司的积极组织行为的实施策略与路径，对其人力资源管理激励进行动态全面的梳理，以发现其人力资源管理过程中是否体现出了积极组织行为所揭示的基本思路和策略原理，最后验证了基于该公司情境下的积极组织行为实施前后、实验组与控制组在基于该公司情境的积极组织行为评价体系中主要指标的差异，透视基于积极组织行为的知识型员工激励效果，进而证明了中国管理情境的积极组织行为的相关假设。

中国管理情境的积极组织行为在组织中的实际成效主要取决于领导支持、员工接受和本土化内容等因素。中国管理情境的积极组织行为自始至终都应与组织领导层保持密切联系，争取领导层的切实重视，争取人力资源部的全程参与。中国管理情境的积极组织行为要让员工从内心接受，切实加强引导宣传，切入视角应与快乐高效工作以及幸福生活紧密结合，注重工作与生活的平衡。中国管理情境的积极组织行为应提炼固化，落地生根，融入企业文化和企业日常管理，以人力资源部为主导，结合工会、党建等本土化工作，结合和谐社会构建，提炼阶段性主题和针对性方案，将中国管理情境的积极组织行为的目标、内容和体制由虚变实，使中国管理情境的积极组织行为软路径硬化、虚指标量化、软意识强化，逐步形成中国化的积极组织行为体系。

本研究通过案例分析，进一步验证了基于积极组织行为的知识型员工的激励模式，将其归纳为"三位一体"的中国管理情境的积极组织行为模式。基于积极组织行为的知识型员工激励通过中国管理情境的积极组织行为模型、中国管理情境的积极组织行为手法策略和中国管理情境的积极组织行为效果评价三个环节系统完成，在激励理念上秉承中国管理情境的积极组织行为模型，在激励路径上走本土化的"一轨道、二主线、五步骤"，在方案策略上实施"四策略"，在效果评价上考虑"三因素、十二因子"。中国管理情境的积极组织行为模型、中国管理情境的积极组织行为路径策略与中国管理情境的积极组织行为效果评价三者的关系是紧密相连、环环相扣、层层递进、相互影响的，形成融理念、路径、策略与评价于一体的有机激励整体，最终实现提升工作满意度和工作绩效的目标，实现知识型员工与组织的和谐双赢的激励模式。

二 基于积极组织行为的科技创新人才开发的文化生态机制研究

当前，我国正处于"大众创业、万众创新"时期，创新是时代特征。推进创新、提高创新能力，最关键的因素是创新人才。党的十八大和十八届三中全会都明确提出"实施创新驱动发展战略"，提高原始创新、集成创新和再创新能力，着力构建技术创新体系，并以创新带动经济和社会的发展，建设创新型国家。然而，我国高科技企业的自主创新能力比较薄弱，导致产业的核心竞争力不强；价值链高端的科技创新人才缺乏，已成为制约我国经济产业转型升级的瓶颈；创新人才培养目前普遍存在"低端人才多、骨干人才缺、战略人才稀和人才结构不均衡"的突出问题。目前，对创新人才的研究已成为时代的焦点与热点，积累了良好的基础。但是，长期以来，相关研究存在两个误区：一是研究内容上，宏观环境性、制度性研究多，微观层面的成长规律研究少；二是描述性定性研究多，定量的测定性研究少。本部分以积极组织行为中的核心变量——心理资本作为切入点，探究创新人才开发的生态机制，旨在建立创新人才成长实证模型，探究创新人才鉴别性成长路径。本研究选择企业文化因素为自变量，高科技创新人才的绩效为因变量，心理资本为中介变量，运用相关分析和路径分析，研究基于心理资本的企业文化与高科技创新人才的绩效的定性、定量关系，目的在于为高科技创新企业充分发挥人才优势提供实现路径。

（一）理论与假设

积极组织行为的核心内容是提升心理资本。心理资本的内涵可以概括为三个层面：一是心理资本特质论。国外研究认为，心理资本是个体通过学习等途径进行投资后获得的一种具有耐久性和相对稳定的心理内在基础架构。二是心理资本综合论。心理资本拥有状态性，在通过干预措施开发的同时，又具备特质性，相对比较稳定。三是心理资本状态论。心理资本是指个体的积极心理发展状态。组织文化认同理论认为，若组织个体对所在组织文化认同，那么他们就会自愿接受所在组织的核心价值观和组织使命，并且会影响到他们内心的想法，改变他们的情绪智力、自我效能感、乐观等因素，进而影响到他们的工作绩效和创新绩效。因此，企业文化与心理资本有着紧密的关系。由此，本研究提出第一个研究假设。

研究假设1：企业文化对科技创新人才的心理资本有显著影响。

企业文化是组织的价值观、行为方式、精神现象等，是指企业全体员工在长期的创业和发展过程中培育形成并共同遵守的最高目标、价值标准、基本信念及行为规范。它是企业理念形态文化、物质形态文化和制度形态文化的复合体。在组织中，个体的高组织文化认同度将会显著地影响到其与组织内部员工间的合作倾向；同时，高组织文化认同度也会激发个体的组织行为，进而影响个体的工作绩效。以往研究基于知识管理视角，研究了员工组织文化认同对创新绩效的作用机制，认为组织文化认同对创新绩效的影响可分为直接效应和间接效益，组织文化认同不仅能直接提高科研人员的工作稳定性，为创新活动的顺利进行提供人力保障，延续组织知识，而且能够促使科研人员知识共享，改变态度，进而改善企业创新绩效。由此，本研究提出第二个研究假设。

研究假设 2：企业文化对科技创新人才绩效有显著影响。

关于员工绩效，目前主要有三种观点，分别是结果观、行为观和综合观。结果观认为，工作绩效是员工完成某一工作的成绩、结果；行为观主张，绩效是在个体控制下的对组织具有贡献的行动或行为；综合观则认为，工作绩效是员工完成任务的行为、结果和态度之和。有学者采取心理资本的三维度模型（希望、乐观和恢复力），对 422 位中国员工进行实证研究，证实了心理资本与他们的工作绩效之间有显著的正向关系。有研究在控制了性别和年龄两个人口统计学变量的影响后，发现员工的希望、乐观和坚韧性对他们的工作绩效有积极影响，并认为个体因素和组织内、外因素可能会对上述影响产生调节作用。有研究探讨了制造业企业员工的心理资本与组织技术创新绩效的关系，跨层次分析结果认为，员工的积极心理状态对企业技术创新绩效能够产生正向影响。由此，本研究提出第三个研究假设。

研究假设 3：科技创新人才心理资本对员工绩效有显著影响。

心理资本不仅对员工的工作绩效直接产生影响，而且对员工的创新绩效也产生影响，还通过提升员工心理资本调节企业文化和员工绩效之间的关系。同时，心理资本在影响工作绩效的过程中很可能受到某些变量的调节作用。有学者将组织承诺作为调节变量研究，证实了组织承诺确实在心理资本对工作绩效和创新绩效的影响过程中起到了显著的调节作用。由此，本研究提出第四个研究假设。

研究假设 4：心理资本在科技创新人才的企业文化与员工绩效间具有部分中介效应。

为了探讨企业文化、心理资本和员工绩效三者之间的作用路径关系，根据研究目的、研究的理论假设，本研究把企业文化划分为精神文化、制度文化和物质文化三个层次作为衡量指标；把心理资本划分为情绪智力、自我效能感、乐观和坚韧性四个层次作为衡量指标；把高科技企业创新人才的绩效划分为工作绩效和创新绩效两个层次作为衡量指标以构建研究的概念模型。

（二）研究方法

1. 样本选择

本部分调研对象为长三角地区高科技创新企业的科研人员，被试来自全国各地，采用随机整群抽样，通过网络发放和现场调研等方式进行问卷调查。本研究共发放问卷150份，回收135份，剔除无效问卷，最终回收有效问卷110份，有效回收率为73.3%。其中，男性样本量略高于女性（57.3%）；受访者的年龄集中在25～30岁（32.7%）；学历占比最多的是本科（43.6%）；在本单位工作年限在3～5年的受访者较多，占31.8%。本研究在选取样本时，力求做到类别的均衡，以提高样本的代表性。

2. 研究工具

本研究编制适合中国文化情景的自陈式Likert五点计分心理资本问卷。通过预调研，本研究对心理资本量表做了修正，并进行了预备性测试，对问卷进行了质和量的分析。问卷的内部一致性系数是0.928；员工绩效由创新绩效和工作绩效两个部分构成，问卷的内部一致性系数是0.786；企业文化问卷的内部一致性系数是0.792，该问卷包括精神文化、物质文化和制度文化三个维度。

数据处理采用SPSS18.0、AMOS7.0统计分析软件。

（三）研究结果

1. 相关方分析

表10-10具体显示了企业文化、心理资本、工作绩效和创新绩效四个变量的描述性分析与相关情况：所有维度之间均存在极其显著的相关关系，相关系数从0.202到0.566，各维度彼此之间均存在显著相关。这说明，总体上，企业文化、心理资本、工作绩效和创新绩效之间有着密不可分的联系。这也验证了国内的相关研究结果。

表 10-10　四个变量的均值、标准差及相关系数关系

变量	均值	标准差	企业文化	心理资本	工作绩效	创新绩效
企业文化	3.55	0.35	1			
心理资本	3.86	0.41	0.291*	1		
工作绩效	3.79	0.65	0.210*	0.387*	1	
创新绩效	3.86	0.51	0.202*	0.566**	0.396*	1

注：$N = 110$，* $p < 0.05$，** $p < 0.01$。

与心理资本各维度总体关联程度从高到低依次是：创新绩效、工作绩效和企业文化；从创新绩效视角来看，与其相关性从高到低依次是：心理资本、工作绩效和企业文化；与工作绩效结果相关性从高到低依次是：创新绩效、心理资本和企业文化；与企业文化相关性从高到低依次是：心理资本、工作绩效和创新绩效。综合来看，心理资本是影响创新绩效最突出的因素，而文化生态对创新绩效的作用非常突出，这与前期相关研究结果是一致的。这也充分说明创新绩效与心理资本、文化生态机制内涵关联的独特性。

以创新绩效总体指标为因变量，其他各因素为自变量，引入回归方程分析，结果表明：各因素中，心理资本对创新绩效预测作用最大（$\beta = 0.31$，$p < 0.01$）；其次是企业文化（$\beta = 0.26$，$p < 0.01$），这验证了研究假设 2 和研究假设 3。以心理资本总体指标为因变量，企业文化因素为自变量，引入回归方程分析，结果表明：企业文化对心理资本预测作用显著（$\beta = 0.24$，$p < 0.01$），这验证了研究假设 1。回归分析还显示，受教育程度与创新绩效、心理资本存在一定关系，受教育程度越高，创新绩效越好，但不显著；而性别、年龄与创新绩效、心理资本并没有检测出显著关系，这与国内相关研究结果有所不同。

2. 路径分析

心理资本与创新绩效中的创新过程和创新结果显著相关，初步证实了本研究提出的部分研究假设。为进一步验证研究假设，本研究采用结构方程建模中的路径分析方法研究心理资本对企业文化以及员工绩效之间的部分中介作用，本研究构建了两个模型：模型一是预设模型，代表了心理资本的部分中介作用；模型二是独立模型，代表了心理资本的无中介作用。

本研究选取以下几个指标进行衡量：χ^2，df，GFI，RMSEA，CFI，IFI。本研究运用结构方程模型技术，对两种模型进行了计算，得出了如表10 – 11所示的模型拟合指标。

表10 – 11　两种结构方程模型间的比较

结构方程模型	χ^2	df	GFI	RMSEA	CFI	IFI
预设模型	35.13	24	0.823	0.102	0.864	0.882
独立模型	118.04	36	0.506	0.267	0.734	0.765

综合各项指标可以看出，预设模型的$\chi^2/df<3$，GFI、IFI等拟合指数都比独立模型好，大多数接近0.9，RMSEA值比独立模型低。这表明，预设模型与实证数据有最佳的拟合，是相对最优的模型，对变量之间的关系做出了相对最好的解释。综上所述，表10 – 11的结果证实了研究假设4，即心理资本在高科技创新人才的企业文化与员工绩效间具有部分中介效应。

（四）结论与建议

本研究旨在探讨心理资本视角的科技创新人才文化生态对创新绩效的影响机制，尤其是研究心理资本对创新绩效的综合中介作用机理，研究发现：

（1）企业文化对科技创新人才的心理资本有显著影响；

（2）企业文化对科技创新人才绩效有显著影响；

（3）科技创新人才的心理资本对员工绩效有显著影响；

（4）心理资本在科技创新人才的企业文化与员工绩效间有部分中介效应。

从心理资本的内在作用机制着手，通过实证分析，本研究发现心理资本、企业文化都对创新结果与创新行为有显著影响作用，反映了创新绩效、企业文化与心理资本内涵关联的独特性。

本研究从总体上建构了基于心理资本的文化生态机制对创新绩效、工作绩效影响的结构模型，验证了心理资本对创新绩效有直接的影响，也通过企业文化中介变量对创新绩效产生间接的影响。心理资本影响着内在动机的认知驱动力和学习驱动力，并通过组织文化生态最终对创新绩效、工作绩效有着显著的作用。

心理资本、企业文化对创新绩效、工作绩效有直接和间接的影响，综合作用力突出，这为组织管理实践提供了有益的反馈与启示：人力资源管理需要将开发员工的心理资本作为紧急而又重要的工作，尤其要结合人文关怀环境的构建，打造有利于创新的组织文化生态机制。本研究也为组织的系统管理，包括人文环境构建、职业生涯规划、组织文化发展提供了有益的参考。

本研究还存在不足，需要后续的研究加以修正：一是样本问题。由于人力、物力等方面条件的制约，虽然样本数量已经可以满足数据分析的要求，但是毕竟有限。在以后的实证研究中，需要加大在样本数量方面的投入，以确保结论更具有现实说服力。二是时点问题。由于本研究是实证性研究，所收集到的数据是在3个月内获得的，缺乏对数据更为准确、更为长期的纵向研究。所以，未来研究需加强纵向研究。三是深入性问题。目前，国内外对企业文化的探讨均不多见，这是一个较为崭新的研究领域。由于研究范围及研究篇幅的局限性，本研究仅仅探讨了企业文化对科技创新人才心理资本和员工绩效的影响，以及科技创新人才心理资本对企业文化与员工绩效的中介作用，但对于企业文化是否对科技创新人才的其他行为具有更深入的影响并未涉及。这值得今后进行深入研究和探讨。

"2011计划"明确提出加强创新人才培养与人事制度等改革，而当前管理领域也正从纯理性、线性的管理模式转变为关注融合的、注重人文和谐的管理模式。中国管理情境的积极组织行为正是这种转变和需求的集中体现，是新时期科技创新人才人力资源开发研究和实践的一个新的领域与方向，是对中国式管理激励理论的积极探索，与"社会和谐"与"人文关怀"的理念高度吻合，真正契合工作生活平衡的目的与本质，能有效提升科技创新人才的"软实力"，建立促进工作生活平衡的内在长效机制。

第十一章
中国管理情境的积极组织行为促进农民工城市融入研究

农民工是社会转型过程中具有浓郁中国特色的特殊群体,本章通过对中国管理情境的积极组织行为促进农民工城市融入实践中的结构模式、服务方案和评价体系等综合实务的研究,进一步分析中国管理情境的积极组织行为的解释力、分析力和预见力。通过对科技创新人才之外的另一特殊人力资源群体——农民工的典型性研究,本章从综合实务分析过程中获得理论的再升华,进一步深化和完善中国管理情境的积极组织行为。

一 积极组织行为促进农民工城市融入的结构模型①

农民工是在我国工业化、城镇化进程中出现的,历经40多年的变迁,形成了职业城市化、地域城市化、身份城市化与人的城市化四个阶段。改革开放以来,农民工作为我国产业工人的重要组成部分,已经成为推动工业化与现代化的重要力量。虽然2013年我国的城镇化率已经超过53.7%,但实际上目前真正的城镇户籍人口只有总人口的36%左右,城镇人口中占30%的流动人口群体无法享受城镇待遇,而流动人口群体主要是农民工,其规模已达2.6亿人。新型城镇化的核心是人的城镇化。推进农业转移人口市民化,促进农民工的城市融入,已成为我国建设新型城镇化亟待解决的战略性难题。

---

① 张宏如、李群:《员工帮助计划促进新生代农民工城市融入结构模型——人力资本、社会资本还是心理资本》,《管理世界》2015年第6期。

近年来，农民工逐渐成为学界与政府关注的热点。农民工问题在2010年中央一号文件中正式被提及并进入国家政策议程，现已成为农民工研究领域的重点和难点问题。农民工普遍具有耐受力低等特点，在其融入城市的过程中，出现了身份认同、内卷化、半城市化等问题。现在国内关于农民工的研究主要集中于三个方面。一是城市融入的理论分析，主要有四工具——社会排斥、社会资本、社会距离与社会认同理论，五视角——现代性视角、社会化视角、社会整合视角、社会分层与社会流动视角、社会网络视角以及七理论等。二是城市融入的内容研究。三是城市融入的影响因素研究，呈现多视角研究的画面。国外没有"农民工"概念，相关的移民研究主要沿着城乡生活方式、城乡关系、同化与整合等融合方式的研究主线逐步深入，目前强调文化心理层面的融合等，呈现出多元化研究趋势。

综观研究现状，现有文献关于积极组织行为促进农民工城市融入的研究比较少，虽有研究提出要更加重视提升农民工的社会资本和人力资本，强化组织支持，但更多还是集中于其重要性阐述等方面，呈现"三多三少"的特点：回应性研究多，前瞻性研究少；宏观论述性多，操作对策性少；单学科研究多，跨学科研究少。从国内外经验来看，农民工城市融入的关键在于外在"赋能"与内在"增能"，目前急需解决其稳定就业、社会支持与心理适应三大难题。积极组织行为充分具备上述内外功能，能有效促进农民工城市融入。农民工城市融入是一个由浅到深的复杂而又微妙的心理过程，需要科学实证地深入研究其作用机理。本章以积极组织行为为切入点，面向城市融入问题，突出操作性、前瞻性和跨学科性，旨在构建积极组织行为促进农民工城市融入的支持性理论模型，并实证性地检验模型中的预测。

（一）文献回顾与理论假设

积极组织行为是组织运用心理与管理科学的方法，积极主动地通过规划宣传、辅导干预等精神福利服务，澄清员工职业价值观，规划职业生涯，提升心理资本，营造支持性组织文化，解决员工在社会、心理、管理与健康等方面的问题，最终达到发掘潜能、提升满意度和工作绩效、提高工作生活质量的目的。其中，心理资本、职业生涯规划、职业价值观与人文关怀环境是积极组织行为的主要内生变量。

1. 积极组织行为对人力资本的影响

积极组织行为中的职业生涯规划从自我职业生涯管理切入，结合组织规划，融合合作伙伴管理职能，为员工创造职业生涯发展的环境和机会，并协调外因，实现员工与组织的和谐发展。积极组织行为视角中的职业生涯规划从内外两个角度整合职业生涯管理系统，内部要对各种管理实践进行整合，外部要对职业生涯管理系统和组织文化、战略等进行整合。职业生涯规划能直接或间接地提升人力资本及其外在绩效。有学者进一步通过实证研究，发现在这一系列关联性背后，职业生涯规划直接和间接地影响着员工的人力资本，从而影响着绩效。所以，本研究提出如下研究假设。

研究假设1：农民工的职业生涯规划对其人力资本提升有显著影响。

传统激励大多强调通过各种外在激励赢得员工的忠诚，但鉴于市场竞争环境为员工创造了更多的外在诱惑，随着双因素边际激励效用的递减，薪酬等因素又恰恰成为其离职的理由。职业价值观决定着工作态度，是职业取向、职业选择的深层因素。职业价值观澄清通过辨析个体职业价值目标、认识深层志趣、内化组织价值目标、规范员工行为方式，可以从内在与价值深处提升农民工个体的人力资本。农民工接受组织的价值观并将其作为日常工作中的行动指南，有助于工作绩效的提升。工作绩效涉及投入与产出的效能，而这种效能离不开组织员工对于工作的态度，也就是职业价值观；同时，职业价值观作为一种具体的行为方式或存在的终极状态，肯定会对工作绩效指标产生影响。所以，本研究提出如下研究假设。

研究假设2：农民工的职业价值观澄清对其人力资本提升有显著影响。

2. 积极组织行为对社会资本的影响

有学者认为，人的行为是个体特征与环境因素相互作用的函数关系。可以看出，环境的因素作用是长期的、潜移默化的与深层次的。国外相关研究显示，环境激励是伴随组织发展而逐步沉淀的，同时它又很独特。前文提及，有研究认为，组织环境若重视个人自尊和独特性，关心他人并为他人服务，关注共同利益，则可以称为人道主义文化环境。此外，有效的人力资本管理应培育合作互信的环境氛围，任何个体的存在都离不开其所依赖的社会系统，员工人力资本中知识与技能的开发依赖于组织能否有效地开发和利用社会资本，其中人文关怀环境至关重要。所以，本研究提出如下研究假设。

研究假设 3：人文关怀环境对农民工的社会资本提升有显著影响。

3. 农民工的人力资本与城市融入

人力资本包括职业技能、身体状况、职业知识、职业经验和文化素养等。农民工的人力资本直接影响着其城市职业的层次与收入水平的高低，这些又进一步影响着其消费方式、居住条件等。国内有研究显示，人力资本中的受教育年限、培训与工龄等变量对农民工工资有显著的正向影响。就业是农民工在城市稳定与沉淀的关键，加强就业服务和就业培训，能提升农民工的职业技能和就业效率。有研究显示，农民工在受教育程度与劳动技能方面都与城市工人有明显差距，人力资本的教育、培训对其工资有显著影响，教育资历差异是产生收入差距的主要原因。因此，文化程度和职业培训是制约农民工就业与职业层次的主要因素，而这些都是农民工的人力资本，直接影响着其经济收入。所以，本研究提出如下研究假设。

研究假设 4：农民工的人力资本提升对其城市经济融入有显著影响。

人力资本不仅是经济发展的动力基础，而且是经济发展方式转变的决定性因素。农民工人力资本的提升既有赖于工会组织的变革和自主性成长，同时又有利于其自主性成长，提升其社会资源的获取能力，扩大其社会网络的范围，这是一个相对的、互为促进的过程。实际上，农民工由于在人力资本方面缺乏有充分竞争力的技能，长期处于价值链的低端，除面临失业压力之外，还出现诸如拖欠工资、合同签订率低、社会保险参保率低等现象。有学者从功能性视角强调，人力资本等自身禀赋的约束，容易使农民工陷入恶性循环，甚至选择自我隔离。所以，本研究提出如下研究假设。

研究假设 5：农民工的人力资本提升对其城市社会融入有显著影响。

4. 农民工的社会资本与城市融入

相对于人力资本的微观视角，社会资本更注重人们构建社会网络的投资在市场中的回报，社会资本有助于人们获得资源，提高社会地位。通过对社会关系等社会资本的投资与运用，可以在市场中取得回报。国外的实证研究证明，参加工会的工人确实拥有更高的工资。国内研究也显示，"跨越型"和"整合性"社会资本对农民工收入具有显著的正向影响。对于农民工来说，社会资本的提升能带来更多的社会资源、社会保障与社会收益，而这些因素又直接或间接地影响着农民工获取工作、维护权益等社会支持网络与生活方式，也间接对社会管理、社会服务与政治参与产生作用。从反面视角来看，社会网络、社会资源等社会资本的局限，直接影响着农民工的城市社会适应，城市融入的"嵌入"式和"失范"式程度突出；人际交往上出现"内卷化"，急需构建农民工融入城市的社会支持系统。农民工自身也需要逐步构建具有城市特征的新型社会网络，提升其社会资本。所以，本研究提出如下研究假设。

研究假设6：农民工的社会资本提升对其城市社会融入有显著影响。

5. 农民工的心理资本与城市融入

如前文所述，心理资本最早出现在经济学文献中，正式出现源于人力资本理论和积极心理的研究。目前，国内外心理资本研究主要集中于概念界定、构成要素与测量、影响变量与机理、管理与开发四个方面。心理资本不同于传统的人力资本与社会资本，人力资本强调"你知道什么"，诸如知识与技能；社会资本强调"你认识谁"，诸如关系和人脉；而心理资本则强调"你是谁"及"你想成为什么"，关注的重点是个体的心理状态。国内有学者经实证研究发现，心理资本对工作绩效、公民组织行为等有显著影响。有学者将心理资本概念拓展至组织管理领域，认为心理资本是指能够促进员工积极组织行为的心理状态，能够通过有针对性的投入和开发获得竞争优势。或者说，心理资本是一种综合的积极心理素质。工作满意度是员工个体作为职业人的心理和生理需求满足程度，它来源于工作或工作经验评价的愉快等正性情绪的状态认知。所以，心理资本直接影响着工作满意度。

相对社会融入与经济融入，心理与文化层面的城市融入对于农民工来说更为深入，心理融入属于精神上的融入。研究显示，很多农民工进城后感情生活匮乏，留城意愿摇摆，不良心理状态相对普通群体更为严重；城市身份建构与农村乡土念想双重牵累着农民工，使其心态呈现模糊性、不确定性与矛盾性，容易导致身份困境。农民工从事的工作"劳动强度大、技术含量低、工作环境差、福利待遇少"，这些都是非常突出的工作压力源，再加上身份歧视、隐性排斥等，导致农民工与所在城市及工作单位情感脆弱、认同迷失、职业倦怠与情绪衰落等。由此，笔者提出如下研究假设。

研究假设7：农民工的心理资本提升对其城市心理融入有显著影响。

基于上述分析，本研究用图 11-1 来总结积极组织行为促进农民工城市融入模型。简要地说，积极组织行为对农民工城市融入变量的影响既受到人力资本、社会资本的中介作用，也受到心理资本的直接影响。其中，农民工城市融入以其经济融入、社会融入和心理融入进行衡量。

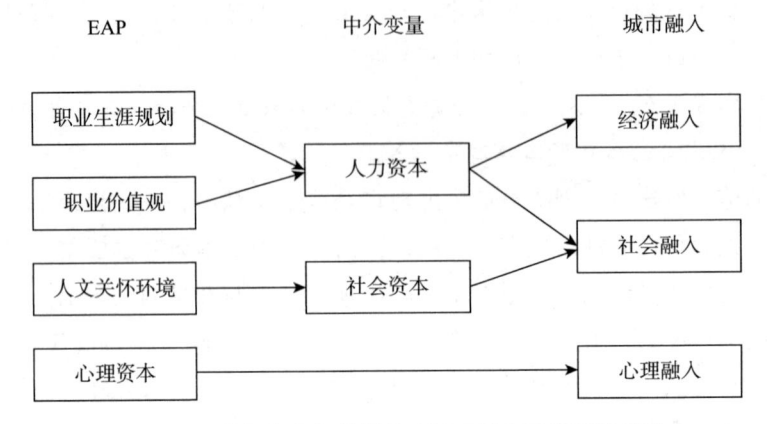

图 11-1　积极组织行为促进农民工城市融入研究模型

（二）研究方法

1. 样本与数据收集程序

本研究数据来自针对长三角农民工进行的问卷调查。本次调查共发放问卷 600 份，最终收回有效问卷 517 份。回答问卷的农民工在服务业（43.7%）和制造业（56.3%）工作，分别来自安徽（34.6%）、河南（21.3%）、四川（13.9%）、江西（11.7%）等 17 个省级行政区。他们的平均年龄为 25.77 岁；其中女性 161 人，占 31.1%，男性 356 人，占 68.9%；平均受教育年限为 10.3 年。考虑到涉及变量的因果关系研究，本研究采用了纵向研究方法，在采集数据时分成两个时间点，相隔 6 个月。本研究选取样本时力求做到类别的均衡，以提高样本的代表性。

2. 测量工具

（1）自变量。自变量有以下四个。

第一，心理资本。本研究编制适合中国国情的自陈式 Likert 五点计分心理资本问卷。该问卷包括四个维度——情绪智力、自我效能感、乐观和坚韧性，在本研究中的内部一致性系数是 0.92。

第二，职业生涯规划。本研究自编自陈式 Likert 五点计分职业生涯规划量表。该量表包括三个维度——个体认知与规划、环境认知与规划和职业生涯年检,在本研究中的内部一致性系数是 0.83。

第三,职业价值观。本研究自编自陈式 Likert 五点计分职业价值观量表,该量表包括三个维度——社会目标、个人目标和行为方式,在本研究中的内部一致性系数是 0.87。

第四,人文关怀环境。本研究自编自陈式 Likert 五点计分人文关怀环境量表。该量表包括三个维度——关怀认知、支持行为、人文规范,在本研究中的内部一致性系数是 0.82。

(2) 因变量。因变量有以下三个。

第一,经济融入。经济融入由农民工自评,包括三个题目:"收入水平""居住条件""消费方式"。所有题目均用 Likert 五点计分量表,在本研究中的内部一致性系数是 0.81。

第二,社会融入。社会融入由农民工自评,包含政治融入内容,具体包括四个题目:"人脉资源""生活方式""权益保障""身份认同"。所有题目均用 Likert 五点计分量表,在本研究中的内部一致性系数是 0.86。

第三,心理融入。心理融入由农民工自评,包含文化融入内容,具体包括四个题目:"满意度""归属感""风俗习惯""心理文化"。所有题目均用 Likert 五点计分量表,在本研究中的内部一致性系数是 0.83。

(3) 中介变量。中介变量有以下两个。

第一,人力资本。本研究自编自陈式 Likert 五点计分量表,具体包括四个题目:"职业技能培训""职业资格证""文化程度""劳动法"。所有题目均用 Likert 五点计分量表,在本研究中的内部一致性系数是 0.84。

第二,社会资本。本研究自编自陈式 Likert 五点计分量表,具体包括三个题目:"工会""与本地员工关系""网络生活"。所有题目均用 Likert 五点计分量表,在本研究中的内部一致性系数是 0.80。

(4) 控制变量。在数据分析中,控制变量是年龄、性别、职位、工作时间、所处行业(服务业与制造业)、企业规模和所有制性质。

3. 分析方法

本研究在问卷设计与数据收集过程中,虽已通过反向问题等问卷基本编排法,以及匿名等方式进行事前控制,但因数据均为被试的自我报告,因此仍可能存在共同方法偏差。为此,本研究采用 Human 单因素检测法,将所有题项进行单因素分析,没有发现独大的单因子存在,最大的因子仅解释27.32%的方差变异量,因此本研究不存在严重的共同方法偏差问题。本研究采用结构方程模型(AMOS7.0)对假设模型进行检测。在验证假设模型时,本研究将假设模型与其他合理的替代性嵌套模型进行比较,并检验假设模型,以确定对数据拟合最好的模型。

(三) 研究结果

描述性统计分析及相关分析(见表11-1)表明,农民工的积极组织行为变量与社会资本、人力资本的均值都偏低,而城市融入的均值则更低。其中,心理融入最低,社会融入次之。这也从一个侧面揭示了农民工的城市融入由表及里逐层推进、愈进愈难的渐进式融入现状。农民工的经济融入是基础,相对单一;社会融入更多触及社会与制度层面的阻碍因素,表现为农民工已习得市民的生活方式与社会网络,而现有的一些制度局限的惯性却使改变了生活场所和职业的农民工仍然游离于此之外;心理融入与文化融入才是最终的融入,是农民工的内核融入,也是最难的融入。

表11-1 研究变量的均值、标准差以及变量之间的相关系数 ($N = 517$)

变量	均值	标准差	1	2	3	4	5	6	7	8
1. 心理资本	3.27	0.76								
2. 职业生涯规划	3.32	0.57	0.36***							
3. 职业价值观	3.19	0.74	0.31***	0.37***						
4. 人文关怀环境	3.67	0.58	0.18**	0.12*	0.11*					
5. 人力资本	3.39	0.73	0.33***	0.39***	0.38***	0.12*				
6. 社会资本	3.31	0.67	0.17**	0.11*	0.12*	0.31***	0.13*			
7. 经济融入	3.36	0.83	0.16**	0.27***	0.23***	0.07	0.41***	0.17**		
8. 社会融入	3.13	0.89	0.15**	0.16**	0.12*	0.22**	0.12*	0.39***	0.16**	
9. 心理融入	3.07	0.96	0.43***	0.16**	0.18**	0.13*	0.16**	0.15**	0.17**	

注: *$p < 0.05$, **$p < 0.01$, ***$p < 0.001$。

表11-1具体显示了积极组织行为变量与人力资本、社会资本以及城市融入之间的相关情况:除了人文关怀环境与经济融入之间的相关性不显

著外,其余变量之间均存在显著的相关性。这说明积极组织行为变量总体上与人力资本、社会资本以及城市融入之间有着密不可分的联系,也验证了国内的相关研究结果。与农民工经济融入关系最为密切的变量依次是人力资本、职业生涯规划、职业价值观、社会资本与心理资本。其中,人力资本与经济融入相关系数最高,而人力资本本身又与职业生涯规划、职业价值观澄清的联系甚为紧密。与农民工社会融入关系最为密切的变量依次是社会资本、人文关怀环境、职业生涯规划、经济融入、心理资本、人力资本与职业价值观。其中,社会资本与社会融入相关系数明显高出其他变量,而社会资本又与人文关怀环境联系甚为紧密。与农民工心理融入关系最为密切的变量依次是心理资本、人文关怀环境、社会融入、职业生涯规划、社会资本、职业价值观、经济融入与人力资本。其中,心理资本与心理融入相关系数最高,明显高出其他变量,这也说明心理资本与心理融入内涵关联的独特性。

(四) 模型检验

积极组织行为各变量与社会资本、人力资本以及城市融入之间的显著相关,初步证实了本研究提出的部分研究假设。为进一步验证研究假设,本研究采用结构方程建模方法对假设模型进行了验证,并根据各项拟合指标与路径系数的显著性对模型进行了修正。本研究将调查数据与假设模型进行了拟合,具体见表11-2。在假设模型中,人力资本对社会融入的影响不显著($b=0.03$, $p>0.05$),研究假设5未得到支持。因此,为了更好地拟合调查数据,替代模型在假设模型的基础上,去掉了人力资本变量对社会融入的影响。

表11-2 结构方程模型拟合指数 ($N=517$)

结构方程模型	χ^2	df	χ^2/df	RMR	GFI	IFI	CFI	RMSEA
假设模型	573.17	153	3.75	0.097	0.893	0.836	0.829	0.069
替代模型	421.89	147	2.87	0.089	0.917	0.857	0.851	0.056

从表11-2可以看出,综合各项指标,替代模型数据有相对最佳的拟合:综合作用模型的$\chi^2/\mathrm{df}<3$,GFI、IFI等拟合指数都比直接作用模型好,大多数接近0.9,RMSEA值比假设模型低。这表明,替代模型与实证数据

有最佳的拟合,是相对最优的模型,对变量之间的关系做出了相对更好的解释。因此,本研究选择替代模型作为拟合最优的模型,并在其基础上阐述研究假设的关系,如图11-2所示。

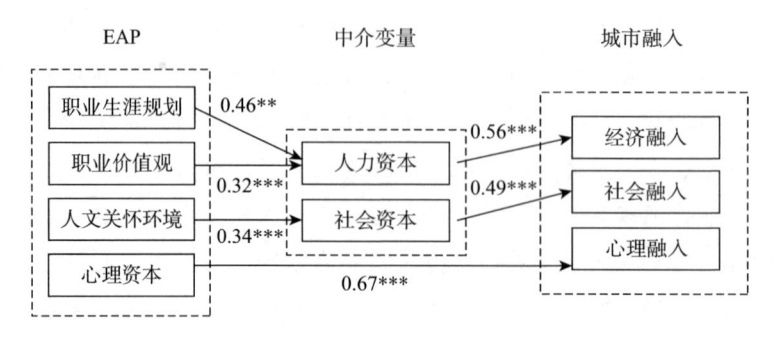

```
         EAP              中介变量              城市融入
    ┌─────────────┐    ┌─────────┐         ┌─────────┐
    │ 职业生涯规划 │ 0.46**              0.56***│ 经济融入 │
    │ 职业价值观  │──→│ 人力资本 │──────→ │ 社会融入 │
    │ 人文关怀环境│ 0.32***           0.49*** │ 心理融入 │
    │ 心理资本    │ 0.34***│ 社会资本 │────→ │         │
    └─────────────┘    └─────────┘         └─────────┘
                           0.67***
```

图 11-2　积极组织行为促进农民工城市融入模型

由图11-2可以看出积极组织行为对人力资本的影响:与研究假设1和研究假设2一致,职业生涯规划的确促进人力资本的提升（$b=0.46$,$p<0.01$）,职业价值观澄清也有利于提升农民工人力资本（$b=0.32$,$p<0.001$）;而农民工人力资本直接影响着其城市经济融入（$b=0.56$,$p<0.001$）,研究假设4得到了验证。同时,可以看出积极组织行为对社会资本的影响:与研究假设3一致,人文关怀环境有利于提升农民工社会资本（$b=0.34$,$p<0.001$）;农民工社会资本直接影响着其社会融入（$b=0.49$,$p<0.001$）,研究假设6得到了验证;积极组织行为中的心理资本变量直接影响着农民工的城市心理融入（$b=0.67$,$p<0.001$）,这与研究假设7一致。

（五）结论与讨论

1. 结论

应用管理学、社会学与心理学理论,本研究构建了一个积极组织行为促进农民工城市融入的模型,即积极组织行为变量中,既有通过影响农民工的人力资本与社会资本,进而间接影响他们的城市经济融入与社会融入的,也有直接影响他们的城市心理融入的。调查结果与多数预测一致,具体如下。

第一,积极组织行为中的职业生涯规划与职业价值观对农民工的人力资本有显著影响,农民工的人力资本对其城市经济融入有显著影响。

第二，积极组织行为中的人文关怀环境对农民工的社会资本有显著影响，农民工的社会资本对其城市社会融入有显著影响。

第三，积极组织行为中的心理资本对农民工的心理融入有直接的显著影响。

2. 理论意义

本研究的理论意义主要体现为以下几个方面。

第一，从实证角度系统研究了积极组织行为促进农民工城市融入的影响机制。大量的文献研究强调积极组织行为对促进农民工工作生活平衡的重要作用，然而这些研究多为概念性的论述，理论构建的实证模型研究极少。本研究运用结构方程模型，建构了积极组织行为促进农民工城市融入的结构模型。这一模型不仅丰富和发展了农民工城市融入研究，而且为进一步揭示具有重大社会经济和时代意义的农民工城市融入问题、建设以人为核心的新型城镇化提供了一个崭新的视角和理论分析框架。

第二，发现了积极组织行为变量对提升农民工的人力资本与社会资本的重要性，丰富与发展了积极组织行为理论。国内关于积极组织行为的文献大多是从心理学角度研究分析，而综合国内外的研究，本研究认为积极组织行为运用的是心理管理技术，组织架构是人力资源管理，所以本质上应属于人力资源管理范畴。本研究从管理学视角探究积极组织行为，这丰富发展了积极组织行为的实践归属。本研究以农民工为积极组织行为的研究对象，丰富了积极组织行为的研究对象范畴。更为重要的是，积极组织行为激励注重人文关怀，重视组织目标与个人目标的有机整合，非常符合转型期农民工城市融入的需求。本研究发现中国管理情境的积极组织行为在促进农民工的城市融入中具有突出的功能，其中，直接功能主要是提升农民工的心理资本，间接功能主要是提升农民工的社会资本和人力资本，能有效地激发农民工城市融入的内在持久动力，这丰富和发展了积极组织行为的理论内涵。

第三，分析了农民工的人力资本、社会资本与心理资本对其城市融入的重要作用，丰富与发展了农民工城市融入研究。本研究认为，农民工的城市融入主要可概括为经济融入、社会融入、心理融入，分别代表融入的"长度、宽度、深度或高度"三个维度的立体发展，这三个维度的乘积类似于融入程度的"体积"，"体积"越大，农民工的城市融入就越充分。其中，农民工城市融入的"长度"具体应是可持续融入，是时间维度，主要受人力资本影响；农民工城市融入的"宽度"具体是协调融入，不是"点"和"线"的融入，而是"面"和"体"的融入，是"以点带面"，从而真正形成"宽度"融入，主要受社会资本影响；农民工城市融入的"深度或高度"具体是心理与文化融入，这是最核心、最深层次的融入，也是相对最难的融入，主要受心理资本影响。本研究从影响融入"长度、宽度、深度或高度"的人力资本、社会资本和心理资本的视角深入探究，系统而深刻地反映了当前农民工的城市表层融入与深层融入的各个方面。

3. 实践意义

根据理论和实证研究，本研究发现农民工城市融入研究对政府、企业和社区具有以下启示意义。

第一，政府应创新农民工城市融入的支持性社会治理机制。本研究显示，城市融入的实践瓶颈在于提升农民工的人力资本、社会资本与心理资本。政府有关部门在研究部署提升农民工的城乡就业水平的发展战略和总体规划上，应突出"三个提升"：由"关注重视就业"向"保障改善就业"提升，由"被动考虑"向"主动部署"提升，由"局部安排"向"全面统筹规划"提升，优化农民工的职业培训体系，紧扣市场需求，重点强化免费职业技能培训与创业培训，促进重点群体就业，提升农民工的基准性与鉴别性就业胜任力，实现人口红利向人才红利的提升；同时，加快新型城镇化进程，提高经济增长的就业容量，促进农民工的市民化，完善权益保障，完善积极的就业政策，优化就业公共政策服务，重视用工制度的规范化与人性化，大力发展就业服务体系，推动农民工更高质量的就业和城市融入。

第二，企业应强化农民工城市融入的支持性人力资源系统。本研究发现，积极组织行为对农民工的城市融入有直接和间接的影响，综合作用力十分突出，这为企业组织管理实践提供了有益的反馈与启示：企业人力资源管理要将农民工的积极组织行为置于极其重要的位置，在实践中支持人力资源管理，真正实现人力资源由注重管理升级为注重开发，尤其是重点提升农民工的人力资本、社会资本和心理资本。企业应帮助农民工认识深层志趣，整合个体价值目标与组织价值目标，实现组织价值目标与农民工深层志趣之间的相对平衡；优化农民工情绪智力与抗逆力，帮助农民工疏导减压，使其以健康的人格、阳光的心态去迎接变革时代的各种挑战，克服逆反心理和苦闷情绪，消除心理上的隔膜，促进精神健康；注重农民工职业生涯规划辅导，突出自我效能感激励，提升其乐观品质，激发其正能量，强化其技能提升，完善工会组织，营造人文关怀环境。

第三，社区应构建农民工城市融入的支持性融合模式。社区融入是农民工社会融入的重要环节。现实中，很多农民工住在城乡接合区域，处于社区网络的边缘地带，而社区资源是农民工社会资本的重要来源。所以，应大力加强社区建设，创新社区服务功能，丰富农民工的社区文化生活，提高其生活品质，优化其交往方式，在维护原有乡村社会关系网络的同时，扩大农民工与城市居民的交往范围，加深其与城市社会的交流与互动，帮助其更大程度地获取和运用城市社会资源，进而拓展农民工私人关系型社会资本；同时，积极培育农民工组织型社会资本，帮助农民工更好地适应城市生活方式，发挥城市社区的接纳功能，搭建农民工与城市居民交往的平台，增进二者之间的了解和信任，增强农民工对城市的认同感和归属感，推动形成平等、宽容、和谐的社会氛围。这有利于间接消除社会对农民工的偏见，促进社会真诚接纳和关心农民工群体，为农民工提供社会化服务和权利保障，帮助农民工更好地融入城市生活。

4. 研究局限及未来研究方向

积极组织行为促进农民工城市融入研究是一项十分复杂的工作，本研究仍有一些不足，需要在未来的研究中进一步深化。

第一，样本选取存在一定的局限性。尽管本研究的描述性统计显示农民工的特征与全国的总体状况非常接近，但未来研究还应在地域与行业等方面进一步提升研究对象的代表性，纵向时间跨度还应更长，长期追踪分析会非常有价值。

第二，应进一步加强对积极组织行为促进农民工城市融入的本土化研究。积极组织行为起源于美国，发展于西方，在学习、引进国外的先进经验的过程中，不能脱离中国的社会现实和文化背景，同时还应与时俱进。本研究的本土化探究还不够深入，深层次、全方位地探索中国管理情境的积极组织行为促进农民工城市融入的内在机理和运行机制任重而道远，这可能是今后深入研究的一个热点。

第三，仍需深入研究积极组织行为促进农民工城市融入的创新体系，以进一步提高完备性和科学性,从而更好地指导企事业人力资源管理等实践。本研究受到调查能力与分析工具的制约,有些因素无法进行量化控制,有待今后深入研究。

二 积极组织行为视角下的农民工人力资本开发

(一) 理论背景:农民工人力资本开发"新常态"

当前,我国正处于增速换挡期、转型阵痛期和改革攻坚期,在"新常态"背景下,需要更加注重发挥劳动力潜力;经济增长将更依靠人力资本素质和技术进步,需要更加注重加强教育和提升人力资本素质。所以,农民工的人力资本开发也将进入"新常态",具体体现在以下几个方面。

第一,农民工的人力资本开发处于新背景、新形势下。"新常态"具有深刻的战略内涵,当前经济与技术发展向更高级形态、更复杂分工演化,这种演化带来了一系列趋势性的变化,集中表现为由劳动密集型向技术密集型提升、由资源密集型向知识密集型提升。这些变化其实不仅发生在经济领域,在农民工人力资本开发的层面也同样存在。"新常态"需要更加注重人力资本素质的提升,农民工人力资本素质的提升更是必然。农民工就业和创业的主要领域都在发生着深刻的变革,"新常态"更加注重第三产业的发展,也更加注重优化第二产业的发展结构,传统制造业、建筑业等农民工相对聚集的产业发展会逐渐减速。这种变化是农民工人力资本开发的新趋势。

第二,农民工的人力资本开发面临新阶段、新趋势。在"新常态"背景下,农民工的人力资本开发要更加注重创新驱动,而创新驱动实质上是人才驱动,人才是决定创新与经济转型升级的关键持久要素。随着"人口红利"的逐渐消失,"新常态"下,农民工人力资本的开发需要实现"人口红利"向"人才红利"升级,突破传统的"碎片化"状况。这需要实现"三个提升"。其一,由"关注重视"向"实施路径"提升。随着"新常态"背景下的经济升级发展,人力资本开发诉求也不断升级,开发的内涵与外延不断拓展。在这种背景下,需要更全面的人力资本开发保障和更高层次的开发改善,保障的具体内容除基本就业外,还拓展到充分就业、更高质量就业等方面,并正经历着从生存需求向发展需求的转变。因此,仅仅关注人力资本开发、重视人力资本是不够的,人力资本问题本身的复杂性和广泛性意味着需要从"保障改善人力资本开发"的高度发展到满足农民工的诉求与产业升级的人才需求。其二,由"被动考虑"向"主动部署"提升。近年来,国家对农民工的人力资本开发问题越来越重视,完善了一系列政策和制度,但是总体上"前瞻性"制度还较少,"应对性"对策措施较多,一定程度上还存在着"头痛医头,脚痛医脚"的现象,难以取得总体实质性突破。所以,在总体规划上,要由被动向主动转变,建立更加有效的农民工人力资本开发预测、监测与信息体系。其三,由"局部安排"向"全面统筹"提升。农民工的人力资本开发本身就是一个具有多要素内在联系的复杂体系,这个体系涉及经济社会发展的方方面面,如果孤立和分割地安排,就容易做出注重局部而缺乏战略性的整体部署,影响到问题解决的科学性与持续性。因此,农民工的人力资本开发需要立足"新常态"背景对人员素质提升的战略需求,形成总体发展战略规划与统筹安排。

第三,农民工的人力资本开发面临新因素、新内涵。伴随着经济的转型升级,农民工的人力资本开发需要更加吻合经济产业升级对员工的素质要求,人员素质技能必须与产业需求匹配才能真正形成人力资源优势。"新常态"下,转型的本质是在全球产业链上向高端攀升,要由传统的粗放加工向精细制造升级、向研发与销售服务倾斜。对于农民工而言,其人力资本开发必须与目前的"新常态"需求相吻合,尤其是精细制造、销售服务以及第三产业的转型。当前是一个更加开放、创新、融合的阶段,农民工的人力资本开发要求他们除了传统的基础技术与吃苦耐劳品质外,还需要具备"新常态"背景下的创新能力与更加开放的视野,更加注重知识与思维结合、学习与应用并举、技能与素质并行。

(二) 机理契合:积极组织行为能有效提升农民工人力资本

人力资本成为近年来农民工研究比较活跃的领域。学界普遍认为,人力资本是劳动力的技能、知识、健康、教育、培训、医疗保健与人口迁移等因素的总和。在人力资本与流动人口关系上,有诸多实证研究显示,教育、培训、健康都与收入存在显著的正相关关系。随着知识经济的发展,当前人力资本理论呈现出新的趋势：由偏重于区域、国家等宏观视角向注重个体、家庭等微观视角转变，由传统的专注于知识、技能内容拓展到个体的职业素养、想象力等方面，更加强调社会文化和社会制度对人力资本投资和积累的影响，更加重视政策支持与区域合作对人力资本投资的作用。人力资本正从理论走向实践，从定义范式向事实和行为范式转变。但是，在实际应用中，人力资本仍然存在很多瓶颈：研究普遍缺乏理论与实践紧密结合的实施方案；很多研究都集中于某一个方面，缺乏对各种因素的综合考虑；研究人力资本对收入的影响较多，而对其他社会资本影响的研究相对较少；局部性研究多，整体性论证少等。这些在实践中集中体现为：对农民工的职业生涯辅导不足，导致其缺乏职业愿景；对农民工的培训关怀不足，导致其缺乏工作能力；对农民工的深层激励不足，导致其缺乏工作驱动力；农民工的主体意识不足，缺乏工作助力。

因此，系统性提升农民工的人力资本具有突出的现实意义，有利于突破农民工城市经济融入的实践瓶颈，实现充权目标，从而建立长效机制。本研究基于积极组织行为视角，主要是鉴于积极组织行为的独特功能。积极组织行为十分吻合"新常态"背景下农民工的人力资本开发与城市融入的需求，能有效地形成农民工在城市经济融入进程中的内在性与持久性动力机制。从目前国内研究积累与国外相关移民研究启示来看，农民工人力资本开发的关键在于，贴近工作实践需求，吻合产业结构，将农民工的人力资本开发方法、模式与其工作实际进行有机融合，否则人力资本的开发工作容易游离于实际之外，实效会大受影响。积极组织行为遵循着人力资源管理的运行机制，内容、载体、本质等又都与人力资本的开发高度一致，能使人力资本开发工作的发展脉络从"碎片化"分散技术的使用层次提升到科学系统的实践层次。

同时，积极组织行为与当前人力资本提升的新趋势十分吻合，即更加注重立足于个体与家庭等微观视角，更加注重职业素养、健康与创新等内隐要素，这正是"新常态"的时代要求，即创新与内在动力机制正成为管理研究的重中之重。从本土化积极组织行为视角提升农民工人力资本，将其拓展到智慧妥善地应对日常工作生活中各种压力，如工作家庭平衡等，帮助农民工进一步明晰职业生涯规划，提升职业素养，并能从生活和工作方面有效地衡量和评价其效果，可以使农民工人力资本开发的内涵得到扩展,使人力资本开发更易于形成人文关怀与持久开发的良性机制,贴近当前"新常态"的时代要求,贴近农民工工作生活,贴近其内外诉求,促进并最终形成农民工人力资本开发工作的长效机制和整合效应,切实增加农民工的人力资本存量。

(三) 实现机制:积极组织行为的农民工人力资本开发路径

综合视角的本土化积极组织行为一般包括战略规划、压力评估、宣传引导、培训咨询、效果反馈等,包括减少或消除消极的管理等内外环境因素,激发积极的情绪与行为,缓解和疏导工作生活压力,改变不合理的认知、行为模式和生活方式等内容。构建积极组织行为的农民工人力资本开发机制,是以组织规划为前提,以职业价值观澄清为先导,根据积极组织行为的核心内涵,运用人力资源管理的实施渠道,结合农民工自身实际需求,通过内外激励,激发农民工的工作动力,促使农民工开发自身的人力资本潜能、提升工作效率、为实现期望目标而努力的过程。

1. 加强职业生涯辅导,拓展职业空间

有学者将人们的职业生涯划分为成长阶段、探索阶段、确立阶段、维持阶段和衰退阶段五个阶段。农民工职业生涯辅导是通过积极组织行为中的气质、性格、爱好、职业倾向等测评,帮助农民工充分认识自己的相关特质,进而对其工作与学习培训进行可行性的科学设计、规划与辅导,并根据产业结构等环境因素及时反馈与调整。农民工大多正处于其职业探索阶段,还没有完全到确立阶段,因此应根据这些阶段性特点分段做好农民工的职业生涯辅导:一是对于职业生涯早期的农民工,了解其兴趣特长等基本情况,科学配置,组织培训上岗,达成心理契约,澄清职业理想,通过工作实践考察,发现其特点并帮助其激发潜能,协助其发现、建立和发展自己的职业锚,即在农民工工作中依循个体需要与组织需求,根据其动机和价值观取向,通过不断搜寻,逐步明确农民工的科学职业定位;二是在农民工职业生涯中期,企业人力资源管理与工会等部门应加强针对性指导,及时发现并帮助其克服职业生涯的中期危机,分类指导,帮助其解决工作、生活中的实际问题,从而开拓新的职业成长空间;三是在农民工职业生涯后期,提升其新的职业生涯平台,紧密结合其个体职业生涯情况和组织环境,提前引导并健全退出与转型升级机制,帮助其拓展职业生涯路径,科学持续地指导其职业生涯发展与决策。

农民工职业生涯辅导是一个周而复始的连续过程,具体步骤包括确立志向、自我评估、生涯机会评估、确定职业生涯路线、制订行动计划与措施、评估与反馈等。通过职业生涯辅导,农民工澄清价值理念,明确目标,落实行动,从而实现"先知先觉,成就一生"的目标。职业生涯辅导的要素是知己、知彼与抉择。知己,是要清楚自己的性格、兴趣、特长、智能、情绪控制力、气质、价值观等;知彼,是要清楚发展策略、资源需求、发展机会、政治环境、社会环境、经济环境等;抉择,包括职业抉择、路线抉择、目标抉择、行动抉择等。科学的职业生涯辅导可以增强农民工职业价值观的澄清和引导力度,对其工作有显著的增益效果。帮助农民工建立理性成熟的工作观,从人力资本提升视角审视自己的职业价值观、职业目标、职业行为方式与自我职业选择和调控等,从而持久有效地提升农民工的工作适应性。科学辅导职业生涯是帮助农民工增强自我了解、加强自我监督和调控的必由之路,也是"新常态"下农民工个体完善自我的重要途径。

2. 加强岗位培训,提供专业咨询

积极组织行为项目应组织农民工进行压力评估,在此基础上,建立起有针对性的培训体系,提供科学咨询,提高农民工职业素质。积极组织行为可以具体指导农民工制订并实施就业、创业培训规划,协助政府部门与企业建立起多层次、多形式的培训提升体系,参与规划并建立完善农民工职业岗位实习、上岗前的适应培训、职业资格培训与辅导、在职岗位培训以及专题性工作培训等以提高工作能力素质为主的岗位培训体系。这些具体而实用的岗位培训可以不断提升农民工的思想政治素质、工作业务能力和人格动机素养。同时,积极组织行为还可以紧密结合实际需要,开展更进一步的职业发展与提升培训,组织农民工进行"新常态"下产业升级的专项技能培训,拓展其知识技能面,提升其知识与能力素质,真正建立密切联系实际的长效培训提升机制,并开展思想引导、创业辅导、就业指导、心理优化等方面的专题"工作坊",在农民工中培养一支既有专业素质背景又有实践经验的专业型、职业型队伍,也培养一支具有一定实践经验的潜在管理队伍。积极组织行为项目应培养农民工的创新能力,由纯经验型向经验研究型转变,由纯事务型向学习型转变,由封闭型向开放型转变，把农民工培养成"新常态"背景下的高级技能人才，真正实现向"人才红利"升级。

3. 运用积极心理，实行快乐管理

积极组织行为项目应增强人文关怀，优化工作环境，加强积极组织行为宣传推广。自从"积极心理学"概念出现以来，心理学出现了新的发展方向。积极心理学倡导以积极的心态、状态面对现实和各种心理现象，客观且乐观地认识现实世界与心理世界之间的联系，激发个体显能和潜能。积极组织行为正是积极心理学在人力资源管理中的应用，具体可以实施于旨在提高员工幸福感的快乐管理中，在实践中培养农民工的积极人格。首先，要正确认识农民工的人格，不能简单地仅按其行为进行类型区分，而应分析其内在本质，了解其基本需求，尊重其个性特征，提升其理性认知水平。同时，构建农民工积极的工作生活环境，包括积极的物质环境、制度环境与精神环境。其中，物质环境主要是满足农民工的生理与安全需要，包括物质待遇、工作条件、工作设备等；精神环境包含领导风格、工作氛围等因素。领导的个人理念、价值观直接影响着农民工的价值判断，因而组建特长互补的工作团队，可以为农民工创造良好的沟通、合作氛围。另外，培养农民工积极的情感体验，会使其产生接近倾向的行为，反之则会产生逃避行为。积极组织行为项目应注重农民工满意度调查，增强农民工的内在工作动机，体察人心，因人施教，真正关心，真诚沟通，尊重信任。积极组织行为强调的快乐管理，归纳起来就是应用积极心理学与积极组织行为，在团队层面营造积极的农民工工作环境，在个体层面培养农民工的积极人格与积极认知，在主观层面使农民工在实践中产生快乐等积极情感体验。积极组织行为项目应重视对农民工职业倦怠的帮助和干预，严格遵守保密原则，根据具体情况，结合现实问题，紧紧围绕现实需求，以帮助农民工建立以理性认知为中心、直接指向问题的解决策略，对农民工进行科学的情绪管理。

4. 提升主体意识，强化期望行为

作为马斯洛需求理论的生理需求和双因素理论的关键因素，薪酬福利其实也是积极组织行为项目关注的要点之一。"新常态"背景下市场体系的发展，为合理的个人利益提供了基本制度框架，合法的物质利益是对承认个人正当权益的回归。所以，农民工不回避个体薪酬福利是合理的价值观念，不能片面强调精神激励而忽视物质激励。提高农民工的薪酬福利，不但要切实提高其显性薪酬福利公平度，而且要提高其隐性薪酬福利公平度。显性薪酬福利是农民工与同地区其他农民工相比的薪酬福利，隐性薪酬福利公平度则是尊重和发展机会均等。鉴于农民工的工作特点，进行积极的组织改变时，应实施柔性管理。柔性管理注重以人为本，为的是真正提升主体意识。柔性管理的基本内涵是研究农民工心理行为的科学规律，采用非强制方式，形成潜移默化的影响力和内外驱动力，把外在管理提升为内在管理。柔性管理相对刚性管理而言，有着质的模糊性、量的非线性和方法的感应性等特征。实施柔性管理，要加强爱心、热心引导，拉近心理距离。柔性管理的核心是创新求变和个性发展，要注重发挥心理场的作用，顺势而为，刚柔相济。积极组织行为可以有机地融入企业人力资源管理体系中，促进组织内员工工作关系的融洽，促进上下级员工关系的和谐，建构人本情怀的新型人力资源开发环境，优化工作中的人际关系，增强心理契约与组织承诺，形成稳定扩展的工作关系群体与交往范围，促进农民工升级为职场"暖员工"。

积极组织行为可以灵活应用于团委、妇联、工会与人力资源管理部门等，也可由社会组织为主体实施，政府与企业购买服务。农民工人力资本开发与素质提升已成"新常态"，积极组织行为具有直接功能与间接功能，可以对农民工进行职业生涯辅导，提升其职业愿力；加强培训关怀，提升其工作能力；实施深层激励，提升其工作驱动力；增强主体意识，提升其工作助力，从而形成整体性立体支持网络，构建农民工人力资本开发长效机制，实施科学驱动，帮助农民工实现"城市梦"。

三 积极组织行为视角下的农民工新型社会资本建构[①]

（一）问题的立论与提出

国内农民工的相关研究可追溯到 21 世纪初对于新生代农村流动人口的

---

① 张宏如、马继迁：《农民工的新型社会资本建构》，《浙江社会科学》2015 年第 2 期，第 73~77 页。

社会认同与城市融入的研究，诸多学者对农民工城市融入的理论视角、内容要素等方面进行了有效的探索。国外相关研究主要是移民融入主题，涉及"同化""适应"等概念和人力资本、社会资本等归因解释理论。综观国内研究现状，对农民工城市融入的实务运作模式探究还不够，主要集中于局部"碎片化"的论述，特别是对转型进程中的农民工城市融入的实务路径的研究较少。农民工城市融入面临着一系列人力资本、心理资本与社会资本的现实发展困境。就社会资本而言，农民工在这方面提升困难，直接导致社会融入困境。农民工处于企业的最基层，从事的大多是低附加值的工作，权益维护面临困难，诉求渠道不畅，群体性失语现象比较明显，容易诱发法外维权。目前，农民工的权益维护机制与诉求渠道都不稳定，工作信息获取平台、社会组织系统、劳动保障机制、子女教育、医疗保险等社会支持网络远未形成；农民工的基础制度性保障缺失，存在身份认同危机，社会归属困难，市民化举步维艰。新生代农民工在人际交往上已经呈现明显的"内卷化"现象，也就是倾向于到自己群体内获取认可。所以，各种农民工自发群体、自组织发展很快，在一些城市已经形成同一个地方来的人生活在一起，甚至集中于同一个行业的现象，形成圈内的结社网络。这样会加速形成主流社会与边缘社会并存的双重结构，出现社会阶层之间互不认同的难题和价值差异，容易产生隔离和矛盾，进一步影响农民工的城市融入。

农民工的社会资本研究成为近年来比较活跃的领域，但在具体影响机制上存在争议，争议的根源在于没有将社会资本进行细致分解。有学者将农村流动人口所拥有的社会资本细分为进城之前在其乡土社会中形成的原始社会资本（同质型社会资本）和进城后形成的新型社会资本（异质型社会资本）。综合来看，农民工的原始社会资本的作用非常有限，对农民工收入等没有正向影响；而新型社会资本的作用则极其重要，对农民工收入等存在显著的影响。相对于原始社会资本的亲缘关系和狭小的地缘关系，新型社会资本具有业缘关系和更大范围的地缘关系，既包括农民工基于城市就业的业缘和城市居住地的新的社会关系的建立和发展，也就是"跨越型"社会资本，即注重因流动而形成的不同社会群体之间跨越联系的社会资本；同时也包括进城前已经积累的基于亲缘和地缘的原始社会资本的新拓展，即"整合型"社会资本，即注重亲缘关系与地缘等网络方式新发展而形成的社会资本。国内有实证研究显示，"跨越型"社会资本与"整合型"社会资本都对农民工收入有显著的正向影响。当前，促进城乡融合，帮助农民工由"跨越型"社会资本向"整合型"社会资本发展，将更有利于农民工的城市融入。

因此，建构农民工的新型社会资本具有突出的现实意义，有利于突破农民工城市社会融入的实践瓶颈，实现充权目标，从而建立长效机制。积极组织行为符合转型期农民工城市融入的需求，能有效地激发农民工城市融入的内在持久动力。本研究结合新型社会资本的内涵与农民工在社会资本发展进程中的实际情景与实践路径，将农民工的新型社会资本具体分为次级型社会资本、组织型社会资本与制度型社会资本，并以此逐层递进，构建农民工的新型社会资本。

（二）以社区为载体，提升农民工的次级型社会资本

积极组织行为推进农民工家庭融入社区，增强社会归属感。社会资本的形成是一个渐进的积累过程，社区作为农民工的居住区域，是其社会资本由原始社会资本向新型社会资本提升的重要起点。需要说明的是，本研究中的"社区"是个大社区概念，不仅包括直接居住区，也包括农民工子女入学的学校周边区域。积极组织行为推进农民工家庭融入社区，一方面，通过关爱教育活动等，可以帮助农民工子女参与社区内学校广泛的校园交往，形成融合的朋辈交往群体与积极融洽的群体文化，避免隔离与贫弱的代际循环，帮助其向上流动并健康成长；另一方面，积极组织行为通过举办社区层面的生活、文化等针对性的系列活动，可以帮助农民工走出家庭亲友的原始社会资本交往圈，将其引入更广泛的社会联系与社会参与之中。社区载体可以有效扩大农民工的社会资本，增进农民工的地域认同感与社区归属感，从而提升其次级型社会资本，这是其新型社会资本重要的起始阶段。社区本身具有社会资源获取的地域性、异质性和便利性，这为农民工构建新型社会资本提供了前提。

目前，传统的社区过于松散，活动参与度有限，关键是缺乏科学性、针对性的内容设计与参与方式。积极组织行为具有凝聚功能、满意度激励功能和宣传功能，有助于社区建立贴近农民工生活与心理需求的积极社区文化。社区文化是社区活动与社区健康运行发展的精神动力，其核心是对

社区所有居住者的关心与尊重，提供便民和交流等优质服务，让农民工在日常生活中逐渐积淀新型社会资本。当前，社区载体作用机制面临的另一个挑战是农民工的居住状态，主要有三种：一是居住于用人单位提供的集体宿舍，工作空间与生活空间高度重叠，处于城市社区架构之外。这可以通过积极组织行为在企业中的实践予以安排。二是居住于农民工聚集的"城中村"，缺乏内聚力和相互依存关系的群体聚落，也容易游离于正式社区体制之外。这需要强化社区建设的力度，增加社区覆盖功能。积极组织行为应真正从农民工群体的利益出发，把服务作为社区社会工作的主要内容，对遇到困难的农民工给予物质的和精神的帮助，丰富其文化生活，促进社区参与。积极组织行为可以通过为农民工量身定做各类文化活动项目，如文化演出、露天电影等，激发他们的参与热情，提高其业余文化生活水平。三是散居于城市社区中，由于是少数群体，社区容易仅仅成为居住地而非守望相助的共同体。这就需要积极组织行为有针对性地做好帮扶发动工作，促进社区对农民工的接纳，从心理上和交往上理解并接纳农民工，运用社区资源，贴近实际需求，建立文化娱乐活动中心，免费供农民工使用，让他们利用闲暇时间走进活动室，在强身健体的同时结交有共同兴趣爱好的朋友。同时，积极组织行为应帮助农民工增强主体意识与社区责任感，保障他们的选举权与被选举权，使其了解并逐步热爱其所在的社区和城市，参与社区的选举和意见表达，增强其作为社区成员的责任感和自豪感，避免其被社区边缘化。社区具有贴近生活的特殊属性，通过提供文体场所等便利性活动、举办重阳节等特定群体的社区性活动、旧房改造等利益相关的社区公共服务等，社区自然成为农民工次级型社会资本的行动者，而培育农民工的社会资本反过来又可以促进农民工参与社区治理，进而形成良性循环。

（三）以企业与社会组织为平台，打造农民工的组织型社会资本

一方面，企业通过积极组织行为推进农民工融入企业，促进职业发展。国内有研究显示，构建和谐友好的企业内部员工关系对于稳步提升农民工收入具有积极作用；营造良好的企业内部氛围，为农民工创造条件积累社会资本与人力资本；帮助农民工由"整合型"向"跨越型"社会资本延伸，可以有效地推动农民工更好地融入城市。积极组织行为本身就具有

发展功能，可以帮助农民工制订科学合理的职业生涯发展规划，结合其自身人力资本条件，帮助其明晰近期目标、中期目标与远期目标的目标体系与愿景，进而围绕目标有针对性地提升人力资本与社会资本，并使之成为具备适应性、可行性、适时性和持续性的良性循环系统。同时，积极组织行为可以有机地融入企业人力资源管理体系中，促进组织内部员工工作关系的融洽与良性交流，促进上下级员工关系的和谐，构建人本情怀的新型人力资源开发环境，优化工作中的人际关系，增强其心理契约与组织承诺，形成稳定扩展的工作关系群体与交往范围，促进农民工升级为职场"暖员工"，从而直接促进农民工的社会资本由"整合型"社会资本向"跨越型"社会资本提升。

另一方面，社会组织通过积极组织行为推进农民工群体融入社会，强化社会支持。伴随着社会治理现代化进程，社会组织的作用会愈来愈凸显。尤其是在农民工融入城市的进程中，志愿者服务组织、爱心组织，农民工法律援助中心、维权援助中心、心理援助中心，以及各种行业协会、商会、农民工协会等社会组织，都能为其提供民生服务、法律援助、心理疏导，参与社会矛盾化解，组织公益培训等。由于社会组织平民化身份的特殊性，相对更容易贴近农民工的心理需求，从而对农民工的再社会化起到促进作用。当前，国家要大力发展社会组织，构建农民工城市融入的强大社会支持网络；同时，需要强化规范社会组织的管理，防止泥沙俱下，形成科学的依法监管机制，真正强化公益性功能。积极组织行为本身兼具工作生活平衡的属性，因此它可以有机嵌入社会组织，有效打造农民工的组织型社会资本。具体实现途径应包括：一是利用社会组织的公益培训功能，包括相关职业培训、城市文化普及宣传等，增强农民工社会参与性，提升其社会交往能力，扩大其社会交往面，进而更好、更快地形成市民意识与能力；二是利用社会组织的心理咨询、法律咨询、权益维护等咨询帮扶功能，强化农民工社会融入的保障机制，帮助其更好地适应城市化过程中面临的各种冲突，诸如社会规范冲突、城乡文化冲突、风俗民情冲突等，建立其可靠的社会支持网络，进而更好地保障其市民权益，发挥有效的心理干预与社会求助功能，从而直接或间接地促进农民工的组织型社会资本提升。

(四）以政府与市场为依托，构建农民工的制度型社会资本

1. 积极组织行为有助于创新政府治理机制，强化权益保障

一是建设包容性城市。积极组织行为具有凝聚激励的间接功能，主要体现为帮助形成以人为本的积极群体文化，核心是对人的重视和尊重。这种精神体现在城市建设中，就是倡导城市文明新风，创造平等、包容、和谐的城市文化。政府需要转变城市管理理念，根据经济社会发展的实际情况，科学制定相关规章制度，实现由约束管制向引导帮扶转变、由被动应付向主动服务转变，引导市民正确对待农民工在城市生活中的角色嬗变，消除歧视，培育农民工的城市归属感。二是制定普惠型公共服务政策。政府应积极探索建立符合城市实际情况的、有针对性的社会保障体系，结合农民工实际，遵循"低交费，广覆盖"的原则，增加专项补贴，建立工伤、医疗等社会保障体系，并将此作为城市投资环境的标志性政策。三是强化权益保障。积极组织行为具有导向激励功能，能够使员工和社会及组织双方或多方的效用增大，不仅能促进组织建立畅通的沟通渠道和舒缓渠道，促进劳资关系和谐，提高农民工的组织参与度，加强农民工的权益保护，促进解决农民工子女的教育问题，而且能激发农民工内心的责任感、忠诚和热情，使他们真正从内心认同城市并参与城市建设。所以，政府应完善地方劳动法规，加大劳动执法力度，强化各级工会的维权职能，做到执法必严、违法必究。积极组织行为可以被纳入政府工、青、妇、团等组织平台，合力为新生代农民工创新性地建立起可靠的制度型社会资本。

2. 积极组织行为有助于创新市场服务机制，完善公共服务

由于本身具备丰富的发展服务内涵，积极组织行为可以灵活地融入城市人才市场与人才中心等，提供及时的就业、培训等信息与服务，建立一站式的人才市场服务综合区，建立诚信、自律、有序的市场环境。积极组织行为可以创新人力资源服务产品，有效地促进人力资源市场与其他产业链条的深度融合，拓展人力资源服务领域，从而建立完善农民工的就业创业辅导、就业援助、失业登记与再就业信息跟进服务、职业培训、人才测评、心理帮助等新兴人力资源业态，建成高效务实的集信息发布、创业咨询、就业帮扶、素质提升、权益维护、业务办理于一体的农民工之家，形成集群效应与集约机制，激发市场机制的强大活力，并依托市场机制，规

范管理与引导，构建兼具公益与市场性质的农民工的品牌服务中心，健全创新市场导向机制，发挥市场对农民工就业、创业及生活适应的帮扶方向、路线选择、要素价格以及各类创新要素配置的导向作用等。这为推动农民工城市融入改革，实现农民工城市融入提供了深层动力。积极组织行为通过将科学、合理的政策作用于市场机制，引导社会资源向农民工城市融入创新集聚，形成长期稳定的激励机制和可预期的市场回报。市场是农民工城市融入的重要因素，只有在市场上获得成功的农民工城市融入才是有效持久的融入。因此，通过贴近身心需求的积极组织行为的精神内核开拓供需市场并规范服务市场是创新农民工城市融入的重要环节。农民工城市融入是一个长期的过程，政府需要制定系统的政策培育市场，给产业界和农民工提供明确的信息和方向，建立基于市场的农民工制度型社会资本。

农民工群体已经成为推动当前和今后我国新型城镇化建设的重要力量。积极组织行为通过其直接功能与间接功能，可以推进农民工家庭融入社区，提升其次级型社会资本；推进农民工个体融入企业、群体融入社会，打造组织型社会资本；推进农民工子女融入学校、需求融入市场，构建制度型社会资本。这样，最终形成集社区、企业、政府、市场与社会于一体的立体性支持网络，构建农民工新型社会资本，促进农民工城市融入的长效机制落地生根，实现内外驱动，帮助农民工真正实现自己的"城市梦"。

四 基于积极组织行为的心理资本促进农民工城市融入

如前文所述，现有文献关于心理资本促进农民工城市融入的研究比较少，虽有研究提出要更加重视提升农民工的社会资本和人力资本，强化组织支持，然而更多还是集中于其重要性阐述等方面。从国内外经验来看，农民工城市融入的关键在于外在"赋能"与内在"增能"。开发心理资本不仅能直接提升内在素质，激发农民工内在持久的城市融入动力，而且能间接影响外在支持。充分认识心理资本激励生成机理，对于农民工城市融入具有重要的现实意义。目前，心理资本与农民工城市融入的内在要素之间究竟有多大关系尚不清晰。本研究在以往研究的基础上，选择心理资本因素群为自变量，运用多因素交互分析和相关分析、路径分析等方法，研究心理资本各构成因素对城市融入的定性、定量关系以及心理资本激励因素的优化组合，目的在于解读农民工城市融入命题背后心理资本的隐性内源性动力机制。

（一）文献回顾与理论假设

1. 农民工的心理资本与城市融入

心理资本直接影响着满意度，而满意度是农民工城市心理融入的重要标志。相对于社会融入与经济融入，心理与文化层面的城市融入对农民工来说更为深入。心理融入属于精神上的融入。研究显示，很多农民工进城后感情生活匮乏、留城意愿摇摆、不良心理状态相对于普通群体较为严重；城市身份建构与农村乡土念想双重牵累着农民工的心态，使其呈现出模糊性、不确定性与内心矛盾性，容易导致身份困境。农民工从事的工作具有劳动强度大、技术含量低、工作环境差、福利待遇少等特点，这些都是非常突出的工作压力源，再加上身份歧视、隐性排斥等，导致农民工与所在城市及工作单位情感脆弱，产生认同迷失、职业倦怠与情绪衰竭等。因此，根据前文所述，关于农民工的心理资本与城市融入，本研究提出如下研究假设。

研究假设1：农民工的心理资本提升对其城市心理融入有直接的显著影响。

2. 心理资本对人力资本的影响

心理资本通过情绪智力、自我效能感、乐观与坚韧性等变量，直接或间接地影响职业价值观中的目标坚持与行为方式，从而可以从内在价值深处提升农民工个体的人力资本。心理资本通过职业生涯规划等途径直接和间接地影响农民工的人力资本，从而影响着绩效，而人力资本提升有助于促进其自主性成长。所以，本研究提出如下研究假设。

研究假设2：农民工的心理资本对其人力资本有显著影响，并间接影响其城市融入。

3. 心理资本对社会资本的影响

对于农民工来说，社会资本的提升能带来更多的社会资源、社会保障与社会收益，而这些因素又直接或间接地影响着农民工的就业与权益维护等。所以，本研究提出如下研究假设。

研究假设3：农民工的心理资本对其社会资本有显著影响，并间接影响其城市融入。

基于上述分析，本研究用图11-3来总结心理资本促进农民工城市融入模型。简要地说，心理资本对农民工城市融入变量的影响既受到人力资本和社会资本的中介作用，也受到心理资本本身的直接影响。其中，农民工城市融入以其经济融入、社会融入和心理融入进行衡量。

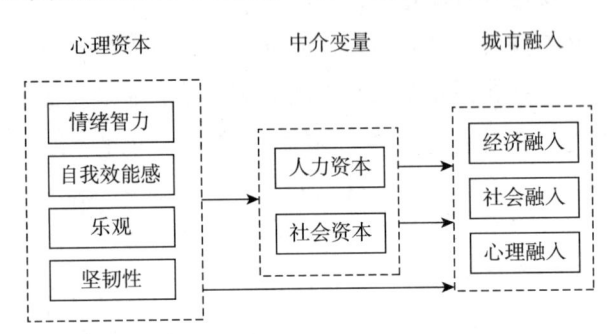

```
      心理资本              中介变量              城市融入
  ┌─────────────┐      ┌─────────────┐      ┌─────────────┐
  │   情绪智力   │      │             │      │   经济融入   │
  │  自我效能感  │ ───► │   人力资本   │ ───► │   社会融入   │
  │    乐观     │      │   社会资本   │      │   心理融入   │
  │    坚韧性    │      │             │      │             │
  └─────────────┘      └─────────────┘      └─────────────┘
```

图11-3　心理资本促进农民工城市融入研究模型

（二）研究方法

1. 样本与数据收集程序

本研究数据来自南京、常州的农民工的问卷调查，发放问卷500份，最终收回有效问卷413份。回答问卷的农民工在服务业（46.1%）和制造业（53.9%）工作，他们来自安徽（32.3%）、四川（19.7%）等13个省级行政区。他们的平均年龄为26.12岁，其中女性127人，占30.8%，男性286人，占69.2%；平均受教育年限为9.8年。考虑到涉及变量的因果关系，本研究采用纵向研究方法，在采集数据时分成两个时间点，相隔6个月。本研究选取样本时力求做到类别的均衡，以提高样本的代表性。

2. 测量工具

（1）自变量。自变量为心理资本。本研究编制适合中国国情的自陈式Likert五点计分心理资本问卷。该问卷包括四个维度——情绪智力、自我效能感、乐观和坚韧性，在本研究中的内部一致性系数是0.92。

（2）因变量。因变量为城市融入。本研究将城市融入分为经济融入、社会融入与心理融入，并采用Likert五点计分量表，在本研究中的内部一致性系数是0.84。其中，经济融入包括"收入水平""居住条件""消费方式"等；社会融入包含政治融入内容，具体包括"人脉资源""生活方式""权益保障""身份认同"等；心理融入包含文化融入内容，具体包括"满意度""归属感""风俗习惯""心理文化"。

（3）中介变量。中介变量有以下两个。

第一，人力资本。本研究自编自陈式 Likert 五点计分量表，具体包括四个题目："职业技能培训""职业资格证""文化程度"和"劳动法"。所有题目均用 Likert 五点计分量表，在本研究中的内部一致性系数是 0.84。

第二，社会资本。本研究自编自陈式 Likert 五点计分量表，具体包括三个题目："工会""与本地员工关系""网络生活"。所有题目均用 Likert 五点计分量表，在本研究中的内部一致性系数是 0.80。

（4）控制变量。在数据分析中，控制变量是年龄、性别、职位、工作时间、所处行业（服务业与制造业）、企业规模和所有制性质。

3. 分析方法

本研究在问卷设计与数据收集过程中，虽已通过反向问题等问卷基本编排法以及匿名等方式进行事前控制，但因数据均为被试的自我报告，因此仍可能存在共同方法偏差。为此，本研究采用 Human 单因素检测法，将所有题项进行单因素分析，没有发现独大的单因子存在，最大的因子仅解释了 23.97% 的方差变异量，因此本研究不存在严重的共同方法偏差问题。本研究采用结构方程模型（AMOS7.0）对假设模型进行检测。在验证假设模型时，本研究将假设模型与其他合理的替代性嵌套模型进行比较，并检验假设模型，以确定对数据拟合最好的模型。

（三）研究结果

1. 变量的描述性统计分析及相关分析

描述性统计分析及相关分析（见表 11-3）表明，农民工的心理资本变量与社会资本、人力资本和城市融入的均值都偏低，这反映了当前农民工城市融入的现状并不乐观，与新型城镇化的核心目标"人的城镇化"还相去甚远。其中，心理资本最低，人力资本次之。这也从一个侧面揭示了农民工的城市融入由表及里逐层推进、愈进愈难的渐进式融入现状。相对而言，农民工的经济融入并不乐观。这说明经过多年的发展变化，农民工城市融入的经济基础仍然没有发生根本性变化，经济融入作为落户城市的前提性变量依然是当前农民工城市融入的重点和难点。同时,作为农民工城市融入的内核与最终的城市融入,心理融入也是最难的融入。

表 11 – 3   研究变量的均值、标准差以及变量之间的相关系数 ($N = 413$)

变量	均值	标准差	1	2	3	4	5	6	7
1. 心理资本	3.151	0.523	1.000						
2. 情绪智力	3.187	0.571	0.597***	1.000					
3. 自我效能感	3.104	0.567	0.676***	0.519***	1.000				
4. 乐观	3.129	0.664	0.682***	0.423***	0.585***	1.000			
5. 坚韧性	3.158	0.657	0.591***	0.368***	0.553***	0.625***	1.000		
6. 人力资本	3.289	0.617	0.301***	0.306***	0.307***	0.328***	0.295***	1.000	
7. 社会资本	3.308	0.789	0.174**	0.213**	0.216**	0.173**	0.062	0.207**	1.000
8. 城市融入	3.256	0.611	0.319***	0.317***	0.293***	0.219**	0.179*	0.566***	0.458***

注:* $p < 0.05$;** $p < 0.01$;*** $p < 0.001$。

表 11 – 3 具体显示了心理资本变量与人力资本、社会资本以及城市融入之间的相关情况:除了坚韧性与社会资本之间不显著相关外,其余变量之间均存在显著的相关关系。这说明总体上心理资本变量与人力资本、社会资本以及城市融入之间有着密不可分的联系。这也验证了国内之前的相关研究结果。与农民工城市融入最为密切的变量依次是人力资本、社会资本、心理资本、情绪智力、自我效能感、乐观与坚韧性。其中,人力资本与城市融入相关系数最高,而人力资本本身又与心理资本及其变量联系紧密;社会资本与城市融入相关系数次之,而社会资本本身也与心理资本及其变量联系紧密。这充分说明心理资本对农民工的城市融入具有直接性与间接性的多重影响。

2. 模型检验

心理资本各变量与社会资本、人力资本以及城市融入之间的显著相关,初步证实了本研究提出的部分假设。从心理资本变量与城市融入的关系来看,存在两种可能的情况:一种是心理资本变量影响城市融入;另一种是城市融入影响心理资本变量。这两种情况形成两种模型,第一种模型为本研究的假设模型,第二种模型为竞争模型。第一种模型对变量之间的关系假设是：城市融入主要受心理资本变量的影响。心理资本对城市融入有直接的影响，也通过中介变量对工作绩效产生间接的影响。第二种模型对变量之间的关系假设是：心理资本变量主要受城市融入的影响。为进一步验证研究假设，本研究采用结构方程建模方法对假设模型进行了验证，并根据各项拟合指标与路径系数的显著性对模型进行了修正。调查数据与假设模型的拟合情况如表11-4所示。

表11-4 结构方程模型拟合指数表（$N=413$）

结构方程模型	χ^2	df	χ^2/df	RMR	GFI	IFI	CFI	RMSEA
假设模型	445.1	163	2.73	0.076	0.923	0.876	0.857	0.059
竞争模型	897.8	174	5.16	0.173	0.723	0.706	0.709	0.056

综合各项指标可以看出，假设模型的$\chi^2/df<3$，GFI、IFI等拟合指数都比竞争模型好，大多数在0.9左右，RMSEA值比竞争模型高。这表明，假设模型与实证数据有更佳的拟合，是相对最优的模型，对变量之间的关系做出了相对更好的解释。因此，本研究选择假设模型作为拟合最优的模型，即心理资本变量影响城市融入，并在其基础上阐述研究假设的关系。

由心理资本促进农民工城市融入模型分析可以看出心理资本对农民工城市融入的影响：与研究假设1相一致，心理资本促进农民工城市融入（$b=0.57$，$p<0.001$）。同时，心理资本也有利于提升农民工的人力资本（$b=0.53$，$p<0.001$）；而农民工的人力资本直接影响着其城市经济融入（$b=0.69$，$p<0.001$），研究假设2得到了验证。另外，心理资本有利于提升农民工的社会资本（$b=0.46$，$p<0.001$），而农民工的社会资本也直接影响其城市融入（$b=0.62$，$p<0.001$），研究假设3得到了验证。

（四）结论与讨论

1. 结论

应用管理学与心理学理论，本研究构建了一个心理资本促进农民工城市融入的模型，即心理资本变量一方面通过影响农民工的人力资本与社会资本，进而间接影响他们的城市融入；另一方面直接影响他们的城市融入。调查结果与研究假设相一致，具体如下。

第一，心理资本对农民工的城市融入有显著影响。第二，心理资本对的农民工的人力资本有显著影响，农民工的人力资本对其城市融入有显著影响。第三，心理资本对农民工的社会资本有显著影响，农民工的社会资本对其城市融入有显著影响。

2. 理论意义

本研究的理论意义主要体现在以下三个方面。

第一，从实证角度系统研究了心理资本促进农民工城市融入的影响机制。大量的文献研究强调心理资本对促进工作生活平衡的重要作用，然而这些研究多为概念性的论述，理论构建的实证模型研究极少。本研究运用结构方程模型，建构了心理资本促进农民工城市融入的结构模型。这一模型不仅丰富和发展了农民工城市融入研究，而且为进一步揭示具有重大社会经济和时代意义的农民工城市融入问题、进行以人为核心的新型城镇化建设提供了一个崭新的视角和理论分析框架。

第二，发现了心理资本变量对提升农民工的心理资本、人力资本与社会资本的重要性，丰富与发展了心理资本理论。本研究以农民工为心理资本的研究对象，这也丰富了心理资本的研究对象范畴。更为重要的是，心理资本符合转型期农民工城市融入的需求。本研究发现中国特色的心理资本提升在促进农民工的城市融入中具有突出的功能，其中心理资本的直接功能主要是提升农民工的城市融入，间接功能主要是提升农民工的社会资本和人力资本，能有效地激发农民工城市融入的持久动力，这丰富和发展了心理资本的理论内涵。

第三，实证分析了农民工的心理资本对其城市融入的重要作用，丰富与发展了农民工城市融入研究。本研究认为，农民工城市融入的"深度或高度"具体是指心理与文化融入，这是最核心、最深层次的融入，也是相对最难的融入，主要受心理资本影响。本研究从心理资本的视角深入探究，系统而深刻地反映了当前农民工的城市深层融入的特性。

3. 实践意义

心理资本与城市融入的关系模型研究结果显示，农民工的心理资本对城市融入有极其显著的影响。因此，心理资本是城市融入极其重要的外生变量，其开发能有效促进员工高质量地完成工作分析中所核定的任务、职责，促进员工通过对工作所处的社会、组织以及心理背景的支持间接为组织目标做出贡献的行为，促进个体系统地解决问题，在总结过去的经验、向他人学习以及在组织内传递知识的过程中，获取有益的信息；通过对自我认知的改变，提高学习技能和其他相关能力；有效促进员工在知识共享和转移的过程中，不断获得自身的竞争优势，不断提升自己的核心竞争力，获取持续的成长动力，从而持续有效地促进农民工的城市融入。这充分说明本研究所提出的心理资本对城市融入的研究假设总体上比较合理，是可以接受的。这就为更进一步探明心理资本与城市融入各潜变量的内在作用机制提供了科学分析的依据，并对人力资源管理实践具有现实意义。即一方面要深入挖掘组织员工的内在隐性激励变量，另一方面要深刻理解心理资本对城市融入影响的关系模型中内生潜变量与外生潜变量的作用关系，从而着力于构建一套能真正持久激发农民工的激励体系。

企业应强化农民工城市融入的支持性人力资源系统。心理资本对农民工城市融入的综合作用力为企业组织管理实践提供了有益的反馈与启示：人力资源管理要将农民工的积极组织行为置于极其重要的地位，实践支持性人力资源管理，促进积极组织行为促进组织价值与农民工深层志趣的协调，提升农民工情绪智力，促进农民工精神健康，构建心理疏导机制、危机与压力应对机制、社会转型与组织变革中的心理适应机制、职业生涯预警机制、人文福祉关怀机制等，提升农民工工作与生活满意度、认同感与幸福感，解决农民工城市融入中的心理适应困难的问题。

4. 研究局限及未来研究方向

心理资本促进农民工城市融入研究是一项十分复杂的工作。本研究仍有一些不足，需要在未来的研究中进一步深化。

第一，样本选取存在一定的局限性。尽管本研究的描述性统计显示农民工的特征与全国的总体状况非常接近，但未来研究还应在地域与行业等方面进一步提升研究对象的代表性，在纵向上的时间跨度还应更长，长期追踪分析会非常有价值。

第二，应进一步加强对心理资本促进农民工城市融入的本土化研究。心理资本不能脱离中国的社会现实和文化背景，同时还应与时俱进。因此，深层次地探索中国式心理资本促进农民工城市融入的内在机理和运行机制任重而道远。

转型期的农民工的城市融入应将心理资本作为人力资源开发的重要内容和战略主题，将心理资本提升纳入人力资源管理流程中的工作分析、培训发展和人力资源维护等实践环节。其中，进行培训发展时，重点倾向于对员工心理资本的积极干预，通过有效的方式提升心理资本；实施人力资源维护时，加强心理资本管理，促进形成农民工城市融入的长效机制。伴随着新型城镇化建设与农民工的发展进程，心理资本的作用会愈加凸显。

五 基于积极组织行为的农民工城市融入的实证研究

（一）研究方法

1. 样本与数据收集程序

本部分数据来自北京、重庆、广州与上海的四个企业，具体是通过实施积极组织行为项目的方式，采用整群抽样的方法选取。全程参加积极组织行为项目的500名农民工中，由于工作变动等原因，有效样本数为216人，其中在服务业工作的占46.6%、在制造业工作的占53.4%；样本来自安徽（31.3%）、河南（19.2%）、四川（16.7%）和江西（12.2%）等13个省级行政区。他们的平均年龄为28.6岁，其中女性74人，占34.3%，男性142人，占65.7%；平均受教育年限为10.6年。样本整体呈正态分布。另外，本研究抽取100名农民工为参照组，最终有效样本为52人。积极组织行为项目实施历时6个月，评价采用准实验设计，设立实验组和参照组，对两组都实施前测和后测。其中，参照组前测数据和后测数据的差异不显著，实验组前测数据与参照组前测数据的差异也不显著。在控制无关变量的基础上，本研究对两组后测数据进行比较。实验组以组织整体参与的形式实施积极组织行为，具体包括员工职业价值观认同、职业生涯规划与指导、心理资本培训开发和人文关怀环境构建四个阶段。数据采用SPSS11.5统计处理。

2. 测量工具

（1）自变量。自变量有以下四个。

第一，心理资本。本研究自编符合中国国情的自陈式Likert五点计分心理资本量表。该问卷包括四个维度——坚韧性、自我效能感、乐观与情绪智力技能，在本研究中的内部一致性系数是0.92。

第二，职业生涯规划。本研究自编自陈式Likert五点计分职业生涯规划量表。职业生涯规划量表包括三个维度——员工个体认知及规划、员工对组织环境的认知及规划以及员工职业生涯反馈与调整，在本研究中的内部一致性系数是0.83。

第三，职业价值观。本研究自编自陈式Likert五点计分职业价值观量表，内容包括社会价值目标、个人价值目标和价值行为方式三个维度，在本研究中的内部一致性系数是0.87。

第四，人文关怀环境。本研究自编自陈式Likert五点计分人文关怀环境量表。该量表包括三个维度——组织的关怀理念、组织支持和组织的关怀制度，在本研究中的内部一致性系数是0.82。

（2）因变量。因变量有以下三个。

第一，经济融入。经济融入由农民工自评，包括三个题目："收入水平"、"居住条件"和"消费方式"。所有题目均用Likert五点计分量表，在本研究中的内部一致性系数是0.81。

第二，社会融入。社会融入由农民工自评，包含政治融入内容，具体包括四个题目："人脉资源""生活方式""权益保障"和"身份认同"。所有题目均用Likert五点计分量表，在本研究中的内部一致性系数是0.86。

第三，心理融入。心理融入由农民工自评，包含文化融入内容，具体包括四个题目："满意度""归属感""风俗习惯""心理文化"。所有题目均用Likert五点计分量表，在本研究中的内部一致性系数是0.83。

（3）中介变量。中介变量有以下两个。

第一，人力资本。本研究自编自陈式Likert五点计分量表，具体包括四个题目："职业技能培训""职业资格证""文化程度""劳动法"。所有题目均用Likert五点计分量表，在本研究中的内部一致性系数是0.84。

第二，社会资本。本研究自编自陈式Likert五点计分量表，具体包括三个题目："工会""与本地员工关系""网络生活"。所有题目均用Likert五点计分量表，在本研究中的内部一致性系数是0.80。

（4）控制变量。在数据分析中，控制变量是年龄、性别、职位、工作时间、所处行业（服务业与制造业）、企业规模和所有制性质。

（二）研究结果

1. 实验组前后变量的统计分析

本研究在问卷设计与数据收集过程中，虽已通过反向问题等问卷基本编排法和匿名等方式进行事前控制，但因数据均为被试的自我报告，因此仍可能存在共同方法偏差。为此，本研究采用 Human 单因素检测法，将所有题项进行单因素分析，没有发现独大的单因子存在，最大的因子仅解释了 28.16% 的方差变异量，因此本研究不存在严重的共同方法偏差问题。

由表 11-5 可以看出，积极组织行为项目实施前后，实验组前后变量差异明显。其中，职业生涯规划、心理资本、人文关怀环境、心理融入与人力资本都存在极其显著的差异；在经济融入与社会融入上也都存在显著差异；而在职业价值观与社会资本变量上虽存在差异，但并不显著。综合来看，积极组织行为的四个维度在具体促进农民工城市融合方面作用显著，不仅直接影响着经济融入、社会融入和心理融入，而且影响着人力资本，而人力资本对其城市融入有直接作用。所以，积极组织行为对农民工的城市融入既有直接影响，也有间接影响。统计也显示，积极组织行为的影响变量相对集中在直接作用效应明显的领域。

表 11-5 积极组织行为项目实验组前后变量差异比较

维度	后测 M (SD)	前测 M (SD)	Z
心理资本	3.34 (0.81)	3.13 (0.97)	5.23**
职业价值观	3.07 (0.94)	2.96 (1.32)	1.94
职业生涯规划	3.83 (0.83)	3.59 (0.96)	6.17**
人文关怀环境	3.27 (0.79)	3.08 (1.17)	4.21**
人力资本	3.15 (0.67)	2.96 (0.84)	2.74**
社会资本	3.83 (0.87)	3.52 (0.93)	1.87
经济融入	3.27 (0.63)	3.16 (0.81)	2.34*
社会融入	3.21 (0.69)	3.11 (0.88)	1.98*
心理融入	3.26 (0.98)	3.02 (1.37)	4.37**

注：* $p \leqslant 0.05$，** $p \leqslant 0.01$，M：平均数，SD：方差。

2. 实验组与参照组后测变量的统计分析

表 11-6 显示了积极组织行为项目实验组与参照组后测变量差异比较。与实验组前后测试的结果类似，农民工的各变量总体差异明显，职业生涯规划、心理资本、人文关怀环境、心理融入与人力资本都存在极其显著的差异；与实验组前后测试不同的是，经济融入存在极其显著的差异，社会

融入差异则不显著,这可能与实验组有关人文关怀环境等综合因素的作用机制有关。

表 11-6 积极组织行为项目实验组与参照组后测变量差异比较

维度	实验组后测 M（SD）	参照组后测 M（SD）	Z
心理资本	3.34（0.81）	3.16（0.93）	4.76**
职业价值观	3.07（0.94）	3.01（1.37）	1.89
职业生涯规划	3.83（0.83）	3.62（0.89）	5.82**
人文关怀环境	3.27（0.79）	3.06（1.23）	4.33**
人力资本	3.15（0.67）	2.93（0.79）	2.81**
社会资本	3.83（0.87）	3.49（0.87）	1.91
经济融入	3.27（0.63）	3.12（0.92）	2.59**
社会融入	3.21（0.69）	3.14（1.06）	1.95
心理融入	3.26（0.98）	3.01（1.42）	4.39**

注:**$p \leq 0.01$,M:平均数,SD:方差。

3. 实验组前后变量中有关性别与行业的统计分析

通过对新生代男性、女性农民工在积极组织行为项目实施前后的差异比较,本研究发现,女性在实施积极组织行为项目后,其心理资本、人文关怀环境和心理融入方面改善得相对突出一些,这也从侧面说明积极组织行为对女性在心理层面的提升作用更为明显。男性仅在人力资本方面较女性改善更为明显。总体而言,性别差异并不显著。另外,年龄因素和学历因素经过验证,差异均不显著。

在行业方面,服务业农民工在社会融入与社会资本上提升得相对更为显著,而制造业农民工在职业生涯规划与人力资本上改善得相对更为突出,但所有差异都不显著。其他变量的差异也都不显著。

4. 多元线性回归分析

首先,为了进一步验证积极组织行为对农民工城市融入各维度的影响程度,本研究将积极组织行为实践的各维度作为自变量,对农民工经济融入进行回归分析。在做回归分析之前,本研究将积极组织行为实践各因子进行了相关分析,相关系数都在 0.3~0.7。本研究采用逐步筛选法,由于职业价值观变量在统计上未达到筛选标准,所以予以排除;通过逐个统计分析标准回归系数,判断影响因变量的主要因素与次要因素。结果表明,当职业生涯规划、心理资本与人文关怀环境三个变量进入模型后,R^2 和调整 R^2 达到最大,分别为 0.583 与 0.576。随着这三个测量维度进入回归模型,对农民工经济融入的解释度逐步增大,T 检验的概率 $p<0.05$。因此,经济融入和职业生涯规划、心理资本以及人文关怀环境的线性关系是显著的,可建立线性模型。根据标准化回归系数的大小,对经济融入影响程度从高到低依次是职业生涯规划、心理资本与人文关怀环境。这也说明积极组织行为中的职业价值观对经济融入的影响是非常有限的,这可能与研究持续的时间较短、职业价值观影响与形成相对滞后有关。

其次,本研究将积极组织行为的四个维度作为自变量,将农民工城市融入中的社会融入作为因变量,进行回归分析。结果表明,当职业价值观、职业生涯规划、心理资本以及人文关怀环境四个变量进入模型后,R^2 和调整 R^2 达到最大,分别为 0.386 与 0.369。这四个测量变量进入回归模型对农民工社会融入的解释度最大,T 检验的概率 $p<0.05$。这说明因变量和这四个自变量的线性关系也是显著的,可以建立线性模型。对社会融入具体影响程度从高到低依次是人文关怀环境、职业生涯规划、心理资本和职业价值观。模型的自变量更多,说明相对于经济融入而言,农民工的社会融入是一个更为全面的系统。

最后,本研究将积极组织行为的四个维度作为自变量,将农民工城市融入中的心理文化融入作为因变量,进行回归分析。结果显示,当职业价值观、职业生涯规划、心理资本以及人文关怀环境四个变量进入模型后,R^2 和调整 R^2 达到最大,分别为 0.736 与 0.714。这四个测量变量进入回归模型对心理融入的解释度最大,T 检验的概率 $p<0.01$。这充分说明因变量和这四个自变量的线性关系是极其显著的。同时也显示相对于经济融入与社会融入来说,积极组织行为对心理融入的影响更为显著——这可能与积极组织行为本身就是心理管理的内容主体有关。具体而言,对农民工的心理融入影响程度从高到低依次是心理资本、职业价值观、职业生涯规划与人文关怀环境。

(三)研究结论与建议

本研究着眼于积极组织行为实践与准实验法等案例分析,经实证分析发现，综合视角的积极组织行为的四个维度对农民工城市融入中的经济融入、社会融入和心理融入都有正面的影响，对农民工的人力资本和社会资本也都有积极作用。准实验组与参照组的后测变量差异比较一致显示，积极组织行为促进农民工城市融合的作用十分明显。其中，在心理资本、职业生涯规划、人文关怀环境、心理融入与人力资本上都存在极其显著的差异。具体而言，积极组织行为的四个维度中，对农民工的经济融入影响程度从高到低依次是职业生涯规划、心理资本与人文关怀环境，对农民工的社会融入影响程度从高到低依次是人文关怀环境、职业生涯规划、心理资本与职业价值观，对农民工的心理融入影响程度从高到低依次是心理资本、职业价值观、职业生涯规划与人文关怀环境。

综合来看，积极组织行为中的职业生涯规划对农民工城市融入的影响最为突出，显示出农民工市民化进程中对于职业发展与指导方面的现实需求，这也为积极组织行为等促进城市融入的相关工作提供了有益的视角。加强职业指导与培训是促进农民工市民化的首要工作，因为职业稳定是其融入城市的第一步。传统上，很多培训是从政府等宏观视角进行的，缺乏微观层面的深入调研。所以，总体规划上要由被动向主动转变，建立更加有效的农民工人力资本、社会资本与心理资本的开发预测、监测与信息体系。

实证研究还显示，农民工的城市融入是一项复杂的系统工程，积极组织行为的多因素综合作用更为明显，这在回归分析中得到集中体现，在与参照组比较中也能看出实验组在人文关怀环境等综合因素作用下的效果。因此，促进农民工城市融入，需要系统规划、统筹兼顾。如前所述，政府等有关部门在研究部署提升农民工市民化的发展战略和总体规划上，要突出"三个提升"：由"关注重视融入"向"保障改善融入"提升，由"被动考虑"向"主动部署"提升，由"局部安排"向"全面统筹规划"提升，推动农民工更高质量地实现市民化。

农民工已经成为推动当前和今后我国社会结构变迁的重要力量。在农民工的城市融入过程中，仍将不同程度地始终贯穿着接纳与排斥，打破瓶颈、实现农民工城市融入的道路任重道远。积极组织行为通过提升心理资本、社会资本和人力资本，可以促进农民工的心理融入、社会融入和经济融入，形成促进农民工城市融入的长效机制，帮助农民工真正实现"城市梦"。

第十二章

中国管理情境的积极组织行为促进新生代员工就业转型研究

新生代员工以独生子女为主体,是当前社会转型过程中又一具有浓郁中国特色的特殊群体。本章通过对中国管理情境的积极组织行为促进新生代员工就业转型与职业胜任力提升实践中的结构模式、服务方案和评价体系等综合实务的研究,进一步分析中国管理情境的积极组织行为的解释力、分析力和预测力。通过对科技创新人才、农民工之外的另一特殊人力资源群体——新生代员工的典型性研究,从综合实务分析过程中获得理论的再升华,进一步深化和完善中国管理情境的积极组织行为。

一 积极组织行为促进新生代员工就业转型的结构模型

(一) 文献回顾与理论假设

本章研究的新生代员工就业转型,从计划行为理论等基础出发,将其"就业转型"界定为从生存性向发展性转变过程中,新生代员工的就业意识以及与之相应的就业结构形态的根本性变化。

我国供给侧结构性改革的重点是解放和发展社会生产力,提升有效供给,扩大中高端供给,减少低端供给,提高全要素生产率。供给侧结构性改革中新生代员工就业转型就是解放和发展新生代员工生产力,使新生代员工的就业意识与素质由传统的低端供给向"中国制造""大国工匠""创新创业"等高端供给升级,进而实现其就业结构形态的真正转型,因此，从供给侧结构性改革视角来看新生代员工，核心是提升其劳动力的有效供给。

1. 新生代员工的积极组织行为对其心理资本、人力资本与社会资本的影响

劳动力供给是劳动力的供给主体在一定的劳动条件下对存在于主体之中的劳动力使用权的自愿出让。当前新生代员工的就业一方面呈现出高流动性和相对剩余性，导致就业难的困境；而另一方面，又呈现出稀缺性，导致招工难的现实，这其实是劳动力这种稀缺资源没有有效配置。从积极组织行为视角来看，亟待提升新生代员工的劳动力有效供给。结合国内外经验，新生代员工关键需要外在"赋能"与内在"增能"，重点是统筹解决其就业的主动性、质量性、稳定性难题。新生代员工的劳动力有效供给，是以科学发展为目标，通过政府引导和市场推动，更新观念，提升劳动力供给效率，推动转型升级，实现劳动力就业禀赋与产业结构匹配、协调发展的过程。所以新生代员工劳动力有效供给问题的解决就是一个持续不断地改进管理活动的过程，积极组织行为视角的劳动力有效供给涉及劳动力素质、就业市场制度、市民化制度和新生代员工的心理等诸多内容，综合来看这些内容主要属于其人力资本、社会资本与心理资本的范畴，所以新生代员工积极组织行为主要与其人力资本、社会资本和心理资本高度关联。因此，本研究提出如下研究假设。

研究假设1a：新生代员工的积极组织行为对其人力资本存在显著的正向影响。

研究假设1b：新生代员工的积极组织行为对其心理资本存在显著的正向影响。

研究假设1c：新生代员工的积极组织行为对其社会资本存在显著的正向影响。

2. 新生代员工的心理资本对就业转型的影响

国外很早就有研究认为，员工个体内在的某些不可观测的特征决定了一些员工相对更容易流动，流动也意味着转型发展。根据计划行为理论的观点，个体从事计划行为的动机主要受行为态度、主观规范和感知到的行为控制三个心理因素的影响，而这三个心理因素都与心理资本联系紧密，所以就业转型意识的发展离不开心理资本的作用。心理资本中自我效能

感、希望、乐观和坚韧性都直接影响着新生代员工就业转型意识发展过程中的动机系统。心理资本作为一种积极的心理资源，已经成为人们研究如何获取竞争优势的独特视角，影响着员工的职业成功。相关研究也表明，心理资本对职业生涯发展具有显著的正向影响，而就业意识转型作为发展职业生涯的重要一环，必然受到心理资本的影响。近期有研究显示，心理资本深刻地影响着个体的职业生涯及职业成功，而就业意识转型属于职业生涯及职业成功的核心要素。对于新生代员工而言，供给侧结构性改革中的创新创业等"乘法"急需从意识着手，因此需要从提升心理资本开始。所以，本研究提出如下研究假设。

研究假设2：新生代员工的心理资本对其就业意识转型存在显著的正向影响。

国外关于就业转型的研究偏重就业问题中的微观层面，诸如心理资本、就业能力与就业质量的关系等，特别是重视一些特殊的就业困难群体的就业转型。国内有研究认为，农民工就业能力主要由人力资本、社会资本、个人特质与外部环境构成，而新生代员工的就业能力主要包括个体适应性、职业认同、社会资本和人力资本四个方面；也有研究进一步认为，新生代员工的就业能力具体包括就业初级能力与就业高级能力，主要是人力资本、社会资本与心理资本，初级到高级主要受限于受教育水平、社会地位和责任感。综合上述研究，就业能力影响因素中，无论是个人特质、个体适应、职业认同还是责任感，都与心理资本紧密关联。因此，本研究提出如下研究假设。

研究假设3：新生代员工的心理资本对其就业能力转型存在显著的正向影响。

3. 新生代员的工人力资本对就业转型的影响

人力资本是通过接受教育或经验而逐渐积累获得的知识、技能与社会认知能力等，是培育组织竞争力的重要资源。从工业化时代对操作工的技能要求到当代对知识型员工的专业能力培训，都体现了人力资本的特殊性与重要性。国内有研究显示，人力资本突出的员工相对更有工作热情，更有帮助他人的能力。根据智能职业生涯的观点，员工个体人力资本的提高能进一步提升整个组织的知识与技能水平。供给侧结构性改革中的提高劳动力素质等"加法"迫切需要新生代员工提升人力资本。新生代员工的人力资本直接影响着其在城市职业的层次与收入水平的高低,这些又进一步影响着就业的发展趋势等。国内有研究显示,农民工人力资本中的受教育年限、相关培训等变量对其工资具有突出的积极作用,农民工就业能力转型升级是其在城市稳定与沉淀的关键,而强化新生代员工相关就业培训等服务能有效提升其就业技能和就业效率。也有研究显示,农民工在就业技能与受教育程度方面均和城市产业工人存在明显差距,农民工人力资本培训对其工资提升具有突出作用,培训教育资历差异是其收入差距的主要原因。因此,受教育程度和职业培训是制约农民工就业与职业层次的主要因素,而这些都属于农民工的人力资本,直接影响的是反映其就业能力的经济收入。所以,本研究提出如下研究假设。

研究假设4:新生代员工的人力资本对其就业能力转型存在显著的正向影响。

国外研究显示,从正面来看,个体的人力资本可以拓展其社会网络,从而提高其社会资本,而同时新型社会资本直接影响就业身份转型,也有利于其人力资本的再提升,新生代员工的人力资本与社会资本对包括就业转型在内的社会融合存在协同作用;从反面来看,新生代员工人力资本的局限制约了其就业的层次等社会资本,进而又制约了其人力资本的积累,所以理想的状态是其人力资本投资和就业稳定性等社会资本都趋于良性稳态。因此,本研究提出如下研究假设。

研究假设5:新生代员工的人力资本对其就业身份转型存在显著的正向影响。

4. 新生代员工的社会资本对就业转型的影响

相对于心理资本与人力资本的个体视角,社会资本是从人们构建社会网络的投资在市场中的回报。人作为"社会人",个体的工作直接或间接与他人存在关联,进而形成关系网络,关系网络是重要的个体与组织资源,丰富的关系网络有助于个体获得外部支持。社会资本有助于人们获得资源,提高社会地位,通过对社会关系等社会资本的投资与运用,可以在市场中取得绩效。国外有研究发现,参加工会的员工相对享有更高的工资待遇;国内研究也显示,"跨越型"和"整合性"社会资本对农民工收入具有突出的积极作用。对于新生代员工而言,社会资本直接影响着其社会收益、社会保障与社会资源,而这些因素又对新生代员工的工作获取、权益维护等社会支持网络产生积极作用。另外，从负面来看，新生代员工的就业身份转型升级正是受困于社会资源、社会网络等社会资本的局限，导致其城市融入的"嵌入"式和"失范"式现象突出，人际交往上出现"内卷化"现象。因此，急需构建新生代员工融入城市的社会支持系统，供给侧结构性改革中的去库存、去产能等"减法"与"除法"需要新生代员工构建新型社会资本。新生代员工自身也需要"逐步构建具有城市特征的新型社会网络"，提升其社会资本。基于以上分析，本研究提出以下研究假设。

研究假设6：新生代员工的社会资本对其就业身份转型存在显著的正向影响。

5. 新生代员工的心理资本、人力资本和社会资本对就业转型的协同影响

积极组织行为视角下的就业转型是一个系统性工程，供给侧结构性改革的"混合运算"也强调加减乘除的集成效应，因此要发挥心理资本、人力资本、社会资本的集成作用。其实，就个体而言，面对就业转型实践的不是新生代员工的人力资本、社会资本或心理资本中某一个单项发挥作用，而是其整体发挥作用。从协同论观点来看，人力资本、社会资本和心理资本构成一个系统，系统中各要素如果协同得好，就会形成整体大于部分之和的效应。国内有研究提出，心理资本、人力资本、社会资本的协同集约是开发个人潜能、形成竞争优势的关键；有研究揭示，在农民工的就业过程中，心理资本、人力资本和社会资本之间存在相互作用的关系；也有研究认为，通过人力资本、社会资本等资本建构与资本转换，新生代员工能获得更多的机会与资源，这自然会有利于其就业转型。国外也有研究认为，心理资本、人力资本和社会资本三者的协同可以提升劳动力获取新的就业机会所需要的能力。资本的可转换性是构成某些策略的基础，这些策略的目的在于通过资本的转换来保证资本的再生产。因此，心理资本、人力资本、社会资本之间的转化与协同，是新生代员工就业转型的基础。基于以上分析，本研究提出以下研究假设。

研究假设7：新生代员工的心理资本、人力资本和社会资本对其就业转型存在显著的协同影响。

基于上述分析，本研究用图12-1来总结积极组织行为促进新生代员

工就业转型的模型。简要地说，新生代员工就业转型既分别受到心理资本、人力资本、社会资本的直接影响，也受三者的协同影响。

```
         EAP              资本建构              就业转型
                      ┌─────────────┐       ┌─────────────┐
                   ┌─→│  心理资本    │──────→│ 就业意识转型 │
   ┌─────┐         │  ├─────────────┤       ├─────────────┤
   │劳动力│         │  │              │     ↗│             │
   │有效  │─────────┼─→│  人力资本    │──────→│ 就业能力转型 │
   │供给  │         │  ├─────────────┤     ↘│             │
   └─────┘         │  │              │       ├─────────────┤
                   └─→│  社会资本    │──────→│ 就业身份转型 │
                      └─────────────┘       └─────────────┘
```

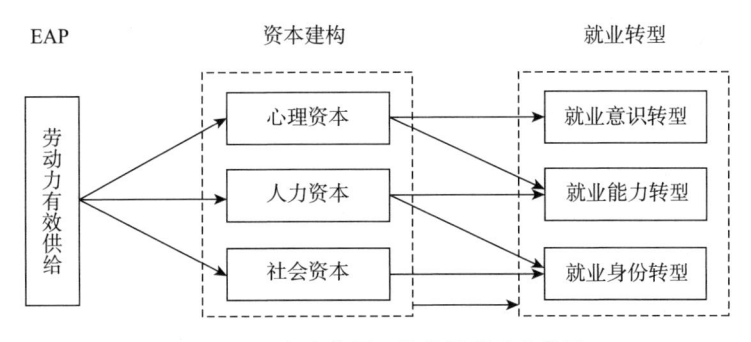

图 12 - 1　新生代员工就业转型研究模型

（二）研究方法

1. 样本与数据收集程序

本研究样本为来自北京、重庆、深圳和常州的新生代员工，共发放问卷 1500 份，最终收回有效问卷 1176 份。回答问卷的新生代员工主要在服务业、制造业和建筑业等行业工作，他们来自安徽（21.2%）、河南（19.3%）、四川（15.2%）和江西（12.7%）等 19 个省级行政区。样本平均年龄 29.76 岁，其中，女性 428 人，占 36.4%，男性 748 人，占 63.6%；样本平均受教育年限为 10.13 年。考虑到涉及变量的因果关系研究，本研究采用纵向研究方法，在采集数据时分成两个时间点，相隔 6 个月。选取调查对象时，本研究力求丰富样本的代表性。

2. 测量工具

（1）劳动力有效供给。本研究采用"劳动力素质""劳动市场制度""市民化制度""劳动力效率""劳动力主观诉求与积极性"5 个题项，采用 Likert 五点计分，在本研究中该量表的内部一致性系数是 0.71。

（2）心理资本。本研究采用一套成熟的心理资本量表（PsyCap Questionnaire，PCQ）。该量表包含自我效能感、希望、乐观和坚韧性 4 个维度，每个维度 6 个题目，共 24 题。量表采用 Likert 五点计分法，内部一致性系数是 0.84。

（3）人力资本。人力资本量表包括专业、经验和技能 3 个维度，采用 Likert 六点计分法，内部一致性系数是 0.78。

(4) 社会资本。社会资本量表根据研究主题，划定关系范畴，然后衡量各关系的质量，从同事关系、领导关系、外部关系三个方面进行衡量，并综合纳入关系强度、网络数量等概念内涵，共计14个测量项目。量表采用 Likert 六点计分法，内部一致性系数是0.83。

(5) 就业转型。鉴于目前国内外没有成熟的就业转型量表，本研究设计了6个题目来衡量就业转型，如"相对于过去的劳动密集型，我现在的工作正向技能密集型转变"等。就业转型以 Likert 五点计分量表来测量，包括3个维度，分别为就业意识转型、就业能力转型、就业身份转型。在本研究中的内部一致性系数是0.79。

(三) 分析方法

本研究采用结构方程模型（AMOS7.0）对假设模型进行检验，在验证假设模型时，本研究将假设模型与其他合理的替代性嵌套模型进行比较，从而确定对数据拟合最好的模型。

(四) 研究结果

1. 共同方法偏差和量表效度检验

本研究在问卷设计与数据收集过程中，虽已通过反向问题等问卷基本编排法以及匿名等方式进行事前控制，但因数据均为被试的自我报告，仍可能存在共同方法偏差。为此，本研究采用 Human 单因素检测法，将所有题项进行单因素分析，没有发现独大的单因子存在，最大的单因子方差解释率仅为29.03%。因此，同源方差不会影响到本研究结论的科学性和可靠性。为进一步确认量表的有效性，本研究通过验证性因子分析和探索性因子分析来检验效度。探索性因子分析表明，劳动力有效供给、就业转型、心理资本、人力资本和社会资本因子均能累计解释其40%以上的变异量，且每个条目在其因子的负荷值均大于0.5。这说明劳动力有效供给、心理资本、人力资本、社会资本和就业转型具有良好的结构效度。本研究验证性因子分析显示，四因子模型拟合效果明显优于其他模型（见表12-1），说明劳动力有效供给、心理资本、人力资本、社会资本和就业转型分属不同构念，量表具有良好的区分效度。

表 12－1　验证性因子分析结果（$N=1176$）

模型	χ^2	df	CFI	IFI	TLI	RMSEA
五因子模型（ES、PC、HC、SC、ET）	788.9	273	0.873	0.856	0.851	0.063
四因子模型（ES、PC、HC+SC、ET）	1273.7	274	0.792	0.775	0.758	0.081
三因子模型（ES、PC+HC+SC、ET）	1126.1	274	0.817	0.809	0.781	0.076
二因子模型（ES、PC+HC+SC+ET）	1277.8	276	0.773	0.756	0.719	0.089
一因子模型（ES+PC+HC+SC+ET）	1312.3	277	0.756	0.743	0.701	0.092

注：ES 代表劳动力有效供给，PC 代表心理资本，HC 代表人力资本，SC 代表社会资本，ET 代表就业转型。

2. 变量的相关分析

表 12－2 具体显示了劳动力有效供给、心理资本、人力资本、社会资本和就业转型之间的相关情况：劳动力有效供给、心理资本、人力资本、社会资本与就业转型变量之间均存在显著的相关性，说明总体上劳动力有效供给、心理资本、人力资本、社会资本和就业转型之间有着密不可分的联系。与就业转型相关最为密切的变量依次是心理资本（$r=0.36$，$p<0.001$）、人力资本（$r=0.31$，$p<0.001$）和社会资本（$r=0.23$，$p<0.01$），都达到了显著水平。具体而言，心理资本与就业转型中的子变量就业意识转型（$r=0.47$，$p<0.001$）、人力资本与就业转型中的子变量就业能力转型（$r=0.52$，$p<0.001$）、社会资本与就业转型中的子变量就业身份转型（$r=0.39$，$p<0.001$）都存在极其显著的相关。

表 12－2　研究变量的均值、标准差以及变量之间的相关分析（$N=1176$）

变量	均值	标准差	1	2	3	4	5	6	7
1. 心理资本	3.17	0.93							
2. 人力资本	3.22	0.87	0.43***						
3. 社会资本	3.19	0.84	0.39***	0.37***					
4. 就业意识转型	3.04	0.97	0.47***	0.12*	0.11*				
5. 就业能力转型	3.17	0.83	0.33***	0.52***	0.12*	0.55***			
6. 就业身份转型	3.02	0.88	0.17**	0.13*	0.39***	0.46***	0.40***		
7. 就业转型	3.08	0.89	0.36***	0.31***	0.23**	0.51***	0.47***	0.44***	

续表

变量	均值	标准差	1	2	3	4	5	6	7
8. 劳动力有效供给	3.01	0.91	0.35***	0.39***	0.36***	0.16**	0.19**	0.18**	0.17**

注：$^*p<0.05$，$^{**}p<0.01$，$^{***}p<0.001$。

3. 假设检验

本研究运用结构方程模型来验证供给侧结构性改革视角下心理资本、人力资本、社会资本对就业转型的影响作用。本研究比较了假设模型与替代模型的拟合度，如表12-3所示。在假设模型中，心理资本对就业能力转型的影响显著不突出（$\beta=0.13$，$p<0.05$），人力资本对就业身份转型的正向作用不显著（$\beta=0.09$，$p<0.05$）。因此，为了更好地拟合研究数据，替代模型一在假设模型基础上去掉了人力资本对就业身份转型的直接作用以及心理资本对就业能力转型的直接作用；替代模型二是在假设模型基础上去掉了人力资本对就业身份转型的直接作用。从χ^2/df、CFI、IFI、TLI、RMSEA等拟合指数综合来看，替代模型二与实证数据拟合最佳，是相对最优的模型，对变量之间的关系做出了相对最好的解释。因此，本研究将替代模型二作为最终模型。

表12-3 结构方程模型的比较

模型	χ^2	df	CFI	IFI	TLI	RMSEA
假设模型	1205.1	417	0.896	0.875	0.859	0.071
替代模型一	1119.2	416	0.904	0.896	0.871	0.066
替代模型二	1062.4	415	0.917	0.903	0.898	0.057

由图12-2可以看出，供给侧结构性改革视角下新生代员工的心理资本、人力资本、社会资本对就业转型的影响：劳动力有效供给极其显著地影响心理资本（$\beta=0.26$，$p<0.01$），与研究假设1b一致；劳动力有效供给显著地影响人力资本（$\beta=0.30$，$p<0.001$），与研究假设1a一致；劳动力有效供给显著影响社会资本（$\beta=0.27$，$p<0.01$），与研究假设1c一致；心理资本促进就业意识转型（$\beta=0.36$，$p<0.001$），与研究假设2一致；心理资本促进就业能力转型（$\beta=0.13$，$p<0.05$），与研究假设3一

致；人力资本促进就业能力转型（$\beta = 0.39$，$p < 0.001$），与研究假设 4 一致；社会资本促进就业身份转型（$\beta = 0.29$，$p < 0.001$），与研究假设 6 一致；心理资本、人力资本和社会资本协同促进就业转型（$\beta = 0.34$，$p < 0.001$），与研究假设 7 一致；人力资本对就业身份转型影响不显著（$\beta = 0.09$，$p < 0.05$），研究假设 5 未得到支持。

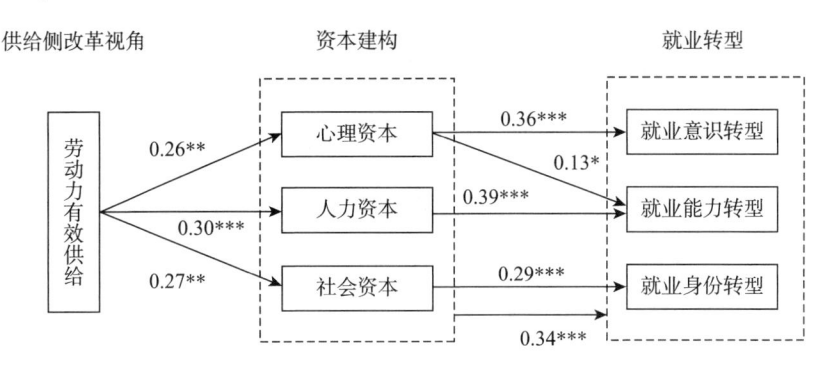

图 12-2　供给侧改革视角下新生代员工就业转型模型

（五）结论与讨论

应用管理学、社会学与心理学理论，本文构建了积极组织行为促进新生代员工就业转型的模型，调查结果与多数预测一致。第一，积极组织行为促进新生代员工劳动力有效供给通过心理资本、人力资本与社会资本的中介作用影响其就业转型。第二，新生代员工的心理资本促进就业意识转型与就业能力转型；新生代员工的人力资本对就业能力转型存在显著影响；新生代员工的社会资本对就业身份转型存在显著作用。第三，新生代员工的心理资本、人力资本和社会资本协同促进就业转型。

本研究的理论意义主要表现为以下三个方面。第一，从实证的视角系统研究了积极组织行为促进新生代员工就业转型的影响机制。大量的文献研究强调新生代员工就业转型的重要作用，然而这些研究多为概念性的论述，理论构建的实证模型研究非常少。本研究运用结构方程模型，创新地构建了积极组织行为促进新生代员工就业转型的结构模型。这一模型不仅丰富和发展了当前新生代员工的就业转型研究，而且为进一步揭示具有重大社会经济时代意义的新生代员工城市融合问题以及建设以人为核心的新型城镇化提供了一个崭新的视角和理论分析框架。

第二，发现了新生代员工劳动力有效供给通过心理资本、人力资本与社会资本的中介作用影响其就业转型，丰富与发展了新生代员工就业转型与供给侧结构性改革理论，对深入诠释积极组织行为促进新生代员工就业转型的机理以及构建支持性就业转型的方略等具有重要意义。

第三，实证分析了新生代员工的人力资本、社会资本与心理资本的协同作用对其就业转型的重要作用，丰富与发展了新生代员工资本建构的理论研究。本研究发现，从供给侧结构性改革"混合运算"的视角出发，人力资本、社会资本与心理资本在新生代员工就业转型过程中的协同机理与实现机制可以有效促使其由"局部考虑"向"全面统筹"提升，从而形成就业转型的整体部署，可以有效解决其统筹就业困难的问题。积极组织行为促进新生代员工就业能力转型、就业身份转型与就业意识转型，并且它们之间相互影响，其中意识转型是前提，能力转型是基础，身份转型是标志，形成有机的就业转型系统。就业能力转型、就业身份转型与就业意识转型分别类似于转型的"长度、宽度、深度或高度"，长宽高的乘积类似于转型程度立体的"体积"，"体积"越大，就业转型就越充分，这系统而深刻地反映了当前新生代员工的就业表层转型与深层转型的各个方面。

根据理论和实证分析，本研究对政府、企业和社区具有以下启示意义。第一，政府应创新新生代员工就业转型的支持性社会治理机制。本研究显示，就业转型的实践瓶颈在于提升新生代员工的人力资本、社会资本与心理资本。政府有关部门在研究部署提升新生代员工的就业转型的发展战略应进一步注重"三个提升"：由"关注重视就业转型"向"保障改善就业转型"提升，由"被动考虑"向"主动部署"提升，由"局部安排"向"全面统筹规划"提升。从供给侧结构性改革"混合运算"的视角出发，促进三种资本在新生代员工就业转型过程中的协同机理与实现机制，形成就业转型的整体部署，解决其统筹促进就业困难的问题。从供给侧结构性改革的"除法"和"减法"中的去房产、去库存等视角分析社会资本提升对就业身份转型的作用机制，创新政府公共服务职能，构建政府、社会与企业三方协同参加的社会支持网络，探究新生代员工社会资本由"整合型"向"跨越型"提升路径，构建新型社会资本，促进其由频繁流动的农民工向相对稳定的新市民转型，解决其稳定就业困难的问题。

第二，企业应强化新生代员工就业转型的支持性人力资源开发系统。本研究发现人力资本对新生代员工的就业转型的综合影响力突出，这为企业的组织管理实践提供了有益的启示：企业组织人力资源管理时应将新生代员工的人力资本开发置于更加重要的地位，实践支持性人力资源管理，深入实施积极组织行为，真正实现人力资源由注重管理升级为注重开发。企业应从供给侧结构性改革"加法"中的劳动力素质提升视角探究人力资本提升对新生代员工就业能力转型的作用机制，通过技能培训等增加其人力资本积累、提高技能素质适应产业升级、促进其由劳动密集型向技能密集型就业转型，提升其人力资本在供给侧改革中的匹配度和有效度等，增强其经济赋能，解决其高质量就业困难的问题。

第三，新生代员工应构建就业转型的内生动力机制。从供给侧结构性改革"乘法"中的创新创业等视角来看，提升心理资本是劳动力有效供给的重要内容。随着产业转型升级与经济"新常态"的进程，组织稳定性下降，职业胜任力要求越来越突出，这些都会给新生代员工带来就业危机感。因此，培养"终身就业力"应是每个个体认知与规划的目标之一，尤其急需提升新生代员工的心理资本。本研究发现新生代员工的心理资本现状不容乐观，现实中很多新生代员工也容易忽视这方面意识的提高。其实，开发心理资本可以有效促进新生代员工就业意识转型，改善心智模式，完善心理调适机制，构建生涯发展机制，提升其创新、创业意识与胜任力，促进其由封闭向开放转变，由被动面对就业向主动创新、创业转型，可以有效解决其主动就业、创业困难的问题。

二 积极组织行为视角下的社会资本促进新生代员工就业转型

（一）理论基础与研究假设

本章的第一部分论述积极组织行为影响新生代员工的人力资本、社会资本与心理资本，进而影响其就业转型。本节进一步聚焦社会资本的作用。社会资本（social capital）的概念最早是由社会学家布迪厄提出的[1]，此后，随着研究的拓展与深化，社会资本已经延伸到企业、区域乃至国家

---

[1] P. Bourdieu and J. G. Richardson, *Handbook of Theory and Research for the Sociology of Education* (Greenwood: NewYork, 1986), pp. 241-258.

相关问题的研究中。现有研究主要集中于结构、关系和认知三个维度。结构维度强调的是社会互动或网络连带总体构型,以密度、连结及层级来测量;而关系维度则是注重通过社会互动而形成的关系类型,如信任、规范、义务、期望和认同等;认知维度侧重于共享的象征、译码和意义系统等①。社会资本同时还包括人际关系网络及嵌入这种网络中的资源,已有研究从不同层面的社会资本对创新的影响进行过相关研究②。本研究主要偏重于研究个体人际互动网络的社会资本,即通过人际互动空间,个体能获得并能运用的关系资源。而互动网络结构能影响个体的认知与方法,从而促进其意识的转变。

随着国内产业转型升级的不断推进,一方面许多企业面临用工难的严峻考验,另一方面众多新生代员工面临就业难的严峻压力,其中就业能力是核心与本质问题。国外有研究认为,就业能力是获得并保持组织内外部就业的能力,就社会资本维度而言,就业能力是指个人拥有的、可用以拓展和实现自我职业生涯目标的社会网络。本研究的就业能力主要为劳动者从劳动密集型向技能密集型的转变,实现从体力性劳动到技能性劳动的就业转型。当前我国进入新一轮产业转移和产业转型,在产业区域发生变化的同时,虽然新生代员工也不可避免地置身其中,其社会生活场所也或多或少发生着变化,但还没有从根本上改变其以"血缘、亲缘和地缘"为纽带的社会关系网络,这依然是其求职和社交的主要路径。国内有研究认为,新生代员工的社会资本存在网络层次低、网络异质性差以及可利用资源少等问题。也有研究指出,新生代员工社会资本的这些特点影响劳动者向相对稳定型就业的转型,进而影响其身份的转型。基于此,本研究提出以下研究假设。

研究假设1:社会资本与新生代员工就业转型正相关,即社会资本越丰富,越有利于新生代员工进行就业转型。

根据社会身份理论,人们的很多行为本质上都在寻找自我身份。在这一过程中,人们对身份的自我认知常常会逐渐形成两种类型,一是与社会

---

① 顾琴轩、王莉红:《人力资本与社会资本对创新行为的影响——基于科研人员个体的实证研究》,《科学学研究》2009年第10期。

② S. Shane and S. Venkataraman, "The Promise of Entrepreneurship as a Field of Research", *The Academy of Management Review* 25 (2000): 217–226.

关系不大的相对纯粹的个人身份，二是社会身份。人是"社会人"，在其现实性上，它是一切社会关系的总和①。社会身份是人们从社会的视角中审视自己，将自己与他人按照相关的类别来区分，进而认识自己。而在这过程中，人们很自然地受到他人的影响，尤其是通过一些重要的他人如何看待自己的方式来认识自己，这也是经典社会心理学文献中的"镜像自我"概念②。因此，不同的社会环境会向个体传递不同的身份认知信息，环境自然就成为影响个体身份的组成部分。新生代员工长期背井离乡，在相对陌生的环境工作生活，社会交往空间有限。所以，工作场所成为他们生活中相对核心的空间，这种状态自然也令他们对工作的认知在非常大程度上决定了其对个人身份的认知。工作在劳动者生活中的重要性更高，工作的方方面面对他们生活、身份以及社会态度的影响也就相对更大。工作对于新生代员工身份认知的影响，核心来自其所反映的社会地位。不同的工作反映不同的社会地位，它取决于这些工作所需要的知识技能、工作成就、工作待遇、工作中与什么层面的人接触以及与同事和领导交往等诸多方面。因此，不同的工作会让个体感受到不同层次的社会地位③。目前社会资本对新生代员工的相关影响已经得到广泛的证实，新生代员工的社会资本与其组织承诺、工作绩效等正相关④。社会资本对新生代员工的就业与报酬等均有显著影响。因此，当新生代员工的工作待遇和报酬等得到满足后，他们的工作认知感越强，所感受到的社会地位也就越高。

依据"镜像自我"理论，新生代员工对自身工作的社会地位的看法取决于他们在工作中得到什么样的物质和精神待遇。已有研究认为，就业者的工作特征包括是否签订劳动合同、福利、工作时间、加班频率及工资等，这些对就业者城市融合变量的影响受到工作认知也就是工作社会地位的中介影响。因此劳动者感知到更高的工作社会地位后更愿意进行社会融合，从而转变其社会身份。劳动者感知的工作社会地位与他们的生活满意

---

① 马克思:《马克思恩格斯选集》（第一卷），人民出版社，1972。
② C. H. Cooley, *Human Nature and the Social Order* (Macmillan Co. 1940).
③ Joe L. Spathe, "Vertical Differentiation Among Occupations", *American Sociological Review* 44 (1979): 746-762.
④ Judge T. and Bono J., "The Paradox of Success: An Archival and a Laboratory Study of Strategic Persistence Following Radical Environmental Change", *Journal of Applied Psychology* 6 (2003): 33-45.

度正相关。而城市融入又与新生代员工的就业转型息息相关。基于此，本研究提出以下研究假设。

研究假设2：社会资本与新生代员工工作社会地位正相关，即社会资本越丰富，新生代员工所感知的工作社会地位也就越高。

研究假设3：工作社会地位与新生代员工就业转型正相关，即新生代员工感知的工作社会地位越高，越有利于其进行就业转型。

研究假设4：工作社会地位对社会资本与就业转型的关系有显著中介作用，工作社会地位越高，社会资本对就业转型影响越大。

综上所述，本研究的理论模型是在积极组织行为视角下，社会资本通过影响新生代员工的工作社会地位，进而影响新生代员工就业转型，即工作社会地位在社会资本和就业转型之间起重要的中介作用。

（二）研究方法

1. 研究样本

本研究采用问卷调查方法，数据主要采集自长三角地区企业的新生代员工，行业分布在服务业、制造业和建筑业等。本研究发放350份问卷，回收有效问卷261份，回收率74.6%；在样本的结构方面，男性比例为42.9%，女性57.1%。新生代员工的年龄主要分布在30岁以下。鉴于研究需要探索变量的因果关系，本研究采用纵向研究方法，分成两个时间点采集数据，两个时间点相隔了6个月。其中，第一阶段发放的180份问卷收回有效问卷115份，第二阶段发放的170份问卷收回有效问卷146份。

2. 自变量

社会资本的衡量有成熟的社会资本量表。本研究根据研究主题，划定关系范畴，然后衡量各关系的质量，从同事关系、领导关系和外部关系三个方面进行衡量，并综合纳入关系强度、网络数量等概念，共计有14个测量项目。本研究采用Likert六点计分量表，国内有研究进行了验证，在本研究中的内部一致性系数是0.83。

3. 因变量

就业转型。鉴于目前国内外没有成熟的就业转型量表，本研究设计了6个题目来衡量就业转型，如"相对于过去的劳动密集型，我现在的工作正向技能密集型转变"等。因变量以Likert五点计分量表来测量，包括三个维度——就业意识转型、就业能力转型和就业身份转型,在本研究中的内部一致性系数是0.79。

4. 中介变量

工作社会地位。参照文献中对于职业声誉和工作特征的描述①,本研究设计了3个题目来衡量调查参与者感知的工作地位,如"您觉得您现在所从事的工作社会地位怎么样"等。本研究采用Likert五点计分量表来衡量,内部一致性系数为0.78。基于人口学变量与收入可能产生的影响的考虑,本研究对性别、年龄、受教育程度及收入进行控制。

5. 统计方法

本研究采用SPSS20.0和LISREL17.0进行统计分析。

(三) 数据分析和结果

1. 信度效度分析

本研究运用结构方程模型(LISREL17.0)对关键变量进行验证性因子分析,比较了单因子模型(所有题目)、二因子模型(社会资本和就业转型项目,以及工作社会地位项目)和三因子模型(社会资本项目,就业转型项目以及工作社会地位项目)。结果显示,三因子模型拟合度最好,显著优于单因子模型和二因子模型的拟合优度,具体如表12-4所示。这说明各量表具有较好的结构效度和区分效度。

表12-4 验证性因子分析结果 ($N = 261$)

结构方程模型	χ^2	df	χ^2/df	RMSEA	CFI	RMR	IFI	GFI	NFI
三因子模型	83.630	24	3.480	0.102	0.950	0.045	0.951	0.929	0.932
二因子模型	146.679	26	5.640	0.146	0.899	0.054	0.900	0.873	0.811
单因子模型	275.660	27	10.210	0.206	0.792	0.070	0.793	0.782	0.776

2. 描述性统计分析及相关分析

本研究对各变量进行描述性统计分析和相关分析,结果如表12-5所示。就业转型的三个维度平均分数从高到低依次为就业意识、就业身份和

---

① Nakao K. and Treas J. , "Updating Occupational Prestige and Socioeconomic Scores: How the New Measures Measure Up", *Sociological Methodology* 24 (4) (1994): 1-72.

就业能力。社会资本与就业转型显著正相关（$r=0.452$，$p<0.01$），社会资本与工作社会地位显著正相关（$r=0.533$，$p<0.01$），工作社会地位与就业转型显著正相关（$r=0.659$，$p<0.01$）。这些结果与本研究的研究假设是基本一致的，为假设的验证提供了初步的证据。数据分析同时还显示，年龄、性别与所处行业等控制变量不存在显著差异。

表 12-5　研究变量的均值、标准差以及变量之间的相关分析（$N=261$）

变量	均值	标准差	1	2	3	4
1. 社会资本	3.31	0.804				
2. 就业意识	3.16	0.833	0.500**			
3. 就业能力	3.05	0.801	0.364**	0.680**		
4. 就业身份	3.15	0.874	0.316**	0.518**	0.696**	
5. 就业转型	3.12	0.725	0.452**	0.841**	0.908**	0.856**

注：**$p<0.01$。

3. 假设检验

为了检验主效应和中介效应，本研究共分四步进行层级回归分析：一是自变量对结果变量的影响。在引入控制变量（新生代员工性别、年龄、受教育程度、收入及岗位类别）的基础上，将自变量（社会资本）放入回归方程，分析社会资本对就业转型的影响（M2）。二是自变量对中介变量的影响。在引入控制变量的基础上，将自变量（社会资本）放入回归方程，分析社会资本对工作社会地位的影响（M1）。三是中介变量对因变量的影响。在引入控制变量的基础上，将中介变量（工作社会地位）放入回归方程，分析工作社会地位对就业转型的影响（M3）。四是中介效应。在引入控制变量的基础上，将中介变量引入回归方程，分析社会资本和工作社会地位对就业转型的共同影响（M4）。回归分析结果如表 12-6 所示。

表 12-6 的结果表明：社会资本（M2，$\beta=0.383$，$p<0.001$）对就业转型具有显著的正向影响，支持研究假设 1；社会资本（M1，$\beta=0.488$，$p<0.001$）对工作社会地位具有显著的正向影响，支持研究假设 2；工作社会地位对就业转型具有显著的正向影响（M3，$\beta=0.775$，$p<0.001$），支持研究假设 3；在加入中介变量后，社会资本对就业转型的影响变成不

显著（$M4$，$\beta = 0.009$），工作社会地位对就业转型具有显著的正向影响（$M4$，$\beta = 0.679$，$p < 0.001$）。因此，研究假设4也得到数据的支持，即工作社会地位在社会资本与就业转型的关系中起着中介的作用，并且是完全中介作用。

表 12-6 层级回归结果（$N = 261$）

变量	工作社会地位		就业转型	
	$M1$	$M2$	$M3$	$M4$
控制变量				
性别	0.068	-0.120	-0.173*	-0.173*
年龄	-0.034	0.031	0.058	0.057
受教育程度	0.029	-0.042	0.020	0.020
收入	0.083	-0.110	-0.173**	-0.173**
岗位类别	0.029	0.028	0.006	0.006
自变量				
社会资本	0.488***	0.383***		0.009
中介变量				
工作社会地位			0.775***	0.679***
R^2	0.526***	0.268***	0.486***	0.486***
ΔF	22.932***	7.549***	19.543***	17.962***
R^2	0.312***	0.151***	0.369***	0.218***
ΔF	163.445***	51.089***	178.130***	104.950***

注：*** $p < 0.001$，** $p < 0.01$，* $p < 0.05$。

（四）结论与讨论

本研究应用多学科理论，构建了积极组织行为视角的社会资本对新生代员工就业转型的影响机制模型，即社会资本越丰富，新生代员工对自身工作社会地位的感知越强，进而影响他们的就业转型。调查结果与多数预测一致。第一，社会资本与就业转型显著相关，社会资本与就业转型的三个维度（就业意识、就业能力和就业身份）都显著相关，社会资本对就业转型产生正向影响。第二，新生代员工感知的工作社会地位受到其所拥有社会资本的影响，即新生代员工拥有越丰富的社会资本，其感知的工作社会地位也就越高。第三，新生代员工感知的工作社会地位对他们的就业转型有显著正向影响，新生代员工感知的工作社会地位越高，其就业意识、就业能力和就业身份也会随之发生变化，越能促进其就业转型。这一结论有助于我们理解社会资本对就业转型的作用机制，也为考察二者之间的关系研究提供了新的视角。

本研究的理论意义主要表现为以下三个方面。第一，从实证角度系统地分析了社会资本对就业转型的影响机制。大量文献强调了就业转型的重要性，然而先前的大多数文献均为概念性论述或描述性统计分析，基于理论构建的实证模型极少。本研究运用结构方程模型，构建了社会资本通过感知的工作社会地位影响就业转型的模型。这一模型不仅扩展和丰富了就业转型的相关文献，而且为进一步认识和解决具有重大社会意义的新生代员工就业转型问题，深入推进"人的要素"供给提供了一个新的理论分析框架。第二，发现了社会资本变量对新生代员工工作认知和就业转型的重要性。之前文献也有较多关于新生代员工工作时间、同工不同酬、就业能力、城市融合等问题的探讨，但是极少研究将其进一步延伸到新生代员工工作认知的层面进行深入讨论。本研究则将社会资本变量与工作认知变量结合起来，更强有力地说明了社会性的社会资本变量对于情感性的认知变量的影响机制。第三，分析了新生代员工感知的工作社会地位对于其就业转型的重要作用。同时，本研究采用就业意识、就业能力和就业身份等多个变量从不同角度刻画新生代员工的就业转型情况，系统而深刻地反映了供给侧结构性改革过程中新生代员工就业转型的各个方面。

根据理论和实证研究，积极组织行为在实践上应进一步深入实施积极组织行为，创新政府公共服务职能等，构建起集政府、社会和企业三方协同参加的社会治理网络。积极组织行为需要探究新生代员工的社会资本由"整合型"向"跨越型"提升的路径，构建新型社会资本，帮助新生代员工家庭融入社区、子女融入学校、自身融入组织，建立起促进其由频繁流动农民工向相对稳定新市民转型的社会支持体系。同时，企业应强化新生代员工就业转型的人力资源帮扶项目，诸如积极组织行为等，扩大其社会网络范围，避免其社会交往的"内卷化"，注重提升新生代员工的工作社会地位。积极组织行为激发新生代员工的内在驱动力与附属驱动力，发挥员工主人翁精神，强化工会等组织的凝聚作用与调节功能，积极让员工参与管理等，促进新生代员工工作社会地位感知的提升，从而持久有效地促进其就业转型。

本研究的理论分析和实证分析丰富了当前有关新生代员工就业转型的研究，但有一些不足需要在未来研究中进一步改进。首先，本研究采用问卷调查获得的数据样本还不够大，所以研究结论存在一定的局限性，变量之间的因果关系还需要更长时间的纵向研究以更加严谨地检验和解释。其次，中介变量应进一步深入研究。影响社会资本和就业转型的中介变量除了工作社会地位外还有其他一些因素，本研究只分析了工作社会地位的中介作用，未来的研究应进一步深入分析其他变量的作用机制，从而更全面地认识社会资本与就业转型的关系。

三 积极组织行为视角下的人力资本与心理资本对新生代员工职业胜任力的影响

本章的第一部分论述了积极组织行为通过影响人力资本、社会资本与心理资本，进而影响新生代员工就业转型；第二部分论述了积极组织行为通过社会资本影响新生代员工就业转型；本节则深入探究积极组织行为如何通过人力资本与心理资本影响新生代员工职业胜任力，从而影响其就业转型。

随着社会转型的深入和互联网等新技术的快速发展，组织发展的内外环境发生了深刻变化。单位人向社会人、固定工向合同工、正规就业向非正规就业转变的力度加大，职工流动速度趋快、领域趋宽、层次趋高，员工的职业生涯发展已经越来越表现出更多的无边界性和不可确定性。这就要求员工能在不同岗位、职能、角色和组织之中成功切换，从而对其终身核心就业竞争力的要求越来越高。因此，职业胜任力的重要性已愈加凸显。目前，职业胜任力已经成为欧美工业与组织心理学、人力资源管理、职业生涯开发与管理等诸多学科的重要研究问题。提升员工职业胜任力，不仅是积极应对劳动力市场的挑战，提高员工职业生涯持续发展的能力，更是当前供给侧结构性改革的重要内容，可以增加"人的要素"的有效供给，促使"人口红利"向"人才红利"提升。

基于职业胜任力的内涵要素，提升职业胜任力离不开员工的"高素质"和"高积极性"。"高素质"表明员工针对岗位能够胜任的能力,主要反映个体人力资本的基本属性;"高积极性"注重更强的探索精神,表现出更强的创造性、面对挫折与困难时的心理弹性等。因此,"高素质"和"高积极性"分别是基于人力资本与心理资本的作用。已有研究显示[1],人力资本与心理资本先后都被认为是提高雇员工作绩效和增强组织竞争优势的积极力量。

尽管人力资本与心理资本分别起源于经济学与心理学,但发展进程上却相互融合、相互促进,它们在组织行为中的影响引起了多学科的密切关注,并且已逐渐成为管理学、社会学和心理学等领域的热门课题。国外有学者探讨了组织环境中两者的相互关系及影响效应[2];也有学者分析了它们之间的差异性,从理论上研究了心理资本与人力资本的不同作用机理,认为心理资本超越了人力资本与社会资本,能给组织带来更大的竞争优势等。但对于职业胜任力,人力资本与心理资本总体上究竟对其有多大的解释力度?具体的影响机制和差异性是什么?不同的职业生涯阶段,人力资本与心理资本对职业胜任力的作用是否存在不同的效应?目前国内外文献并没有就以上问题给予系统深入的解答。

鉴于此,本研究在相对整合的框架里,系统性地探究积极组织行为视角下人力资本与心理资本对职业胜任力的影响机制及影响的情境因素和边界条件,以期从以下几个方面做出贡献。首先,本研究通过分析人力资本与心理资本对职业胜任力的影响机制来丰富职业胜任力的相关理论。其次,本研究通过分析职业生涯不同时期人力资本与心理资本对职业胜任力不同的影响效应,拓展职业胜任力的相关研究,对资本建构研究也是有益的补充。最后,本研究通过探究人力资本与心理资本对职业胜任力影响的整体效应,完善职业胜任力等相关研究。过去已有的研究多是从成就动机和自我效能感等碎片化角度来阐述职业胜任力与人力资源开发机制的关系,但它们很多时候处于相对割裂的状态,缺乏有机整合,从而限制了人们对职业胜任力提升机制的更全面的理解。因此,本研究在以前研究的基

---

[1] 柯江林、孙健敏、石金涛等:《人力资本、社会资本与心理资本对工作绩效的影响:总效应、效应差异及调节因素》,《管理工程学报》2010年第4期,第29~36页。
[2] G. Dokko, "What You Know or Who You Know? Human Capital and Social Capital as Determinants of Individual Performance," *Univ of Pennsylvania* (2004).

础上，选择心理资本与人力资本因素群为自变量，应用相关分析、结构方程模型等方法，探究两个资本与职业胜任能力的定性及定量关系，研究系列资本激励因素的优化组合，目的在于解读职业胜任能力命题背后的相关资本的隐性内源性机制。

（一）理论基础与研究假设

职业胜任力一词最初起源于20世纪80年代，最初是用来描述女性追求职业发展。20世纪90年代，相关研究者[1]提出智能职业生涯框架，职业胜任力的研究开始受到广泛关注。综合来看，职业胜任力主要是指满足职业要求的个体的知识、能力、价值观与动机等要素的总和。目前职业胜任力的研究可概括为两个层面。一是职业胜任力的结构与测量，具有代表性的主要有三维度模型与六维度模型。三维度模型是由相关研究者提出的，认为个体需要具备的三种职业胜任力：知道为什么、知道怎么做和知道谁。从内容上来看，知道为什么、知道怎么做与个体的心理资本、人力资本高度一致。三维度模型被广泛运用到多个群体的职业咨询中，但由于缺乏信度和效度的检验，尚未应用于实证研究。六维度模型的代表学者[2]认为，职业胜任力包括职业实现能力、能力自省、动机自省、工作探索、职业控制力和社交网络[3]；相关研究者开发了专门针对年轻员工的职业胜任力问卷，认为职业胜任力包括动机自省、自我意识、社交网络、自我展示、工作探索和职业控制。其中，动机自省、自我意识和职业控制都与心理资本紧密关联，而自我展示与工作探索则与人力资本密不可分。目前国内外学者普遍运用六维度模型来界定职业胜任力，本研究也采用该六维度模型，对员工职业胜任力进行解读。职业胜任力的另一个研究层面[4]主要是分析其前因变量和结果变量，前因变量包括个体因素、工作及组织相关

---

[1] M. B. Arthur, P. H. Claman and R. J. DeFillippi, "Intelligent Enterprise, Intelligent Career", *Academy of Management Executive* 9 (4) (1995): 7-20.

[2] Kuijpers M. and Scheerens J., "Career Competencies for the Modern Career", *Journal of Career Development* 32 (4) (2006): 303-319.

[3] Akkermans J., Brenninkmeijper V., Huibers M. and Blonk R. W. B., "Competencies for the Contemporary Career: Development and Preliminary Validation of the Career Competencies Questionnaire", *Journal of Career Development* 40 (3) (2012): 245-267.

[4] Kong H., "Relationships among Work-family Supportive Supervisors, Career Competencies, and Job Involvement", *International Journal of Hospitality Management* 33 (1) (2013): 304-309.

因素等，结果变量包括对个体职业结果的影响以及对工作相关结果的影响等。目前虽在内容上还存在是否包括人格等争议[①]，但鉴于职业胜任力的实际影响力，已呈现多学科研究的蓬勃趋势。综合来看，职业胜任力的主要理论都直接或间接地阐明了职业胜任力与心理资本及人力资本等整体紧密的逻辑关系。

心理资本最早出现在经济学文献中，但实际上正式源自人力资本理论和积极心理的研究，主要是指个体具有乐观情绪和坚韧意志等积极心理状态的总和。当前国内外研究主要集中于心理资本的概念界定、结构要素、相关影响变量与机制和开发提升四个方面。概念方面，有学者将心理资本从"个体一般积极性的核心心理要素"逐步发展到"个体积极心理状态"；心理资本的构成要素与量表方面主要有二维说、三维说、四维说和多维说。其中的突出代表是四维说：自信（自我效能感）、希望、乐观和坚韧性。四维说得到了国外学者们的广泛运用，也得到了中国特色的实证检验。因此，本研究也采用该四维度结构模型来对员工心理资本进行界定与解读。近年来，学界呈现心理资本与人力资本、社会资本的协同集约开发的新趋势。

人力资本的研究起步于20世纪五六十年代，"人力资本"概念认为其是凝聚于劳动者本身的知识、技能以及所表现出来的劳动能力；现在学界普遍认为人力资本是指具有经济价值的知识、技能和健康状况等因素之和，是智力资本的一个重要组成部分。有学者认为，中国组织情境下员工的人力资本可以从专业、经验以及技能三个方面来进行度量与刻画，为此本研究也采用该界定。

1. 心理资本与职业胜任力

当前处于无边界职业生涯时代，积极组织行为视角下员工的职业生涯管理开发的责任由组织转移到个体，员工需要提升自身的职业胜任力以实现持续就业并获得发展职业生涯的机会。职业胜任力为员工个体提供了清晰的职业生涯管理方式，一方面，员工个体可以依据其职业胜任力选择合

[①] Francis-Smythe J., Haase S., Thomas E. L. and Steele C., "Development and Validation of the Career Competencies Indicator (CCI)", *Journal of Career Assessment* 21 (2) (2012): 227–248.

适的职业路径；另一方面，员工可以通过职业胜任力的提升，降低职业不安全感，增强其职业满意度[1]。而心理资本作为一种积极心理资源，已成为研究员工如何提高工作绩效和企业如何获取竞争优势的独特视角[2]，影响着员工的职业成功。相关研究也表明，心理资本对职业生涯发展具有显著的正向影响，而职业胜任力作为发展职业生涯的重要一环，必然受到心理资本的影响。具体而言，自我效能感更高的员工对自己的职业生涯发展进程充满信心，这对其职业胜任力的提升具有重要的促进作用；充满希望的员工更乐意接受具有挑战性的工作任务，有助于提升其职业胜任力；与悲观的员工相比，乐观的员工能够更好地应对职业发展中的挫折；坚韧性高的员工对职业发展具有持久的追求与努力，进而促进其职业胜任力提升。也有研究显示，心理资本作为胜任工作岗位的核心要素，深刻地影响着个体的职业生涯及职业成功[3]。基于以上分析，本研究提出第一个研究假设。

研究假设1：积极组织行为视角下的心理资本对职业胜任力有显著的正向影响。

2. 人力资本与职业胜任力

人力资本是通过接受教育或经验而逐渐积累获得的知识、技能与社会认知能力等，是培育组织竞争力的重要资源。从泰勒时期对操作工的技能培训到当前对知识型员工的专业能力需求，都充分体现了人力资本的重要性。国内有研究[4]显示人力资本丰富的个体更有能力去帮助他人，也更有能力保持完成工作的热情；而根据智能职业生涯的观点，员工个人人力资本的提高可以丰富和增加整个公司的知识与技能，这对自身职业胜任力的提高具有显著的促进作用。基于以上分析，本研究提出第二个研究假设。

研究假设2：积极组织行为视角下的人力资本对职业胜任力有显著的

---

[1] 叶龙、褚福磊：《技能人才职业胜任力及其职业满意度关系的研究——以铁路行业为例的实证研究》，《清华大学学报》（哲学社会科学版）2013年第6期，第148~158页。
[2] 何威风、张兆国、杨怡：《国外心理资本研究述评》，《国外社会科学》2011年第4期，第122~126页。
[3] 周文霞、谢宝国、辛迅、白光林、苗仁涛：《人力资本、社会资本和心理资本影响中国员工职业成功的元分析》，《心理学报》2015年第2期，第251~263页。
[4] 谢雅萍：《企业家人力资本与企业绩效关系的实证研究》，《广西大学学报》（哲学社会科学版）2008年第2期，第26~31页。

正向影响。

3. 人力资本与心理资本的关系

人力资本是通过教育、学习等途径内化于员工个体之内的资本，资本的个体之内与个体之外是相互影响、相互促进的，一定条件下是可以相互转化的[①]。而心理资本的开发和培育则是人力资本形成的前提和基础，心理资本在很大程度上决定着人力资本收益实现的程度。较多研究文献也表明心理资本效用的发展在较多情境下是通过人力资本发挥作用的，人力资本与心理资本之间存在显著的正相关性。基于以上分析，本研究提出第三个研究假设。

研究假设3：积极组织行为视角下的心理资本与人力资本之间互相影响。

4. 工作年限在人力资本与心理资本对职业胜任力影响中的调节作用

从职业生涯视角来看，每个人的职业生涯都存在不同的发展阶段，每个阶段学习和成长的侧重点都不尽相同。因此，员工的人力资本与心理资本对职业胜任力的影响作用在不同的职业生涯阶段，发挥作用的程度也是存在一定差异的。国内研究[②]显示，人力资本能更加积极地预测客观职业成功，而心理资本则能更加积极地预测主观职业成功。国外也有研究[③]认为在复杂多变的任务环境下，员工需要具备更丰富的人力资本与心理资本来应对。员工在不同的工作年限面临的挑战和瓶颈不一，需要的知识、技能和心理策略也各不相同。基于以上分析，本研究提出第四个研究假设。

研究假设4：工作年限不同，人力资本与心理资本对职业胜任力影响也存在差异。

基于上述讨论，本研究的整体框架如图12-3所示。

---

① Parker P., Khapova S. and Arthur M. B., "The Intelligent Career Framework as a Basis for Interdisciplinary Inquiry", *Journal of Vocational Behavior* 75 (3) (2009): 291–302
② 周文霞、谢宝国、辛讯等：《人力资本、社会资本和心理资本影响中国员工职业成功的元分析》，《心理学报》2015年第2期，第251~263页。
③ Judge T. and Bono J., "The Paradox of Success: Anarchival and Alaboratory Study of Strategicpersistence Following Gradical Environmental Change", *Journal of Applied Psychology* 6 (2003): 33–45.

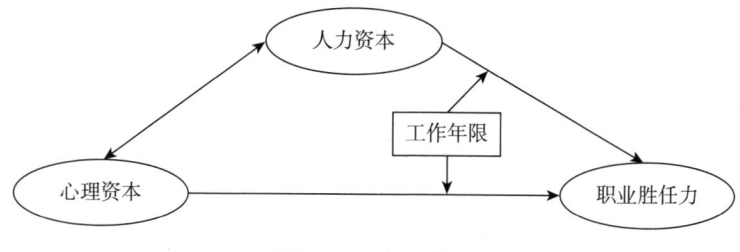

图 12 – 3　假设模型

（二）研究方法

1. 样本与数据收集

本研究采用问卷调查的方式,在北京、深圳、重庆与常州四地的 4 家企业收集数据,先是与所调研的企业的人力资源负责人进行沟通,取得支持,落实好联系人。联系人负责在其企业内寻找愿意参加本研究的被试,强调调查的匿名性,并帮助发放与回收问卷。施测前,联系人先确定好被试名单并进行编号,使其两次填写能够匹配。鉴于研究中需要探索变量的因果关系,本研究在调查设计时采用纵向研究方法,分成两个时间点采集数据,两个时间点相隔了 6 个月。其中,第一阶段向 350 名员工发放了用于测量心理资本与人力资本的问卷,实际收回有效问卷 275 份,有效率为 78.6%;第二阶段在第一阶段基础上,对完成有效问卷的被试发放了用于测量职业胜任力的 275 份问卷,通过问卷编号配对,本次调查共回收 237 份有效问卷,有效率为 86.2%;其中,女性 75 人,占 31.6%,男性 162 人,占 68.4%。样本平均年龄 37.9 岁（$SD = 7.97$）,平均任职时间 9.3 年（$SD = 7.16$）,其中,工作年限 3 年以内的 39 人、4～10 年的 154 人、11～20 年的 33 人、20 年以上的 11 人。

2. 测量工具

为了确保测量工具的信度和效度,本研究的调查量表均来自国内外成熟的、已经在权威期刊发表的论文中被应用且信度和效度都较高的问卷。

（1）心理资本。本研究采用相关研究者[1]开发的成熟的心理资本量表（PsyCap Questionnaire,PCQ）。该量表包含自我效能感、希望、乐观、坚

---

[1] Luthans F., Youssef C. M. and Avolio B. J., *Psychological Capital：Developing the Human Competitive Edge* (London：Oxford University Press, 2007).

韧性 4 个维度，每个维度 6 个题目，共 24 题，采用 Likert 五点计分法，内部一致性系数是 0.84。

（2）人力资本。本研究采用柯江林、孙健敏等[①]开发的人力资本量表，量表包括专业、经验和技能 3 个维度，采用 Likert 五点计分法，内部一致性系数是 0.78。

（3）职业胜任力。本研究采用相关研究者[②]开发的职业胜任力量表，包括动机自省、自我意识、社交网络、自我展示、工作探索和职业控制 6 个维度，共 21 题，采用 Likert 五点计分法，国内有研究进行了验证应用，内部一致性系数是 0.84。

3. 共同方法偏差

本研究在问卷设计与数据收集过程中，虽已通过反向问题等问卷基本编排法和匿名等方式进行事前控制，但因数据均为被试的自我报告，可能存在共同方法偏差。为此，本研究采用 Human 单因素检测法，将所有题项进行单因素分析，没有发现独大的单因子存在，这表明本研究的共同方法偏差问题并不严重。此外，本研究进一步运用 LISREL 软件构建了一个单因子测量模型，将所有测量题项指向一个独立的因子，模型拟合结果很不理想，这进一步表明本研究不存在严重的共同方法偏差问题。

4. 量表的信度与效度检验

本研究所有变量的测量量表均选自国内外的成熟量表。在大规模地开展问卷调查之前，本研究先进行了预测试，基于预测试收回的问卷开展了信度分析，发现各心理资本、人力资本与职业胜任力的内部一致性系数分别为 0.84、0.78 和 0.84，均高于门槛值 0.7，这表明本研究所有变量的测量量表均具有良好的内部一致性，信度较好。为进一步确认量表的有效性，本研究通过因子分析来检验其收敛效度，结果分析心理资本、人力资本和职业胜任力因子均能累计解释其 40% 以上的变异量，且每个条目在其因子的负荷值均大于 0.5，这说明心理资本、人力资本和职业胜任力等测量

---

① 柯江林、孙健敏、石金涛等：《人力资本、社会资本与心理资本对工作绩效的影响：总效应、效应差异及调节因素》，《管理工程学报》2010 年第 4 期，第 29~36 页。

② Akkermans J., Brenninkmeijper V., Huibers M. and Blonk R. W. B., "Competencies for the Contemporary Career: Development and Preliminary Validation of the Career Competencies Questionnaire", *Journal of Career Development* 40 (3) (2012): 245-267.

量表均具有良好的结构效度。此外,验证性因子分析显示,三因子模型的拟合效果明显优于两因子模型以及单因子模型(见表 12-7),说明心理资本、人力资本和职业胜任力分属不同构念,不同测量量表之间具有良好的区分效度。

表 12-7 验证性因子分析结果

模型	χ^2	df	CFI	IFI	TLI	RMSEA
三因子模型(PC、HC、CC)	431.9	161	0.895	0.872	0.867	0.072
二因子模型(PC+HC、CC)	806.3	162	0.831	0.802	0.769	0.096
单因子模型(PC+HC+CC)	962.6	163	0.792	0.765	0.738	0.106

注:PC 代表心理资本,HC 代表人力资本,CC 代表职业胜任力。

(三) 结果分析

1. 相关分析

表 12-8 具体显示了心理资本、人力资本和职业胜任力等变量之间的相关情况,心理资本、人力资本与职业胜任力变量之间均存在显著的相关,这也验证了以往相关研究的结果[①]。与职业胜任力相关最为密切的变量依次是心理资本($r=0.53$, $p<0.001$)和人力资本($r=0.45$, $p<0.001$),都达到了显著水平。具体而言,职业胜任力中的 4 个子维度与心理资本及人力资本的相关性依次是动机自省($r=0.55$, $p<0.001$)、自我意识($r=0.54$, $p<0.001$)、工作探索($r=0.52$, $p<0.001$)和职业控制($r=0.51$, $p<0.001$),都与心理资本相关性更高。职业胜任力中的子维度自我展示($r=0.49$, $p<0.001$)则与人力资本相关性更高,而职业胜任力中的子维度社交网络则与人力资本、心理资本的相关差异十分接近。综合来看,心理资本与职业胜任力及其各分维度相关系数更高,这充分说明心理资本与职业胜任力的关系紧密程度。数据还显示,性别、所处行业、企业规模和性质等控制变量不存在显著差异。

---

① Francis-Smythe J., Haase S., Thomas E. L. and Steele C., "Development and Validation of the Career Competencies Indicator (CCI)", *Journal of Career Assessment* 21 (2) (2012): 227-248.

表 12-8　研究变量的均值、标准差以及变量之间的相关分析

变量	均值	标准差	1	2	3	4	5
1. 心理资本	3.37	0.42					
2. 人力资本	3.48	0.47	0.52***				
3. 职业胜任力	3.24	0.40	0.53***	0.45***			
4. 年龄	37.9	7.91	0.12	0.19**	0.18**		
5. 性别	0.68	0.49	0.11	0.09	0.13	0.10	
6. 工作年限	9.3	7.16	0.46***	0.37***	0.39**	0.86***	0.03

注：** $p<0.01$，*** $p<0.001$。

2. 假设检验

本研究运用结构方程模型来验证心理资本、人力资本对职业胜任力的影响。本研究比较研究假设模型与替代模型的拟合度（见表 12-9），假设模型采用的是部分中介模型，即心理资本对职业胜任力既有直接作用，也有通过人力资本对职业胜任力的间接作用。两个替代模型与现有数据都匹配尚可，其中，模型 1 相对模型 2 要稍好些，但 χ^2/df、CFI、IFI、TLI、RMSEA 等拟合指数综合都没有假设模型的拟合指数好，这表明假设模型与实证数据是最佳的拟合，是相对最优的模型，本研究的假设模型对变量之间的关系做出了相对最好的解释。因此本研究选择假设模型作为最终模型，也就是人力资本对职业胜任力存在直接影响作用，而心理资本除了直接正向影响职业胜任力，还通过人力资本间接影响职业胜任力，具体如图 12-4 所示。因此，研究假设 1、研究假设 2 得到支持。同时路径系数显示，心理资本对人力资本作用极其显著（$\beta=0.64$，$p<0.001$），

表 12-9　结构方程模型的比较

模型	χ^2	df	CFI	IFI	TLI	RMSEA
假设模型	724.5	307	0.916	0.901	0.893	0.059
模型 1	1084.2	308	0.834	0.806	0.789	0.078
模型 2	1158.1	308	0.797	0.783	0.776	0.086

注：模型 1 是完全中介模型，在假设模型基础上删除了心理资本对职业胜任力的直接作用；模型 2 是直接作用模型，在假设模型基础上删除了人力资本对职业胜任力的作用。

人力资本对心理资本作用显著（$\beta = 0.31$，$p < 0.01$），表 12-8 显示二者也高度相关（$r = 0.52$，$p < 0.001$），因此研究假设 3 得到支持。

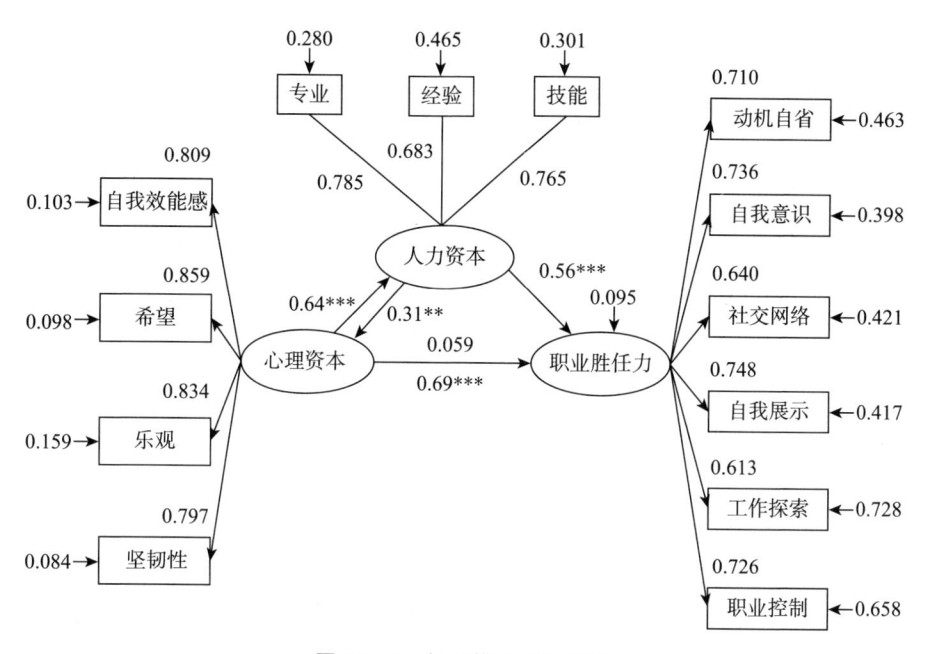

图 12-4　假设模型作用结果

为进一步验证积极组织行为视角下的工作年限因素的调节作用，本研究将工作年限分成四个阶段，发现职业生涯的每个阶段，人力资本和心理资本对职业胜任力的影响都存在差异。其中，心理资本每个阶段对职业胜任力影响都很显著，工作年限 3 年以内（$\beta = 0.45$，$p < 0.01$）、4~10 年（$\beta = 0.21$，$p < 0.05$）、11~20 年（$\beta = 0.25$，$p < 0.05$）、20 年以上（$\beta = 0.39$，$p < 0.01$）都存在显著差异，不过年限上呈现两头高，中间低的特征；人力资本方面，3 年以内（$\beta = 0.33$，$p < 0.01$）、4~10 年（$\beta = 0.25$，$p < 0.05$）、11~20 年（$\beta = 0.21$，$p < 0.05$）都存在显著差异，但 20 年以上影响并不显著（$\beta = 0.09$，n.s.），在年限上呈现持续走低的趋势。总体而言，工作年限 3 年以内与 20 年以上的首尾两个阶段，心理资本对职业胜任力的影响最大，工作年限 4~20 年这个阶段，人力资本作用相对最大。因此，研究假设 4 得到支持。

（四）研究结论与讨论

1. 结论

本研究旨在揭示积极组织行为视角下的心理资本与人力资本对职业胜任力的影响机制，并且厘清上述影响在不同工作年限的员工群体中的影响效应是否存在显著差异。基于237份问卷的两阶段纵向问卷调查开展的实证分析，本研究得到了一些有意义的研究结论。第一，心理资本变量既通过影响人力资本，进而间接影响职业胜任力，也直接影响职业胜任力。第二，员工帮助计划视角下的人力资本直接影响职业胜任力。第三，职业生涯的不同阶段，人力资本和心理资本对职业胜任力的影响存在差异。总体而言，工作年限3年以内与20年以上两个阶段，心理资本对职业胜任力的影响最大，工作年限4～20年的阶段，人力资本作用相对最大。

2. 理论意义

本研究的理论意义主要体现在以下三个方面。第一，从实证角度研究了积极组织行为视角下的人力资本和心理资本均对职业胜任力具有系统性影响机制。目前国内外学者就职业胜任力的前因开展了大量的理论与实证研究，有文献分别探讨了人力资本或心理资本对职业胜任力的影响，鲜有研究深入探讨员工人力资本以及心理资本对职业胜任力的综合影响，现有文献更多是属于碎片化研究，缺乏有机整合和系统深入的研究。实际上，人作为有机整体，人力资本与心理资本融合于个体能力素质之中，综合表现于个体的外在行为。基于此，本研究采用系统整合的新视角，综合考量员工人力资本以及心理资本在其职业胜任力发展中的作用，系统探究人力资本与心理资本对职业胜任力的影响及其调节因素，研究结果不仅丰富和发展了已有研究，而且为进一步揭示具有重大社会经济时代意义的供给侧结构性改革中"人的素质"供给提供了一个新的研究视角和理论框架。

第二，发现了积极组织行为视角下的心理资本变量对提升职业胜任力的重要性。积极组织行为视角下的心理资本变量既通过影响人力资本与社会资本，进而间接影响职业胜任力，也直接影响着职业胜任力。该结论既丰富了心理资本领域的研究成果，同时也发展了职业胜任力的相关理论。国内外学者就心理资本的前因及后果等问题开展了大量研究，但从心理资本出发探究职业胜任力的分析还不多见，本研究提供了有益的视角。此外，职业胜任力的研究在国内才刚刚兴起，现在大多还处于介绍普及层面，缺乏对员工职业胜任力前因的研究，尤其缺乏基于中国本土情境下的实证研究。本研究基于中国情境，综合探索人力资本和心理资本的协同作用，研究两种资本对职业胜任力的系统性机制，这丰富和发展了职业胜任力的理论内涵。

第三，实证分析了职业生涯的不同时期，员工帮助计划视角下的人力资本和心理资本对职业胜任力的影响存在着显著差异。纵观目前国内外学者就职业胜任力开展的研究，现有文献更多采用横向数据来探讨职业胜任力与相关变量的关系，鲜有文献分析职业胜任力是如何形成以及动态演化的[1]。本研究探讨了个体人力资本以及心理资本对其职业胜任力的动态影响机制，研究结论系统而深刻地反映了人力资本和心理资本对职业胜任力影响的时间维度特征，这也为职业生涯规划等人力资源管理与开发提供了新颖的视角，科学把握职业胜任力发展阶段的重要节点，不同职业生涯阶段注重不同的人力资源开发策略，人力资本和心理资本既要协同，也要在不同阶段有所侧重，从而实施"点"和"线"科学带动，实现职业胜任力"面"和"体"协调提升。

3. 实践意义

本研究的结论对政府、组织和员工也具有重要的启示。第一，政府应创新职业胜任力提升的社会治理的综合机制。本研究显示，员工帮助计划视角下的人力资本与心理资本在整合框架中均对职业胜任力存在显著影响，所以构建职业胜任力提升的综合机制非常重要。而创新社会治理的综合机制不仅需要创新人力资本的开发扶持机制，而且要优化心理资本，尤其是区域心理资本，因此政府有关部门要进一步完善积极的就业政策，优化就业公共政策服务，重视用工制度的规范化与人性化[2]，增强员工获得感，提升就业重点群体诸如新生代员工的就业胜任力，推动其就业转型与更高质量就业，力争实现由人口红利向人才红利的升级。

第二，组织应强化职业胜任力提升的支持性人力资源系统。本研究发

---

[1] 周文霞、辛迅、谢宝国等：《职业胜任力研究：综述与展望》，《中国人力资源开发》2015年第7期，第17~25页。

[2] 徐细雄、淦未宇：《组织支持契合、心理授权与雇员组织承诺》，《管理世界》2011年第12期，第131~147页。

现人力资本与心理资本对职业胜任力作用突出，其中心理资本具有独特影响力，这为组织人力资源管理实践提供了有益的启示：企事业等组织应积极实践支持性人力资源管理，深入持久地开展积极组织行为，要将员工的职业胜任力置于极其重要的地位，真正实现人力资源由注重管理升级为注重开发，协同开发人力资本和心理资本。组织要帮助员工认识深层价值志趣、整合个体价值目标与组织价值目标，实现组织价值目标与员工深层志趣之间的相对平衡，优化员工情绪智力与抗逆力，促进员工精神健康，注重精准辅导，突出自我效能感激励，提升员工乐观品质，激发员工正能量，强化其技能提升，完善工会组织，营造人文关怀环境。

第三，员工应构建职业生涯规划与开发的内生动力机制。员工帮助计划视角下的人力资本和心理资本均对职业胜任力有显著影响。国内研究显示人力资本和心理资本也均能积极地预测主客观职业成功[1]。市场竞争的不确定性增强以及组织稳定性下降等因素，都会给员工带来危机感。因此，培养"终身就业力"应是每个员工个体认知与规划的目标之一，这就需要强化人力资本和心理资本的内在开发动力，注重适应力、学习力和发展力的提升，澄清职业锚，协调组织职业生涯管理与自我职业生涯管理，开展职业生涯"年检"，提升职业发展能力。也有研究认为，当前职业生涯自我管理已经越来越重要，而且从观念到内容都在发生深刻的变化，职业生涯管理主体将变为主要由个人管理，而非组织管理。所以，以人力资本与心理资本提升为主要内容的职业生涯规划对于个人来说，关系到个人的生存质量和发展机会，可以满足员工的发展需要；对于组织来说，关系到提升组织竞争力，为组织发展培养或储备所需的人才，有助于实现个体与组织的和谐双赢。

4. 研究局限及未来研究方向

积极组织行为视角下的人力资本与心理资本对职业胜任力影响的研究是一项非常复杂的课题，本研究虽然取得了一些有意义的研究发现，但有一些不足需要在未来的研究中进一步深化。第一，本研究样本选取虽然来自东西南北四个区域，并且进行两个阶段的纵向调查，但还是存在一定的

---

[1] 周文霞、谢宝国、辛讯等：《人力资本、社会资本和心理资本影响中国员工职业成功的元分析》，《心理学报》2015年第2期，第251~263页。

局限性。未来研究还应在更宽广的地域开展长期的追踪调查，进一步提升研究对象的代表性与典型性，这将更有助于揭示变量之间的因果关系。第二，由于本研究采取调查问卷方法收集大样本数据，并且调查过程中获取的变量数据均来自被试的个人主观报告，没有客观的指标数据来佐证，这在一定程度上会影响本研究结论的效度。未来研究可以开展配对调查，邀请不同的被试填答问卷，以最大限度地降低共同方法偏差带来的不利影响。第三，未来的研究还需要进一步加强人力资本与心理资本对职业胜任力影响的本土化研究。职业胜任力和心理资本等概念都起源于西方，在学习引进国外的先进经验时，不仅不能脱离中国的社会现实和文化背景，而且还应与时俱进。本研究的本土化研究还不够深入，因此未来的研究可以采用实验研究、大样本纵向追踪研究和个案研究等方法，深层次、全方位地探索中国式人力资本与心理资本对职业胜任力影响的内在机理和运行机制。

第十三章
总结与展望

一　中国管理情境的积极组织行为的研究总结

本研究立足于转型期中国的现实背景，采用理论研究、实证研究与实践研究相结合的方法，进行了中国管理情境的积极组织行为理论创新研究与实证调研、战略设计、实施与评价研究。本书从中国管理情境的积极组织行为理论背景的考察、相关概念的界定、基本原理的分析及研究假设的提出等出发，通过研究模型的建构、问卷的设计、数据的检测、实证结果的评价以及实践路径、服务手法、运行评价指标体系的建立和实务分析的验证，最终构建了中国管理情境的积极组织行为理论与实践机制创新体系。

本书始终贯穿"问题导向"的主线：从"为什么做"（第一章、第二章）到"做什么"（第三章），从"怎么做"（第三章）到"做得怎么样"（第四章），从"中国管理情境的积极组织行为方案研究"（第五章、第六章、第七章、第八章）到"创新人力资源开发研究"（第九章）、"典型群体的应用"（第十章、第十一章、第十二章），最终得出以下几个方面的结论。

第一，中国管理情境的积极组织行为是一个亟待专业介入、非常有价值的崭新领域。我国现已进入社会转型期和矛盾凸显期，强化精神方面的制衡机制迫在眉睫。本研究有助于推动劳资关系转型升级和强化企业社会责任。目前，中国管理情境的积极组织行为理论与实践面临着一系列现实的发展困境，而中国管理情境的积极组织行为是实践"幸福员工""健康企业""和谐社会"的有效路径。当前，我国正处于深刻的社会变革时代，人们容易产生价值的缺失、精神的焦虑等。中国管理情境的积极组织行为能有效促进员工精神健康，有助于实践人本信念与充权目标，帮助员工、企业与社会实现"三赢"。

第二，积极组织行为可以创新组织人力资源开发的结构模式与企业人力资源管理实践路径。全书在理论分析的基础上提出中国管理情境的积极组织行为理论模型，采用结构方程模型对假设命题进行了实证检验，最终得出了一个既有理论与逻辑支撑，又能较好地与实证数据相拟合的中国管理情境的积极组织行为的结构模型。中国管理情境的积极组织行为融理念、手法与路径于一体，注重职业生涯规划等外生变量和最终提升工作满意度与工作绩效等外内生变量，实现激励作用最大化、系统化和持续化。

第三，中国管理情境的积极组织行为创新了组织人力资源开发的服务方案与人力资源管理的策略路径。中国管理情境的积极组织行为有机融合战略规划、员工发展等诸多人力资源管理环节，沿着以素质提升为中心的员工管理轨道与本土化路径，注重围绕鉴别性胜任因素进行工作分析，澄清知识型员工的职业价值观、实施价值激励，规划职业生涯、实施成长激励，提升员工心理资本、实施减压激励，构筑人文关怀环境、实施文化激励等，其中价值激励是基础，文化激励覆盖了全程，最终实现个体和谐与组织和谐，形成有机动态的良性循环激励系统。

第四，积极组织行为创新了组织人力资源开发与人力资源管理的效果评价。本书遵循科学性与简洁性相统一、系统性与层次性相统一、全面性与操作性相统一、动态性与静态性相统一、硬指标与软指标相统一的原则，运用层次分析法、德尔菲法和因素成对比较法相结合的方法，构建了中国管理情境的积极组织行为的评价指标体系，具体包括中国管理情境的积极组织行为项目总体满意度、个体优化、组织优化三项二级指标和相应的多项三级指标，赋予各指标因子相应的权重，权重排名靠前的因子依次是工作满意度、工作绩效、生产率和公民组织行为。评价指标体系是从实践效果终极反馈渠道系统评价中国管理情境的积极组织行为，能科学评价实际效果，体现方案的可比性和差异性，反映各因素指标之间的变化，满足多指标、多属性的方案比较和择优，具有一定的合理性、实用性，为最大化实现中国管理情境的积极组织行为的科学性和效益性提供了有益参考。

第五，组织人力资源开发创新拓宽了积极组织行为的视角、实践系统和促进机制。这是积极组织行为实践发展的需求，是超越西方现有积极组织行为理论的要求，更是构建中国式积极组织行为的理论自觉与应对社会转型挑战的科学回应。同时，企业社会工作与人力资源管理同积极组织行为具有互为协同与创新的基础，可以按照"整合资源，优势互补"的原则，实现三者联动。这顺应社会所需，能切实提升企业社会责任，为中国管理情境的积极组织行为创新发展带来更加广阔的视域，深刻地描绘中国管理情境的积极组织行为发展的丰富画卷。

第六，中国管理情境的积极组织行为机制创新的综合实务研究在企业的管理实践中运用了积极组织行为的结构模式、服务手法和评价体系，进一步透视了积极组织行为机制创新的解释力、分析力和预见力，检验了积极组织行为机制创新的各构成要素在企业中的实践表现与内在联系，并重点对科技创新人才、农民工、新生代员工三个特殊的群体进行了深入的典型性研究，从综合实务分析过程中获得了理论的再升华，深化和完善了中国管理情境的积极组织行为机制创新，验证了中国管理情境的积极组织行为机制创新在企业人力资源管理实践过程中是有效的，验证了中国管理情境的积极组织行为是一种具有特定管理激励的模式及其对人力资源管理激励现象的解释力与服务手法等实践价值。

二 中国管理情境的积极组织行为的展望

（一）中国管理情境的积极组织行为的人力资源开发展望

进一步加强对中国管理情境的积极组织行为的人力资源开发与管理的深入研究是必然趋势。积极组织行为起源于美国，发展于西方，在学习引进国外积极组织行为激励的先进经验中，不能脱离我国的社会现实和文化背景，同时还应与时俱进。近期，国内有研究者通过访谈、问卷调查等方法研制了本土积极组织行为的心理资本问卷，包含事务型心理资本（希望、乐观和坚韧性）与人际型心理资本（自谦、感恩、利他、情商/情绪智力和信心/自我效能感）。在中国的文化背景下，人际型心理资本对职业幸福感的作用更大。之前有研究开发了本土心理资本量表，并将之与西方量表进行了比较。结果显示，本土心理资本具有二阶双因素结构：事务型心理资本（自信勇敢、乐观希望、奋发进取与坚韧顽强）与人际型心理资本（谦虚诚稳、包容宽恕、尊敬礼让与感恩奉献）。事务型心理资本与西方心理资本基本相似，人际型心理资本则具有本土文化气息。本土量表具有良好的效标关联效度，人际型心理资本、事务型心理资本与任务绩效、周边绩效、工作满意度、工作投入以及组织承诺显著正相关，人际型心理资本与传统性的正向关系显著。相对于西方量表，本土量表的信度和效度更好，对工作绩效有更强的解释能力，尤其是对周边绩效。

同时，也有必要对国外积极组织行为与相关变量关系的研究结果进行验证，并开展跨文化比较研究。目前，本土化探究还不够深入，因此深层次、全方位地探索中国式积极组织行为的人力资源开发与管理任重而道远。这会是今后研究的一个热点。

需要特别说明的是，中国管理情境的积极组织行为的人力资源开发与管理研究的对象应着眼于当代中国成功的企事业单位；外延上要着眼于管理行为，包括战略管理、组织管理、领导激励等；内涵上应着眼于管理范式，包括管理开发哲学、管理开发科学、管理开发方法、管理开发手段等；方法上应着眼于突出成功经验、变化发展趋势、比较特色等，重点开展案例实证研究。

（二）积极组织行为与领导力、团队、组织文化的契合研究展望

目前，积极组织行为研究更多关注的是个体的积极心理资源的测量、开发和运用。积极组织行为对领导和员工的工作绩效和工作态度的积极影响，以及积极组织行为对群体、团队和组织的竞争优势和整体绩效的积极作用的研究还需进一步强化。积极组织行为研究应侧重于研究和开发个体的自身优势和积极心理状态中所蕴藏的力量，积极组织行为所研究的重点对象应是可以有效测量、投资开发、改变和管理的积极心理状态，以及在人的优势测评、潜能开发和积极心理力量的有效管理和合理运用上发挥的独特价值。但是，关于积极组织行为的研究才刚刚起步，还有许多方面，如影响积极组织行为的个体因素与团队或领导组织因素、积极组织行为与

组织文化的契合研究、积极组织行为与其他个体因素之间的关系、积极组织行为对领导和员工产生影响的机制、积极组织行为对组织竞争优势和绩效的影响以及积极组织行为的开发与管理等，有待人们投入更多的关注，开展更多学科、更加系统深入的理论和实证研究，并加强积极组织行为对结果变量影响机理的研究。目前，西方对有关积极组织行为对结果变量影响机理的研究结论仍存在较大分歧。

（三）信息时代的积极组织行为的新途径研究

当前世界正处于第四次工业革命的开端，伴随着互联网、大数据、云计算等信息技术的广泛应用，新技术、新经济、新产业迅猛发展，劳动力市场正经历着新一轮的变革，由此带来了就业模式、工作模式的显著变化。改革开放四十多年来，中国经济从农业经济飞速发展到工业经济，现正步入数字经济时代，从温饱到小康的发展进程中，我国的产业结构、劳动力结构不断发生着深刻变化，由此所对应的就业形态也在发生着深刻变化，以互联网为代表的信息时代，微信、微博、QQ等各种新的沟通方式快速发展。智能手机等众多移动终端的应用正飞速渗入工作生活，这些都正在深刻影响积极组织行为的运行与模式，冲击着各种传统的积极组织行为宣传方式。信息时代越来越便捷的方式有助于建立更加高效的员工帮助计划自助系统，有助于建立及时动态的积极组织行为危机预警系统，有助于建立更加全面深入的心理资本提升系统等，而这些亟待进一步深入研究与探索，让中国管理情境的积极组织行为能进一步与时俱进、落地生根。信息时代出现了与传统就业形态相区别的新就业形态。《中国数字经济发展与就业白皮书（2019年）》显示，2016年、2017年、2018年我国数字经济增速达到16.6%、20.35%、20.9%，显著高出同期GDP 6.7%、6.8%、6.6%的增速。但同时新就业形态带来的问题也层出不穷。已有学术研究成果沿着新就业形态的主要类型、作用机制、新就业形态的影响因素等主题逐步深入。新就业形态的普遍性，新就业形态与市场经济发展的关系已得到证实：就业形态是市场经济运行和发展的必然要求，市场越来越要求劳动力资源向效率更高的产业灵活转移，新就业形态的出现适应了这一变化趋势；同时，技术进步和产业结构优化是新就业形态出现与发展的决定性因素这一结论也得到相关文献的支持。上述研究结论有助于认识和了解新科技革命、新兴产业、新就业形态对就业产生的深刻影响。

当前，随着国内外对人工智能、互联网、大数据背景下的新就业形态越来越关注，各种新就业形态现象也越来越复杂，呈现多学科相互借鉴、共同探讨的丰富性和多元性。随着问题的拓展和日益复杂化，新就业形态发展已经涉及管理学、社会学等多学科内容，越来越体现出多学科交叉与融合的最新趋势。已有的研究呈现了百花齐放的丰富画面，围绕新就业形态在基本概念、影响和对策等方面展开的分析，对本研究具有较大的参考价值，为本项目的研究提供了基础。然而，总体而言，新就业形态下的积极组织行为研究在理论体系上，缺乏符合中国情境的新就业形态的积极组织行为基础理论。目前关于新就业形态的研究尚未形成规范性的理论框架。多数研究主要是对表面现象进行描述，尚未深入到揭示新就业形态规律的本质层面，新就业形态在我国更多的还属于政策性概念，相关研究对信息科技革命、新经济产业革命与新就业形态之间的关系认识还不到位。推进新就业形态发展不但涉及供给侧结构性改革与"大众创业、万众创新"，而且涉及新经济产业发展动能转换带来的就业途径、就业方式、就业层次与就业质量的变化，还涉及人力资本、社会资本与心理资本等。从近年来我国新就业形态制度安排变迁来看，新就业形态进程、定位、路径安排等在总体上亟待加强前瞻性规划和系统性布局。而且，新就业形态具有鲜明的中国特色，体量大、起步快，需要在新就业形态理论上有新的突破，构建新就业形态的积极组织行为的中国范式。

（四）进一步丰富积极组织行为的纵向、大样本实证研究

积极组织行为的人力资源开发与管理在研究方法上需要进一步强化纵向研究以及多特质、多方法的研究范式。目前积极组织行为实证研究中存在的许多分歧与广泛采用横向研究范式同积极组织行为理论与相关研究进展有较大关系。只有更多地进行长期的纵向研究，在研究方法上有所突破，才能真正揭示积极组织行为影响效应的本质。基于积极组织行为的人力资源开发与管理的实证分析应进一步丰富，相关案例研究还应更为深入，纵向时间跨度还应更长，如果条件允许，应作长期纵向比较研究。本书受时间所限，纵向研究还不够深入。基于积极组织行为的人力资源开发与管理需要更为充分的研究与积累。因此，今后需要选择代表性样本进行更为长期的追踪分析，研究基于积极组织行为的人力资源开发与管理的运行机理，得出更具普遍性的结论。这应是未来研究的一个新方向。

中国管理情境的积极组织行为创新研究是一项十分复杂而又非常具有挑战性的工作。尤其是随着社会结构的急剧变动、利益格局的深刻调整、价值观念的多元取向、人际关系的复杂多变、各种竞争的日趋激烈、知识更新的不断提速、工作节奏的日趋加快，企业员工面临着越来越大的应激与负荷。中国管理情境的积极组织行为机制创新作为行之有效的管理激励，涵盖个人、组织、个人与组织、组织与社会四个层面，在我国存在极大的需求空间。本书虽力求科学严谨，但仍存在诸多不足，在研究逐步深入的过程中也发现了很多有价值的研究方向。有关中国管理情境的积极组织行为机制创新体系仍需做进一步的深入研究，以进一步提高这一体系的完备性和科学性，从而更好地指导企事业单位人力资源管理与企业社工的实践。本书由于受到调查能力与分析工具的制约，对有些因素无法进行量化控制，还需要今后进行深入研究。

参考文献

彼德·F. 德鲁克等：《知识管理》，杨开峰译，中国人民大学出版社，1996。
陈朝晖：《沟通：一种有效的非薪酬激励手段》，《经济师》2002年第11期。
陈晓敏：《社会转型背景下的企业社会工作》，《企业研究》2006年第7期。
崔丽娟、张高产：《积极心理学研究综述——心理学研究的一个新思潮》，《心理科学》2005年第2期。
崔岩：《流动人口心理层面的社会融入和身份认同问题研究》，《社会学研究》2012年第5期。
范成杰：《城市居民个人背景与职业适应性研究》，《社会》2006年第1期。
方来坛、时勘、张风华：《员工敬业度、工作绩效与工作满意度的关系研究》，《管理评论》2011年第12期。
风笑天、王小璐：《城市青年的职业适应：独生子女与非独生子女的比较研究》，《江苏社会科学》2003年第4期。
弗朗西斯·赫瑞比：《管理员工》，郑晓明译，机械工业出版社，2000。
付亚和、许玉林：《绩效考核与绩效管理（第2版）》，复旦大学出版社，2009。
高建丽、张同全：《个体-组织文化契合对敬业度的作用路径研究，以心理资本为中介变量》，《中国软科学》2015年第5期。
高振勇、赵心：《如何做好离职员工管理》，《中国人力资源开发》2013年第5期。
郭晓薇：《企业员工组织公民行为影响因素的研究》，华东师范大学出版社，2004。
韩俊：《中国农民工战略问题研究》，上海远东出版社，2009。
韩翼、杨百寅：《真实型领导、心理资本与员工创新行为：领导成员交换的调节作用》,《管理世界》2011 年第 12 期。

郝潞霞:《人本管理预研》,《科技进步与对策》2005 年第 2 期。

何良兴:《情境知识与创业行为倾向:一个有调节的中介作用模型》,《科学学与科学技术管理》2017 年第 8 期。

何良兴、张玉利、宋正刚:《创业情绪与创业行为倾向关系研究》,《研究与发展管理》2017 年第 6 期。

何良兴、张玉利、宋正刚:《创业情绪与创业行为倾向关系研究》,《研究与发展管理》2017 年第 6 期。

何雪松:《迈向中国的社会工作理论建设》,《江海学刊》2012 年第 4 期。

黄楠森:《对企业管理中以人为本思想的哲学辨析》,《学习与探索》1999 年第 1 期。

惠调艳:《研发人员工作满意度影响因素研究》,《科技进步与对策》2007 年第 1 期。

蒋建武、赵曙明:《心理资本与战略人力资源管理》,《经济管理》2007 年第 9 期。

柯江林、孙健敏:《心理资本对工作满意度、组织承诺与离职倾向的影响》,《经济与管理研究》2014 年第 1 期。

兰邦华、陈佳贵、黄速建:《人本管理:以人为本的管理艺术》,广东经济出版社,2000。

李桂华:《企业和谐管理》,经济管理出版社,2007。

李慧、伍江、毛其智、林坚:《新型城镇化:如何"以人为核心"?》,《光明日报》2014 年 03 月 27 日。

李金珍、王文忠、施建农:《积极心理学:一种新的研究方向》,《心理科学进展》2003 年第 3 期。

李明、荣莹、李锐:《组织中的变革担当:积极组织行为研究的新主题》,《心理科学》2019 年第 3 期。

李培林、李炜:《农民工在中国转型中的经济地位和社会态度》,《社会学研究》2007 年第 3 期。

李援:《浅析职业心理压力产生的原因及解决对策》,《河南社会科学》2004 年第 2 期。

凌文辁、张治灿、方俐洛:《影响组织承诺的因素探讨》,《心理学报》

2001年第3期。

凌文辁、张治灿、方俐洛：《中国职工组织承诺研究》，《中国社会科学》2001年第2期。

刘爱玉：《城市化过程中的农民工市民化问题》，《中国行政管理》2012年第1期。

刘程：《资本建构、资本转换与新生代农民工的城市融合》，《中国青年研究》2012年第8期。

刘刚：《人本管理的理论基础及人性假设》，《南昌航空工业学院学报》（社会科学版）2004年第2期。

刘戈：《雇主品牌如何让员工拥有幸福感》，《中外管理》2008年第6期。

刘林平、张春泥：《农民工工资：人力资本、社会资本、企业制度还是社会环境？》，《社会学研究》2007年第6期。

刘小平：《企业员工的组织归属感及形成研究》，《管理现代化》2002年第6期。

刘晓燕等：《组织职业生涯管理对职业承诺和工作满意度的影响——职业延迟满足的中介作用分析》，《心理学报》2007年第4期。

刘璇璇、张向前：《民营企业核心员工职业生涯管理的博弈分析》，《贵州财经学院学报》2007年第6期。

龙立荣、方俐洛、凌文辁：《组织职业生涯管理与员工心理与行为的关系》，《心理学报》2002年第1期。

马炼、施祖留：《中西人本管理比较》，《当代财经》2005年第6期。

马占杰：《国外创业意向研究前沿探析》，《外国经济与管理》2010年第4期。

戚振东等：《基于和谐管理理论的人力资本管理：一个理论框架》，《科研管理》2008年第4期。

秦昕等：《从农村到城市：农民工的城市融合影响模型》，《管理世界》2011年第10期。

曲秉春、申健：《洞悉职业深层志趣获取员工组织忠诚》，《中国人力资源开发》2009年第4期。

任国华、刘继亮：《大五人格和工作绩效相关性研究的进展》，《心理科学》2005年第2期。

任雪萍、黄志斌：《面向生态经济模式的企业困境与机会探析》，《教学与研究》2008年第2期。

时勘：《基于胜任特征模型的人力资源开发》，《心理科学进展》2006年第4期。

时勘：《胜任特征模型、领导行为研究及其在人力资源开发中的应用》，《首都经贸大学学报》2007年第6期。

时勘：《员工援助计划（EAP）在中国的发展思考》，《新资本》2008年第1期。

时雨等：《基于组织危机管理的员工援助计划》，《宁波大学学报》（人文科学版）2008年第4期。

谭晟、凌文辁、方俐洛：《中国员工组织承诺5因素结构模型的验证》，《广州大学学报》（自然科学版）2002年第6期。

田国强、林立国等：《如何让农民工真正"进城"》，《光明日报》2014年6月17日。

王春超、周先波：《社会资本能影响农民工收入吗？》，《管理世界》2013年第9期。

王登峰、崔红：《人格结构的中西方差异与中国人的人格特点》，《心理科学进展》2007年第2期。

王佃利、刘保军、楼苏萍：《新生代农民工的城市融入——框架建构与调研分析》，《中国行政管理》2011年第2期。

王继文：《EAP让员工拥有健康的心》，《企业改革与管理》2006年第1期。

王金元：《企业社会工作在建构和谐企业机制中的应用》，《社会工作》2010年第14期。

王雁飞：《国外员工援助计划相关研究述评》，《心理科学进展》2005年第2期。

吴倬：《"以人为本"辨析》，《清华大学学报》（哲学社会科学版）2001年第1期。

西尔维·德姆希尔、马克·格甘特、李贵苍：《农民工是中国城市的二等工人吗？——一种相关的数学解析模型》，《国外理论动态》2009年第8期。

肖群忠、刘永春：《工匠精神及其当代价值》，《湖南社会科学》2015年第6期。

谢鸿钧：《工业社会工作实务——员工协助方案》，桂冠图书股份有限公司，1996。

谢鸿钧：《工业社会工作实务——员工协助方案》，桂冠图书股份有限公司，1996。

徐世勇：《压力管理——一种人力资源管理的视角》，《甘肃社会科学》2007年第3期。

徐细雄、淦未宇：《组织支持契合、心理授权与雇员组织承诺》，《管理世界》2011年第12期。

杨春华：《企业知识型员工激励机制设计——基于企业知识型员工激励现状实证研究的探讨》，《工业技术经济》2007年第11期。

杨东涛、柳婷：《职业生涯管理对组织绩效影响的实证研究》，《江海学刊》2006年第5期。

姚艳红、衡元元：《知识员工创新绩效的结构及测度研究》，《管理学报》2013年第1期。

姚作为：《人本管理研究述评》，《科学学与科学技术管理》2003年第12期。

翟学伟：《人情、面子与权力的再生产》，《社会学研究》2004年第5期。

张宏如：《大学生积极心理学》，南京大学出版社，2012。

张宏如：《大学生职业适应的归因性研究》，《中国青年政治学院学报》2008年第6期。

张宏如：《基于EAP的企业人文关怀激励》，《企业管理》2010年第12期。

张宏如：《企业社会工作的有效路径：本土化员工帮助计划》，《江海学刊》2011年第6期。

张宏如：《企业社会工作的有效路径：本土化员工帮助计划研究》，《江海学刊》2011年第6期。

张宏如：《心理资本对创新绩效影响的实证研究》，《管理世界》2013年第10期。

张宏如：《心理资本对工作绩效影响的实证研究》，《江西社会科学》2010年第12期。

张宏如：《员工帮助计划促进新生代农民工城市融入结构模型》，《管理世界》2015年第6期。

张宏如：《员工帮助计划的博弈分析》，《统计与决策》2009年第6期。

张宏如、赵永乐：《推行基于企业社会责任的员工帮助计划》，《中国人力资源开发》2008年第10期。

张宏如：《中国式EAP激励：一个理论框架的实施路径》，《科学管理研究》2009年第1期。

张宏宇、周艳华、张建君：《如何缓解农民工的疲惫感》，《管理世界》2014年第2期。

张鹏、孙国光：《员工援助计划（EAP）项目模糊综合评价模型研究》，《中国管理信息化》2008年第5期。

张瑞玲、丁韫聪：《知识型员工激励机制研究综述》，《经济与社会发展》2005年第11期。

张望军、彭剑锋：《中国企业知识型员工激励机制实证分析》，《科研管理》2001年第6期。

张西超：《员工帮助计划——中国EAP的理论与实践》，中国社会科学出版社，2006。

张学和、宋伟、方世建：《组织环境对知识型员工个体创新绩效影响的实证研究》，《中国科技论坛》2012年第10期。

张学和、宋伟、方世建：《组织环境对知识型员工个体创新绩效影响的实证研究》，《中国科技论坛》2011年第10期。

赵路：《高科技企业人才激励机制设计》，《中国人才》2008年第21期。

赵曙明：《21世纪全球企业的人力资源管理战略》，《中国人力资源开发》2003年第3期。

赵文红、孙卫：《创业者认知偏差与连续创业的关系研究》，《科学学研究》2012年第7期。

赵欣等：《组织行为研究的新领域：积极行为研究述评及展望》，《管理学报》2011年第11期。

赵永乐、王培君：《人力资源管理概论》，上海交通大学出版社，2007。

仲理峰：《心理资本对员工的工作绩效、组织承诺及组织公民行为的影响》，《心理学报》2007年第2期。

周沛:《企业社会工作》,复旦大学出版社,2010。

周沛:《一项急需而有价值的社会工作介入手法》,《社会科学研究》2005年第4期。

周嵚、石国兴:《积极心理学介绍》,《中国心理卫生杂志》2006年第2期。

周文霞、谢宝国、辛讯、白光林、苗仁涛:《人力资本、社会资本和心理资本影响中国员工职业成功的元分析》,《心理学报》2015年第2期。

周晓虹:《社会转型与中国社会科学的历史使命》,《南京社会科学》2014年第1期。

朱永新:《人力资源管理心理学》,华东师范大学出版社,2003。

Ajzen I., "The Theory of Planned Behavior", *Organizational Behavior and Human Decision Processes* 50 (1991): 179–211.

Akkermans, J., Brenninkmeijper, V., Huibers, M. and Blonk, R. W. B., "Competencies for the Contemporary Career: Development and Preliminary Validation of the Career Competencies Questionnaire", *Journal of Career Development* 40 (3) (2012): 245–267.

Allen D., Shore G. L. M. and Griffeth R. W., "The Role of Perceived Organizational Support and Supportive Human Resource Practices in the Turnover", *Journal of Management* 29 (1) (2003): 99–118.

Anne S. Tsui and Wang D., "Employment Relationships from the Employers Perspective: Current Research and Future Directions", *International Review of Industrial and Organizational psychology* 17 (2002): 77–114.

Arthur A. R., "Empoylee Assistance Programs: The Emperor's New Clothes of Stress Management?", *British Journal of Guidance and Counseling* 28 (4) (2000): 549–559.

Avey J. B., Patera J. L. and West B. J., "The Implications of Positive Psychological Capital on Employee Absenteeism", *Journal of Leadership and Organizational Studies* 13 (2) (2006): 42–60.

Bakke E. W., *The Unemployed Man* (London: Nisbert, 1998).

Bandura A., "Social Cognitive Theory of Mass Communications", In *Media Effects: Advances in Theory and Research*, edited by Bryant J., Zillman D.

(Hillsdale, NJ: Lawrence Erlbaum, 2001).

Baruch Y. , "Integrated Career Systems for the 2000s", *International Journal of Manpower* 20 (7) (1999): 432 – 457.

Becker T. , "Foci and Bases of Commitment: Are They Distinctions Worth Making?", *Academy of Management Journal* 35 (1) (1992): 232 – 244.

Cohen A. , "Commitment Before and After: An Evaluation and Reconceptualization of Organizational Commitment", *Human Resource Management Review* 17 (3) (2007): 336 – 354.

Cooke D. K. , Discriminant Validity of the Organizational Commitment Questionnaire", *Psychological Reports* 80 (2) (1997): 431 – 441.

Coombs R. , "Core Competencies and the Strategic Management of R and D", *European Management Journal* 26 (4) (1996): 345 – 354.

Cooper-Hakim A. and Viswesvaran C. , "The Construct of Work Commitment: Testing an Integrative Framework", *Psychological Bulletin* 131 (2) (2005): 241 – 259.

Coyle Shapiro J. and Kessler I. , "Reciprocity Through the Lens of the Psychological Contract: Employee and Employer Perspective", *European Journal of Work and Organizational Psychology* (1) (2002): 1 – 18.

Cranny C. J. and Stone E. F. , *Job Satisfaction: Advance in Research and Application* (New York: The Free Press, 1993).

Degroot T. and Kiker D. S. , "A Meta-analysis of the Non-monetary Effects of Employee Health Management Programs", *Human Resource Management* 42 (1) (2003): 53 – 69.

Delgado-García J. B. Rodríguez-Escudero A. I. and Martín-Cruz N. , "Influence of Affective Traits on Entrepreneur's Goals and Satisfaction", *Journal of Small Business Management* 50 (2012): 408 – 428.

Drucker P. F. , *The coming of the new organization*. In Harvard Business Review on Knowledge Management (Boston, Massachusetts: Harvard Business School Press, 1998).

Eder P. and Eisenberger R. , "Perceived Organizational Support: Reducing the Negative Influence of Coworker Withdrawal Behavior", *Journal of Manage-*

ment 34 (1) (2008): 55-68.

Ernst F., Hart O. and Zehnder C., "Contracts as Reference Points-experimental Evidence", *American Economic Review* 101 (2) (2011): 493-525.

Francesco A. M. and Chen Z. X., "Collectivism in Action: Its Moderating Effects on the Relationship between Organizational Commitment and Employee Performance in China", *Group and Organization Management* 29 (4) (2004): 425-441.

Googins B., *Occupational Social Work* (New Jersey Prentice-Hall, Inc., 1997).

Greenwald A. G., "The Totalitarian Ego: Fabrication and Revision of Personal History", *American Psychologist* 35 (7) (1980): 603-618.

Horne J. F. and Orr E., "Assessing Behaviors that Rreate Resilient Organizations", *Employment Relations Today* 24 (4) (1998): 2.

Jensen S. M. and Luthans F., "Relationship Between Entrepreneurs' Psychological Capital and Their Authentic Leadership", *Journal of Managerial Issues* 18 (2) (2006): 254—273.

Kim, T. Y. and Liu, Z. Q., "Taking Charge and Employee Outcomes: The Moderating Effect of Emotional Competence", *The International Journal of Human Resource Management* 28 (5) (2017): 775-793.

Kirk A K, Brown D F. 2003. "Employee assistance program: A review of the management of stress and wellbeing through workplace counseling and consulting." Australian Psychologist 38 (2): 138-143.

Kong H., "Relationships Among Work-family Supportive Supervisors, Career Competencies, and Job Involvement", *International Journal of Hospitality Management* 33 (1) (2013): 304-309.

Larson M. and Luthans F., "Potential Added Value of Psychological Capital in Predicting Work Attitudes", *Journal of Leadership and Organizational Studies* 13 (1) (2006): 45-62.

Levasseur R. E., "People Skills: Change Management Tools: The Modern Leadership Model", *Interfaces* 34 (2) (2004): 147-148.

Lewis J A. and Lewis M. D., *Counseling Programs* (CA: Brooks/Core Publishing Company, 1986).

Li N., Chiaburu D. S. and Kirkman B. L., "Cross-level Influences of Empowering Leadership on Citizenship Behavior: Organizational Support Climate as a Double-edged sword", *Journal of Management* 43 (4) (2017): 1076 – 1102.

Lopez S. J., Snyder C. R. and Rasmussen H. N., "Striking a Vital Balance: Developing a Complementary Focus on Human Weakness and Strength Though Positive Psychological Assessment", In *Positive Psychological Assessment*, edited by Lopez S. J., Snyder C. R. (Washington. DC: Published by APA, 2003).

Lowe W. C. and Barnes F. B., "An Examination of the Relationship between Leadership Practices and Organizational Commitment in the Fire Service", *Journal of Applied Management and Entrepreneurship* 7 (1) (2002): 30 – 56.

Luthans F. and Avey J. B., "More Evidence on the Value of Chinese Workers' Psychological Capital: A Potentially Unlimited Competitive Resource?", *The International Journal of Human Resource Management* 19 (5) (2008): 818 – 827.

Luthans F. and Jensen S., "Hope: A New Positive Strength for Human Resource Development", *Human Resource Management Review* 1 (3) (2002): 304 – 322.

Luthans F. and Yousse C. M., "Human, Social, and Now Positive Psychological Capital Management: Investing in People for Competitive Advantage", *Organizational Dynamics* 33 (2) (2004): 143 – 160.

Luthans F., Avey J. B., and Avolio B. J., "Psychological Capital Development: Toward a Micro-intervention", *Journal of Organizational Behavior* 27 (3) (2006): 387 – 393.

Masten A. S., "Ordinary Magic: Resilience Process in Development", *American Psychologist* 56 (3) (2001): 227 – 239.

Mele D., "Organizational Humanizing Cultures: Do They Generate Social Capital?", *Journal of Business Ethics* 45 (1) (2003) 3 – 14.

Motowidlo S. J. and Van Scotter J. R., "Evidence that Task Performance Should

Be Distinguished from Contextual Performance", *Journal of Applied Psychology* 79 (4) (1994): 475 – 480.

Mumford M. D., "Managing Creative People: Strategies and Tactics for Innovation", *Human Resource Management Review* 10 (3) (2000): 315 – 351.

Peterson C., "The Future of Optimism", *American Psychologist* 55 (1) (2000): 44 – 55.

Peterson S. and Luthans F., "The Positive Impact and Development of Hopeful Leaders", *Leadership and Organizational Development Journal* 24 (1) (2002): 26 – 31.

Rabin M., "A Perspective on Psychology and Economics", *European Economic Review* 46 (4 – 5) (2002): 657 – 685.

Schulman P., "Applying Learned Optimism to Increase Sales Productivity", *Journal of Personal Selling and Sales Management* 19 (1) (1999): 31 – 37.

Seligman M. E. P., *Learned Optimism* (New York: Pocket Books, 1998).

ShermanB., *Managing Human Resources* (South-Western Publishing Company, 2002).

Shumway S. T., Kinball T. G. and Korinek A. W., et al., "Quantitative Assessment and EAPS: Expanding the Resource Toolbox", *Journal of Workplace Behavioral Health* 21 (1) (2005): 23 – 37.

Siegrist J., "Adverse Health Effects of High-effort/ Low-reward Conditions at Work", *Journal of Occupational Health Psychology* 1 (1) (1996): 27 – 43.

Srivastava A., Locke E. A., and Bartol K. M., "Money and Subjective Well-being: It's not the Money, It's the Motives", *Journal of Personality and Social Psychology* 80 (6) (2001): 959 – 971.

Stange K. C., Strecher V. J., Schoenbach V. J., Strogatz D., Dalton B., and Cross A. W., "Psychosocial Predictors of Participation in a Worksite Health-promotion Program", *Journal of Occupational Medicine* 33 (4) (1991): 479 – 485.

Suutari, V. and Makela, K., "The Career Capital of Managers with Global Careers", *Journal of Managerial Psychology* 22 (2007): 628 – 648.

Ticsik A., "From Rutial to Reality: Demography, Ideology and Decoupling in a

Post-communist Government Agency", *Academy of Management Journal* 53 (6) (2010): 1474 – 1498.

Vandenberg R. J. and Lance C. E. , "Examining the Causal Order of Job Satisfaction and Organizational Commitment", *Journal of Management* 18 (1) (1992): 153 – 167.

Van derDoef M. and Maes S. , "The job Demand Control (Support) Model and Psychological Well-being: A Review of 20 Years of Empirical Research", *Work and Stress* 2 (1999): 87 – 114.

Wanberg C. R. , "Antecedents and Outcomes of Coping Behavior among Unemployed and Reemployed Individuals", *Journal of Applied Psychology* 82 (5) (1997): 731 – 744.

Wilson F. , Kickul J. and MarlinoD Gender, "Entrepreneurial Self-efficacy, and Entrepreneurial Career Intentions: Implications for Entrepreneurship Education", *Entrepreneurship Theory and Practice* 31 (2007): 387 – 406.

Wolfe R. A. and Parker D. , "Napier N. Employee Health Management and Organizational Performance", *Journal of Applied Behavioral Science* 30 (1) (1994): 22 – 42.

Wolfe R. A. , Parker D. and Napier N. , "Employee Health Management and Organizational Performance", *Journal of Applied Behavioral Science* 30 (1) (1995): 22 – 42.

Wright T. A. and Hobfoll S. E. , "Commitment, Csychological Wellbeing and Job Performance: An Examination of Conservation of Resources (COR) Theory and Job Burnout", *Journal of Business and Management* 9 (4) (2004): 389 – 406.

图书在版编目(CIP)数据

中国管理情境的积极组织行为：理论与实践/张宏如著. -- 北京：社会科学文献出版社，2019.12
 ISBN 978-7-5201-5902-9

Ⅰ.①中… Ⅱ.①张… Ⅲ.①组织行为学-研究-中国 Ⅳ.①C936

中国版本图书馆 CIP 数据核字（2019）第 301925 号

中国管理情境的积极组织行为：理论与实践

著　　者 / 张宏如

出 版 人 / 谢寿光
组稿编辑 / 谢蕊芬
责任编辑 / 张小菲　庄士龙　刘　扬

出　　版 / 社会科学文献出版社·群学出版分社（010）59366453
　　　　　 地址：北京市北三环中路甲29号院华龙大厦　邮编：100029
　　　　　 网址：www.ssap.com.cn

发　　行 / 市场营销中心（010）59367081　59367083
印　　装 / 三河市龙林印务有限公司

规　　格 / 开　本：787mm×1092mm　1/16
　　　　　 印　张：22.5　字　数：363千字
版　　次 / 2019年12月第1版　2019年12月第1次印刷
书　　号 / ISBN 978-7-5201-5902-9
定　　价 / 158.00元

本书如有印装质量问题，请与读者服务中心（010-59367028）联系

▲ 版权所有 翻印必究